备考固然艰辛，但却动摇不了我要改变现状的决心！为了让自己活得更有底气，我们一起加油！相信你，一定行！

黄坤

中华会计网校
www.chinaacc.com
正保远程教育旗下品牌网站
美国纽交所上市公司(代码:DL)

梦想成真® 百天突破 系列

每天45分钟

2020年 注册会计师全国统一考试

财务成本管理

黄 坤 主编　　中华会计网校 编

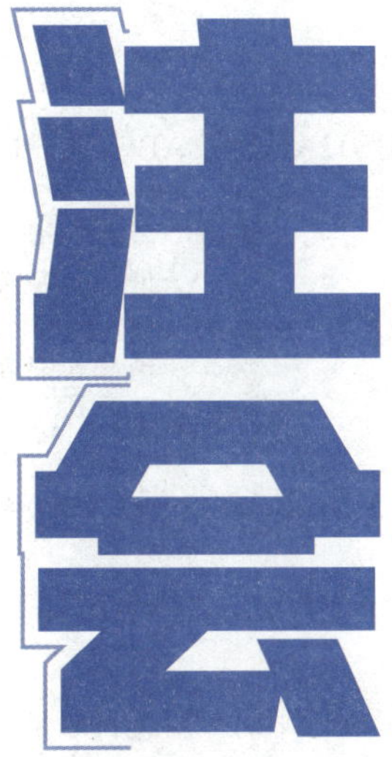

上海交通大学出版社
SHANGHAI JIAO TONG UNIVERSITY PRESS

内容提要

本书属于注册会计师“梦想成真——百天突破”系列辅导丛书，是注册会计师考试“财务成本管理”辅导用书，内容包括债券、股票、企业价值和期权价值评估，投资项目资本预算，短期经营决策，全面预算，产品成本计算，作业成本法等。书中把备考时间科学精准划分为每天45分钟，重新梳理“财务成本管理”学科的知识框架，以专题为单元，实现好学、够学、易学，更好地满足学习需要，提高学习效率。本书适合备考注册会计师“财务成本管理”学科的考生阅读。

图书在版编目(CIP)数据

每天45分钟学注会. 财务成本管理. 2020 / 黄坤主编；中华会计网校编. —上海：上海交通大学出版社，2020

ISBN 978-7-313-23022-5

Ⅰ. ①每… Ⅱ. ①黄… ②中… Ⅲ. ①企业管理-成本管理-资格考试-自学参考资料 Ⅳ. ①F23

中国版本图书馆CIP数据核字(2020)第038142号

每天45分钟学注会——财务成本管理(2020)
MEITIAN 45 FENZHONG XUE ZHUKUAI——CAIWU CHENGBEN GUANLI (2020)

主　　编：黄　坤　　编　　者：中华会计网校
出版发行：上海交通大学出版社　　地　　址：上海市番禺路951号
邮政编码：200030　　电　　话：021-64071208
印　　刷：定州启航印刷有限公司　　经　　销：全国新华书店
开　　本：787mm×1092mm　1/16　　印　　张：27.5
字　　数：635千字
版　　次：2020年4月第1版　　印　　次：2020年4月第1次印刷
书　　号：ISBN 978-7-313-23022-5
定　　价：66.00元

前言

QIANYAN

壹 本书定位

一套写给复考生的辅导书，通关才是本书的根本目的。

“大而全”和题海战术的目的是几近满分，本书的目的“肤浅”又直白——通关才是一切。不再让每位考生花费大量的时间和脑细胞在“偏、难、怪”的题目上，真正起到做一题就拿一题分的效果，得分才是硬道理。帮助广大复考生节约时间、主抓备考重点，达到事半功倍的效果。

贰 读者对象

本书可作为各类企业财务从业人员、高等院校从事财务管理教学工作的教师以及财务会计专业高年级学生、参加注册会计师考试的有一定基础的考生的参考用书。

叁 使用方法

由于本书对考试大纲内容进行了重新整理排序，是对考试内容的高度概括和提炼总结，适合有一定财会基础的考生使用，建议和编者的视频课程以及官方教材配套使用，效果更佳。

肆 划分专题

本书共计20个专题，每个专题都包含5天的学习内容，每天45分钟，合计100天的学习量。专题1-11是财务管理部分内容，考试分值占60-65分，为本书重中之重，其中又以投资项目资本预算、财务报表分析和财务预测、期权价值评估、企业价值评估、长期筹资以及营运资本管理等内容“挑大梁”；专题12-16是管理会计部分内容，考试分值占20-25分，为第二重要，其中本量利分析、全面预算、短期经营决策等内容为重点；专题 17−19 是成本会计部分内容，考试分值占 15−20 分，为第三重要，其中产品成本计算为本部分之核心。 专题 20 针对全书内容回归教材，为各位考生再次“划重点”，指明方向。

另外，需要说明的是，在每个部分结束的时候，编者特地为各位考生留出 1−2 天进行跨章节、跨“部分”内容习题练习，并提供了相对全面的答案解析，帮助考生巩固和强化该部分内容的学习。

45min 伍 思路架构

本书按照“财务管理—管理会计—成本会计”这条线为各位考生精心提炼出了学习要点与考试重点。 在一些上了难度的专题和例题中，可以见到【坤坤解读】【坤坤点拨】【坤坤小结】【坑点扫荡】【思路点拨】等具有“个性化”的理解和做题“套路”的总结。 这些内容也正是各位考生在复习备考过程中所急需的。

本书把备考时间科学精准地划分为每天 45 分钟，再把每个专题需要的时间汇总，进而整合成学完全书所需要的时间。 而拿下这本书，只需要 100 天，每天一节课的时间，总时长为 75 小时，集中学习约 10 天就能完成本科目的学习。

本书“★★★”不仅表示是主观题出题的重点也代表考试高频考点，需要全面掌握；

“★★”表示既可以出主观题也可以出选择题，但是从复习备考难度来说，难度系数适中；

“★”表示是选择题出题概率较高的内容，难度系数为简单，学起来较容易掌握。

45min 陆 写在最后

对于每一位参加注册会计师考试的同学而言，我们正在与“注册会计师考试”极力抗争，只要坚持努力、用对学习方法、坚定必胜的信心，最后我们每个人就都能通关，收获注册会计师证书！

由于时间和个人的水平有限，书中难免有疏漏和不当之处，敬请广大考生批评指正。

目录
Contents

专题四

企业价值评估

专题五

期权价值评估

财务报表分析和财务预测

可持续增长率与资本结构

153

专题八 股利分配、股票分割、股票回购与营运资本管理（一）

179

专题九 营运资本管理（二）与长期筹资（一）

专题十 长期筹资（二）

专题十一 投资项目资本预算

专题十二 本量利分析

专题十三 短期经营决策与管理会计报告

专题十四 全面预算

专题十五 责任会计

329 专题十六

业绩评价

347 专题十七

产品成本计算（一）

365 专题十八

产品成本计算（二）与作业成本法（一）

389 专题十九

作业成本法（二）和标准成本法

专题二十

专题一

财务管理基础知识

本专题包含5天的学习内容，具体如下：

DAY1　财务管理目标与利益相关者的要求

DAY2　金融工具与金融市场

DAY3　货币时间价值

DAY4　利率

DAY5　财务报表分析的方法

其中，比较重要的考点是DAY1－3，是财务管理的基础知识，为后续学习打下基础。

财务管理目标与利益相关者的要求

划重点

一、财务管理目标★★

(一)利润最大化

(1)观点：利润代表了公司新创造的财富，利润越多则说明公司财富增加得越多，越接近公司的目标。

(2)缺点：①没有考虑利润的取得时间；②没有考虑获得利润与所投入资本额之间的关系；③没有考虑获得利润和所承担风险的关系。

(3)修正：如果投入资本相同、利润取得的时间相同、相关的风险也相同，则利润最大化可以接受。

(二)每股收益最大化

(1)观点：把公司的利润和股东投入的资本联系起来考察，用每股收益(或权益净利率)来概括公司的财务管理目标，以克服“利润最大化”目标的局限性。

(2)缺点：①仍然没有考虑货币时间价值因素；②仍然没有考虑每股收益的风险。

(3)修正：如果每股收益的时间、风险相同，则每股收益最大化可以接受。

(三)股东财富最大化

观点：增加股东财富是财务管理的基本目标。

具体内容：

(1)股东财富可以用股东权益的市场价值来衡量。

股东财富的增加=股东权益的市场价值-股东投资资本，它被称为“股东权益的市场增加值”，股东权益的市场增加值是公司为股东创造的价值。

(2)股价最大化：假设股东投资资本不变，股价最大化与增加股东财富具有同等意义。

(3)公司价值最大化。

由于：公司价值=股权价值+债务价值

因此：公司价值增加=股权价值增加+债务价值增加。

结论：①假设债务价值不变，则增加公司价值与增加股权价值具有同等意义；②假设股东投资资本和债务价值不变，则公司价值最大化与增加股东财富具有相同的意义。

二、利益相关者的要求★

(一)经营者的利益要求与协调

(1)经营者的利益要求：增加报酬、增加闲暇时间、避免风险。

(2)经营者为自身利益而背离股东利益的表现：道德风险、逆向选择。

坤坤解读 道德风险意思就是不求有功但求无过、“做一天和尚撞一天钟”、能做更好却不尽全力；逆向选择已经背离了股东目标，伤害了股东利益，表现为购买豪华汽车、装修高档办公楼等。

(3)防止经营者背离股东目标的制度性措施：①监督，指公司制度、聘请注册会计师审计等；②激励，指股票期权、超额利润的奖金等。

权衡：最佳方式是使监督成本、激励成本和偏离股东目标的损失之和达到最小值。

(二)债权人的利益要求与协调

(1)债权人的利益要求：债务人能按时还本付息。

(2)股东为自身利益通过经营者伤害债权人利益的方式：①不经债权人同意，投资于比债权人预期风险更高的新项目；②不征得债权人的同意发行新债，致使旧债券价值下降，使旧债权人蒙受损失。

(3)保护债权人利益的制度性措施：①使用限制性条款规定贷款用途、规定不得发行新债或限制发行新债额度等；②不再提供新的贷款或者提前收回贷款。

(三)其他利益相关者的利益要求与协调

1. 利益相关者的范围

(1)广义指一切与公司决策有利益关系的人，包括①资本市场：股东、债权人；②产品市场：客户、供应商、社区、工会组织；③公司内部：经营者、员工。

(2)狭义指除股东、债权人和经营者之外，对公司现金流量有潜在索偿权的人。

2. 股东与其他利益相关者的关系及其协调

(1)合同利益相关者。

包括客户、供应商、员工，与公司之间存在法律关系，受到合同约束，通过立法调节，企业只要遵守合同就可以基本满足合同利益相关者的要求，此外，还需要道德规范的约束。

(2)非合同利益相关者。

包括社区居民、其他与公司有间接利益关系的群体，享受的法律保护低于合同利益相关者，受公司社会责任政策的影响。

坤坤解读 主张股东财富最大化，并非不考虑其他利益相关者的利益要求。股东权益是资产扣除负债以后的剩余权益，“剩余”表明在满足了其他利益相关者的利益要求之后才会“轮到”股东的利益要求。

例解答·练

例题

例 1.(单选题)在股东投资资本不变的情况下，下列各项中能够体现股东财富最大化这一财务管理目标的是(　　)。

A. 利润最大化　　B. 每股收益最大化

C. 每股股价最大化　　D. 企业价值最大化

解 在股东投资资本不变的情况下，股价上涨表明股东财富增加，股价下跌表明股东财富减损

(如股票面值1元，假设即为投入资本，股价涨到10元，扣除1元后股价上涨9元，代表股东财富增加9元)，从而得出每股股价最大化就意味着股东权益的市场价值最大化，因此，每股股价最大化能够体现股东财富最大化这一财务管理目标。

答 C

例 2.(多选题)为防止经营者背离股东目标，股东可以采取的措施有(　　)。

A. 对经营者实行固定年薪制　　B. 给予经营者股票期权奖励

C. 聘请注册会计师审计财务报告　　D. 要求经营者定期披露信息

解 为防止经营者背离股东目标，股东采取的措施主要是监督和激励两种，即“胡萝卜加大棒”政策。对经营者实行固定年薪制反而会降低经营者工作的积极性，选项A排除；给予经营者股票期权奖励属于激励手段，选项B是答案；聘请注册会计师审计财务报告、要求经营者定期披露信息属于监督手段，选项CD是答案。

答 BCD

例 3.(多选题)公司的下列行为中，可能损害债权人利益的有(　　)。

A. 提高股利支付率　　B. 加大为其他企业提供的担保

C. 加大高风险投资比例　　D. 提高资产负债率

解 债权人说：“我的要求并不高，待我像从前一样好(即按时还本付息)”，当公司的行为可能导致不能对债权人做到按时还本付息时就是损害了债权人的利益，所以选项ABCD都是答案。

答 ABCD

习题

1.【多选题】下列有关企业财务管理目标的说法中，正确的有(　　)。

A. 企业的财务管理目标是利润最大化

B. 增加借款可以增加债务价值以及企业价值，但不一定增加股东财富，因此企业价值最大化不是财务目标的准确描述

C. 追加投资资本可以增加企业的股东权益价值，但不一定增加股东财富，因此股东权益价值最大化不是财务目标的准确描述

D. 股东财富的增加可以用股东权益的市场增加值度量

2.【单选题】依据企业财务管理目标，每股收益最大化相较于利润最大化的改进之处是(　　)。

A. 考虑了货币时间价值

B. 考虑了每股收益的风险

C. 考虑了所获利润与投入资本额的关系

D. 计算简便、便于理解

3.【多选题】下列表述正确的有(　　)。

A. 一般说来，企业只要遵守合同就可以基本满足合同利益相关者的要求，在此基础上股东追求自身利益最大化也会有利于合同利益相关者

B. 公司的社会责任政策，对非合同利益相关者影响很大

C. 主张股东财富最大化，会忽略其他利益相关者的利益

D. 发行新的公司债券会伤害旧债权人利益

4.【单选题】下列解决经营者背离股东目标的措施中，最佳解决办法是(　　)。

A. 聘请注册会计师进行审计

B. 利用公司制度进行监督

C. 给予经营者以现金、股票期权等奖励

D. 使得监督成本、激励成本与偏离股东目标的损失三者之和最小

参考答案及解析

1. BCD 【解析】企业的财务目标是股东财富最大化，而不是利润最大化，选项 A 不正确；增加借款只会增加债务价值而不会增加股东财富，只有在债务价值不变时，企业价值最大化与股东财富最大化一致，选项 B 正确；股东财富的增加必须是企业为股东创造的价值，追加投资资本(企业与股东之间的交易)不属于企业为股东创造的价值，因而不增加股东财富，选项 C 正确；股东财富的增加可以用股东权益的市场价值与股东投资资本的差额即股东权益的市场增加值度量，选项 D 正确。

2. C 【解析】利润最大化的缺点：①没有考虑利润的取得时间；②没有考虑获得利润与所投入资本额之间的关系；③没有考虑获得利润和所承担风险的关系。

   每股收益最大化的缺点：①仍然没有考虑货币时间价值因素；②仍然没有考虑每股收益的风险。

   所以选项 C 的表述正确。

3. ABD 【解析】主张股东财富最大化，并非不考虑其他利益相关者的利益，股东权益是剩余权益，只有满足了其他方面的利益之后才会有股东的利益。所以选项 C 的表述不正确。

4. D 【解析】权衡经营者背离股东目标的最佳方式是使监督成本、激励成本和偏离股东目标的损失之和达到最小值。所以选项 D 的表述正确。

DAY 2 金融工具与金融市场

划重点

一、金融工具的类型★

1. 金融工具的特征

(1)期限性：通常有规定的偿还期限(股票除外)。

(2)流动性：在必要时转变为现金而不遭受损失的能力。

(3)风险性：本金和预定收益存在损失可能性。

(4)收益性：金融工具能够带来价值增值。

2. 金融工具的种类

金融工具按其收益性特征可以分成三类：

(1)固定收益证券：是指能够提供固定或根据固定公式计算出来的现金流的证券。

例如固定利率债券、浮动利率债券、优先股、永续债。

影响因素：收益与发行人的财务状况相关程度低，除非发行人破产或违约，证券持有人将按规定数额取得收益。

(2)权益证券：代表特定公司所有权的份额。

例如普通股。

影响因素：收益与发行人的经营成果相关程度高，其持有人非常关心公司的经营状况。

(3)衍生证券：是公司进行套期保值或者转移风险的工具。

例如金融期权、期货、远期和利率互换合约。

影响因素：衍生证券的价值依赖于其他证券(基础金融工具)。

二、金融市场的类型★

(1)按交易的证券期限不同分为货币市场和资本市场。具体内容见表 2-1。

表 2-1 货币市场和资本市场

货币市场	短期(不超过 1 年)金融工具交易的市场，包括短期国债、可转让存单、商业票据、银行承兑汇票等； 主要功能是保持金融资产的流动性； 特点是短期利率低、利率波动大

续表

资本市场	期限在 1 年以上的金融工具交易市场，包括银行中长期存贷市场和有价证券市场； 主要功能是进行长期资本的融通； 资本市场工具包括股票、公司债券、长期政府债券和银行长期贷款； 特点是期限长、利率高、风险大

(2)按证券属性不同分为债务市场和股权市场。具体内容见表 2-2。

表 2-2　债务市场和股权市场

债务市场	交易对象是债务凭证，如公司债券、抵押票据等
股权市场	交易对象是股票

(3)按证券是否初次发行分为一级市场和二级市场。具体内容见表 2-3。

表 2-3　一级市场和二级市场

一级市场	亦称发行市场或初级市场，是新证券的交易市场，是二级市场的基础
二级市场	亦称流通市场或次级市场，是已发行证券的转让市场； 能够提高证券的流动性，促进一级市场的销售，决定一级市场价格

(4)按交易程序分为场内交易市场和场外交易市场。具体内容见表 2-4。

表 2-4　场内交易市场和场外交易市场

场内交易市场	各种证券的交易所，有固定的场所、固定的交易时间和规范的交易规则
场外交易市场	没有固定场所，而由很多拥有证券的交易商分别进行，任何人都可以在交易商的柜台上买卖证券，价格由双方协商形成

三、资本市场效率★★★

(一)资本市场效率的意义

1. 有效资本市场的含义

“有效资本市场”是指资本市场上的价格能够同步地、完全地反映全部的可用信息。

2. 资本市场有效的外部标志

(1)证券的有关信息能够充分地披露和均匀地分布，使每个投资者在同一时间内得到等量等质的信息。

(2)价格能迅速地根据有关信息而变动，而不是没有反应或反应迟钝。

(二)资本市场有效的决定条件(见表 2-5)

表 2-5　资本市场有效的决定条件

理性的投资人	市场发布新信息时，所有投资者都会以理性的方式调整自己对股价的估计； 理性的预期决定了股价：理性的投资者立即会接受新的价格，不会等待项目全部实施后才调整自己的价格
独立的理性偏差	并不要求所有投资者都是理性的，总有一些非理性的人存在，假设理性与非理性行为可以互相抵销，使得股价变动与理性预期一致，市场仍然有效

续表

套利	非理性的投资人的偏差不能互相抵消时，理性的专业投资人会重新配置资产组合，进行套利交易，使股价恢复理性预期；专业投资者的套利活动，能够控制业余投资者的投机，使市场保持有效

以上三个条件只要有一个存在，市场就是有效的。

(三)有效资本市场对财务管理的意义

有效资本市场对于公司财务管理，尤其是筹资决策，具有重要的指导意义：

(1)管理者不能通过改变会计方法提升股票价值，更不能企图愚弄市场，这种做法不仅有违职业道德，在技术上也是行不通的。

(2)管理者不能通过金融投机获利。实业公司在资本市场上的角色主要是筹资者，而不是投资者。实业公司的管理者不应指望通过金融投机获利。

(3)关注自己公司的股价是有益的。资本市场既是企业的一面镜子，又是企业行为的校正器。

(四)资本市场效率的程度(见图2-1)

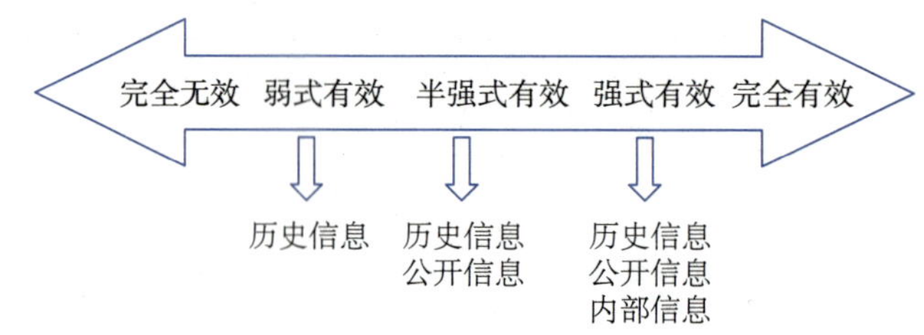

图2-1　资本市场效率的程度

1. 弱式有效市场(见表2-6)

表2-6　弱式有效市场

特征	股价只反映历史信息的市场，判断标志是：有关证券的历史信息已经被充分披露、均匀分布和完全使用，对证券的现在和未来价格变动没有任何影响，任何投资者都不可能通过分析历史信息获取超额收益
检验方法	随机游走模型、过滤检验
结论	技术分析(对股票市场波动规律进行分析以预测股价波动趋势)无法获取超额收益

2. 半强式有效市场(见表2-7)

表2-7　半强式有效市场

特征	股价不仅反映历史信息，还反映所有公开的信息，投资者不能通过对公开信息的分析获得超额收益
检验方法	事件研究法、投资基金表现研究法
结论	技术分析、基本面分析和各种估值模型都是无效的，各种投资基金无法获取超额收益，投资基金的平均业绩与市场整体的收益率大体一致

3. 强式有效市场(见表2-8)

表2-8　强式有效市场

特征	股价不仅反映历史和公开的信息，还反映内幕信息； 投资人不能从公开和非公开信息分析中获得超额利润，内幕消息没有价值
检验方法	考察内幕信息获得者参与交易时能否获得超额收益

坤坤解读 在经济全球化、信息“爆炸”的时代，“得信息者得天下”，谁掌握的信息越多，谁就可以凭借信息优势获利。在上述三个市场中，是否能获取超额收益，就要看是否掌握了别人拥有不了的信息。比如，半强式有效市场反映了历史信息和公开信息，没有反映内幕信息，那么掌握内幕信息的人就可以凭借内幕信息获利。

例解答·练

例题

例 1.（多选题）下列金融资产中，属于固定收益证券的有（　　）。

A. 固定利率债券　　B. 浮动利率债券

C. 可转换债券　　D. 优先股

解 本题关键在于对于“固定”的理解：固定收益证券是指能够提供固定或根据固定公式计算出来的现金流的证券。由此可知，选项 C 不是答案，选项 A 和选项 D 是答案。浮动利率债券的利率虽然是浮动的，但是可以根据规定计算出其现金流，所以，也属于固定收益证券，即选项 B 也是答案。

答 ABD

例 2.（多选题）根据有效市场假说，下列说法中正确的有（　　）。

A. 只要所有的投资者都是理性的，市场就是有效的

B. 只要投资者的理性偏差具有一致倾向，市场就是有效的

C. 只要投资者的理性偏差可以互相抵消，市场就是有效的

D. 只要有专业投资者进行套利，市场就是有效的

解 导致市场有效的条件有三个：理性的投资人、独立的理性偏差和套利行为。这三个条件只要有一个存在，市场就将是有效的。其中，“独立的理性偏差”指的是如果乐观的投资者和悲观的投资者人数大体相同，则他们的非理性行为就可以相互抵消，使得股价变动与理性预期一致，市场仍然是有效的。所以选项 B 不是正确答案，其他都是。

答 ACD

例 3.（多选题）甲投资基金利用市场公开信息进行价值分析和投资。在下列效率不同的资本市场中，该投资基金可获取超额收益的有（　　）。

A. 无效市场　　B. 弱式有效市场

C. 半强式有效市场　　D. 强式有效市场

解“得信息者得天下”，由于可以利用公开信息获得超额收益，说明在这个市场上没有反映公开信息，那么没有反映公开信息的市场有无效市场和弱式有效市场。所以本题答案为选项 AB。

答 AB

习题

1.【多选题】在有效资本市场上，管理者可以通过（　　）。

A. 财务决策增加公司价值从而提升股票价格

B. 从事利率、外汇等金融产品的投资交易获取超额利润

C. 关注公司股价对公司决策的反映而获得有益信息

D. 改变会计方法增加会计盈利从而提升股票价格

2. 【单选题】如果投资基金经理根据公开信息选择股票，投资基金的平均业绩与市场整体收益大体一致，说明该资本市场至少是(　　)。

A. 弱式有效　　　　B. 半强式有效

C. 完全无效　　　　D. 强式有效

3. 【单选题】如果股票价格的变动与历史股价相关，资本市场(　　)。

A. 无效　　　　B. 弱式有效

C. 半强式有效　　　　D. 强式有效

4. 【单选题】下列各项中，属于货币市场工具的是(　　)。

A. 优先股　　　　B. 可转换债券

C. 银行承兑汇票　　　　D. 银行长期贷款

参考答案及解析

1. AC 【解析】所谓“有效资本市场”是指市场上的价格能够同步地、完全地反映全部的可用信息。在有效资本市场上，管理者不能通过改变会计方法提升股票价格，因此，选项 D 不是答案；管理者不能通过金融投机获利，因此选项 B 不是答案。在有效资本市场中，财务决策会改变企业的经营和财务状况，而企业状况会及时被市场价格所反映，因此关注自己公司的股价是有益的，选项 AC 是本题答案。

2. B 【解析】根据公开信息没有获得超额收益，说明在这样的市场中反映了公开信息，题目说的是“至少”，那么反映公开信息的市场是半强式有效市场，选项 B 最符合题意。

3. A 【解析】股价的变动与历史股价相关，说明可以通过分析历史信息获利，进而说明这个市场没有反映历史信息，没有反映历史信息的市场是无效市场。所以选项 A 是正确答案。

4. C 【解析】货币市场工具包括短期国债、可转让存单、商业票据、银行承兑汇票等，所以选项 C 是答案。

货币时间价值

划重点

一、复利终值和现值

计息期，是指相邻两次计息的时间间隔，如年、月、日等(并不一定是一年)。

(一)复利终值

复利终值是指现在的特定资金按复利计算的将来一定时间的价值，或者说是现在的一定本金在将来一定时间按复利计算的本利和。

即 $F=P\times(1+i)^n=P\times(F/P, i, n)$

其中：F——终值，P——现值，i——利率或报酬率，$(F/P, i, n)$表示复利终值系数。

(二)复利现值

复利现值是指未来一定时间的特定资金按复利计算的现在价值，或者说是为了取得将来一定本利和现在所需要的本金。

即 $P=F\times(1+i)^{-n}=F\times(P/F, i, n)$

$(P/F, i, n)$表示复利现值系数。

【结论】复利终值与复利现值互为逆运算，复利终值系数与复利现值系数互为倒数关系。

二、年金终值和现值★★

(一)定义

(1)年金：等额、定期的系列收支。

(2)类型：普通年金、预付年金、递延年金和永续年金等四种。

(二)普通年金终值和现值

普通年金又称后付年金，是指各期期末收付的年金，如图 3-1 所示。

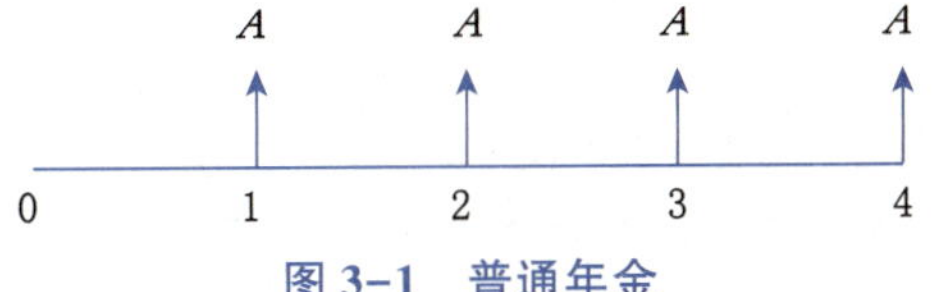

图 3-1 普通年金

【注意】①发生在每期期末的收付，不是期初；②一系列等额的收付在第一期末就开始，不是第二期及以后。

1. 普通年金终值

普通年金终值是指其最后一次收付时的本利和，它是每次收付的复利终值之和。即已知 A，i，n，求 F。

$$F=A\times\frac{(1+i)^{n}-1}{i}=A\times(F/A,\ i,\ n)$$

2. 偿债基金

偿债基金是指为使年金终值达到既定金额每年末应收付的年金数额。即已知 F，i，n，求 A。

由前述可知：$F=A\times(F/A,\ i,\ n)$

导出：　　　$A=F/(F/A,\ i,\ n)$

即 $1/(F/A,\ i,\ n)$ 称为“偿债基金系数”，记作 $(A/F,\ i,\ n)$。

【结论】普通年金终值与偿债基金互为逆运算，普通年金终值系数与偿债基金系数互为倒数关系。

3. 普通年金现值

普通年金现值是指为在每期期末收付相等金额的款项，现在需要投入或收取的金额。即已知 A，i，n，求 P。如图 3-2 所示：

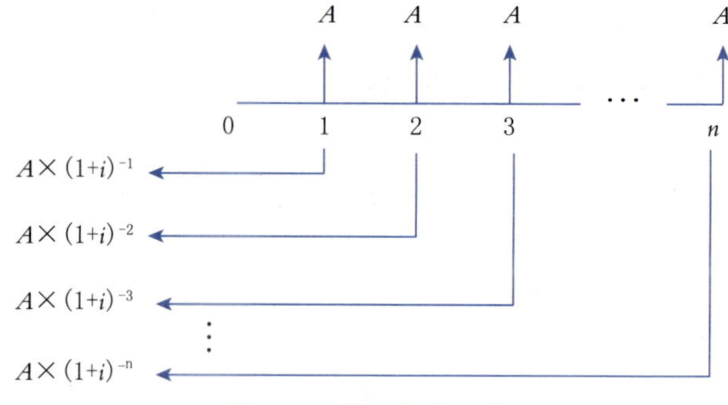

图 3-2　普通年金现值

$$P=A\times(1+i)^{-1}+A\times(1+i)^{-2}+A\times(1+i)^{-3}+\cdots\cdots+A\times(1+i)^{-n}$$

$$=A\times\frac{1-(1+i)^{-n}}{i}$$

式中：$\frac{1-(1+i)^{-n}}{i}$ 被称为年金现值系数，用符号 $(P/A,\ i,\ n)$ 表示。

4. 投资回收系数

投资回收系数是指在约定年限内每期等额回收初始投入资本的金额。即已知 P，i，n，求 A。

由前述可知：$P=A\times(P/A,\ i,\ n)$

导出：$A=P/(P/A,\ i,\ n)$

即 $1/(P/A,\ i,\ n)$，称为资本回收系数，记作 $(A/P,\ i,\ n)$。

【结论】普通年金现值与投资回收互为逆运算，普通年金现值系数与投资回收系数互为倒数关系。

(三) 预付年金终值和现值

预付年金是指在每期期初收付的年金，又称即付年金或期初年金。如图 3-3 所示：

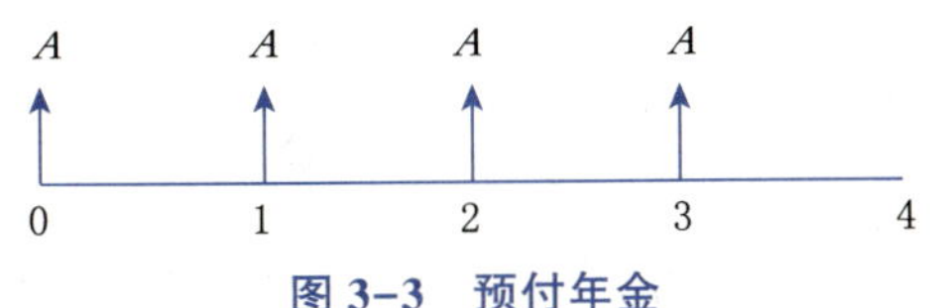

图 3-3 预付年金

1. 预付年金终值

预付年金终值 $=A\times(F/A, i, n)\times(1+i)=A\times[(F/A, i, n+1)-1]$

即**预付年金终值系数是在普通年金终值系数基础上，期数加 1、系数减 1 的结果。**

记忆口诀 “终加减”。

2. 预付年金现值

预付年金现值 $=A\times(P/A, i, n)\times(1+i)$

$=A\times[(P/A, i, n-1)+1]$

即**预付年金现值系数是在普通年金现值系数基础上，期数减 1，系数加 1 的结果。**

记忆口诀 “现减加”。

(四) 递延年金

递延年金是指第一次收付发生在第二期或第二期以后的年金。

1. 递延年金终值

递延年金终值只与连续收支期 (n) 有关，与递延期 (m) 无关，其计算方法与普通年金终值类似。

2. 递延年金现值

递延年金如图 3-4 所示：

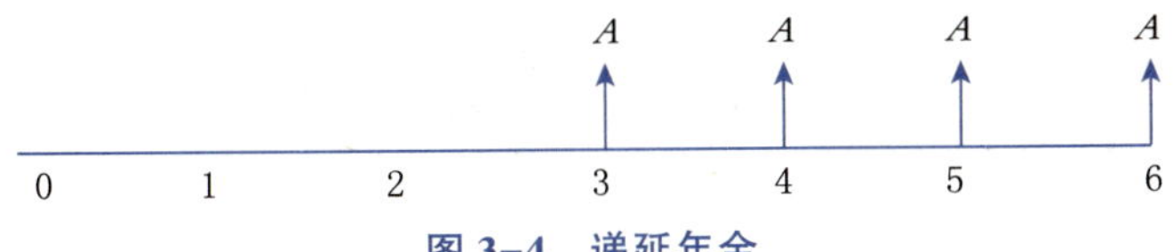

图 3-4 递延年金

计算方法一：先求普通年金现值，然后再折现。

$P=A\times(P/A, i, n)\times(P/F, i, m)$

计算方法二：先计算 $m+n$ 期年金现值，再减去 m 期年金现值。

$P=A\times[(P/A, i, m+n)-(P/A, i, m)]$

计算方法三：先求递延年金终值再折现为现值。

$P=A\times(F/A, i, n)\times(P/F, i, m+n)$

(五) 永续年金

永续年金是指无限期定额收付的年金。

1. 永续年金终值

由于没有终点，也就没有终值。

2. 永续年金现值

$P=A/i$

【小结】

项目	公式	系数符号	系数名称
复利终值	$F=P(1+i)^n$	$(F/P, i, n)$	复利终值系数
复利现值	$P=F(1+i)^{-n}$	$(P/F, i, n)$	复利现值系数
普通年金终值	$F=A[(1+i)^n-1]/i$	$(F/A, i, n)$	普通年金终值系数
偿债基金	$A=F\times i/[(1+i)^n-1]$	$(A/F, i, n)$	偿债基金系数
普通年金现值	$P=A[1-(1+i)^{-n}]/i$	$(P/A, i, n)$	普通年金现值系数
投资回收额	$A=P\times i/[1-(1+i)^{-n}]$	$(A/P, i, n)$	投资回收系数
预付年金与普通年金的联系	预付年金现值=$(1+i)$×普通年金的现值 预付年金终值=$(1+i)$×普通年金的终值 预付年金现值系数=$(1+i)$×普通年金的现值系数 即普通年金现值系数期数减1，系数加1 记忆口诀“现减加” 预付年金终值系数=$(1+i)$×普通年金终值系数 即普通年金终值系数期数加1，系数减1 记忆口诀“终加减”		
递延年金的现值计算	递延年金现值 $=A\times(P/A, i, n)\times(P/F, i, m)$ $=A\times[(P/A, i, m+n)-(P/A, i, m)]$ $=A\times(F/A, i, n)\times(P/F, i, m+n)$ 其中，m 为递延期；n 为连续收支期		
互为倒数关系的三组系数	复利终值系数与复利现值系数； 偿债基金系数与普通年金终值系数； 投资回收系数与普通年金现值系数		

例解答·练

例题

例 1.(单选题·2019年)甲商场进行分期付款销售，某款手机可在半年内分6期付款，每期期初付款600元，假设年利率为12%，如购买时一次性付清，则付款金额最接近(　　)元。

A. 2912　　B. 3437

C. 3471　　D. 3512

解 每期期初付款，则本题为预付年金。半年内分6期付款，则每期为一个月，期利率为12%/12=1%，则付款金额现值=600×(P/A，1%，6)×(1+1%)=600×5.7955×(1+1%)=3512.07(元)。

技巧提示 做货币时间价值的题目一定要画时间轴!

答 D

例 2.(多选题)下列关于货币时间价值系数关系的表述中，正确的有(　　)。

A. 普通年金现值系数×投资回收系数=1

B. 普通年金终值系数×偿债基金系数=1

C. 普通年金现值系数×(1+折现率)=预付年金现值系数

D. 普通年金终值系数×(1+折现率)=预付年金终值系数

解 互为倒数关系的有：复利终值系数与复利现值系数；偿债基金系数与普通年金终值系数；投资回收系数与普通年金现值系数。其次，预付年金现值=(1+i)×普通年金的现值，预付年金终值=(1+i)×普通年金的终值。所以，选项 ABCD 是正确答案。

答 ABCD

例 3.(单选题)假设银行利率为 i，从现在开始每年年末存款 1 元，n 年后的本利和为$[(1+i)^n-1]/i$元。如果改为每年年初存款，存款期数不变，n 年后的本利和应为(　　)元。

A. $\dfrac{(1+i)^{n+1}-1}{i}$　　B. $\dfrac{(1+i)^{n+1}-1}{i}-1$

C. $\dfrac{(1+i)^{n-1}-1}{i}+1$　　D. $\dfrac{(1+i)^{n+1}-1}{i}+1$

解 预付现金终值系数和普通年金终值系数相比，期数加 1，系数减 1。

B

习题

1.【单选题】已知(P/A，8%，5)=3.9927，(P/A，8%，6)=4.6229，(P/A，8%，7)=5.2064，则 6 年期、折现率为 8%的预付年金现值系数是(　　)。

A. 2.9927　　B. 4.2064

C. 4.9927　　D. 6.2064

2.【多选题】某公司拟购买一栋厂房，付款条件为：从第 5 年开始，每年年末支付 10 万元，连续支付 10 次，共 100 万元。假设该公司的资本成本率为 10%，则下列计算该公司付款金额现值的表述中正确的是(　　)。

A. 10×(F/A，10%，10)×(P/F，10%，14)

B. 10×[(P/A，10%，14)-(P/A，10%，4)]

C. 10×(P/A，10%，10)×(P/F，10%，4)

D. 10×(P/A，10%，10)×(P/F，10%，5)

3.【计算分析题】某项永久性奖学金，每年计划颁发 10000 元奖金。若年复利率为 4%，该奖学金的本金应为多少?

参考答案及解析

1. C 【解析】6 年期、折现率为 8%的预付年金现值系数=[(P/A，8%，6-1)+1]=3.9927+1=4.9927。选项 C 是答案。

2. ABC 【解析】从第 5 年开始每年年末支付 10 万元，连续支付 10 次，因此，递延期是 4 期，支付期是 10 期。所以选项 ABC 是正确答案。

3. 永续年金现值=A/i=10000/4%=250000(元)

思路点拨 依据题意，此题要求计算永续年金现值。本金一分没少，每年仅仅利息赞助了，名利双收，多好!

利　　率

划重点

一、利率的影响因素★

利率 $r=r*+RP=r*+IP+DRP+LRP+MRP$

其中：$r*$——纯粹利率；RP——风险溢价；IP——通货膨胀溢价；DRP——违约风险溢价；LRP——流动性风险溢价；MRP——期限风险溢价。

具体如下：

（1）纯粹利率：亦称真实无风险利率，是指在没有通货膨胀、无风险情况下资金市场的平均利率；没有通胀时，短期政府债券利率可视为纯粹利率。

（2）通货膨胀溢价：是指证券存续期间预期的平均通货膨胀率。

（3）违约风险溢价：是指债券因存在发行者到期时不能按约定足额支付本金或利息的风险而给予债权人的补偿。

（4）流动性风险溢价：是指债券因存在不能短期内以合理价格变现的风险而给予债权人的补偿。

（5）期限风险溢价：是指债券因面临存续期内市场利率上升导致价格下跌的风险而给予债权人的补偿，亦称“市场利率风险溢价”。

记忆口诀 “尾（违）气（期）纯流通”。

二、利率的期限结构★★

利率期限结构是指某一时点不同期限债券的到期收益率与期限之间的关系，反映的是长期利率和短期利率的关系。

（一）无偏预期理论

1. 观点

利率期限结构完全取决于市场对未来利率的预期，即长期债券即期利率是短期债券预期利率的函数，也就是说长期即期利率是短期预期利率的无偏估计。

2. 无偏预期理论对收益率曲线的解释

（1）上斜收益率曲线：市场预期未来短期利率会上升。

（2）下斜收益率曲线：市场预期未来短期利率会下降。

（3）水平收益率曲线：市场预期未来短期利率保持稳定。

（4）峰型收益率曲线；市场预期较近一段时期短期利率会上升，而在较远的将来，市场预期短期利率会下降。

3. 假设

包括①假定人们对未来短期利率具有确定的预期；②假定资金在长期资金市场和短期资金市场之间的流动完全自由。

4. 局限性

假定都过于理想化，与金融市场的实际差距太远。

(二) 市场分割理论

1. 观点

由于法律制度、文化心理、投资偏好等不同，投资者会比较固定地投资于某一期限的债券，即**每类投资者固定偏好于收益率曲线的特定部分，从而形成了以期限为划分标志的细分市场。**

2. 假设

不同期限的债券市场互不相关。

即期利率水平完全由各个期限市场上的供求关系决定；单个市场上的利率变化不会对其他市场上的供求关系产生影响。

3. 市场分割理论对收益率曲线的解释

(1) 上斜收益率曲线：短期债券市场的均衡利率水平低于长期债券市场的均衡利率水平。

(2) 下斜收益率曲线：短期债券市场的均衡利率水平高于长期债券市场的均衡利率水平。

(3) 水平收益率曲线：各个期限市场的均衡利率水平持平。

(4) 峰型收益率曲线：中期债券市场的均衡利率水平最高。

4. 局限性

该理论无法解释不同期限债券的利率所体现的同步波动现象，也无法解释长期债券市场利率随短期债券市场利率波动呈现的明显有规律性变化的现象。

(三) 流动性溢价理论

1. 观点

短期债券的流动性比长期债券高，因为债券到期期限越长，利率变动的可能性越大，利率风险就越高。投资者为了减少风险，偏好于流动性好的短期债券，因此，**长期债券要给予投资者一定的流动性溢价。**

不同到期期限的债券可以相互替代，但并非完全替代。

2. 流动性溢价理论对收益率曲线的解释

(1) 上斜收益率曲线：市场预期未来短期利率既可能上升，也可能不变，还可能下降。

(2) 下斜收益率曲线：市场预期未来短期利率将会下降，下降幅度大于流动性溢价。

(3) 水平收益率曲线：市场预期未来短期利率将会下降，且下降幅度等于流动性溢价。

(4) 峰型收益率曲线：市场预期较近一段时期短期利率可能上升，也可能不变，还可能下降，但下降幅度小于流动性溢价；而在较远的将来，市场预期短期利率会下降，下降幅度大于流动性溢价。

3. 特点

综合了预期理论和市场分割理论的特点。

三、报价利率、计息期利率和有效年利率★

1. 相关概念(见表 4-1)

表 4-1 相关概念

报价利率	概念：银行等金融机构为利息报价时提供的年利率，亦称名义利率； 由于报价利率的实际计息周期未必是 1 年，因此报价利率必须同时提供每年的复利次数(或计息期的天数)
计息期利率	概念：借款人对每 1 元本金每期支付的利息； 可以是年利率、半年利率、季度利率、月利率、日利率等
有效年利率	概念：按照给定的计息期利率和每年复利次数计算利息时，能够产生相同结果的每年复利一次的年利率，亦称等价年利率

2. 报价利率、有效年利率、计息期利率之间的关系

(1)报价利率和计息期利率换算时，要除以或乘以年内复利次数：

报价利率=计息期利率×每年复利次数

计息期利率=报价利率/每年复利次数

(2)有效年利率和计息期利率换算时，要使用开方或乘方的方法：

有效年利率 $=(1+\text{计息期利率})^{\text{年内复利次数}}-1$

计息期利率 $=\sqrt[\text{年内复利次数}]{1+\text{有效年利率}}-1$

(3)报价利率和有效年利率的换算：

有效年利率 $=(1+\text{报价利率}/\text{年内复利次数})^{\text{年内复利次数}}-1$

报价利率 $=\text{年内复利次数}\times(\sqrt[\text{年内复利次数}]{1+\text{有效年利率}}-1)$

例解答·练

例题

例 1. (单选题)债券因面临存续期内市场利率上升导致价格下跌的风险而给予债权人的补偿为(　　)。

A. 通货膨胀溢价　　B. 违约风险溢价

C. 流动性风险溢价　　D. 期限风险溢价

解 本题考查利率构成因素中的相关概念。期限风险溢价是指债券因面临存续期内市场利率上升导致价格下跌的风险而给予债权人的补偿，亦称“市场利率风险溢价”。所以选项 D 正确。

举一反三 建议把 ABC 选项的概念熟练掌握。

答 D

例 2. (单选题)下列关于利率期限结构的表述中，属于无偏预期理论观点的是(　　)。

A. 不同到期期限的债券无法相互替代

B. 长期即期利率是短期预期利率的无偏估计

C. 到期期限不同的各种债券的利率取决于该债券的供给与需求

D. 长期即期利率等于预期短期利率的平均值与随债券供求状况变动而变动的流动性溢价之和

解 选项A、C属于市场分割理论的观点；选项D属于流动性溢价理论的观点；只有选项B是无偏预期理论的观点，因此B是正确答案。

答 B

例 3.（单选题）A债券每半年付息一次，报价利率8%，B债券每季度付息一次，如果想让B债券在经济上与A债券等效，B债券的报价利率应为（　　）。

A. 8%　　B. 7.92%

C. 8.16%　　D. 6.78%

解 解题步骤：①算出A债券有效年利率；②由于经济上等效即有效年利率相等，用A债券的有效年利率计算B债券的计息期利率；③求解B债券的报价利率。

A债券的有效年利率 $=(1+4\%)^2-1=8.16\%$，则B债券的报价利率应为 $(1+r/4)^4-1=8.16\%$，解得 $r=7.92\%$，选项B是答案。

答 B

习题

1.【**多选题**】利率的构成包括（　　）。

A. 纯粹利率　　B. 通货膨胀溢价

C. 流动性风险溢价　　D. 期限风险溢价

2.【**单选题**】甲公司平价发行5年期的公司债券，债券票面利率为10%，每半年付息一次，到期一次偿还本金。该债券的有效年利率是（　　）。

A. 10%　　B. 10.25%

C. 10.5%　　D. 9.5%

3.【**多选题**】下列关于利率期限结构的表述，正确的有（　　）。

A. 市场分割理论认为长期债券即期利率是未来短期债券预期利率平均值加上一定的流动性风险溢价

B. 无偏预期理论认为利率的期限结构完全取决于市场对未来利率的预期

C. 利率的期限结构理论包括无偏预期理论、市场分割理论和流动性溢价理论

D. 流动性溢价理论认为短期债券的流动性比长期债券低

参考答案及解析

1. ABCD　【**解析**】利率=纯粹利率+通货膨胀溢价+违约风险溢价+流动性风险溢价+期限风险溢价。选项ABCD正确。

2. B　【**解析**】有效年利率 $=(1+10\%/2)^2-1=10.25\%$。

3. BC　【**解析**】选项A是流动性溢价理论的表述，不是市场分割理论；选项D流动性溢价理论认为短期债券的流动性比长期债券高，不是低，因为债券到期期限越长，利率变动的可能性就越大，利率风险就越高。因此，选项BC是正确答案。

DAY 5 财务报表分析的方法

划重点

因素分析法★★

因素分析法是依据财务指标与其驱动因素之间的关系，从数量上确定各因素对指标影响程度的分析方法。

由于分析时，要逐次进行各因素的有序替代，因此又称为连环替代法。步骤如下：

(1)确定分析对象(即财务指标)，比较实际数与标准数，并计算两者的差额。

(2)确定该财务指标的驱动因素，建立财务指标与各驱动因素之间的函数关系模型。

(3)确定驱动因素的替代顺序。

(4)按顺序计算各驱动因素脱离标准的差异对财务指标的影响。

解题套路 设分析对象 $N=A\times B\times C$，N 的比较值和基准值如下：

比较值：$N_1=A_1\times B_1\times C_1$

基准值：$N_0=A_0\times B_0\times C_0$

差异值：$\Delta N=N_1-N_0$

分析过程如下：

基准值：$N_0=A_0\times B_0\times C_0$

第一次替代：$A_1\times B_0\times C_0$

第二次替代：$A_1\times B_1\times C_0$

第三次替代：$A_1\times B_1\times C_1=N_1$(比较值)

A 因素变动对 N 的影响=替代①-基准值=$(A_1-A_0)\times B_0\times C_0$

B 因素变动对 N 的影响=替代②-替代①=$A_1\times(B_1-B_0)\times C_0$

C 因素变动对 N 的影响=替代③(比较值)-替代②=$A_1\times B_1\times(C_1-C_0)$

合计影响值=比较值-基准值=$N_1-N_0=\Delta N$

例解答·练

例题

例 (计算分析题)某企业 20×1 年 3 月某种原材料费用的实际数是 6720 元，而其预算数是 5400 元。实际比计划增加 1320 元。由于原材料费用是由产品产量、单位产品材料消耗量和材料单价三个因素的乘积组成，因此就可以把材料费用这一总指标分解为三个因素，然后逐个来分析它们对材料费用总额的影响程度。现假设这三个指标的数值如下表所示。

材料费用资料

项目	单位	计划数	实际数
产品产量	件	120	140
单位产品材料消耗量	千克/件	9	8
材料单价	元	5	6
材料费用总额	元	5400	6720

根据资料，材料费用总额实际数较预算数增加1320元。

要求：

（1）运用连环替代法，计算各因素变动对材料费用总额的影响。

（2）运用差额分析法，计算确定各因素变动与材料费用的影响。

答 （1）计划指标：120×9×5＝5400（元）　①

第一次替代：140×9×5＝6300（元）　②

第二次替代：140×8×5＝5600（元）　③

第三次替代：140×8×6＝6720（元）　④

实际指标：

②−①＝6300−5400＝900（元）　产量增加的影响

③−②＝5600−6300＝−700（元）　材料节约的影响

④−③＝6720−5600＝1120（元）　价格提高的影响

900+（−700）+1120＝1320（元）　全部因素的影响

（2）由于产量增加对材料费用的影响为：

（140−120）×9×5＝900（元）

由于材料消耗节约对材料费用的影响为：

140×（8−9）×5＝−700（元）

由于价格提高对材料费用的影响为：

140×8×（6−5）＝1120（元）

全部因素的影响 ＝900+（−700）+ 1120 ＝ 1320（元）

习题

【计算分析题】甲公司是一家汽车销售企业，现对公司财务状况和经营成果进行分析，以发现与主要竞争对手乙公司的差异。相关资料如下：

（1）甲公司2019年的主要财务报表数据，假设资产负债表项目年末余额可以代表全年平均水平。

单位：万元

资产负债表项目	2019年末
流动资产	4300
非流动资产	3700

续表

资产负债表项目	2019 年末
资产总计	8000
流动负债	3500
非流动负债	500
股东权益	4000
负债和股东权益总计	8000
利润表项目	2019 年度
销售收入	10000
利润总额	1600
减：所得税费用	400
净利润	1200

(2)乙公司相关财务比率。

营业净利率	总资产周转次数	权益乘数
24%	0.6	1.5

要求：

使用因素分析法，按照营业净利率、总资产周转次数、权益乘数的顺序，对 2019 年甲公司相对乙公司权益净利率的差异进行定量分析。

参考答案及解析

甲公司营业净利率＝1200÷10000×100%＝12%

甲公司总资产周转次数＝10000÷8000＝1.25

甲公司权益乘数＝8000÷4000＝2

甲公司权益净利率＝1200÷4000×100%＝12%×1.25×2＝30%

乙公司权益净利率＝24%×0.6×1.5＝21.6%

甲公司相对于乙公司的权益净利率的差异＝30%－21.6%＝8.4%

营业净利率差异的影响＝(12%－24%)×0.6×1.5＝－10.8%

总资产周转次数差异的影响＝12%×(1.25－0.6)×1.5＝11.7%

权益乘数差异的影响＝12%×1.25×(2－1.5)＝7.5%

坤坤提示

(1)看清楚题目是否有定量分析的要求，要求定量分析才做因素分析。

(2)上述题目中驱动因素是以“连乘”的形式出现，考试中不一定是“连乘”形式出现。

(3)差额分析法只适用于当综合指标等于各因素之间连乘时，当综合指标是各影响因素间“加”或“减”形式时，不能用差额分析法。

专题二

资本成本

本专题包含5天的学习内容，具体如下：

DAY6　资本成本的概念

DAY7　债务资本成本的估计

DAY8　普通股资本成本的估计

DAY9　混合筹资资本成本的估计

DAY10　加权平均资本成本的计算

其中，比较重要的考点是DAY7、8、10，对于个别资本成本的估计以及加权平均资本成本的计算尤其重要。

DAY 6 资本成本的概念

划重点

一、资本成本的概念★

(一)概念

(1)资本成本是指投资资本的机会成本，也称为投资项目的取舍率、最低可接受的报酬率。

(2)包含内容：①与筹资活动有关，是公司募集和使用资金的成本，即筹资的成本；②与投资活动有关，是投资的必要报酬率。

坤坤解读 资本成本的理解，可从以下两方面解读：①站在筹资方的角度来看，筹集到外部资金，需要付给对方的代价，即资金提供者丧失的一种潜在的收益就作为筹资方的资本成本；②当筹集到资金以后，用这些筹集到的资金去投资于别的项目，项目的投资回报率不能低于筹资时付出的代价，那么为什么投资于A项目而不投资于B项目？投资于A项目丧失的一种潜在的收益(即投资于B项目的回报率)就成为了投资于A项目的机会成本。

(二)公司的资本成本

公司的资本成本是指组成公司资本结构的各种资金来源的成本的组合，也就是各种资本要素成本的加权平均数。

1. 资本成本是公司取得资本使用权的代价

投资人的税前必要报酬率等于公司的税前资本成本。

2. 资本成本是公司投资人的必要报酬率

(1)假设不考虑所得税、交易费用等其他因素的影响，公司资本成本是投资人的必要报酬率。

(2)公司的资本成本与资本市场有关，如果市场上其他的投资机会的报酬率升高，公司的资本成本也会上升。(即“水涨船高”)

3. 不同来源的资本成本不同

(1)债权人要求的报酬率即利率。

(2)股东要求的报酬率来自股利和股价上涨两方面。

4. 不同公司的资本成本不同

一个公司资本成本的高低，取决于三方面：

(1)无风险利率，是指无风险投资所要求的报酬率。

(2)经营风险溢价，是指由于公司未来前景的不确定性导致的要求报酬率增加的部分。

(3)财务风险溢价，是指高财务杠杆产生的风险。

坤坤解读 由于无风险利率针对任何公司而言都是相等的，所以不同公司资本成本的差别主要来自经营风险溢价和财务风险溢价。

(三)投资项目的资本成本

投资项目的资本成本是指项目本身所需投资资本的机会成本。

项目资本成本即项目的必要报酬率的高低取决于资本运用于什么项目，又受筹资来源的影响。项目资本成本可以等于、高于或者低于公司的资本成本，主要看项目的风险与公司现有资产平均风险之间的关系，即①如果公司新的投资项目的风险与企业现有资产平均风险相同，则项目资本成本等于公司资本成本；②如果新的投资项目的风险高于企业现有资产的平均风险，则项目资本成本高于公司资本成本；③如果新的投资项目的风险低于企业现有资产的平均风险，则项目资本成本低于公司的资本成本。

二、资本成本的影响因素(见表 6-1)★

表 6-1　资本成本的影响因素

影响因素		要点
外部因素	利率	市场利率上升，公司的债务成本会上升，也会引起普通股和优先股的成本上升
	市场风险溢价	市场风险溢价由资本市场上的供求双方决定，个别公司无法控制； 根据资本资产定价模型，市场风险溢价会影响股权成本
	税率	税率是政府政策，个别公司无法控制； 税率变化直接影响税后债务成本以及公司加权平均资本成本
内部因素	资本结构	适度负债的资本结构下，资本成本最小； 增加债务的比重，会使平均资本成本趋于降低，同时会加大公司的财务风险，财务风险提高，又会引起债务成本和权益成本上升
	投资政策	公司的资本成本反映现有资产的平均风险； 如果公司向高于现有资产风险的新项目大量投资，公司资产的平均风险就会提高，并使得资本成本上升

例解答·练

例题

例 (多选题)下列关于投资项目资本成本的说法中，正确的有(　　)。

A. 资本成本是投资项目的取舍率

B. 资本成本是投资项目的必要报酬率

C. 资本成本是投资项目的机会成本

D. 资本成本是投资项目的内含报酬率

解 公司资本成本是投资人针对整个公司要求的报酬率，或者说是投资者对于企业全部资产要求的必要报酬率。项目资本成本是公司投资于资本支出项目所要求的必要报酬率。选项 D，项目的内含报酬率是真实的报酬率，即使得未来现金流入的现值等于未来现金流出现值的折现率，不是资本成本。其余均是正确答案。

答 ABC

习题

【单选题】 下列关于资本成本的表述中，不正确的是(　　)。

A. 资本成本是公司取得资金使用权所付出的代价

B. 资本成本是公司投资人要求的最低必要报酬率

C. 资本成本是指投资资本的机会成本，这种成本是企业实际支付的成本

D. 项目资本成本即项目的必要报酬率的高低，取决于资本运用于什么项目，又受筹资来源的影响

参考答案及解析

C **【解析】** 资本成本是指投资资本的机会成本，这种成本不是企业实际付出的成本，而是一种丧失的潜在收益，即机会成本，所以选项 C 说法错误。

DAY 7 债务资本成本的估计

划重点

一、债务资本成本的概念★

(1)概念：债务成本就是确定债权人要求的收益率。

(2)债务筹资的成本通常低于权益筹资的成本。

(3)债务资本成本的区分。

区分历史成本和未来成本：作为投资决策和企业价值评估依据的资本成本，只能是未来借入新债务的成本。

区分债务的承诺收益与期望收益：对于筹资人来说，债权人的期望收益是其债务的真实成本；因为存在违约风险，债务投资组合的期望收益低于合同规定的收益。

区分长期债务和短期债务成本：由于加权平均资本成本主要用于资本预算，涉及的债务是长期债务，因此通常的做法是只考虑长期债务，而忽略各种短期债务。

值得注意的是，有时候公司无法发行长期债券或取得长期银行借款，被迫采用短期债务筹资并将其不断续约。这种债务，实质上是一种长期债务，是不能忽略的。

二、税前债务资本成本的估计 ★★

(一)不考虑发行费用的税前债务资本成本估计

1. 到期收益率法

(1)原理。

逐步测试求折现率，即找到使得未来现金流出的现值等于未来现金流入现值的那个折现率，用内插法求解。

(2)适用范围。

公司目前有上市的长期债券。

(3)计算公式。

$$P_0=\sum_{t=1}^{n}\frac{\text{利息}}{(1+k_d)^t}+\frac{\text{本金}}{(1+k_d)^n}$$

式中：P_0——债券的市价；

k_d——到期收益率即税前债务资本成本；

n——债务的剩余期限，通常以年表示。

如果债券不是按年付息，而是每年付息 m 次，则上述公式将调整为：

$$P_0=\sum_{t=1}^{mn}\frac{利息\div m}{(1+r_d)^t}+\frac{本金}{(1+r_d)^{mn}}$$

式中：P_0——债券的市价；

r_d——计息期折现率；

m——每年计息次数；

n——债券的剩余期限，通常以年表示。

债务税前资本成本=有效年利率=$(1+r_d)^m-1$

2. **可比公司法**

(1)原理。计算可比公司长期债券的到期收益率，作为本公司的长期债务成本。

(2)适用范围。**公司没有上市的债券，可以找到一个拥有可交易债券的可比公司作为参照物。**

(3)注意问题。可比公司应当与目标公司**处于同一行业，具有类似的商业模式。最好两者的规模、负债比率和财务状况**也比较类似。

3. **风险调整法**

(1)适用范围。**适用于公司没有上市债券且找不到可比公司的情况，但需要有公司的信用评级资料。**

(2)计算公式。**税前债务成本=同期限政府债券的市场回报率+企业的信用风险补偿率。**

(3)信用风险补偿率的确定。①选择若干**信用级别**与本公司**相同**的上市公司债券(不一定符合可比公司条件)；②计算这些上市公司债券的到期收益率；③计算与这些上市公司债券同期的长期政府债券的到期收益率(无风险利率)；④计算上述两个到期收益率的差额，即信用风险补偿率；⑤计算信用风险补偿率的平均值，作为本公司的信用风险补偿率。

坤坤提示 同期限指的是到期日相同，而不是债券的发行期限相同。

4. **财务比率法**

(1)适用范围。**公司没有上市的长期债券，找不到合适的可比公司，也没有信用评级资料。**

(2)做法。需要知道目标公司的关键财务比率，根据这些比率可以大体上判断该公司的信用级别，有了信用级别就可以使用风险调整法确定其债务成本。

(二)考虑发行费用的税前债务资本成本估计

如果在估计债券资本成本时考虑发行费用，则需要将其从筹资额中扣除，此时，债券的税前资本成本 k_d 应使下式成立：

$$P_0\times(1-F)=\sum_{t=1}^{n}\frac{利息}{(1+k_d)^t}+\frac{本金}{(1+k_d)^n}$$

债券的税后成本 $k_{dt}=k_d\times(1-T)$

式中：F——筹资费用率。

T——所得税税率。

例解答·练

例题

例 1.（多选题）企业在进行资本预算时需要对债务成本进行估计。如果不考虑所得税的影响，下列关于债务成本的说法中，正确的有（　　）。

A. 债务成本等于债权人的期望收益

B. 当不存在违约风险时，债务成本等于债务的承诺收益

C. 估计债务成本时，应使用现有债务的资本成本

D. 计算加权平均资本成本时，通常不需要考虑短期债务

解 债务资本成本即是债权人要求的期望收益率；若不存在违约风险，那么债务资本成本就等于债务的承诺收益，但是如果存在违约风险，那么债务人的承诺收益就"不靠谱"了，就要用债权人的期望收益率作为债务人的资本成本；另外，计算加权平均资本成本时，通常无需考虑短期债务，但是若短期债务不断续约，此时的短期债务就成为长期债务的"变相"形式，就要考虑短期债务了。现有债务的资本成本与决策无关，应使用未来新借入债务的资本成本计算，选项 C 的说法不正确。所以正确答案是 ABD。

答 ABD

例 2.（多选题）甲公司目前没有上市债券，在采用可比公司法测算公司的债务资本成本时，选择的可比公司应具有的特征有（　　）。

A. 与甲公司在同一行业

B. 拥有可上市交易的长期债券

C. 与甲公司商业模式类似

D. 与甲公司在同一生命周期阶段

解 如果需要计算债务成本的公司，没有上市债券，就需要找一个拥有可交易债券的可比公司作为参照物。可比公司应当与目标公司处于同一行业，具有类似的商业模式。因此本题正确答案为选项 ABC。

答 ABC

例 3.（计算分析题）甲公司拟于 2019 年底平价发行债券，面值 1000 元，票面利率 6%，期限 10 年，每年末付息一次，到期还本。甲公司尚无上市债券，也找不到合适的可比公司，评级机构评定甲公司的信用级别为 AA 级。目前上市交易的 AA 级公司债券及与之到期日相近的政府债券信息如下：

公司债券			政府债券	
发行公司	到期日	到期收益率	到期日	到期收益率
乙	2022 年 11 月 30 日	5.69%	2022 年 12 月 10 日	4.42%
丙	2025 年 1 月 1 日	6.64%	2024 年 11 月 15 日	5.15%
丁	2029 年 11 月 30 日	7.84%	2029 年 12 月 10 日	5.95%

要求：利用风险调整法，计算甲公司税前债务资本成本。

答 (1)先去找与甲公司同期限的长期政府债券的到期收益率作为无风险利率的代表，即5.95%。

(2)计算与甲公司信用级别相同的上市公司发行的公司债券的信用风险补偿率的平均值作为甲公司信用风险补偿率，(5.69%−4.42%+6.64%−5.15%+7.84%−5.95%)/3=1.55%。

(3)甲公司的税前资本成本=同期限长期政府债券的到期收益率+信用风险补偿率=5.95%+1.55%=7.5%。

习题

1.【单选题】在进行投资决策时，需要估计的债务成本是(　　)。

A. 现有债务的承诺收益　　B. 未来债务的期望收益

C. 未来债务的承诺收益　　D. 现有债务的期望收益

2.【单选题】甲公司采用风险调整法估计债务成本，在选择若干已上市公司债券以确定本公司的信用风险补偿率时，应当选择(　　)。

A. 与本公司债券期限相同的债券

B. 与本公司信用级别相同的债券

C. 与本公司所处行业相同的公司的债券

D. 与本公司商业模式相同的公司的债券

参考答案及解析

1. B 【解析】“也许承诺，不过证明没把握”表明，承诺收益可能不靠谱，有可能存在违约风险。对于筹资人来说，债权人的期望收益是其债务的真实成本。所以正确答案是B。

2. B 【解析】确定本公司的信用风险补偿率时，需要确定信用风险的大小，通常用信用级别来估计，具体应当选择若干信用级别与本公司相同的上市的公司债券(不一定符合可比公司的条件)。

普通股资本成本的估计

划重点

一、不考虑发行费用的普通股资本成本的估计 ★★★

（一）资本资产定价模型

$r_S=r_{RF}+\beta\times(r_m-r_{RF})$

式中：r_{RF}——无风险利率；

β——该股票的贝塔系数；

r_m——平均风险股票报酬率；

(r_m-r_{RF})——市场风险溢价；

$\beta\times(r_m-r_{RF})$——该股票的风险溢价。

1. 无风险利率的估计

常见做法：选择 10 年期政府债券利率作为无风险利率的代表。

（1）选择短期政府债券利率还是长期政府债券利率，如表 8-1 所示。

表 8-1　短期与长期政府债券利率的选择

通常做法	理由
选择长期政府债券的利率比较适宜	①普通股是长期的有价证券；②资本预算涉及的时间长；③长期政府债券的利率波动较小

（2）选择票面利率还是到期收益率，如表 8-2 所示。

表 8-2　票面利率与到期收益率的选择

通常做法	理由
应当选择上市交易的政府长期债券的到期收益率作为无风险利率的代表	不同年份发行的长期政府债券，其票面利率不同，有时相差较大。长期政府债券的付息期不同，有半年期或一年期等，还有到期一次还本付息的。因此，票面利率是不适宜的

（3）选择名义利率还是实际利率（也叫真实无风险利率）。

通货膨胀的影响（见表 8-3）。

表 8-3　通货膨胀的影响

对利率的影响	名义利率是指包含了通货膨胀因素的利率，实际利率是指排除了通货膨胀因素的利率。两者的关系可表述如下式： $1+r_{名义}=(1+r_{实际})\times(1+通货膨胀率)$

续表

对现金流量的影响	如果企业对未来现金流量的预测是基于预算年度的价格水平，并消除了通货膨胀的影响，那么这种现金流量称为实际现金流量。 包含了通货膨胀影响的现金流量，称为名义现金流量。两者的关系为： 名义现金流量=实际现金流量×(1+通货膨胀率)^n 式中：n——相对于基期的期数

决策分析的基本原则：名义现金流量要使用名义折现率进行折现，实际现金流量要使用实际折现率进行折现。

实务中的处理方式(见表8-4)。

表8-4　实务中的处理方式

通常做法	一般情况下使用含通胀的名义货币编制预计财务报表并确定现金流量，与此同时，使用含通胀的无风险利率计算资本成本
使用实际利率的情况	①存在恶性的通货膨胀(通货膨胀率已经达到两位数)时，最好使用排除通货膨胀的实际现金流量和实际利率；②预测周期特别长，如核电站投资等

2. 股票β值的估计

β的计算方法有两种：定义法和回归直线法，两种方法都是建立在历史数据的基础上。

(1)估计β值(见表8-5)。

表8-5　估计股票β值

预测期间的长度	①较长的期限虽然可以提供较多数据更具代表性，但公司本身的风险特征可能发生变化；②公司风险特征无重大变化时，可以采用5年或更长的预测期长度；③如果公司风险特征发生重大变化，应当使用变化后的年份作为预测期长度
收益计量的时间间隔	①使用每周或每月的报酬率并广泛采用；②较少使用年报酬率：因为需要很多年的数据，在此期间资本市场和企业都发生很大变化；③不使用日报酬率：因为没有成交或交易的日子报酬率为0，此偏差会降低股票报酬率与市场组合报酬率之间的相关性，也会降低β值

(2)采用历史的β值估计权益成本的条件。主要看β值的驱动因素有没有发生重大变化，包括：①经营风险；②财务风险。

3. 市场风险溢价的估计

(1)概念。是指在一个相当长的历史时期里，市场平均收益率与无风险资产平均收益率之间的差异。

(2)市场收益率r_m的估计(见表8-6)。

表8-6　市场收益率r_m的估计

注意问题	理由
选择时间跨度	由于股票收益率非常复杂多变，影响因素很多，因此，较短的期间所提供的风险溢价比较极端，无法反映平均水平，因此应选择较长的时间跨度。既要包括经济繁荣时期，也包括经济衰退时期

续表

注意问题	理由
选择算术平均数还是几何平均数	多数人倾向于采用几何平均法，因为能更好地预测长期的平均风险溢价

（二）股利增长模型

假设收益以固定的年增长率递增，则股权资本成本的计算公式为：

$$r_S=\frac{D_1}{P_0}+g=\frac{D_0(1+g)}{P_0}+g$$

估计长期平均增长率的方法有历史增长率、可持续增长率和采用证券分析师的预测。

1. 历史增长率（见表 8-7）

表 8-7　历史增长率

依据	这种方法是根据过去的股利支付数据估计未来的股利增长率
估算方法	股利增长率可以按几何平均数计算，也可以按算术平均数计算

2. 可持续增长率

（1）计算公式。

股利的增长率=可持续增长率=期初权益预期净利率×预计利润留存率

（2）根据可持续增长率估计股利增长率的假设条件：①利润留存率不变；②预期新投资的权益净利率等于当前期望报酬率；③公司不发行新股或回购股票；④保持当前的经营效率和财务政策不变。

3. 采用证券分析师的预测

存在问题：证券分析师发布的各公司增长率预测值，通常是分年度或季度的，而不是唯一的长期增长率。

解决办法：

（1）将不稳定的增长率平均化，计算未来足够长期间（30～50 年）的年度增长率的几何平均数。

（2）根据不均匀的增长率直接计算股权成本。

（三）债券收益率风险调整模型

$$r_s=r_{dt}+RP_c$$

式中：r_{dt}——税后债务成本；

RP_c——股东比债权人承担更大风险所要求的风险溢价。

其中，风险溢价的估计方法如表 8-8 所示。

表 8-8　风险溢价的估计方法

经验估计	某企业普通股风险溢价对自己发行的债券的溢价在 3%～5% 之间；对风险较高的股票用 5%，风险较低的股票用 3%
历史数据分析	比较过去不同年份的权益报酬率和债券收益率，两者的差额相当稳定

坤坤提示 留存收益作为内部权益资本，无需考虑筹资费用，其资本成本的估计与不考虑发行费用的普通股资本成本相同。

二、考虑发行费用的普通股资本成本的估计

(1)新发行普通股成本即外部股权成本，有：

$$r_S=\frac{D_1}{P_0(1-F)}+g$$

式中：F——发行费用率。

(2)考虑筹资费用时，新发行普通股的成本高于来自留存收益的内部权益筹资成本。

例解答·练

例题

例 1.(多选题)资本资产定价模型是估计权益成本的一种方法。下列关于资本资产定价模型参数估计的说法中，正确的有(　　)。

A. 估计无风险报酬率时，通常可以使用上市交易的政府长期债券的票面利率

B. 估计贝塔值时，使用较长年限数据计算出的结果比使用较短年限数据计算出的结果更可靠

C. 估计市场风险溢价时，使用较长年限数据计算出的结果比使用较短年限数据计算出的结果更可靠

D. 预测未来资本成本时，如果公司未来的业务将发生重大变化，则不能用企业自身的历史数据估计贝塔值

解 估计无风险报酬率时，通常可以使用上市交易的政府长期债券的到期收益率而不是票面利率，选项 A 错误；估计贝塔值时，公司风险特征无重大变化时，可以采用 5 年或更长的预测期长度；如果公司风险特征发生重大变化，应当使用变化后的年份作为预测期长度。选项 B 错误。所以选项 CD 正确。

答 CD

例 2.(多选题)甲公司是一家稳定发展的制造业企业，经营效率和财务政策过去十年保持稳定且预计未来继续保持不变，未来不打算增发或回购股票，公司现拟用股利增长模型估计普通股资本成本。下列各项中，可作为股利增长率的有(　　)。

A. 甲公司可持续增长率　　B. 甲公司历史股价增长率

C. 甲公司内含增长率　　D. 甲公司历史股利增长率

解 股利增长模型下，股利增长率的估计方法有历史增长率、可持续增长率与采用证券分析师的预测。甲公司经营效率和财务政策预计未来继续保持不变，未来不打算增发或回购股票，因此可以采用可持续增长率估计股利增长率；经营效率和财务政策过去十年保持稳定，且预计未来继续保持不变，未来不打算增发或回购股票，所以，未来的可持续增长率=历史的可持续增长率=历史的股利增长率，因此可以采用历史股利增长率估计股利增长率。

答 AD

 3.(单选题)该公司债务税前利率为 8%，股权相对债权风险溢价为 5%，企业所得税税率为 25%，则股票资本成本为(　　)。

A. 13%　　　　B. 11%

C. 10%　　　　D. 8%

解 本题焦点在于“税后债务资本成本”。按照债券收益率风险调整模型 $r_s=r_{dt}+RP_c=8\%\times(1-25\%)+5\%=11\%$。因此选项 B 是正确答案。

答 B

习题

1.【单选题】下列关于“运用资本资产定价模型估计权益成本”的表述中，错误的是(　　)。

A. 通货膨胀率较低时，可选择上市交易的政府长期债券的到期收益率作为无风险利率

B. 公司三年前发行了较大规模的公司债券，估计 β 系数时应使用发行债券日之后的交易数据计算

C. 金融危机导致过去两年证券市场萧条，估计市场风险溢价时应剔除这两年的数据

D. 为了更好地预测长期平均风险溢价，估计市场风险溢价时应使用权益市场的几何平均收益率

2.【计算分析题】B 公司是一家制造企业，2019 年度财务报表有关数据如下：

单位：万元

项目	2019 年
营业收入	10000
营业成本	6000
销售及管理费用	3240
息前税前利润	760
利息支出	135
利润总额	625
所得税费用	125
净利润	500
本期分配股利	350
本期利润留存	150
期末股东权益	2025
期末流动负债	700
期末长期负债	1350
期末负债合计	2050
期末流动资产	1200
期末长期资产	2875
期末资产总计	4075

B 公司没有优先股，目前发行在外的普通股为 1000 万股。假设 B 公司的资产全部为经营资产，流动负债全部是经营负债，长期负债全部是金融负债。公司目前已达到稳定增长

状态，未来年度将维持2019年的经营效率和财务政策不变(包括不增发新股和回购股票)，可以按照目前的利率水平在需要的时候取得借款，不变的营业净利率可以涵盖不断增加的负债利息。2019年的期末长期负债代表全年平均负债，2019年的利息支出全部是长期负债支付的利息。公司适用的所得税税率为20%。

要求：

(1)计算B公司2020年的预期销售增长率(百分比保留整数)。

(2)计算B公司未来的预期股利增长率。

(3)假设B公司2020年年初的股价是9.45元，计算B公司的股权资本成本和加权平均资本成本。

3. **【单选题】**甲公司是一家上市公司，使用“债券收益率风险调整模型”估计甲公司的权益资本成本时，债券收益是指(　　)。

A. 政府发行的长期债券的票面利率

B. 政府发行的长期债券的到期收益率

C. 甲公司发行的长期债券的税前债务成本

D. 甲公司发行的长期债券的税后债务成本

参考答案及解析

1. C **【解析】**估计市场风险溢价时，为了使得数据计算更有代表性，应该选择较长的时间跨度，其中既包括经济繁荣时期，也包括经济衰退时期。

2. (1)由于B公司未来年度将维持2019年的经营效率和财务政策不变(包括不增发新股和回购股票)，因此B公司2020年的预期销售增长率=2019年的可持续增长率=150÷(2025−150)=8%。

(2)由于B公司满足可持续增长的条件，因此预期股利的增长率=可持续增长率=8%。

(3)2019年每股股利(D_0)=350/1000=0.35(元/股)，

股权资本成本$=\frac{0.35\times(1+8\%)}{9.45}+8\%=12\%$，

长期负债成本=135/1350×(1−20%)=8%，

长期负债(金融负债)与所有者权益之和(净投资资本)=1350+2025=4075−700=3375(万元)，

加权平均资本成本=8%×(1350/3375)+12%×(2025/3375)=10.4%。

3. D **【解析】**股权成本=本公司税后债务成本+股东比债权人承担更大风险所要求的风险溢价。

DAY 9 混合筹资资本成本的估计

划重点

混合筹资兼具债权和股权筹资双重属性，主要包括优先股筹资、永续债筹资、可转换债券筹资、认股权证筹资等。

(一)优先股资本成本的估计

包括股息和发行费用，其计算公式：

$$优先股资本成本=\frac{每股年股息}{每股发行价格\times(1-发行费用率)}$$

(二)永续债资本成本的估计

永续债发行方只需支付利息，没有还本义务，其计算公式：

$$永续债资本成本=\frac{每年利息}{发行价格\times(1-发行费用率)}$$

【注意】如果永续债的计息期小于1年，则：

$$永续债每期资本成本=\frac{每期利息}{发行价格\times(1-发行费用率)}$$

$$永续债资本成本(有效年利率)=(1+每期资本成本)^{每年付息次数}-1$$

例解答·练

例题

例 (单选题)某企业经批准发行永续债，发行费用率和年利息率分别为5%和9%，每半年付息一次，所得税税率为25%，则永续债的税后资本成本为(　　)。

A. 9.47%　　B. 9.70%

C. 7.28%　　D. 5.49%

解 (1)求解半年期的资本成本：$r=4.5\%/(1-5\%)=4.74\%$。

(2)把半年期的资本成本换算为年有效税前资本成本：$(1+4.74\%)^2-1=9.7\%$。

(3)计算永续债税后资本成本：$9.7\%\times(1-25\%)=7.28\%$。选项C正确。

答 C

DAY 10 加权平均资本成本的计算

划重点

加权平均资本成本是公司全部长期资本的平均成本，一般按各种长期资本的比例加权计算，故称加权平均资本成本。

计算方法★★

（一）计算公式

$$r_{wacc}=\sum_{j=1}^{n} r_j W_j$$

式中：r_{wacc}——加权平均资本成本；

r_j——第 j 种个别资本成本；

W_j——第 j 种个别资本占全部资本的比重（权数）；

n——表示不同种类的筹资。

（二）权重的选择

1. 账面价值权重

概念：根据企业资产负债表上显示的会计价值来衡量每种资本的比例。

优点：数据容易取得，计算方便。

缺点：①账面结构反映的是历史的结构，不一定符合未来的状态；②账面价值权重会歪曲资本成本。

2. 实际市场价值权重

概念：根据当前负债和权益的市场价值比例衡量每种资本的比例。

缺点：由于市场价值不断变动，负债和权益的比例也随之变动，计算出的加权平均资本成本数额也是经常变化的。

3. 目标资本结构权重

概念：根据按市场价值计量的目标资本结构衡量每种资本要素的比例。

优点：①这种方法可以选用平均市场价格，回避证券市场价格变动频繁的不便；②可以适用于公司评价未来的资本结构，而账面价值权数和实际市场价值权数只反映过去和现在的资本结构。

因此，目标资本结构权重更为适合。

例解答·练

例题

例 (多选题)下列关于计算加权平均资本成本的说法中，正确的有(　　)。

A. 计算加权平均资本成本时，理想的做法是按照以市场价值计量的目标资本结构的比例计量每种资本要素的权重

B. 计算加权平均资本成本时，每种资本要素的相关成本是未来增量资金的机会成本，而非已经筹集资金的历史成本

C. 计算加权平均资本成本时，需要考虑发行费用的债务应与不需要考虑发行费用的债务分开，分别计量资本成本和权重

D. 计算加权平均资本成本时，如果筹资企业处于财务困境，需将债务的承诺收益率而非期望收益率作为债务成本

解 目标资本结构加权是指根据按市场价值计量的目标资本结构衡量每种资本要素的比例，所以选项A正确；作为投资决策和企业价值评估依据的资本成本，只能是未来新的成本，现有的历史成本，对于未来的决策是不相关的沉没成本，选项B正确；存在发行费用，会增加成本，所以需要考虑发行费用的债务应与不需要考虑发行费用的债务分开，分别计量资本成本和权重，选项C正确；因为存在违约风险，债务投资组合的期望收益低于合同规定的收益，对于筹资人来说，债权人的期望收益是其债务的真实成本，所以选项D错误。

答 ABC

习题

【计算分析题】 甲公司是一家上市公司，主营医药生产和销售。2019年7月1日，为对公司业绩进行评价，需估算其资本成本。相关资料如下：

(1)甲公司目前长期资本中有长期债券1万份，普通股600万股，没有其他长期债务和优先股。长期债券发行于2018年7月1日，期限5年，每张债券票面金额1000元，票面利率8%，每年6月30日和12月31日付息。公司目前长期债券每份市价935.33元，普通股每股市价10元。

(2)目前无风险利率6%，股票市场平均收益率11%，甲公司普通股贝塔系数1.4。

(3)甲公司的企业所得税税率25%。

要求：

(1)计算甲公司长期债券税前资本成本。

(2)用资本资产定价模型计算甲公司普通股资本成本。

(3)以公司目前的实际市场价值为权重，计算甲公司加权平均资本成本。

(4)在计算公司加权平均资本成本时，有哪几种权重计算方法？简要说明各种权重计算方法并比较优缺点。

参考答案及解析

(1)令计息期债务资本成本为 r_d，则 $1000\times8\%/2\times(P/A,\ r_d,\ 8)+1000\times(P/F,\ r_d,\ 8)=935.33$，

当 $r_d=5\%$，$1000\times8\%/2\times(P/A,\ 5\%,\ 8)+1000\times(P/F,\ 5\%,\ 8)=40\times6.4632+1000\times0.6768=935.33$，

所以 $r_d=5\%$，长期债券税前资本成本 $=(1+5\%)^2-1=10.25\%$。

(2)普通股资本成本 $=6\%+1.4\times(11\%-6\%)=13\%$。

(3)加权平均资本成本 $=10.25\%\times(1-25\%)\times1\times935.33/(1\times935.33+600\times10)+13\%\times600\times10/(1\times935.33+600\times10)=12.28\%$。

(4)计算公司的加权平均资本成本，有三种权重依据可供选择，即账面价值权重、实际市场价值权重和目标资本结构权重。

账面价值权重：是指根据企业资产负债表上显示的会计价值来衡量每种资本的比例。资产负债表提供了负债和权益的金额，计算时很方便。但是，账面结构反映的是历史的结构，不一定符合未来的状态；账面价值会歪曲资本成本，因为账面价值与市场价值有极大的差异。

实际市场价值权重：是根据当前负债和权益的市场价值比例衡量每种资本的比例。由于市场价值不断变动，负债和权益的比例也随之变动，计算出的加权平均资本成本数额也是经常变化的。

目标资本结构权重：是根据按市场价值计量的目标资本结构衡量每种资本要素的比例。公司的目标资本结构，代表未来将如何筹资的最佳估计。如果公司向目标资本结构发展，目标资本结构权重更为合适。这种权重可以选用平均市场价格，回避证券市场价格变动频繁的不便；可以适用于公司评价未来的资本结构，而账面价值权重和实际市场价值权重仅反映过去和现在的资本结构。

专题三 债券、股票价值评估

本专题包含5天的学习内容，具体如下：

DAY11　债券价值评估

DAY12　普通股价值评估

DAY13　混合筹资工具价值评估

DAY14　风险与报酬（一）

DAY15　风险与报酬（二）

其中，比较重要的考点是DAY11-13，对于债券与普通股的价值评估全面掌握。

对于财管教材所讲的价值评估，更多是从可持续发展的角度来看待的，利用现金流量折现模型，把该资产在未来产生的现金流量按照一定的折现率折成现值就成为了该资产的评估价值。

债券价值评估

划重点

一、债券价值的评估方法★★

债券价值是发行者按照合同规定从现在至债券到期日所支付的款项的现值，折现率取决于当前等风险投资的市场利率。

（一）债券的估值模型

1. 平息债券

平息债券是指利息在到期时间内平均支付的债券。支付的频率可能是一年一次、半年一次或每季度一次等。

（1）每年付息一次。

$PV=I\times(P/A, i, n)+M\times(P/F, i, n)$

式中：I——年利息；

i——有效年折现率；

n——到期前的年数。

（2）每年付息多次。

$PV=I/m\times(P/A, r_d/m, m\times n)+M\times(P/F, r_d/m, m\times n)$

式中：I/m——每期的利息；

r_d/m——折现周期折现率；

$m\times n$——到期前的折现周期数。

2. 纯贴现债券

纯贴现债券是指承诺在未来某一确定日期按面值支付的债券。这种债券在到期日前购买人不能得到任何现金支付，因此也称为“零息债券”。

3. 流通债券

概念：是指已发行并在二级市场上流通的债券。

特点：①到期时间小于债券发行在外的时间；②估值的时点不在发行日，可以是任何时点，会产生“非整数计息期”问题。

二、债券价值的影响因素★

债券价值的影响因素包括：面值、票面利率、付息期、折现率、到期时间。

1. 面值

面值越大，债券价值越大（同向变化）。

2. 票面利率

票面利率越大，债券价值越大(同向变化)。

3. 折现率

(1)债券价值与折现率反向变动。

(2)债券定价规则(见表 11-1)。

前提：票面利率与折现率的计息规则相同

表 11-1　债券定价规则

票面利率=折现率	债券价值=面值
票面利率<折现率	债券价值<面值
票面利率>折现率	债券价值>面值

4. 到期时间

到期时间与连续付息的平息债券价值如图 11-1 所示。

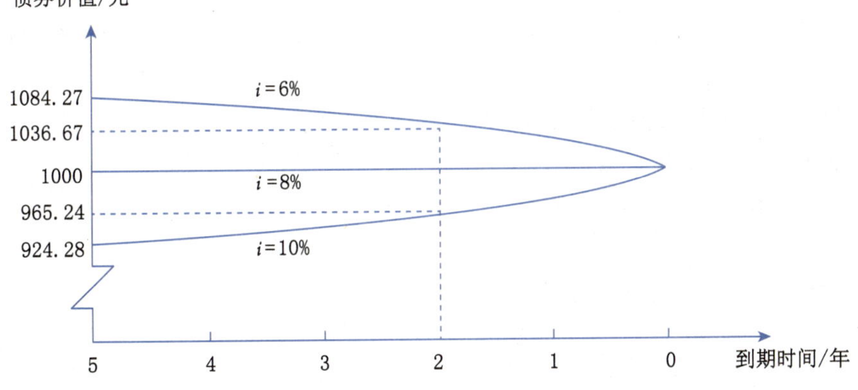

图 11-1　到期时间与连续付息的平息债券价值

(1)平息债券。

折现率保持不变时，有以下情况：①溢价发行：随着到期时间的缩短，债券价值逐渐下降；②平价发行：随着到期时间的缩短，债券价值不变(水平直线)；③折价发行：随着到期时间的缩短，债券价值逐渐上升。最终都向面值靠近。

其他条件相同情况下，对新发债券来说：①溢价发行的债券，期限越长，价值越大；②折价发行的债券，期限越长，价值越小；③平价发行的债券，期限长短不影响价值。

坤坤解读　对于溢价发行的债券，由于票面利率大于实际利率(即折现率)，当发行期限越长，把债券的票面利息用一个较低的折现率来折现的话，其价值就越大；同理，对于折价发行的债券，由于票面利率小于实际利率(即折现率)，当发行期限越长，把债券的票面利息用一个较高的折现率来折现的话，其价值就越小。

(2)零息债券。

随着到期时间的缩短，债券价值逐渐上升，向面值接近。

(3)到期一次还本付息债券。

随着到期时间的缩短，债券价值逐渐上升。

5. 利息支付频率。

债券付息期越短价值越小的现象，仅出现在折价出售的状态。如果债券溢价出售，则情况正好相反。

【结论】

对于折价发行的债券，加快付息频率，价值下降；

对于溢价发行的债券，加快付息频率，价值上升；

对于平价发行的债券，加快付息频率，价值不变。

坤坤解读 对于折价发行的债券，由于票面利率小于实际利率（即折现率），当加快付息频率时，把票面利息用一个较大的折现率来折现的话，其价值就越小；同理，对于溢价发行的债券，由于票面利率大于实际利率（折现率），当加快付息频率时，把票面利息用一个较小的折现率来折现的话，其价值就越大。

三、债券的到期收益率★★

1. 概念

以特定价格购买债券并持有至到期日所能获得的报酬率。它是使未来现金流量现值等于债券购入价格的折现率。

若到期收益率>必要收益率，则债券值得投资。

2. 计算方法

“内插法”：求解含有折现率的方程。

3. 结论

(1)平价发行的债券，其到期收益率等于票面利率。

(2)溢价发行的债券，其到期收益率低于票面利率。

(3)折价发行的债券，其到期收益率高于票面利率。

4. 决策原则

当到期收益率高于投资人要求的必要收益率，该债券值得投资。

例解答·练

例题

例 1.(单选题)假设折现率保持不变，溢价发行的每间隔一段时间支付一次利息的平息债券自发行后债券价值(　　)。

A. 逐渐下降，至到期日等于债券面值

B. 波动下降，到期日之前一直高于债券面值

C. 波动下降，到期日之前可能等于债券面值

D. 波动下降，到期日之前可能低于债券面值

解 溢价发行的每间隔一段时间支付一次利息的平息债券发行后债券价值随着到期日的临近是波动下降的，因为溢价债券在发行日和付息时点债券的价值都是高于面值的，而在两个付息日之间债券的价值又是上升的，所以至到期日之前债券的价值会一直高于债券面值，直到到期日

那一天的价值等于债券面值，即“价值回归”。

答 B

例 2.（计算分析题）小王购买个人住房向甲银行借款300000元，年利率6%，每半年计息一次，期限5年，自2018年1月1日至2023年1月1日止，小王选择等额本息还款方式偿还贷款本息，还款日在每年的7月1日和1月1日。2019年12月末小王收到单位发放的一次性年终奖60000元，正在考虑这笔奖金的两种使用方案：

（1）2020年1月1日提前偿还银行借款60000元。（当日仍需偿原定的每期还款额）

（2）购买乙国债并持有至到期，乙国债为5年期债券，每份债券面值1000元，票面利率4%，单利计息，到期一次还本付息，乙国债还有3年到期，当前价格1020元。

要求：

（1）计算投资乙国债的到期收益率。小王应选择提前偿还银行借款还是投资国债，为什么？

（2）计算当前每期还款额，如果小王选择提前偿还银行借款，计算提前还款后的每期还款额。

答（1）设投资乙国债的到期收益率为 i，则 $1020=1000\times(1+4\%\times5)\times(P/F, i, 3)$

$(P/F, i, 3)=0.85$

当 $i=5\%$时，$(P/F, 5\%, 3)=0.8638$

当 $i=6\%$时，$(P/F, 6\%, 3)=0.8396$

$(i-5\%)/(6\%-5\%)=(0.85-0.8638)/(0.8396-0.8638)$

$i=5.57\%$

银行借款的年有效税前资本成本 $=(1+6\%/2)^2-1=6.09\%$

投资乙国债的到期收益率5.57%<借款的资本成本，所以投资国债不合适，小王应选择提前偿银行借款。

坑点扫荡 乙国债的到期收益率是“年”为计息期；银行借款是“半年”为计息期，需要把银行借款的资本成本换算为“年”为计息期，即 $(1+6\%/2)^2-1=6.09\%$，然后再进行比较即可。

（2）当前每期还款额 $=300000/(P/A, 3\%, 10)=35169.16$（元）

设还款后每期还款额为 X 元，则

$35169.16\times(P/A, 3\%, 4)+60000\times(P/F, 3\%, 4)+X\times(P/A, 3\%, 6)\times(P/F, 3\%, 4)=300000$

解得：$X=24092.73$（元）。

习题

1.【多选题】下列关于债券价值的说法中，正确的有（　　）。

A. 当市场利率高于票面利率时，债券价值高于债券面值

B. 当市场利率不变时，随着债券到期时间的缩短，溢价发行的每间隔一段时间支付一次利息的债券的价值呈现周期性波动式下降，最终等于债券面值

C. 当市场利率发生变化时，随着债券到期时间的缩短，市场利率变化对债券价值的影响越来越小

D. 当票面利率不变时，溢价出售债券的计息期越短，债券价值越大

2.【**计算分析题**】甲公司有一笔闲置资金，可以进行为期一年的投资，市场上有三种债券可供选择，相关资料如下：

(1)三种债券的面值均为1000元，到期时间均为5年，到期收益率均为8%。

(2)甲公司计划一年后出售购入的债券，一年后三种债券到期收益率仍为8%。

(3)三种债券票面利率及付息方式不同。A债券为零息债券，到期支付1000元；B债券的票面利率为8%，每年年末支付80元利息，到期支付1000元；C债券的票面利率为10%，每年年末支付100元利息，到期支付1000元。

(4)甲公司利息收入适用的所得税税率为30%，资本利得适用的企业所得税税率为20%，发生投资损失可以按20%抵税，不抵销利息收入(注：即利息收入和资本利得分别计税)。

要求：

(1)计算每种债券当前的价格。

(2)计算每种债券一年后的价格。

(3)计算甲公司投资于每种债券的税后收益率。

参考答案及解析

1. BCD 【**解析**】当市场利率高于票面利率时，债券价值低于债券面值，此时债券应该折价发行，所以选项A的说法不正确。其余均是正确答案。

2. (1)A债券当前价格 $=1000\times(1+8\%)^{-5}=680.58$(元)，

B债券每年付息1次、到期归还本金，票面利率=到期收益率=8%，由票面利率=到期收益率，面值=债券价格，可知，B债券当期价格=债券面值1000元。

B债券当前价格 $=80\times(P/A,8\%,5)+1000\times(P/F,8\%,5)=1000$(元)

C债券当前价格 $=100\times(P/A,8\%,5)+1000\times(P/F,8\%,5)=1079.87$(元)

(2)A债券1年后价格 $=1000\times(1+8\%)^{-4}=735.03$(元)

B债券1年后价格 $=80\times(P/A,8\%,4)+1000\times(P/F,8\%,4)=1000$(元)

C债券1年后价格 $=100\times(P/A,8\%,4)+1000\times(P/F,8\%,4)=1066.21$(元)

(3)A债券税后收益率 $=(735.03-680.58)\times(1-20\%)\div680.58\times100\%=6.4\%$

B债券税后收益率 $=80\times(1-30\%)\div1000\times100\%=5.6\%$

C债券税后收益率 $=\dfrac{100\times(1-30\%)+(1066.21-1079.87)\times(1-20\%)}{1079.87}\times100\%=5.47\%$

DAY 12 普通股价值评估

划重点

一、普通股价值的评估方法★★

普通股价值是指普通股预期能够提供的所有未来现金流量的现值。

1. 有限期持有

价值=股利折现+股价折现

2. 无限期持有

此时，现金流入只有股利收入：

(1)零增长股票(永续年金)，如图 12-1 所示。

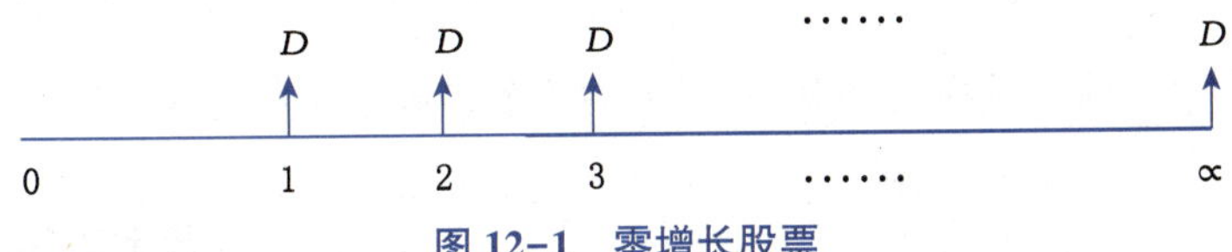

图 12-1 零增长股票

$V=D/r_s$

(2)固定增长股票的价值。

在第 1 年股利 D_1 的基础上，未来各年股利均在上年基础上保持固定的增长率 g，如图 12-2 所示：

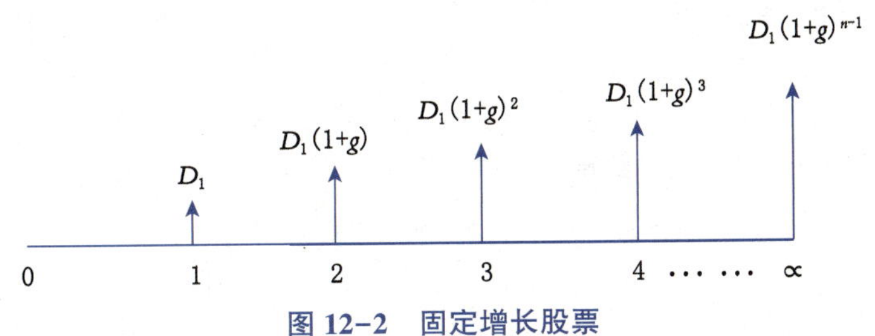

图 12-2 固定增长股票

当 g 为常数，并且 $r_s>g$ 时，

$$V_0=\frac{D_0\times(1+g)}{r_s-g}=\frac{D_1}{r_s-g}$$

必须同时满足三条：①现金流是逐年稳定增长；②无穷期限；③$r_s>g$。

(3)非固定增长股票的估价。

非固定增长：假设股利在一段时间里高速增长，然后转为固定增长或固定不变，如图 12-3 所示：

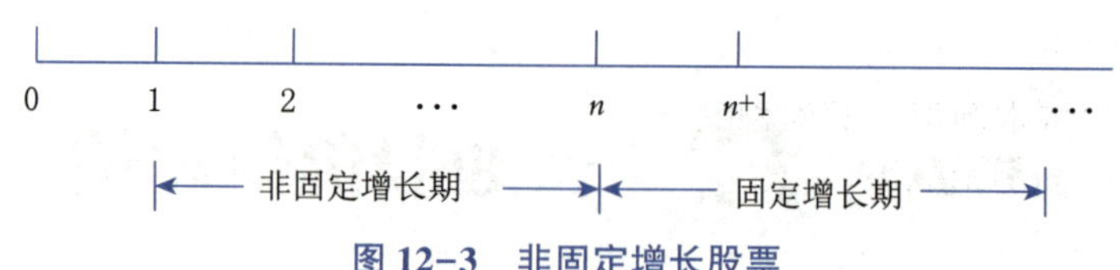

图 12-3　非固定增长股票

$$V=\sum_{t=1}^{n}\frac{D_t}{(1+K)^t}+\frac{D_{n+1}}{K-g}\times\frac{1}{(1+K)^n}$$

其中，n 为第一阶段的期数，K 为普通股资本成本，D_{n+1} 为固定增长期第一期末发放的股利。

【万能三步法】①将非固定增长期内每期股利逐一折算成现值并求和，即各期股利现值之和；②按固定增长模型将固定增长期的股利价值计算出来，对应时点为固定增长期期初（即超常增长期期末），再复利折现到零时点；③将两个阶段的价值求和即为股票的价值。

3. 决策原则

若股票价值高于市价，该股票值得购买。

二、普通股的期望报酬率★

(1)使"股票投资的净现值=0"的折现率，即股票投资的内含报酬率。

(2)固定增长股票的期望报酬率。

①假设证券市场处于均衡状态，股票的期望报酬率=股票的必要报酬率。

由于 $P_0=D_1\div(r_s-g)$，可得：$r_s=D_1/P_0+g$。

②股票收益率的构成：股利收益率 D_1/P_0；资本利得收益率（或股价增长率）g。

例解答·练

例题

例 1.（单选题）甲公司已进入稳定增长状态，固定股利增长率 4%，股东必要报酬率 10%。公司最近一期每股股利 0.75 元，预计下一年的股票价格是（　　）元。

A. 7.5　　B. 13

C. 12.5　　D. 13.52

解 本题关键点为"下一年"不是"当前"，由于已进入稳定增长状态，股价增长率=股利增长率，即股票价格=[0.75×(1+4%)/(10%−4%)]×(1+4%)=13.52(元)。

答 D

例 2.（单选题·2019 年）甲、乙公司已进入稳定增长状态，股票信息如下：

	甲	乙
最近一期每股股利	0.75 元	0.55 元
股利稳定增长率	6%	8%
股票价格	15 元	18 元

下列关于甲、乙股票投资的说法中，正确的是（　　）。

A. 甲、乙股票股利收益率相同

B. 甲、乙股票股价增长率相同

C. 甲、乙股票资本利得收益率相同

D. 甲、乙股票期望报酬率相同

解 根据固定增长股利模型，可以得到 $R=D_1/P_0+g$=股利收益率+股价增长率，由于股利的增长速度也就是股价的增长速度，因此，g 可以解释为股价增长率或资本利得收益率，所以甲、乙股票的股价增长率和资本利得收益率不相同，选项 BC 错误。甲股票的股利收益率=0.75×(1+6%)/15=5.3%，乙股票的股利收益率=0.55×(1+8%)/18=3.3%，选项 A 错误。甲股票的期望报酬率=5.3%+6%=11.3%，乙股票的期望报酬率=3.3%+8%=11.3%，选项 D 正确。

答 D

习题

1.【单选题】在其他条件不变的情况下，下列事项中能够引起股票期望收益率上升的是(　　)。

A. 当前股票价格上升　　B. 资本利得收益率上升

C. 预期现金股利下降　　D. 预期持有该股票的时间延长

2.【单选题】假设资本市场有效，在股利稳定增长的情况下，股票的资本利得收益率等于该股票(　　)。

A. 股利增长率　　B. 期望收益率

C. 风险收益率　　D. 股利收益率

3.【计算分析题】一个投资人持有 ABC 公司的股票，投资必要报酬率为 15%。预计 ABC 公司未来 3 年股利将高速增长，增长率为 20%。在此以后转为正常增长，增长率为 12%。公司最近支付的股利是 2 元。

要求：计算该公司股票的价值(计算结果保留 3 位小数)。

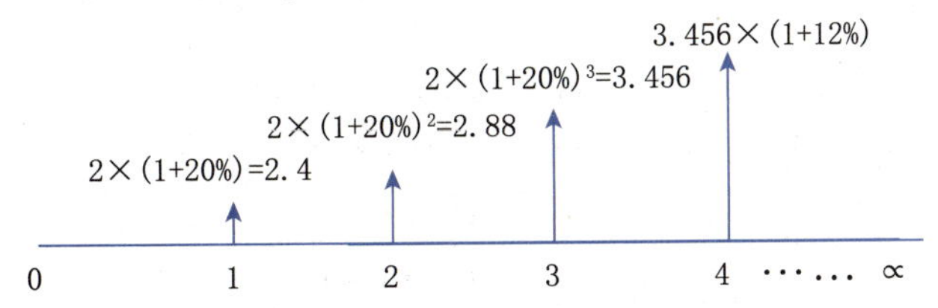

参考答案及解析

1. B 【解析】股票的期望收益率 $r=D_1/P_0+g$，“当前股票价格上升、预期现金股利下降”使得 D_1/P_0 降低，所以能够引起股票期望收益率降低，选项 B 资本利得收益率上升，则说明 g 上升，所以会引起股票期望收益上升，所以选项 B 正确；预期持有该股票的时间延长不会影响股票期望收益率。

2. A 【解析】根据固定增长股票模型，$P_0=D_1/(r_s-g)$，$P_1=D_1(1+g)/(r_s-g)$，假设资本市场有效，在股利稳定增长的情况下，股票的资本利得收益率=$(P_1-P_0)/P_0=g$。

3. 1−3 年的股利收入现值 $=2.4\times(P/F,\ 15\%,\ 1)+2.88\times(P/F,\ 15\%,\ 2)$
$+3.456\times(P/F,\ 15\%,\ 3)=6.537$（元），

4−∞年的股利收入现值 $=D_4/(R_s-g)\times(P/F,\ 15\%,\ 3)=84.833$（元），

$V=6.537+84.833=91.370$（元）。

混合筹资工具价值评估

划重点

一、优先股的特殊性★★

1. 优先分配利润

按照约定票面股息率、优先于普通股股东(完全支付约定股息之前，不得向普通股股东分配利润)、现金形式分配。

2. 优先分配剩余财产

公司因解散、破产进行清算时，按规定进行清偿后的剩余财产，应当优先向优先股股东支付未派发的股息和公司章程约定的清算金额，不足以支付的按照优先股股东持股比例分配。

3. 表决权限制

除以下情况外，优先股股东不出席股东大会会议，所持股份没有表决权：

(1)修改公司章程中与优先股相关的内容。

(2)一次或累计减少公司注册资本超过10%。

(3)公司合并、分立、解散或变更公司形式。

(4)发行优先股。

(5)公司章程规定的其他情形。上述事项的决议，除须经出席会议的普通股股东(含表决权恢复的优先股股东)所持表决权的2/3以上通过之外，还须经出席会议的优先股股东(不含表决权恢复的优先股股东)所持表决权的2/3以上通过。

二、优先股、永续债价值的评估方法(见表13-1)

表13-1　优先股、永续债价值的评估方法

估值模型	采用股利的现金流量折现模型估值
优先股的估值公式	当优先股存续期内采用相同的固定股息率时： $V_p=\frac{D_p}{r_p}$ 式中：V_P为优先股的价值；D_P为优先股每期股息；r_P为年折现率，一般采用资本成本率或投资的必要报酬率
永续债的估值	$V_{pd}=\frac{I}{r_{pd}}$ 式中：V_{Pd}为永续债的价值；I为每年的利息；r_{Pd}为年折现率，一般采用当前等风险投资的市场利率

三、优先股、永续债的期望报酬率（见表 13-2）

表 13-2　优先股、永续债的期望报酬率

优先股的期望报酬率	$r_p=\frac{D_p}{P_p}$ 式中：P_p为优先股当前股价
永续债的期望报酬率	$r_{pd}=\frac{I}{P_{pd}}$ 式中：P_{pd}为永续债当前价格

例解答·练

例题

例（多选题·2019 年）优先股股东比普通股股东的优先权体现在（　　）。

A. 优先取得剩余财产　　B. 优先出席股东大会

C. 公司重大决策的优先表决权　　D. 优先获得股息

解 相对普通股而言，优先股有如下特殊性：①优先分配利润；②优先分配剩余财产；③表决权限制。除规定情形外，优先股股东不出席股东大会会议，所持股份没有表决权。选项 AD 正确。

答 AD

习题

【多选题】下列情形中，优先股股东有权出席股东大会行使表决权的有（　　）。

A. 公司增发优先股

B. 修改公司章程中与优先股有关的内容

C. 公司一次或累计减少注册资本超过 10%

D. 公司合并、分立、解散或变更公司形式

参考答案及解析

ABCD　【解析】除以下情况外，优先股股东不出席股东大会会议，所持股份没有表决权：①修改公司章程中与优先股相关的内容；②一次或累计减少公司注册资本超过 10%；③公司合并、分立、解散或变更公司形式；④发行优先股；⑤公司章程规定的其他情形。

风险和报酬（一）

划重点

一、单项资产的风险和报酬

（一）风险的衡量方法

1. 利用概率分布图

概率（P_i）：概率是用来表示随机事件发生可能性大小的数值。

2. 利用统计方法

（1）预期值。

①预期值是随机变量的各个取值，以相应的概率为权数的加权平均数。

$$\overline{K}=\sum_{i=1}^{n}(P_i \cdot K_i)$$

式中：P_i——第 i 种结果出现的概率；

K_i——第 i 种结果的报酬率；

n——所有可能结果的数目。

②预期值反映预计收益的平均化，不能直接用来衡量风险。

（2）离散程度。

①方差及标准差（方差的算数平方根）。

已知概率情况下的标准差（σ）$=\sqrt{\sum_{i=1}^{n}(K_i-\overline{K})^2 \times P_i}$

a. 方差和标准差是衡量整体风险的绝对数指标，适用于期望值相同的项目的风险比较。在期望值相同的情况下，方差和标准差越大，则风险越大；反之则风险越小。b. 标准差=0，表明无风险，项目具有唯一的确定性。

②变异系数（也叫标准离差率）=标准差/预期值。

a. 变异系数是衡量整体风险的相对数指标，表明每一个单位的预期值承担了多少风险（标准差），适用于预期值不同的项目的风险比较。b. 变异系数越大，则风险越大；反之则风险越小。

二、投资组合的风险和报酬

投资组合理论认为，若干种证券组成的投资组合，其收益是这些证券收益的加权平均数，但是其风险不是这些证券风险的加权平均风险，投资组合能降低风险。

（一）证券组合的期望报酬率

是各种证券期望报酬率的加权平均数。

$$r_p=\sum_{j=1}^{m} r_j A_j$$

式中：r_j——第 j 种证券的期望报酬率；

A_j——第 j 种证券在全部投资额中的比重；

m——组合中的证券种类总数。

(二)投资组合的风险计量

1. 投资组合报酬率的方差与标准差

(1)投资组合报酬率的方差。

是组合内各证券两两之间(包括某证券自己和自己之间)的协方差 σ_{jk}(n^2个)，分别乘以两者的投资比重 A_jA_k，然后求其总和。

$$\sigma_p^2=\sum_{j=1}^{m}\sum_{k=1}^{m} A_j A_k \sigma_{jK}$$

(2)投资组合报酬率的标准差。

$$\sigma_p=\sqrt{\sum_{j=1}^{m}\sum_{k=1}^{m} A_j A_k \sigma_{jK}}$$

(3)协方差。相关内容有①计算公式：$\sigma_{jk}=r_{jk}\sigma_j\sigma_k$；②协方差的正负方向与相关系数一致；③某证券与其本身的协方差等于该证券的方差；④取值范围：-1≤相关系数≤1，相关内容见表 14-1。

表 14-1　相关系数的相关内容

相关系数>0	正相关	两种证券报酬率的变动方向一致
相关系数=+1	完全正相关	一种证券报酬率的增长总是与另一种证券报酬率的增长成比例
相关系数<0	负相关	两种证券报酬率的变动方向相反
相关系数=-1	完全负相关	一种证券报酬率的增长总是与另一种证券报酬率的减少成比例
相关系数=0	缺乏相关性	每种证券的报酬率相对于另外的证券的报酬率独立变动

2. 协方差比方差更重要

(1)影响证券组合的标准差不仅取决于单个证券的标准差，而且还取决于证券之间的协方差。随着证券组合中证券个数的增加，协方差比方差越来越重要。

(2)充分投资组合的风险，只受证券之间协方差的影响，而与各证券本身的方差无关。

三、两种证券组合的投资比例与有效集★

(一)相关概念(见表 14-2)

表 14-2　相关概念

机会集	由给定的若干种证券所能构成的各种比例的投资组合
有效集	有效集或有效边界，它位于机会集的顶部，从最小方差组合点起到最高期望报酬率点止
无效集	相同的标准差和较低的期望报酬率； 相同的期望报酬率和较高的标准差； 较低的期望报酬率和较高的标准差

投资于两种证券组合的机会集如图 14-1：

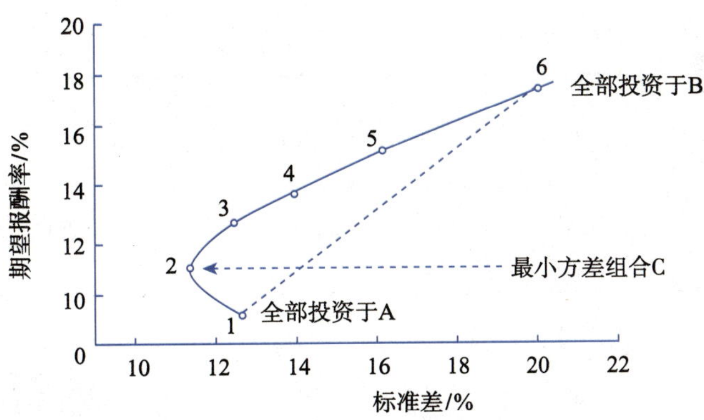

图 14-1　投资于两种证券组合的机会集

投资于多种证券组合的机会集如图 14-2：

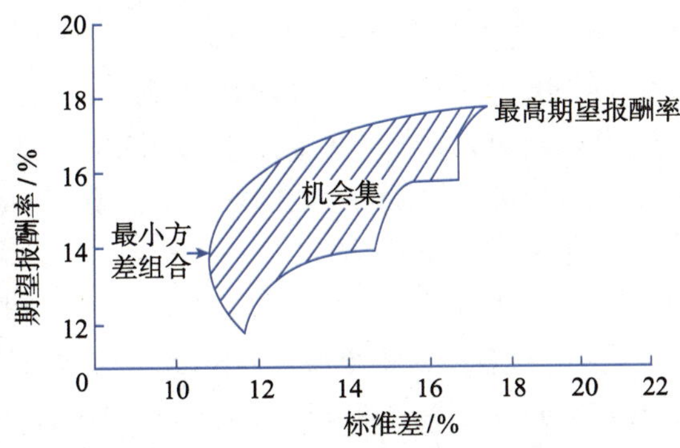

图 14-2　投资于多种证券组合的机会集

有效集与无效集的判定与投资者的风险偏好程度无关。投资者无论风险偏好程度如何，都不会选择无效集中的组合(都会拒绝组合 A)。投资者的风险偏好程度只影响他对有效集中的组合的选取(保守的投资者选择组合 C 即最小方差组合，激进的投资者选择组合 B)。

(二)相关系数与机会集的关系

相关系数机会集曲线如图 14-3：

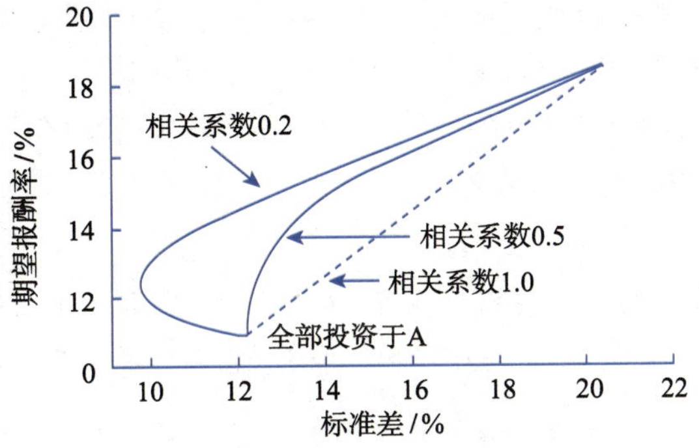

图 14-3　相关系数机会集曲线

相关系数机会集曲线的相关结论及要点如表 14-3 所示。

表 14-3　相关系数机会集曲线的相关结论及要点

相关结论	要点
证券报酬率之间的相关系数越小，机会集曲线就越弯曲，风险分散化效应也就越强	r=1，机会集是一条直线，不具有风险分散化效应； r<1，机会集会弯曲，有风险分散化效应； r足够小，曲线向左凸出，风险分散化效应较强；会产生比最低风险证券标准差还低的最小方差组合，会出现无效集

例解答·练

例题

例 1.（单选题）某企业面临甲、乙两个投资项目。经衡量，它们的期望报酬率相等，甲项目的标准差小于乙项目的标准差。对甲、乙项目可以做出的判断为（　　）。

A. 甲项目取得更高报酬和出现更大亏损的可能性均大于乙项目

B. 甲项目取得更高报酬和出现更大亏损的可能性均小于乙项目

C. 甲项目实际取得的报酬会高于其期望报酬

D. 乙项目实际取得的报酬会低于其期望报酬

解 标准差是一个绝对数，不便于比较不同规模项目的风险大小，因此只有在两个方案期望值相同的前提下，才能根据标准差的大小比较其风险的大小。根据题意，甲、乙两个投资项目的期望报酬率相等，而甲项目期望报酬率的标准差小于乙项目期望报酬率的标准差，由此可以判定甲项目的风险小于乙项目的风险；风险即指未来预期结果的不确定性，风险越大其波动幅度就越大，则选项 A 错误，选项 B 正确；选项 C、D 的说法均无法证实。

答 B

例 2.（多选题）市场上有两种有风险证券 x 和 y，下列情况下，两种证券组成的投资组合风险低于二者加权平均风险的有（　　）。

A. x 和 y 期望报酬率的相关系数是 0　　B. x 和 y 期望报酬率的相关系数是−1

C. x 和 y 期望报酬率的相关系数是 1　　D. x 和 y 期望报酬率的相关系数是 0.5

解 只要相关系数小于 1，投资组合就会产生风险分散化效应，组合风险就会低于各资产加权平均风险。因此，选项 ABD 是正确答案。

答 ABD

例 3.（单选题）甲公司拟投资于两种证券 X 和 Y，两种证券期望报酬率的相关系数为 0.3，根据投资 X 和 Y 的不同资金比例测算，投资组合期望报酬率与标准差的关系如图 14-4 所示，甲公司投资组合的有效组合是（　　）。

A. *XR* 曲线　　B. *X*、*Y* 点

C. *RY* 曲线　　D. *XRY* 曲线

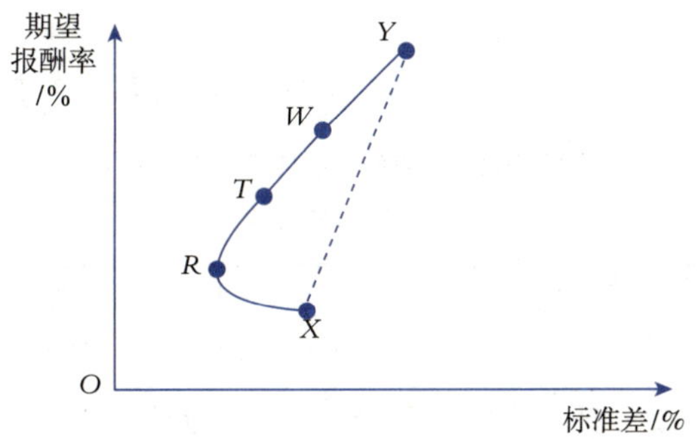

图 14-4　投资组合期望报酬率与标准差的关系

解 从最小方差组合点到最高期望报酬率组合点的那段曲线为机会集，所以选项 C 正确。

 C

习题

1.【**计算分析题**】某投资者将甲、乙两种证券构成投资组合，已知甲证券的期望报酬率为12%，报酬率的标准差为16%；乙证券的期望报酬率为15%，报酬率的标准差为18%。组合中甲证券的投资比重占60%，乙证券的投资比重占40%。

要求：

(1)计算该投资组合的期望报酬率。

(2)如果甲、乙两种证券报酬率的协方差是0.56%，计算甲、乙两种证券报酬率的相关系数和投资组合的标准差。

(3)如果甲、乙两种证券报酬率的相关系数为0.8，计算该投资组合的期望报酬率与组合标准差。

(4)简述在其他条件不变的前提下，证券报酬率相关系数的变化对投资组合的期望报酬率和组合标准差的影响。

2.【**单选题**】下列关于两种证券组合的机会集曲线的说法中，正确的是(　　)。

A. 曲线上的点均为有效组合

B. 曲线上报酬率最低点是最小方差组合点

C. 两种证券报酬率的相关系数越大，曲线弯曲程度越小

D. 两种证券报酬率的标准差越接近，曲线弯曲程度越小

3.【**多选题**】A 证券的预期报酬率为12%，标准差为15%；B 证券的预期报酬率为18%，标准差为20%。投资于该两种证券组合的机会集是一条曲线，有效边界与机会集重合，以下结论中正确的有(　　)。

A. 两种证券的投资组合不存在无效集

B. 两种证券的投资组合不存在风险分散效应

C. 最小方差组合是全部投资于 A 证券

D. 最高预期报酬率组合是全部投资于 B 证券

参考答案及解析

1. (1)组合的期望报酬率=12%×60%+15%×40%=13.2%。

(2)甲、乙两种证券的相关系数=0.56%/(16%×18%)=0.19

组合的标准差=$\sqrt{0.6^2×0.16^2+0.4^2×0.18^2+2×0.6×0.4×0.56\%}$=13.07%

(3)甲、乙两种证券报酬率的相关系数为0.8时：

投资组合的期望报酬率=12%×60%+15%×40%=13.2%

组合的标准差=$\sqrt{0.6^2×0.16^2+0.4^2×0.18^2+2×0.6×0.4×0.8×0.16×0.18}$=15.96%

(4)以上计算结果表明，证券报酬率相关系数的大小对投资组合的期望报酬率没有影响，但对投资组合的标准差有影响，在其他条件不变的前提下，相关系数越大，投资组合的标准差越大，组合的风险也越大。

2. C 【**解析**】只有不存在无效集时，曲线上的点才会均为有效组合，选项A错误；曲线上标准差最低点(曲线最左端的点)是最小方差组合点，选项B错误；两种证券报酬率的相关系数越大，即正相关程度越高，风险分散效应越弱，曲线弯曲程度越小，选项C正确；两种证券报酬率的标准差越接近，只能说明两种证券的风险越接近，并不能说明两种证券报酬率的相关程度(即共同变动程度)如何，无法推出风险分散效应程度即曲线弯曲程度，选项D错误。

3. ACD 【**解析**】两种证券组合的机会集是一条曲线(而不是直线)，表明存在风险分散效应，选项B错误；有效边界与机会集重合，表明不存在无效集，选项A正确；在不存在无效集的情况下，最小方差组合就是全部投资于组合内风险较低的证券(A证券)，选项C正确；由于投资组合的期望报酬率是组合内各资产期望报酬率的加权平均值，因此投资组合的最高期望报酬率就是将全部资金投资于收益最高的证券(B证券)，选项D正确。

风险和报酬（二）

划重点

一、资本市场线★

如果存在无风险证券，新的有效边界是从无风险资产的报酬率开始并和机会集有效边界相切的直线，该直线称为资本市场线。即存在无风险投资机会时的有效集。

(一)无风险资产与风险资产的投资组合

1. 总期望报酬率

总期望报酬率 = $Q\times$(风险组合的期望报酬率) + $(1-Q)\times$无风险报酬率

$=Q\times R_M+(1-Q)\times R_f$

$=Q\times R_M-(Q-1)\times R_f$

$=R_f+Q\times(R_M-R_f)$

= 无风险报酬率+风险补偿率

= 无风险报酬率+风险资产的投资比例 $Q\times$风险资产的风险补偿率(R_M-R_f)

2. 总标准差

总标准差 = $Q\times$风险组合的标准差

其中：Q 代表投资者投资于风险组合 M 的资金占有自有资金总额的比例，$1-Q$ 代表投资于无风险资产的比例。

如果贷出资金，Q 将小于 1；如果是借入资金，Q 会大于 1。

3. 结论

资本市场线如图 15-1 所示。

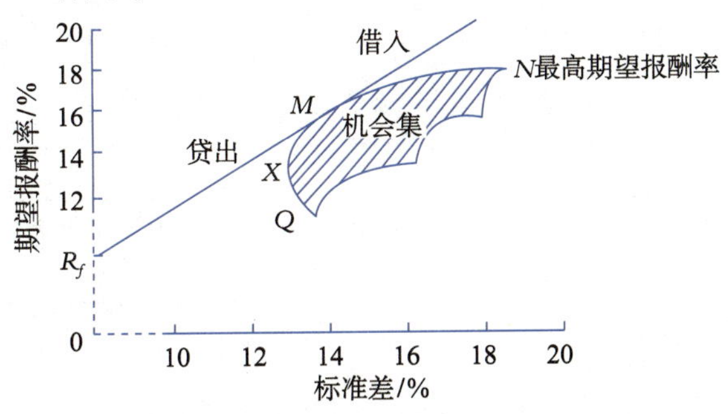

图 15-1　资本市场线

(1)资本市场线揭示出持有不同比例的无风险资产和市场组合情况下风险和期望报酬率的权衡关系。在 M 点的左侧，将同时持有无风险资产和风险资产组合。在 M 点的右侧，将仅持

有市场组合 M，并且会借入资金以进一步投资于组合 M。

(2)资本市场线与机会集相切的切点 M 是市场均衡点，它代表唯一最有效的风险资产组合。它是所有证券以各自的总市场价值为权数的加权平均组合。

(3)个人的效用偏好与最佳风险资产组合相独立(或称相分离)。投资者个人对风险的态度仅仅影响借入或者贷出的资金量，而不影响最佳风险资产组合。

二、系统风险与非系统风险★

(一)系统风险和非系统风险的比较(见表 15-1)

表 15-1 系统风险和非系统风险的比较

种类	概念	起因	与组合资产数量之间的关系
非系统风险(企业特有风险、可分散风险)	指由于某种特定原因对某特定资产收益率造成影响的可能性，它是可以通过有效的资产组合来消除掉的风险	它是个别公司或个别资产所特有的	可通过增加组合中资产的数目而最终消除
系统风险(市场风险、不可分散风险)	是影响所有资产的，不能通过资产组合来消除的风险	这部分风险是由那些影响所有公司的风险因素所引起的	不能随着组合中资产数目的增加而消失，它是始终存在的

(二)系统风险的度量

1. β 系数

计算公式：

$$\beta_j=\frac{COV(K_j,\ K_m)}{\sigma_m^2}=\frac{r_{j,m}\sigma_j\sigma_m}{\sigma_m^2}=r_{j,m}\times(\frac{\sigma_j}{\sigma_m})$$

上式表明，影响 β 系数的因素包括：

(1)该股票与整个股票市场之间的相关性(相关系数 $r_{j,m}$)。

相关系数>0，则 β>0，表明该股票的报酬率与整个股票市场的平均报酬率之间正相关。

相关系数<0，则 β<0，表明该股票的报酬率与整个股票市场的平均报酬率之间负相关。

(2)该股票的风险(或该股票的标准差 σ_j)。

(3)整个市场组合的风险(或整个市场组合的标准差 σ_m)。

2. 投资组合的 β 系数(见表 15-2)

表 15-2 投资组合的 β 系数

概念	计算公式
投资组合的 β 系数是所有单项资产 β 系数的加权平均数，权数为各种资产在投资组合中所占的比重	$\beta_p=\sum W_i\beta_i$

该公式表明：

(1)一种股票的 β 值可以度量该股票对整个组合风险的贡献。

(2)投资组合的系统风险是组合内各资产系统风险的加权平均数。

三、资本资产定价模型与证券市场线★

（一）资本资产定价模型

资本资产定价模型用于描述单一证券的必要收益率（R_i）与系统风险（β）之间的关系。

必要报酬率=无风险报酬率+系统风险补偿率=$R_f+\beta\times(R_m-R_f)$

（1）无风险报酬率 R_f：通常以国库券的报酬率（到期收益率）来表示。

（2）平均股票（即市场组合）的必要报酬率 R_m：投资者承担平均系统风险（$\beta=1$）时的必要报酬率。

（3）风险价格（R_m-R_f）。

概念：平均股票（即市场组合）的系统风险补偿率，或者说是投资者承担了平均系统风险（$\beta=1$）时要求获得的风险补偿率，亦称市场风险溢价。

风险价格（R_m-R_f）反映投资者对平均系统风险的厌恶程度，对系统风险的厌恶感越强，风险价格（R_m-R_f）越大。

（4）某证券的系统风险补偿率=$\beta\times(R_m-R_f)$。

某证券所承担的系统风险水平是平均股票（即市场组合）的β倍，则该证券所应获得的系统风险补偿率也应该是风险价格的β倍。

（二）证券市场线

β值与必要报酬率的关系如图15-2：

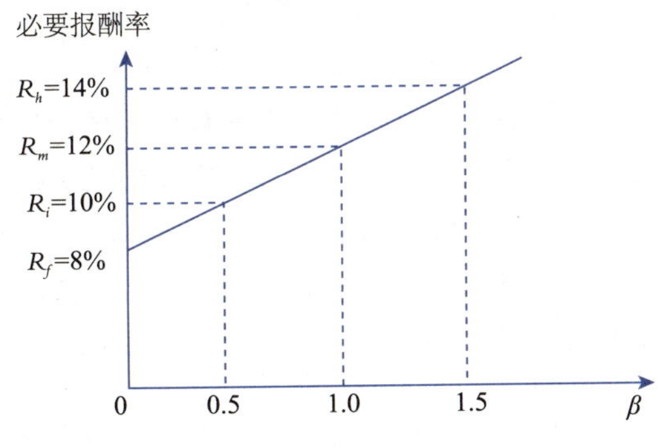

图15-2　证券市场线

相关内容有①横轴（自变量）为β系数；②纵轴（因变量）为必要报酬率 R_i；③斜率为市场风险溢价率（R_m-R_f）；④截距为无风险报酬率 R_f。

例解答·练

例题

例 1.（单选题）已知某风险组合的期望报酬率和标准差分别为15%和20%，无风险报酬率为8%，假设某投资者可以按无风险报酬率取得资金，将其自有资金200万元和借入资金50万元均投资于风险组合，则投资人总期望报酬率和总标准差分别为（　　）。

A. 16.75%和25%　　B. 13.65%和16.24%

C. 16.75%和12.5%　　D. 13.65%和25%

解 Q=250/200=1.25；组合收益率=1.25×15%+(1−1.25)×8%=16.75%；组合风险=1.25×20%=25%。

答 A

例 2.(多选题·2019年)甲投资组合由证券X和证券Y组成，X占40%，Y占60%。下列说法中，正确的有(　　)。

A. 甲的期望报酬率=X的期望报酬率×40%+Y的期望报酬率×60%

B. 甲期望报酬率的标准差=X期望报酬率的标准差×40%+Y期望报酬率的标准差×60%

C. 甲期望报酬率的变异系数=X期望报酬率的变异系数×40%+Y期望报酬率的变异系数×60%

D. 甲的β系数=X的β系数×40%+Y的β系数×60%

解 只有在相关系数为+1的情况下，投资组合的标准差才等于单项资产标准差的加权平均数，本题中没有说相关系数为+1，所以，选项B的说法不正确。由于期望报酬率的变异系数=期望报酬率的标准差/期望报酬率，所以，选项C的说法不正确。

答 AD

例 3.(多选题)下列关于证券市场线的说法中，正确的有(　　)。

A. 无风险报酬率越大，证券市场线在纵轴的截距越大

B. 证券市场线描述了由风险资产和无风险资产构成的投资组合的有效边界

C. 预计通货膨胀提高时，证券市场线将向上平移

D. 投资者对风险的厌恶感越强，证券市场线的斜率越大

解 证券市场线的截距为无风险报酬率，因此选项A的说法正确；资本市场线描述的是由风险资产和无风险资产构成的投资组合的有效边界，因此选项B的说法错误；无风险报酬率=纯利率+通货膨胀补偿率，所以，预计通货膨胀提高时，无风险报酬率会随之提高，进而导致证券市场线向上平移。即选项C的说法正确。风险厌恶感的加强，会提高市场风险收益率，从而提高证券市场线的斜率，因此选项D的说法正确。

答 ACD

习题

1.【多选题】下列因素中，影响资本市场线中市场均衡点的位置的有(　　)。

A. 无风险利率　　B. 风险组合的期望报酬率

C. 风险组合的标准差　　D. 投资者个人的风险偏好

2.【单选题】当存在无风险资产并可按无风险报酬率借贷时，下列关于最有效风险资产组合的说法中正确的是(　　)。

A. 最有效风险资产组合是投资者根据自己风险偏好确定的组合

B. 最有效风险资产组合是风险资产机会集上最小方差点对应的组合

C. 最有效风险资产组合是风险资产机会集上最高期望报酬率点对应的组合

D. 最有效风险资产组合是所有风险资产以各自的总市场价值为权数的组合

3.【多选题】影响某股票贝塔系数大小的因素有(　　)。

A. 整个股票市场报酬率的标准差

B. 该股票报酬率的标准差

C. 整个股票市场报酬率与无风险报酬率的相关性

D. 该股票报酬率与整个股票市场报酬率的相关性

4. **【计算分析题】** 假设资本资产定价模型成立，表中的数字是相互关联的。求出表中(1)~(11)位置的数字。

证券名称	期望报酬率	标准差	与市场组合的相关系数	β值
无风险资产	(1)	(2)	(3)	(4)
市场组合	(5)	0.1	(6)	(7)
A股票	0.22	(8)	0.65	1.3
B股票	0.16	0.15	(9)	0.9
C股票	0.31	(10)	0.2	(11)

参考答案及解析

1. ABC **【解析】** 资本市场线指的是在 Y 轴上从无风险资产的收益率开始，做有效边界的切线而得到的直线。资本市场线中市场均衡点指的是切点 M。切点 M 的纵坐标为风险组合的期望报酬率，横坐标为风险组合的标准差。市场均衡点代表唯一最有效的风险资产组合，个人的效用偏好与最佳风险资产组合相独立。
2. D **【解析】** 当存在无风险资产并可按无风险报酬率借贷时，最有效的风险资产组合是从无风险资产的报酬率开始，做有效边界的切线得到的切点 M 所代表的组合，它是所有证券以各自的总市场价值为权数的加权平均组合，我们将其定义为“市场组合”。
3. ABD **【解析】** 贝塔系数=该股票报酬率与整个股票市场报酬率的相关系数×该股票报酬率的标准差/整个股票市场报酬率的标准差，所以选项 A、B、D 正确。
4. 由无风险资产的性质，有(2)=(3)=(4)=0。

   由市场组合的性质，有(6)=(7)=1。

   依据资本资产定价模型：

   由 A 股票，有 $R_f+1.3\times(R_m-R_f)=22\%$。

   由 B 股票，有 $R_f+0.9\times(R_m-R_f)=16\%$。

   解得：$R_f=2.5\%$；$R_m-R_f=15\%$。

   则(1)=2.5%，(5)=15%+2.5%=17.5%。

   依据 β 系数计算公式：

   由 A 股票，有 1.3=(8)/0.1×0.65，解得：(8)=0.2。

   由 B 股票，有 0.9=0.15/0.1×(9)，解得：(9)=0.6。

   依据资本资产定价模型：

   由 C 股票，有 2.5%+(11)×15%=31%，解得：(11)=1.9。

   依据 β 系数计算公式：

   由 C 股票，有 1.9=(10)/0.1×0.2，解得：(10)=0.95。

专题四

企业价值评估

本专题包含5天的学习内容，具体如下:

DAY16　企业价值评估的对象

DAY17　现金流量折现模型

DAY18　现金流量折现模型的应用

DAY19　相对价值评估模型

DAY20　相对价值评估模型的应用

其中，比较重要的考点是DAY17-20，对于企业价值评估的两种模型及其应用要重点掌握。

DAY 16 企业价值评估的对象

划重点

企业价值评估的对象★

价值评估的一般对象是企业整体的经济价值。企业整体的经济价值是指企业作为一个整体的公平市场价值。

企业整体价值可以分为实体价值和股权价值、持续经营价值和清算价值、少数股权价值和控股权价值等类别。

(一)企业的整体价值

企业的整体价值观念主要体现在以下三个方面:

(1)整体不是各部分的简单相加。

(2)整体价值来源于要素的结合方式。

(3)部分只有在整体中才能体现出其价值。

(二)企业的经济价值

1. 经济价值

经济价值是经济学家所持的价值观念。它是指一项资产的公平市场价值，通常用该资产所产生的未来现金流量的现值来计量。

2. 会计价值、现时市场价值与公平市场价值

(1)会计价值是指资产、负债和所有者权益的账面价值。

(2)现时市场价值是指按照现行市场价格计量的资产价值，它可能是公平的，也可能是不公平的。

(3)公平市场价值是指在公平的交易中，熟悉情况的双方，自愿进行资产交换或者债务清偿的金额。

(三)企业整体经济价值的类别

1. 实体价值与股权价值

企业全部资产的总体价值，称为“企业实体价值”。企业实体价值是股权价值与净债务价值之和。

企业实体价值=股权价值+净债务价值

股权价值不是指所有者权益的会计价值(账面价值)，而是股权的公平市场价值。

净债务价值也不是指它们的会计价值(账面价值)，而是净债务的公平市场价值。

2. 持续经营价值与清算价值

持续经营价值(简称续营价值)：由营业所产生的未来现金流量的现值。

清算价值：停止经营，出售资产产生的现金流。

(1)一个企业的公平市场价值，应当是持续经营价值与清算价值中较高的一个。

(2)一个企业的持续经营价值已经低于其清算价值，本应当进行清算。但是若控制企业的人拒绝清算，企业就能得以持续经营。这种持续经营，将持续削减股东本来可以通过清算得到的价值。

3. 少数股权价值与控股权价值(见图16-1)

少数股权价值【V(当前)】：是现有管理和战略条件下企业能够给股票投资人带来的现金流量现值。

控股权价值【V(新的)】：是企业进行重组、改进管理和经营战略后可以为投资人带来的未来现金流量的现值。

控股权溢价=V(新的)-V(当前)

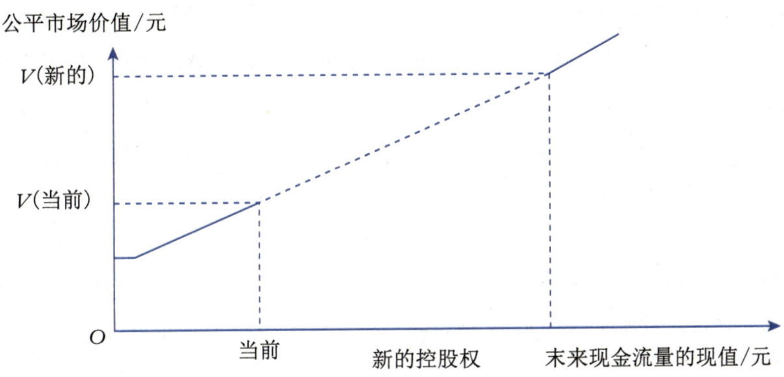

图16-1　少数股权价值与控股权价值

例解答·练

例题

(多选题·2019年)甲公司2019年6月30日资产负债表显示，总资产10亿元，所有者权益6亿元，总股份数为1亿股，当日甲公司股票收盘价为每股25元，下列关于当日甲公司股权价值的说法中，正确的有(　　)。

A. 清算价值是6亿元　　B. 持续经营价值是10亿元

C. 现时市场价值是25亿元　　D. 会计价值是6亿元

解 现时市场价值是股票市价乘以股数得到的，所以本题中现时市场价值=25×1=25(亿元)，选项C正确。会计价值是指账面价值，本题中股权的会计价值为6亿元。选项D正确。持续经营价值是营业所产生的未来现金流量的现值，清算价值是停止经营出售资产产生的现金流，由于题干没有给出相关数据，所以无法计算持续经营价值和清算价值。

答 CD

习题

1.【多选题】下列关于企业公平市场价值的说法中，正确的有(　　)。

A. 企业公平市场价值是企业控股权价值

B. 企业公平市场价值是企业持续经营价值

C. 企业公平市场价值是企业未来现金流入的现值

D. 企业公平市场价值是企业各部分构成的有机整体的价值

2.【多选题】下列关于企业价值的说法中，错误的有(　　)。

A. 企业的实体价值等于各单项资产价值的总和

B. 企业的实体价值等于企业的现时市场价格

C. 企业的实体价值等于股权价值和净债务价值之和

D. 企业的股权价值等于少数股权价值和控股权价值之和

参考答案及解析

1. CD 【解析】企业公平市场价值分为少数股权价值和控股权价值，选项 A 不正确；企业公平市场价值是企业持续经营价值与清算价值中较高的一个，选项 B 不正确。

2. ABD 【解析】企业的实体价值是指企业作为一个整体的公平市场价值，它不等于各单项资产价值的总和，所以，选项 A 错误；企业价值评估的目的是确定一个企业的公平市场价值，现时市场价格是指按现行市场价格计量的资产价值，它可能是公平的，也可能是不公平的。所以，选项 B 错误；企业的实体价值等于股权价值和净债务价值之和，所以，选项 C 正确；企业的股权价值根据评估对象的不同可以分为少数股权价值与控股权价值，即企业的股权价值是指少数股权价值与控股权价值两者之一，所以，选项 D 错误。

现金流量折现模型

划重点

现金流量折现模型★★

现金流量折现模型是企业价值评估使用最广泛、理论上最健全的模型。

(一)现金流量折现模型的参数和种类

1. 现金流量折现模型的参数

三个：现金流量、资本成本和时间序列(n)。

2. 计算公式

$$价值=\sum_{t=1}^{n}\frac{现金流量_t}{(1+资本成本)^t}$$

3. 现金流量折现模型的种类(见表17-1)

表17-1 现金流量折现模型的种类

种类	计算公式	现金流量
股利现金流量模型	$股权价值=\sum_{t=1}^{\infty}\frac{股利现金流量_t}{(1+股权资本成本)^t}$	股利现金流量：是企业分配给股权投资人的现金流量
股权现金流量模型	$股权价值=\sum_{t=1}^{\infty}\frac{股权现金流量_t}{(1+股权资本成本)^t}$	股权现金流量：是一定期间企业可以提供给股权投资人的现金流量，它等于实体现金流量扣除债务现金流量
实体现金流量模型	$实体价值=\sum_{t=1}^{\infty}\frac{实体自由现金流量_t}{(1+加权平均资本成本)^t}$ $净债务价值=\sum_{t=1}^{\infty}\frac{债务偿还现金流量_t}{(1+等风险债务成本)^t}$	实体现金流量：是企业全部现金流入扣除成本费用和必要的投资后的剩余部分，它是企业一定期间可以提供给所有投资人的税后现金流量

如果把股权现金流量全部作为股利分配，股利现金流量模型和股权现金流量模型相同。由于股利分配政策有较大变动，股利现金流量很难预计，很少采用。因此，大多数的企业估值使用股权现金流量模型或实体现金流量模型。

(二)现金流量折现模型参数的估计

1. 资本成本的估计

股权现金流量用股权资本成本进行折现；

实体现金流量用加权平均资本成本进行折现。

2. 详细预测期和后续期的划分

“详细预测期”，简称“预测期”。在此期间，需要对每年的现金流量进行详细预测，并根据现金流量折现模型计算其预测期价值。

“后续期”，或称为“永续期”。在此期间，假设企业进入稳定状态，有一个稳定的增长率，可以用简便的方法直接估计后续期价值。

企业价值=预测期价值+后续期价值

其中，后续期价值=[现金流量$_{t+1}$/(资本成本−增长率)]×(P/F，i，t)

3. 现金流量的确定

预测步骤：

(1)确定基期数据：上年实际数据或上年修正数据。

(2)确定详细预测期间：通常为5~7年，很少超过10年。

(3)预测营业收入：以历史增长率为基础，结合未来变化(如宏观经济、行业状况、企业经营战略)进行修正。

(4)计算公式(见表17-2)。

表 17-2 计算公式

项目	实体现金流量	股权现金流量
现金流量的类型	(1)营业现金毛流量=税后经营净利润+折旧与摊销 (2)营业现金净流量=营业现金毛流量−经营营运资本增加 (3)实体现金流量=营业现金净流量−资本支出 =税后经营净利润+折旧与摊销−经营营运资本增加−(净经营长期资产增加+折旧与摊销) =税后经营净利润−(经营营运资本增加+净经营长期资产增加) =税后经营净利润−净经营资产增加	股权现金流量=实体现金流量−债务现金流量 =税后经营净利润−净经营资产增加−(税后利息费用−净负债增加) =(税后经营净利润−税后利息费用)−(净经营资产增加−净负债增加) =净利润−股东权益增加

4. 估计后续期现金流量的增长率

在稳定状态下，实体现金流量、股权现金流量的增长率和营业收入的增长率相同，因此可以根据销售增长率估计现金流量增长率。

竞争均衡理论认为，后续期的销售增长率大体上等于宏观经济的名义增长率。如果不考虑通货膨胀因素，宏观经济的增长率大多在2%~6%之间。

例解答·练

例题

例 (多选题)下列关于实体现金流量计算的公式中，正确的有( )。

A. 实体现金流量=税后经营净利润−净经营资产增加

B. 实体现金流量=税后经营净利润−经营营运资本增加−资本支出

C. 实体现金流量=税后经营净利润−经营性资产增加−经营性负债增加

D. 实体现金流量=税后经营净利润−经营营运资本增加−净经营长期资产增加

解 实体现金流量=营业现金毛流量−经营营运资本增加−资本支出=(税后经营净利润+折旧与摊销)−经营营运资本增加−(净经营长期资产增加+折旧与摊销)=税后经营净利润−(经营营运资本增加+净经营长期资产增加)=税后经营净利润−净经营资产增加。所以选项AD是正确答案。

 AD

习题

【多选题】 甲公司2019年的税后经营净利润为250万元，折旧与摊销为55万元，经营营运资本增加80万元，分配股利50万元，税后利息费用为65万元，净负债增加50万元，公司当年未发行权益证券。下列说法中，正确的有(　　)。

A. 公司2019年的营业现金毛流量为225万元

B. 公司2019年的债务现金流量为50万元

C. 公司2019年的实体现金流量为65万元

D. 公司2019年的资本支出为160万元

参考答案及解析

CD **【解析】** 营业现金毛流量=250+55=305(万元)，所以选项A不正确；

债务现金流量=65−50=15(万元)，所以选项B不正确；

实体现金流量=50+15=65(万元)，所以选项C正确；

资本支出=305−80−65=160(万元)，所以选项D正确。

DAY 18 现金流量折现模型的应用

划重点

现金流量折现模型的应用(见表 18-1)★★

表 18-1 现金流量折现模型的应用

类型	计算公式	模型使用的条件
永续增长模型	企业价值=下期现金流量/(资本成本-永续增长率)	企业处于永续状态，即企业的各种财务比率都是不变的。企业有永续的增长率和净投资资本回报率
两阶段增长模型	企业价值=预测期现金流量现值+后续期现金流量现值	适用于增长呈现两个阶段的企业。 第一阶段是超常增长阶段，增长率明显快于永续增长阶段； 第二阶段具有永续增长的特征

坤坤小结 利用实体现金流量模型时，如果要求计算股权价值，则分两步完成：

第一步，计算实体现金流量并以加权平均资本成本为折现率计算实体价值；

第二步，计算股权价值，其公式为股权价值=实体价值-净债务价值。

净债务价值根据题目表述可以确定为基期净负债的账面价值。

例解答·练

例题

例 (计算分析题)2020 年初，甲投资基金对乙上市公司普通股股权进行估值。乙公司 2019 年销售收入 6000 万元，销售成本(含销货成本、销售费用、管理费用等)占销售收入的 60%，净经营资产 4000 万元。该公司自 2020 年开始进入稳定增长期。可持续增长率为 5%，目标资本结构(净负债：股东权益)为 1：1，2020 年初流通在外普通股 1000 万股，每股市价 22 元。该公司债务税前利率 8%，股权相对债权风险溢价 5%，企业所得税税率 25%。为简化计算，假设现金流量均在年末发生，利息费用按净负债期初余额计算。

要求：

(1)预计 2020 年乙公司税后经营净利润、实体现金流量、股权现金流量。

(2)计算乙公司股权资本成本，使用股权现金流量法估计乙公司 2020 年初每股价值，并判断每股市价是否高估。

答 (1) 2020 年乙公司税后经营净利润 = 6000×(1+5%)×(1−60%)×(1−25%) = 1890(万元),

税后利率 = 8%×(1−25%) = 6%,

税后利息 = 4000×1/2×6% = 120(万元),

净利润 = 1890−120 = 1770(万元),

实体现金流量 = 1890−4000×5% = 1690(万元),

股权现金流量 = 1770−4000×5%×1/2 = 1670(万元)。

(2) 股权资本成本 = 6%+5% = 11%,

股权价值 = 1670/(11%−5%) = 27833.33(万元),

每股价值 = 27833.33/1000 = 27.83(元),

每股价值高于每股市价 22 元,股价被低估。

习题

【计算分析题】(2019 年) 甲公司是一家投资公司,拟于 2020 年初以 18000 万元收购乙公司全部股权,为分析收购方案可行性,收集资料如下:

(1) 乙公司是一家传统汽车零部件制造企业,收购前处于稳定增长状态,增长率 7.5%。2019 年净利润 750 万元。当年取得的利润在当年分配,股利支付率 80%。2019 年末(当年利润分配后)净经营资产 4300 万元,净负债 2150 万元。

(2) 收购后,甲公司将通过拓宽销售渠道、提高管理水平、降低成本费用等多种方式,提高乙公司的销售增长率和营业净利润。预计乙公司 2020 年营业收入 6000 万元,2021 年营业收入比 2020 年增长 10%,2022 年进入稳定增长状态,增长率 8%。

(3) 收购后,预计乙公司相关财务比率保持稳定,具体如下:

营业成本/营业收入	65%
销售和管理费用/营业收入	15%
净经营资产/营业收入	70%
净负债/营业收入	30%
债务利息率	8%
企业所得税税率	25%

(4) 乙公司股票等风险投资必要报酬率收购前 11.5%,收购后 11%。

(5) 假设各年现金流量均发生在年末。

要求:

(1) 如果不收购,采用股利现金折现模型,估计 2020 年初乙公司股权价值。

(2) 如果收购,采用股权现金流量折现模型,估计 2020 年初乙公司股权价值(计算过程和结果填入下方表格中)。

单元:万元

	2020 年	2021 年	2022 年

续表

	2020 年	2021 年	2022 年
股权现金流量			
乙公司股权价值			

(3)计算该收购产生的控股权溢价、为乙公司原股东带来的净现值、为甲公司带来的净现值。

(4)判断甲公司收购是否可行，并简要说明理由。

参考答案及解析

(1)2020 年初乙公司股权价值＝750×80%×(1+7.5%)/(11.5%−7.5%)＝16125(万元)。

(2)

单元：万元

	2020 年	2021 年	2022 年
营业收入	6000	6600	7128
营业成本	3900	4290	4633.2
销售和管理费用	900	990	1069.2
利息费用	144	158.4	171.07
利润总额	1056	1161.6	1254.53
净利润	792	871.2	940.90
净经营资产	4200	4620	4989.6
净负债	1800	1980	2138.4
股东权益	2400	2640	2851.2
股东权益增加	250	240	211.2
股权现金流量	542	631.2	729.70
折现系数	0.9009	0.8116	0.7312
预测期股权现金流量现值	488.29	512.28	533.56
后续期价值	19208.04		
乙公司股权价值	488.29+512.28+533.56+19208.04＝20742.17		

计算说明：

利息费用=净负债×8% =营业收入×30% ×8% ，

729.70×(1+8%)/(11% −8%)×0.7312=19208.04。

(3)控股权溢价=20742.17−16125=4617.17(万元)，

为乙公司原股东带来的净现值=18000−16125=1875(万元)，

为甲公司带来的净现值=20742.17−18000=2742.17(万元)。

(4)由于为甲公司带来的净现值大于0，所以收购可行。

相对价值评估模型

划重点

相对价值评估模型★★

(一)基本原理

1. 概念

相对价值法，也叫价格乘数法或者可比交易价值法等，它是将目标企业与可比企业对比，用可比企业的价值衡量目标企业价值的方法，**即是利用类似企业的市场定价来估计目标企业价值的一种方法**。其假设前提是存在一个支配企业市场价值的主要变量。

2. 步骤

(1)寻找一个影响企业价值的关键变量(如净利润等)。

(2)确定一组可以比较的类似企业，计算可比企业的市价/关键变量的平均值(如平均市盈率)。

(3)根据目标企业的关键变量乘以得到的平均值，计算目标企业的评估价值。

【注意】 估算的结果是相对价值而不是内在价值。

(二)分类

(1)以股票市价为基础的模型。

包括**每股市价/每股收益、每股市价/每股净资产、每股市价/每股营业收入**等模型。

(2)以企业实体价值为基础的模型。

包括实体价值/息税折旧摊销前利润、实体价值/税后经营净利润、实体价值/实体现金流量、实体价值/投资资本、实体价值/销售收入等模型。

(三)常用的股票市价比率模型

1. 基本公式(见表 19-1)

表 19-1　基本公式

类型	公式
市盈率模型 (每股市价/每股收益的比率模型)	目标企业每股价值=可比企业平均市盈率×目标企业每股收益
市净率模型 (每股市价/每股净资产的比率模型)	目标企业每股价值=可比企业平均市净率×目标企业每股净资产
市销率模型 (每股市价/每股营业收入的比率模型)	目标企业每股价值=可比企业平均市销率×目标企业的每股营业收入

2. 寻找可比企业的驱动因素

(1)市盈率模型的驱动因素(见表19-2)。

表19-2 市盈率模型的驱动因素

驱动因素	相关内容
增长潜力、股利支付率和风险(股权资本成本的高低与其风险有关),其中关键因素是增长潜力	本期市盈率=[股利支付率×(1+增长率)]/(股权成本-增长率) 内在市盈率(预期市盈率)=股利支付率/(股权成本-增长率) 【注意】可比企业应当是这三个比率类似的企业,同行业企业不一定都具有这种类似性

(2)市净率模型的驱动因素(见表19-3)。

表19-3 市净率模型的驱动因素

驱动因素	相关内容
权益净利率、股利支付率、增长潜力和风险,其中关键因素是权益净利率	本期市净率=[权益净利率$_0$×股利支付率×(1+增长率)]/(股权成本-增长率) 内在市净率(或预期市净率)=权益净利率$_1$×股利支付率/(股权成本-增长率) 【注意】可比企业应当是这四个比率类似的企业,同业企业不一定都具有这种类似性

(3)市销率模型的驱动因素(见表19-4)。

表19-4 市销率模型的驱动因素

驱动因素	相关内容
营业净利率、股利支付率、增长潜力和股权成本,其中关键因素是营业净利率	本期市销率=[营业净利率$_0$×股利支付率×(1+增长率)]/(股权成本-增长率) 内在市销率(或预期市销率)=营业净利率$_1$×股利支付率/(股权成本-增长率) 【注意】可比企业应当是这四个比率类似的企业,同行业企业不一定都具有这种类似性

3. 三种模型的优缺点及适用范围

(1)市盈率模型(见表19-5)。

表19-5 市盈率模型优缺点及适用范围

优点	①计算市盈率的数据容易取得,并且计算简单;②市盈率把价格和收益联系起来,直观地反映投入和产出的关系;③市盈率涵盖了风险、增长率、股利支付率的影响,具有很高的综合性
局限性	如果收益是负值,市盈率就失去了意义
适用范围	最适合连续盈利的企业

(2)市净率模型(见表19-6)。

表19-6 市净率模型优缺点及适用范围

优点	①市净率极少为负值,可用于大多数企业;②净资产账面价值的数据容易取得,并且容易理解;③净资产账面价值比净利稳定,也不像利润那样经常被人为操纵;④如果会计标准合理并且各企业会计政策一致,市净率的变化可以反映企业价值的变化

续表

局限性	①账面价值受会计政策选择的影响，如果各企业执行不同的会计标准或会计政策，市净率会失去可比性；②固定资产很少的服务性企业和高科技企业，净资产与企业价值的关系不大，其市净率比较没有什么实际意义；③少数企业的净资产是负值，市净率没有意义，无法用于比较
适用范围	这种方法主要适用于需要拥有大量资产、净资产为正值的企业

(3)市销率模型(见表19-7)。

表19-7 市销率模型优缺点及适用范围

优点	①它不会出现负值，对于亏损企业和资不抵债的企业，也可以计算出一个有意义的市销率；②它比较稳定、可靠，不容易被操纵；③市销率对价格政策和企业战略变化敏感，可以反映这种变化的后果
局限性	不能反映成本的变化，而成本是影响企业现金流量和价值的重要因素之一
适用范围	主要适用于销售成本率较低的服务类企业，或者销售成本率趋同的传统行业的企业

例解答·练

例题

例 1.(单选题)甲公司进入可持续增长状态，股利支付率50%，权益净利率20%，股利增长率5%，股权资本成本10%。甲公司的内在市净率是(　　)。

A. 2　　B. 10.5

C. 10　　D. 2.1

解 内在市净率=股利支付率×权益净利率$_1$/(股权成本-增长率)=50%×20%/(10%-5%)=2。

答 A

例 2.(计算分析题)甲企业今年的每股收益是0.5元，分配股利0.35元/股，该企业净利润和股利的增长率都是6%，β值为0.75。政府长期债券利率为7%，股票的风险附加率为5.5%。问该企业的本期市盈率和预期市盈率各是多少？

乙企业与甲企业是类似企业，今年实际净利为1元，根据甲企业的本期市盈率对乙企业估值，其股票价值是多少？乙企业预期明年净利是1.06元，根据甲企业的预期市盈率对乙企业估值，其股票价值是多少？

答 甲企业股利支付率=每股股利÷每股收益=0.35÷0.5×100%=70%

甲企业股权资本成本=无风险利率+β×市场风险溢价=7%+0.75×5.5%=11.125%

甲企业本期市盈率=[股利支付率×(1+增长率)]÷(股权成本-增长率)

=[70%×(1+6%)]÷(11.125%-6%)=14.48,

甲企业预期市盈率=股利支付率÷(股权成本-增长率)=70%÷(11.125%-6%)=13.66,

乙企业股票价值=目标企业本期每股收益×可比企业本期市盈率=1×14.48=14.48(元/股),

乙企业股票价值=目标企业预期每股收益×可比企业预期市盈率=1.06×13.66=14.48(元/股)。

习题

1. 【单选题】甲公司2019年每股收益0.8元。每股分配现金股利0.4元。如果公司股利增长率预计为6%，2019年末股价为50元，预计股利支付率不变，公司2019年的内在市盈率是(   )。

A. 62.5　　B. 58.96

C. 20　　D. 18.87

2. 【单选题】下列关于相对价值估值模型适用性的说法中，错误的是(   )。

A. 市净率估值模型不适用于资不抵债的企业

B. 市净率估值模型不适用于固定资产较少的企业

C. 市销率估值模型不适用于销售成本率较低的企业

D. 市盈率估值模型不适用于亏损的企业

参考答案及解析

1. B 【解析】内在市盈率=市价$_0$/每股收益$_1$=50/(0.8×1.06)=58.96。

2. C 【解析】市净率估值模型适用于需要拥有大量资产，净资产为正值的企业，资不抵债说明所有者权益为负值，选项A、B表述正确；市销率模型适用于销售成本率较低的服务类企业，或者销售成本率趋同的传统行业的企业，选项C表述错误；市盈率模型最适合连续盈利，并且贝塔值接近1的企业，选项D正确。

DAY 20 相对价值评估模型的应用

划重点

模型的修正★★★

(1)修正平均比率法：先平均后修正，如表 20-1 所示。

表 20-1 修正平均比率法

修正市盈率	修正平均市盈率=可比企业平均市盈率/(可比企业平均预期增长率×100) 目标企业每股价值=修正平均市盈率×目标公司预期增长率×目标企业每股收益×100
修正市净率	修正平均市净率=可比企业平均市净率/(可比企业平均预期权益净利率×100) 目标企业每股价值=修正平均市净率×目标公司预期权益净利率×目标企业每股净资产×100
修正市销率	修正平均市销率=可比企业平均市销率/(可比企业平均预期营业净利率×100) 目标企业每股价值=修正市销率×目标公司预期营业净利率×目标企业每股营业收入×100

(2)股价平均法：先修正后平均，如表 20-2 所示。

表 20-2 股价平均法

修正市盈率	修正市盈率=可比企业市盈率/(可比企业预期增长率×100) 目标企业每股价值=修正市盈率×目标公司预期增长率×目标企业每股收益×100 将上一步得出的股价算术平均即可
修正市净率	修正市净率=可比企业市净率/(可比企业预期权益净利率×100) 目标企业每股价值=修正市净率×目标公司预期权益净利率×目标企业每股净资产×100 将上一步得出的股价算术平均即可
修正市销率	修正市销率=可比企业市销率/(可比企业预期营业净利率×100) 目标企业每股价值=修正市销率×目标公司预期营业净利率×目标企业每股营业收入×100 将上一步得出的股价算术平均即可

例解答·练

例题

例 1.(单选题)使用股票市价比率模型进行企业价值评估时，通常需要确定一个关键因素，并用此因素的可比企业平均值对可比企业的平均市价比率进行修正。下列说法中，正确的是(　　)。

A. 修正市盈率的关键因素是每股收益

B. 修正市盈率的关键因素是股利支付率

C. 修正市净率的关键因素是股东权益净利率

D. 修正市销率的关键因素是增长率

解 修正市盈率的关键因素是增长率，修正市净率的关键因素是股东权益净利率，修正市销率的关键因素是营业净利率。

答 C

例 2.（计算分析题）甲公司是一家尚未上市的高科技企业，固定资产较少，人工成本占销售成本的比重较大。为了进行以价值为基础的管理，公司拟采用相对价值评估模型对股权价值进行评估。有关资料如下：

（1）甲公司2018年度实现净利润3000万元，年初股东权益总额为20000万元，年末股东权益总额为21800万元，2018年股东权益的增加全部源于利润留存，公司没有优先股，2018年年末普通股股数为10000万股，公司当年没有增发新股，也没有回购股票，预计甲公司2019年及以后年度的利润增长率为9%，权益净利率保持不变。

（2）甲公司选择了同行业的3家上市公司作为可比公司，并收集的以下相关数据：

可比公司	每股收益/元	每股净资产/元	权益净利率	每股市价/元	预期利润增长率
A 公司	0.4	2	21.2%	8	8%
B 公司	0.5	3	17.5%	8.1	6%
C 公司	0.5	2.2	24.3%	11	10%

要求：

（1）使用市盈率模型下的修正平均市盈率法计算甲公司的每股股权价值。

（2）使用市净率模型下的修正平均市净率法计算甲公司的每股股权价值。

（3）判断甲公司更适合使用市盈率模型和市净率模型中的哪种模型进行估值，并说明原因。

答（1）

企业名称	可比企业市盈率	预期增长率
A 公司	8/0.4=20	8%
B 公司	8.1/0.5=16.2	6%
C 公司	11/0.5=22	10%
平均数	(20+16.2+22)/3=19.4	(8%+6%+10%)/3=8%

修正平均市盈率=19.4/(8%×100)=2.425，

甲公司每股股权价值=2.425×9%×100×(3000/10000)=6.55(元/股)。

（2）

企业名称	可比企业市净率	预期股东权益净利率
A 公司	8/2=4	21.2%
B 公司	8.1/3=2.7	17.5%
C 公司	11/2.2=5	24.3%
平均数	(4+2.7+5)/3=3.9	(21.2%+17.5%+24.3%)/3=21%

修正平均市净率=3.9/(21%×100)=0.19，

甲公司权益净利率=3000/[(21800+20000)/2]=14.35%，

甲公司每股股权价值=0.19×14.35%×100×(21800/10000)=5.94(元/股)。

(3)甲公司的固定资产较少，净资产与企业价值关系不大，市净率法不适用；市盈率法把价格和收益联系起来，可以直观地反映投入和产出的关系。用市盈率法对甲公司估值更合适。

习题

【计算分析题】甲公司是一个制造业企业，其每股收益为0.5元/股，股票价格为15元。假设制造业上市企业中，增长率、股利支付率和风险与甲公司类似的有3家，它们的市盈率和预期增长率如下表所示。假设甲公司的预期增长率是15.5%。

企业名称	本期市盈率	预期增长率/%
A	24.3	11
B	32.1	17
C	33.3	18
平均数	29.9	15.33

要求：分别用修正平均市盈率法和股价平均法计算甲公司的每股价值。

参考答案及解析

(1)修正平均市盈率法。

修正平均市盈率=可比企业平均市盈率÷(可比公司平均预期增长率×100)

=29.9÷(15.33%×100)=1.95

甲公司每股价值=修正平均市盈率×目标企业预期增长率×100×目标企业每股收益

=1.95×15.5%×100×0.5=15.11(元/股)。

(2)股价平均法。

这种方法是根据各可比企业的修正市盈率估计甲公司的价值。

目标企业每股价值=可比企业修正市盈率×目标企业预期增长率×100×目标企业每股收益

然后，将得出股票估值进行算术平均，计算结果如下表所示：

企业名称	本期市盈率	预期增长率/%	修正市盈率	甲公司每股收益/元	甲公司预期增长率/%	甲公司每股价值/元
A	24.3	11	2.21	0.5	15.5	17.13
B	32.1	17	1.89	0.5	15.5	14.65
C	33.3	18	1.85	0.5	15.5	14.34
平均数						15.37

因此，甲公司的每股价值是15.37(元/股)。

专题五 期权价值评估

本专题包含5天的学习内容，具体如下：

DAY21　期权的概念与类型

DAY22　期权的投资策略

DAY23　期权价值的影响因素

DAY24　三种期权价值评估方法

DAY25　二叉树期权定价模型与平价定理

其中，比较重要的考点是DAY22-24，对于四种期权投资策略以及三种期权估值方法要重点掌

DAY 21 期权的概念与类型

划重点

一、期权的概念及类型★

1. 概念

期权是指一种合约，该合约赋予持有人在某一特定日期或该日之前的任何时间以固定价格购进或售出一种资产的权利。

坤坤解读 某一特定日期指的是“欧式”，该日之前的任何时间指的是“美式”，固定价格指的是“执行价格”，购进或者售出指的是“买入或者卖出”。

2. 要点

(1)期权是一种权利。

期权合约至少涉及购买人和出售人两方。持有人只享有权利而不承担相应的义务。

坤坤解读 持有人只享有权利而不承担义务指的是权利的持有者在一开始购买这个权利时已经履行了义务，即付出了期权费(也叫权利金)，因此，后续只有权利而无义务；相反，拿到期权费的一方，由于权利在一开始已经享受完毕了，则后续只有义务，即无条件配合权利的持有人行使权力。

(2)期权的标的资产。

期权的标的资产是指选择购买或出售的资产。它包括股票、政府债券、货币、股票指数、商品期货、房地产等。期权是这些标的物“衍生”的，因此称为衍生金融工具。

值得注意的是，期权出售人不一定拥有标的资产。期权是可以“卖空”的。期权购买人也不一定真的想购买标的资产。因此，**期权到期时双方不一定进行标的物的实物交割，而只需按价差补足价款即可。**

(3)到期日。

双方约定的期权到期的那天称为“到期日”，在那天之后，期权失效。

(4)期权的执行。

按照期权合约购进或者出售标的资产的行为称为“执行”。其中的固定价格称为“执行价格”。

3. 期权的类型(见表21-1)

表 21-1　期权的类型

标准	类型	特征
按照期权执行时间	欧式期权	该期权只能在到期日执行
	美式期权	该期权可以在到期日或到期日之前的任何时间执行
按照合约授予期权持有人权利的类型	看涨期权	看涨期权是指期权赋予持有人在到期日或到期日之前，以固定价格购买标的资产的权利。其授予权利的特征是“购买”。因此也可以称为“择购期权”、“买入期权”或“买权”
	看跌期权	看跌期权是指期权赋予持有人在到期日或到期日前，以固定价格出售标的资产的权利。其授予权利的特征是“出售”。因此也可以称为“择售期权”、“卖出期权”或“卖权”

4. 期权的特点(见表 21-2)

表 21-2　期权的特点

类型	持有人(也叫多头)	出售人(也叫空头)	特征
看涨期权	按固定价格买入标的资产的选择权	按固定价格卖出标的资产的潜在义务	股价“涨”到执行价格以上，执行看涨期权给多头带来净收入
看跌期权	按固定价格出售标的资产的选择权	按固定价格买入标的资产的潜在义务	股价“跌”到执行价格以下，执行看跌期权给多头带来净收入

二、期权的到期日价值与到期日净损益★★

(一)看涨期权

1. 买入看涨期权

多头看涨期权到期日价值=*Max*(股票市价-执行价格，0)

多头看涨期权净损益=多头看涨期权到期日价值-期权价格

2. 卖出看涨期权

空头看涨期权到期日价值=-*Max*(股票市价-执行价格，0)

空头看涨期权净损益=空头看涨期权到期日价值+期权价格

坤坤解读 多头看涨期权在到期日是否执行期权，取决于期权到期日价值是否>0，而不是到期日净损益是否>0。由于期权费属于沉没成本，与是否执行期权的决策无关。即期权费对于净损益的计算有影响，而不会影响是否行权。

还要注意的是，对于买入美式看涨期权而言，若内在价值>0 时，持有人也未必会行权，因为“贪心”，想着以后股价还会上涨，想要赚更多；但是对于买入欧式看涨期权，只能在到期日那一天行权或者不行权，取决于到期日价值是否>0。

3. 净损益情况：

多头：净损失有限(最大值为期权费)，而净收益却潜力巨大。

空头：净收益有限(最大值为期权费)，而净损失不确定。

(二)看跌期权

1. 买入看跌期权

多头看跌期权到期日价值=Max(执行价格-股票市价，0)

多头看跌期权净损益=多头看跌期权到期日价值-期权价格

2. 卖出看跌期权

空头看跌期权到期日价值=-Max(执行价格-股票市价，0)

空头看跌期权净损益=空头看跌期权到期日价值+期权价格

3. 净损益情况

多头：净损失有限(最大值为期权费)，净收益不确定：最大值为执行价格-期权价格(此时股票价格为0)。

空头：净收益有限(最大值为期权费)，净损失不确定：最大值为执行价格-期权价格(与多头是零和博弈)。

例解答·练

例题

例 (单选题)同时售出甲股票的1股看涨期权和1股看跌期权，执行价格均为50元，到期日相同，看涨期权的价格为5元，看跌期权的价格为4元。如果到期日的股票价格为48元，该投资组合的净收益是(　　)元。

A. 5　　　　B. 7

C. 9　　　　D. 11

解 当到期日股价48元，跌到执行价格以下，此时多头执行看跌期权，放弃看涨期权。

空头看跌期权的到期日净损益=-(50-48)+4=2(元)

空头看涨期权的到期日净损益=5(元)

因此，该投资组合的净损益=5+2=7(元)，选项B正确。

 B

习题

【计算分析题】 甲公司是一家上市公司，上年刚发现金股利2.2元，资本成本10%，甲公司未来股利增长率6%，股票现在市价为50元/每股，市场上有两种以甲公司股票为标的资产的期权。欧式看涨期权和欧式看跌期权，每份看涨期权可买入1股股票，每份看跌期权可卖出1股股票，看涨期权5元/份，看跌期权3元/份。期权一年后到期，执行价格为50元。小王和小张都花了53000元，小王买了1000股甲公司股票及1000份看跌期权，小张买了看涨期权10600份。

要求：

(1)利用股利增长模型计算一年后股票内在价值。

(2)根据第一问结果计算一年后小王和小张的投资净损益。

(3)若一年后甲公司股票跌至40元/股，计算小王和小张的投资净损益。

参考答案及解析

(1)一年后股票内在价值=2.2×(F/P，6%，2)/(10%−6%)=61.8(元)

(2)此时，一年后的股价为61.8元。

小王投资后的净损益=股票净损益+期权净损益

=股票净收入+期权净收入−投资成本

=股票净收入+期权净收入−53000

其中：股票净收入=1000×61.8=61800(元)。

由于股价高于执行价格，所以，小王不会行权，期权净收入=0(元)。

因此，小王投资后的净损益=61800+0−53000=8800(元)。

小张投资后的净损益=期权净收入−投资成本=期权净收入−53000

由于股价高于执行价格，所以，小张会行权。

期权净收入=10600×(61.8−50)=125080(元)

小张投资后的净损益=125080−53000=72080(元)

(3)小王投资后的净损益=股票净收入+期权净收入−53000

其中：股票净收入=1000×40=40000(元)。

由于股价低于执行价格，所以，小王会行权，期权净收入=1000×(50−40)=10000(元)。

因此，小王投资后的净损益=40000+10000−53000=−3000(元)。

由于股价低于执行价格，所以，小张不会行权，期权净收入=0。

小张投资后的净损益=0−53000=−53000(元)

期权的投资策略

划重点

期权的投资策略★★★

(一)保护性看跌期权

1. 概念

股票加多头看跌期权组合，是指购买1股股票，同时购入该股票1股看跌期权。

2. 组合净损益

组合净损益=到期日的组合净收入-初始投资

(1)股价<执行价格。

组合净损益=执行价格-股票初始买入价-期权购买价格

(2)股价>执行价格。

组合净损益=股票价格-股票初始买入价-期权购买价格

3. 效果

锁定了最低净收入和最低净损益。

坤坤解读 股价上涨时，股票赚钱，看跌期权作废；股价下跌时，股票亏钱，看跌期权行权获利，可以弥补股价下跌带来的损失。其结果就是"东方不亮西方亮"，之所以叫"保护"，其含义就是可以弥补股价下跌带来的损失。

(二)抛补性看涨期权

1. 概念

股票加空头看涨期权组合，是指购买1股股票，同时出售该股票1股看涨期权。

2. 组合净损益

组合净损益=到期日组合净收入-初始投资

(1)股价<执行价格。

组合净损益=股票价格-股票初始买入价+期权价格

(2)股价>执行价格。

组合净损益=执行价格-股票初始买入价+期权价格

3. 效果

缩小未来的不确定性，是机构投资者常用的投资策略。

坤坤解读 股价上涨时，股票赚钱，卖出看涨期权由于购买方行权而亏钱；股价下跌时，股票亏钱，卖出看涨期权由于购买方不行权而赚取了期权费，进而弥补股价下跌带来的损失。其结果也是"东方不亮西方亮"。

（三）对敲

1. 多头对敲

（1）概念。

多头对敲是指同时买进一只股票的看涨期权和看跌期权，它们的执行价格、到期日都相同。

（2）适用范围。

多头对敲策略对于预计市场价格将发生剧烈变动，但是不知道升高还是降低的投资者非常有用。

（3）组合净损益。

组合净损益=到期日组合净收入-初始投资

股价<执行价格：组合净损益=（执行价格-股票售价）-两个期权费

股价>执行价格：组合净损益=（股票售价-执行价格）-两个期权费

（4）结论。

获利条件：股价偏离执行价格的差额超过两个期权费，**即要么大幅上涨要么大幅下跌，上涨或者下跌的幅度超过两个期权费之和。**

最坏结果：到期股价=执行价格，组合净收入最小（0），组合净损失最大（损失两个期权费）。

坤坤解读 股价上涨时（超过执行价格），看涨期权行权，看跌期权作废；股价下跌时（低于执行价格），看跌期权行权，看涨期权作废。先分别计算各自的到期日价值，然后再扣除两个期权费就可以得到组合净损益了，即“先分后总”。

2. 空头对敲

（1）概念。

空头对敲是指同时出售一只股票的看涨期权和看跌期权，它们的执行价格、到期日都相同。

（2）适用范围。

空头对敲策略对于预计市场价格相对比较稳定，股价与执行价格相比没有变化时。

（3）组合净损益。

组合净损益=到期日组合净收入-初始投资

股价<执行价格：组合净损益=-（执行价格-股票售价）+两个期权费

股价>执行价格：组合净损益=-（股票售价-执行价格）+两个期权费

（4）结论。

获利条件：股价偏离执行价格的差额小于期权费收入。

最好结果：到期股价=执行价格，组合净收入最大（0），组合净收益最大（期权费）。

坤坤点拨 空头对敲和多头对敲是“零和博弈”。空头对敲持有者希望股价不涨不跌，白白赚了两个期权费，若股价上涨或者下跌的幅度不超过两个期权费，此时组合净损益依旧大于0；但其最怕股价大涨或者大跌，那样多头对敲持有者行权，将使得空头对敲持有者的组合净损益为负数。

例解答·练

例题

例 1.（多选题·2019年）甲投资者同时买进一只股票的看涨期权和看跌期权，该投资策略适合的情形有（　　）。

A. 预计标的股票市场价格将小幅下跌　B. 预计标的股票市场价格将大幅上涨

C. 预计标的股票市场价格将大幅下跌　D. 预计标的股票市场价格将小幅上涨

解 从题目先判断是“多头对敲”，然后想着多头对敲持有者是希望股价大涨或者大跌的，且幅度超过两个期权费。多头对敲是指同时买进一只股票的看涨期权和看跌期权，它们的执行价格、到期日都相同。多头对敲策略对于预计市场价格将发生剧烈变动，但是不知道升高还是降低的投资者非常有用。所以选项BC是正确答案。

答 BC

例 2.（单选题）同时卖出一只股票的看涨期权和看跌期权，它们的执行价格和到期日均相同。该投资策略适用的情况是（　　）。

A. 预计标的资产的市场价格将会发生剧烈波动

B. 预计标的资产的市场价格将会大幅度上涨

C. 预计标的资产的市场价格将会大幅度下跌

D. 预计标的资产的市场价格稳定

解 从题目先判断是“空头对敲”，然后想着空头对敲持有者是希望股价不涨或者不跌的，白白赚取了两个期权费。空头对敲则是同时卖出一只股票的看涨期权和看跌期权，它们的执行价格和到期日均相同。空头对敲适用于预计标的资产的市场价格稳定的情况，最好是标的资产的市场价格不发生波动，买入期权的一方不行权，则卖出期权的一方白白得到卖出期权的期权费。所以选项D是正确答案。

答 D

例 3.（计算分析题）甲公司是一家制造业上市公司。当前每股市价40元。市场上有两种以该股票为标的资产的期权：欧式看涨期权和欧式看跌期权。每份看涨期权可买入1股股票，每份看跌期权可卖出1股股票；看涨期权每份5元，看跌期权每份3元。两种期权执行价格均为40元，到期时间均为6个月。目前，有四种投资组合方案可供选择：保护性看跌期权、抛补性看涨期权，多头对敲、空头对敲。

要求：

（1）投资者希望将净收益限定在有限区间内。应选择哪种投资组合？该投资组合应如何构建？假设6个月后该股票价格上涨20%，该投资组合的净损益是多少？（注：计算组合净损益时，不考虑期权价格、股票价格的货币时间价值。）

（2）投资者预期未来股价大幅度波动，应选择哪种投资组合？该投资组合应如何构建？假设6个月后股票价格下跌50%，该投资组合的净损益是多少？（注：计算组合净损益时，不考虑期权价格、股票价格的货币时间价值。）

答 （1）①应该采取的是抛补性看涨期权。

②抛补性看涨期权是指购买一股股票，同时出售该股票的一股看涨期权。

③股票价格上涨20%，

股票净收入=40×(1+20%)=48(元)

空头看涨期权净收入=-(48-40)=-8(元)

组合净收入=48+(-8)=40(元)

组合净损益=40-40+5=5(元)

(2)①预计未来价格大幅度变动，但不知道是升高还是降低的时候采用多头对敲策略。

②多头对敲策略是同时买进一只股票的看涨期权和看跌期权，它们的执行价格、到期日都相同。

③股票价格下跌50%，

多头看涨期权净收入=0

多头看跌期权净收入=40-40×(1-50%)=20(元)

组合净收入=0+20=20(元)

组合净损益=20-5-3=12(元)

习题

1.【计算分析题】某投资人购入1份ABC公司的股票，购入时价格为40元；同时购入该股票的1份看跌期权，执行价格为40元，期权费2元，一年后到期。该投资人预测一年后股票市价变动情况如下表所示：

股价变动幅度	-20%	-5%	5%	20%
概率	0.1	0.2	0.3	0.4

要求：

(1)判断该投资人采取的是哪种投资策略，其目的是什么？

(2)确定该投资人的预期投资组合净损益为多少？

2.【多选题】甲投资人同时买入一只股票的1份看涨期权和1份看跌期权，执行价格均为50元。到期日相同，看涨期权的价格为5元，看跌期权的价格为4元。如果不考虑期权费的时间价值，下列情形中能够给甲投资人带来净收益的有(　　)。

A. 到期日股票价格介于41元至50元之间

B. 到期日股票价格介于50元至59元之间

C. 到期日股票价格高于59元

D. 到期日股票价格低于41元

3.【单选题】下列关于期权投资策略的表述中，正确的是(　　)。

A. 保护性看跌期权可以锁定最低净收入和最低净损益，但不改变净损益的预期值

B. 抛补性看涨期权可以锁定最低净收入和最低净损益，是机构投资者常用的投资策略

C. 多头对敲组合策略可以锁定最低净收入和最低净损益，其最坏的结果是损失期权的购买成本

D. 空头对敲组合策略可以锁定最低净收入和最低净损益，其最低收益是期权收取的期权费

参考答案及解析

1. (1)股票加看跌期权组合，称为保护性看跌期权。单独投资于股票风险很大，如果增加一个看跌期权，情况就会有变化，可以降低投资的风险。

(2)

金额单位：元

股价变动幅度	下降 20%	下降 5%	上升 5%	上升 20%
概率	0.1	0.2	0.3	0.4
股票收入	32	38	42	48
看跌期权收入	8	2	0	0
组合收入	40	40	42	48
股票净损益	32−40=−8	38−40=−2	42−40=2	48−40=8
期权净损益	8−2=6	2−2=0	0−2=−2	0−2=−2
组合净损益	−2	−2	0	6

预期投资组合净损益=0.1×(−2)+0.2×(−2)+0.3×0+0.4×6=1.8(元)

2. CD 【解析】多头对敲，股价偏离执行价格的差额必须超过期权购买成本，才能给投资者带来净收益，本题期权购买成本是 9 元，执行价格是 50 元，所以股价必须大于 59 元或者小于 41 元。

3. C 【解析】保护性看跌期权可以锁定最低净收入和最低净损益，但由于支付期权费，净损益的预期也同时降低，选项 A 错误；抛补性看涨期权可以锁定股价上涨(超过执行价格)时的净收入和净损益，选项 B 错误；股价发生变动时，多头对敲组合策略可以锁定最低净收入和最低净损益，其最坏结果是到期股价与执行价格一致，损失期权费，选项 C 正确；空头对敲组合策略可以锁定最高净收入(0)和最高净损益(看涨期权的价格+看跌期权的价格)，选项 D 错误。

期权价值的影响因素

划重点

金融期权价值的影响因素★★

(一)期权的内在价值和时间溢价

期权价值=内在价值+时间溢价

1. 期权的内在价值

(1)概念：是指期权立即执行产生的经济价值。

(2)影响因素：内在价值的大小，取决于期权标的资产的现行市价与期权执行价格的高低。

2. 期权的价值状态(见表23-1)

表23-1 期权的价值状态

价值状态	看涨期权	看跌期权	执行状况
"实值期权"(溢价期权)	标的资产现行市价高于执行价格时	标的资产现行市价低于执行价格时	有可能被执行，但也不一定被执行
"虚值期权"(折价期权)	标的资产现行市价低于执行价格时	标的资产现行市价高于执行价格时	不会被执行
"平价期权"	标的资产现行市价等于执行价格时	标的资产现行市价等于执行价格时	不会被执行

3. 内在价值不同于到期日价值

(1)内在价值由标的资产的"现行"市价与执行价格决定。

(2)到期日价值由标的资产的"到期日"市价与执行价格决定。

(3)若期权已经到期，则到期日价值=内在价值，即时间溢价=0。

4. 期权的时间溢价(见表23-2)

表23-2 期权的时间溢价

概念	计算公式	影响因素
期权的时间溢价是指期权价值超过内在价值的部分	时间溢价=期权价值-内在价值	时间溢价是时间带来的"波动的价值"，是未来存在不确定性而产生的价值，不确定性越强，期权时间价值越大

（二）影响期权价值的因素（见表 23-3）

表 23-3 一个变量增加（其他变量不变）对期权价格的影响

变量	欧式看涨期权	欧式看跌期权	美式看涨期权	美式看跌期权
股票价格	+	−	+	−
执行价格	−	+	−	+
到期期限	不一定	不一定	+	+
股价波动率	+	+	+	+
无风险利率	+	−	+	−
红利	−	+	−	+

1. 执行价格

（1）看涨期权：执行价格越高，其价值就越小。

（2）看跌期权：执行价格越高，其价值就越大。

2. 到期期限

（1）较长的到期时间能增加美式期权价值：到期时间越长，股价变动范围越大，时间溢价越大；同时，到期时间的延长使执行价格现值减少，会增加美式看涨期权价值。

（2）较长的时间不一定增加欧式期权价值：以看涨期权为例，虽然较长的时间可以降低执行价格的现值，但并不增加执行的机会。到期日价格的降低，有可能超过时间价值的差额。欧式期权的价值更多的取决于到期日那一天股价的实际情况。

3. 股价波动率

股票价格的波动率越大，股价上升或者下降的机会就越大，因此就会使得期权价值增加。换句话说，人们之所以要购买期权，就是对于未来股价的波动率的情况未知而内心忐忑，想要通过购买期权这种方式把未来的不确定"锁定"一下，使得自己"放心一些"。

4. 无风险利率

（1）高利率降低执行价格现值，从而增加看涨期权价值、降低看跌期权价值。

（2）看涨期权投资比股票投资占用资金少，高利率使看涨期权投资更有吸引力。

5. 期权有效期内预计发放的红利

在除息日后，红利发放导致股价降低，从而降低看涨期权价值、增加看跌期权价值。

例解答・练

例题

例 1.（多选题）甲股票当前市价 20 元，市场上有以该股票为标的资产的看涨期权和看跌期权，执行价格均为 18 元。下列说法中，正确的有（　　）。

A. 看涨期权处于实值状态　　B. 看涨期权时间溢价大于 0

C. 看跌期权处于虚值状态　　D. 看跌期权时间溢价小于 0

解 对于看涨期权来说，标的资产现行市价高于执行价格时，该期权处于实值状态，选项 A 正确；对于看跌期权来说，标的资产的现行市价高于执行价格时，该期权处于虚值状态。选项 C

正确；期权的时间溢价是一种等待的价值，只要未到期，时间溢价就是大于0的，选项B正确，选项D错误。

答 ABC

例 2.(单选题·2019年)假设其他条件不变，下列影响期权价值的各项因素中，会引起期权价值同向变动的是(　　)。

A. 执行价格　　B. 无风险利率

C. 标的股票市价　　D. 标的股票股价波动率

解 无论是欧式期权还是美式期权，无论是看涨期权还是看跌期权，股价波动率越大，都会使期权价值上升。执行价格上升，会使看涨期权价值下降。无风险利率以及标的股票市价上升，都会使看跌期权价值下降。所以选项D是正确答案。

答 D

习题

1. **【多选题】** 甲公司股票当前市价为20元，有一种以该股票为标的资产的6个月到期的看涨期权，执行价格为25元，期权价格为4元，则(　　)。

   A. 该看涨期权的内在价值是0　　B. 该期权是虚值期权

   C. 该期权的时间溢价为9　　D. 该看涨期权的内在价值是-5

2. **【单选题】** 某公司股票的当前市价为10元，有一种以该股票为标的资产的看跌期权，执行价格为8元，到期时间为三个月，期权价格为3.5元。下列关于该看跌期权的说法中，正确的是(　　)。

   A. 该期权处于实值状态

   B. 该期权的内在价值为2元

   C. 该期权的时间溢价为3.5元

   D. 买入一股该看跌股权的最大净收入为4.5元

3. **【多选题】** 在其他因素不变的情况下，下列各项变动中，引起美式看跌期权价值下降的有(　　)。

   A. 股票市价下降　　B. 股价波动率下降

   C. 到期期限缩短　　D. 无风险报酬率降低

4. **【单选题】** 对股票期权价值影响最主要的因素是(　　)。

   A. 执行价格　　B. 股票价格的波动性

   C. 无风险利率　　D. 股票价格

参考答案及解析

1. AB **【解析】** 对于看涨期权，如果标的资产的现行市价低于执行价格时，立即执行不会给持有人带来净收入，持有人也不会去执行期权，属于虚值期权，此时看涨期权的内在价值为0。时间溢价=期权价值-内在价值=4-0=4。

2. C **【解析】** 对于看跌期权来说，资产现行市价高于执行价格时，处于“虚值状态”，所以，选项A不正确；对于看跌期权来说，现行资产的价格高于执行价格时，内在价值等于零，所以，选项B不正确；时间溢价=期权价格-内在价值=3.5-0=3.5(元)，所以，选项C正确；买入看跌期权的净收入 = Max(执行价格 − 股票市价，0) = Max(8 − 股票市价，0)，由此可知，买入看跌期权的最大净收入为 8 元，选项 D 不正确。

3. BC 【解析】看跌期权在未来某一时间执行，其收入是执行价格与股票价格的差额。如果其他因素不变，当股票价格下降时，看跌期权的价值上升，选项 A 错误；一种简单而不全面的解释，假设股票价格不变，无风险报酬率越低，执行价格的现值越高，看跌期权的价值越高，选项 D 错误。

4. B 【解析】在期权估值过程中，价格的波动性是最重要的因素，而股票价格的波动率代表了价格的变动性，如果一种股票的价格波动性很小，其期权也值不了多少钱。选项 B 是正确答案。

DAY 24 三种期权价值评估方法

划重点

金融期权估值原理★★★

(一)复制原理与套期保值原理

构建一个股票和借款的适当组合，使得无论股价如何变动，投资组合的损益都与期权相同，则创建该投资组合的成本就是期权的价值。

套期保值原理的步骤：

(1)套期保值比率 $H=\frac{C_u-C_d}{S_u-S_d}=\frac{C_u-C_d}{S_0\times(u-d)}$

(2)借款本金=(到期日下行股价×套期保值比率−股价下行时期权到期日价值)/(1+无风险利率)

(3)期权的价值=购买股票的支出−借款本金=套期保值比率×当前股价−借款本金

(二)风险中性原理

1. 基本原理

风险中性原理，是指假设投资者对待风险的态度是中性的，所有证券的预期报酬率都应当是无风险利率。风险中性的投资者不需要额外的收益补偿其承担的风险，将期望值用无风险利率折现，可以获得现金流量的现值。

2. 应用

(1)基本公式。

到期日价值的期望值=上行概率×C_u+下行概率×C_d

期权价值=到期日价值的期望值÷(1+持有期无风险利率)

(2)上行概率的计算。

期望报酬率(无风险利率)=上行概率×上行时报酬率+下行概率×下行时报酬率

假设股票不派发红利，股票价格的上升百分比就是股票投资的报酬率，因此：

期望报酬率(无风险利率)=上行概率×股价上升百分比+下行概率×(−股价下降百分比)

(3)计算公式。

期权价值=(上行概率×上行期权价值+下行概率×下行期权价值)/(1+持有期无风险利率)=(上行概率×C_u+下行概率×C_d)/(1+r)

例题

例 1.(计算分析题)假设 ABC 公司的股票现在的市价为 50 元。有 1 股以该股票为标的资产的看涨期权，执行价格为 52.08 元，到期时间是 6 个月，到期前预计 ABC 公司不派发股利。6 个月以后股价有两种可能：上升 33.33%，或者降低 25%。无风险利率为每年 4%。

要求：利用复制原理与套期保值原理计算该期权的价值。

答 现构建一个用一定量自有资金加一部分借款投资于 ABC 公司股票的对冲组合，使得无论股价如何变动，该对冲组合 6 个月后的价值(损益)与购进该看涨期权的到期日价值相等，则创建该组合的成本(自有资金)等效于该看涨期权的当前价值。

推导过程如下：

股价上行乘数 u=1+上升百分比=1+33.33%=1.3333

股价下行乘数 d=1−下降百分比=1−25%=0.75

到期日上升后股价 S_u=50×1.3333=66.66(元)>执行价格 52.08 元，期权到期日价值 C_u=66.66−52.08=14.58(元)

到期日下降后股价 S_d=50×0.75=37.50(元)<执行价格 52.08 元，期权到期日价值 C_d=0

设：对冲组合中应购买的股票数量(套期保值比率)为 H 股，需借入的本金为 B。

令：组合 6 个月后的价值=期权的到期日价值，可得：

股价上行时(执行期权)，有：

$66.66\times H-B\times(1+2\%)=14.58$…………①

股价下行时(放弃期权)，有：

$37.50\times H-B\times(1+2\%)=0$…………②

由①−②，得：

对冲组合中的股票数量，即：

套期保值比率 $H=\frac{C_u-C_d}{S_u-S_d}=\frac{C_u-C_d}{S_0\times(u-d)}=\frac{14.58-0}{50\times(1.3333-0.75)}=0.5$

借款本金 B=(到期日下行股价×套期保值比率−股价下行时期权到期日价值)/(1+无风险报酬率)=(37.50×0.5−0)/(1+2%)=18.38(元)

期权价值 C_0=购买股票支出−借款本金=50×0.5−18.38=6.62(元)

例 2.(计算分析题)假设 ABC 公司的股票现在的市价为 50 元。有 1 股以该股票为标的资产的看涨期权，执行价格为 52.08 元，到期时间是 6 个月。6 个月以后股价有两种可能：上升 33.33%，或者降低 25%。无风险利率为每年 4%。

要求：利用风险中性原理计算该期权的价值。

答 期望报酬率=2%=上行概率×33.33%+下行概率×(−25%)

2%=上行概率×33.33%+(1−上行概率)×(−25%)

解得：上行概率=0.4629，下行概率=1−0.4629=0.5371

C_u=50×1.3333−52.08=14.58(元)

$C_d=0$

期权6个月后的期望价值=0.4629×14.58+0.5371×0=6.75(元)

期权的现值=6.75÷1.02=6.62(元)。

习题

【计算分析题】假设A公司目前股票价格是10元/股，以该股票为标的资产的看涨期权到期时间为6个月，执行价格为12元，6个月以内公司不会派发股利，预计半年后股价有两种可能，上升30%或者下降23%，年无风险利率为8%。

要求：

(1)用复制原理计算该看涨期权的价值。

(2)用风险中性原理计算该看涨期权的价值。

(3)如果该看涨期权的现行价格为3元，请根据套利原理，构建一个投资组合进行套利。

参考答案及解析

(1)复制原理：

上行股价=10×(1+30%)=13(元)

下行股价=10×(1−23%)=7.7(元)

套期保值比率H=[(13−12)−0]/(13−7.7)=0.1887

半年的无风险利率=4%

借款数额=(0.1887×7.7−0)/(1+4%)=1.3971(元)

购买股票支出=0.1887×10=1.887(元)

期权价值=1.887−1.3971=0.49(元)

(2)风险中性原理：

4%=上行概率×30%+(1−上行概率)×(−23%)

解得：上行概率=0.5094，下行概率=0.4906

期权到期日价值=0.5094×(13−12)+0.4906×0=0.5094(元)

期权价值=0.5094/(1+4%)=0.49(元)

(3)由于期权价格3元高于期权价值0.49元，存在套利情况。具体如下：

买入0.1887股的股票，借入款项1.3971元，同时卖出1股看涨期权，收到3元，获利=3−(0.1887×10−1.3971)=2.51(元)。

DAY 25 二叉树期权定价模型与平价定理

划重点

一、二叉树期权定价模型

(一)二叉树模型原理

1. 应用

期权价格 $=\frac{1+r-d}{u-d}\times\frac{C_u}{1+r}+\frac{u-1-r}{u-d}\times\frac{C_d}{1+r}$

实则风险中性原理的应用

其中:

上行概率 $=(1+r-d)/(u-d)$

下行概率 $=(u-1-r)/(u-d)$

期权价格 = 上行概率 $\times C_u/(1+r)$ + 下行概率 $\times C_d/(1+r)$

(二)多期二叉树模型

(1)基本原理:与两期模型一样,从后向前逐级推进,多了些层次而已。

(2)股价上升与下降的百分比的确定。

期数增加以后带来的主要问题是股价上升与下降的百分比如何确定问题。期数增加以后,要调整价格变化的升降幅度,以保证年报酬率的标准差不变。

把年报酬率标准差和升降百分比联系起来的公式:

$u=1+$ 上升百分比 $=e^{\sigma\sqrt{t}}$

$d=1-$ 下降百分比 $=1/u$

式中:e——自然常数,约等于 2.7183;

σ——标的资产连续复利报酬率的标准差;

t——以年表示的时段长度。

二、看跌期权估值

对于欧式期权,假定看涨期权和看跌期权的执行价格与到期日相同。

看涨期权价格 C-看跌期权价格 P=标的资产价格 S-执行价格现值 $PV(X)$

即看涨期权—看跌期权平价定理。

已知等式中的 3 个数据,可求另外 1 个。

例题

例 1.（计算分析题）某看涨期权的到期时间为6个月，分为6期，即每月1期（$t=1/12$）。标的股票当前价格 $S_0=50$ 元，执行价格52.08元，年无风险利率为4%，股价波动率（标准差）0.4068。

要求：计算该看涨期权的现值。

答 采用6期二叉树模型计算该看涨期权价值如下：

（1）确定每期股价变动乘数及上行概率。

上行乘数 $u=e^{0.4068\sqrt{1/12}}=1.1246$

下行乘数 $d=1\div1.1246=0.8892$

上行报酬率$=1.1246-1=12.46\%$

下行报酬率$=0.8892-1=-11.08\%$

月无风险收益率$=4\%/12$

$4\%/12=$上行概率$\times12.46\%+(1-$上行概率$)\times(-11.08\%)$

解得：

$$上行概率=\frac{4\%/12+11.08\%}{12.46\%+11.08\%}=0.4848$$

下行概率$=0.5152$

股票期权的6期二叉树　　金额单位：元

序号	0	1	2	3	4	5	6
时间(年)	0	0.083	0.167	0.250	0.333	0.417	0.500
上行乘数	1.1246						
下行乘数	0.8892						
股票价格	50	56.23	63.24	71.12	79.98	89.94	101.15
		44.46	50.00	56.23	63.24	71.12	79.98
			39.53	44.46	50.00	56.23	63.24
				35.15	39.53	44.46	50.00
					31.26	35.15	39.53
						27.80	31.26
							24.72

执行价格$=52.08$，上行概率$=0.4848$，下行概率$=0.5152$

序号	0	1	2	3	4	5	6
买入期权价格	5.30	8.52	13.26	19.84	28.24	38.04	49.07
		2.30	4.11	7.16	12.05	19.21	27.90
			0.61	1.26	2.61	5.39	11.16
				0	0	0	0
					0	0	0
						0	0
							0

期权现值=(8.52×0.4848+2.30×0.5152)÷(1+4%÷12)=5.30(元)

例 2.(单选题)某股票的现行价格为20元，以该股票为标的资产的欧式看涨期权和欧式看跌期权的执行价格均为24.96。都在6个月后到期。年无风险利率为8%，如果看涨期权的价格为10元，看跌期权的价格为(　　)元。

A. 6.89　　B. 13.11

C. 14　　D. 6

解 此题考核的是平价定理。20+看跌期权价格=10+24.96/(1+4%)，解得看跌期权价格=14元。所以选项C是正确答案。

答 C

习题

1.【计算分析题】假设A公司的股票现在的市价为40元。有1份以该股票为标的资产的看涨期权，执行价格为40.5元，到期时间是1年。根据股票过去的历史数据所测算的连续复利报酬率的标准差为0.5185，无风险利率为每年4%，拟利用两期二叉树模型确定看涨期权的价格。

要求：

(1)若保证年报酬率的标准差不变，股价的上行乘数和下行乘数为多少?

(2)建立两期股价二叉树与两期期权二叉树表。

两期股价二叉树

时间(年)			
股价二叉树			

两期期权二叉树

时间(年)			
期权二叉树			

(3)利用两期二叉树模型确定看涨期权的价格。

2.【计算分析题】甲公司股票当前每股市价 40 元，6 个月以后股价有两种可能，上升 25% 或下降 20%，市场上有两种以该股票为标的资产的期权：看涨期权和看跌期权。每份看涨期权可买入 1 股股票，每份看跌期权可卖出 1 股股票，两种期权执行价格均为 45 元，到期时间均为 6 个月，期权到期前，甲公司不派发现金股利，半年无风险报酬率为 2%。

要求：

(1)利用风险中性原理，计算看涨期权的股价上行时到期日价值、上行概率及期权价值，利用看涨期权—看跌期权平价定理，计算看跌期权的期权价值。

(2)假设目前市场上每份看涨期权价格 2.5 元，每份看跌期权价格 6.5 元，投资者同时卖出一份看涨期权和一份看跌期权，计算确保该组合不亏损的股票价格区间；如果 6 个月后的标的股票价格实际上涨 20%，计算该组合的净损益。(注：计算股票价格区间和组合净损益时，均不考虑期权价格的货币时间价值)。

参考答案及解析

1. (1)上行乘数 $u=e^{\sigma\sqrt{t}}=e^{0.5185\sqrt{0.5}}=e^{0.3666}=1.4428$

下行乘数 $d=1\div1.4428=0.6931$

(2)

两期股价二叉树

时间	0	0.5	1
股价二叉树	40.00	57.71	83.27
		27.72	40.00
			19.22

两期期权二叉树

时间	0	0.5	1
期权二叉树	7.81	18.28	42.77
		0	0
			0

C_{uu} =83.27−40.5 =42.77(元)

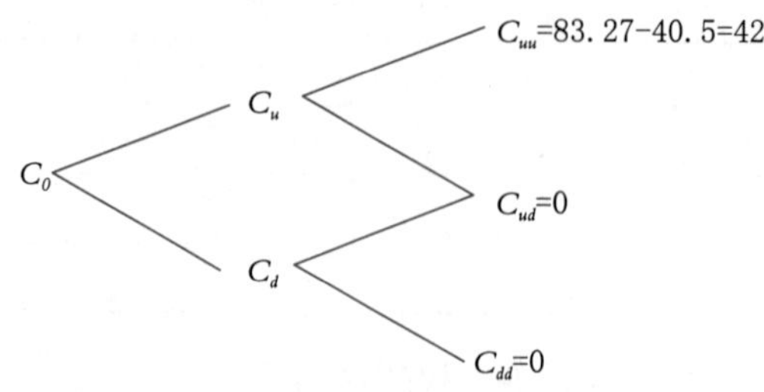

(3)由：2% =上行概率×44.28% +(1−上行概率)×(−30.69%)

得：上行概率 =0.4360

下行概率 =1−0.4360 =0.5640

C_u =(上行概率×上行期权价值+下行概率×下行期权价值)÷(1+持有期无风险利率)

=(0.4360×42.77+0.5640×0)/(1+2%)

=18.28(元)

C_d =(上行概率×上行期权价值+下行概率×下行期权价值)÷(1+持有期无风险利率)

=0

期权价格 C_0 =(0.4360×18.28+0.5640×0)/(1+2%)=7.81(元)

2. (1)上行股价 =40×(1+25%)= 50(元)

股价上行时期权到期日价值 =50−45 =5(元)

下行股价 =40×(1−20%)= 32(元)

股价下行时期权到期日价值 =0(元)

上行概率 $=\frac{2\%+20\%}{25\%+20\%}=0.4889$

期权价值 $=\frac{5\times0.4889+0\times(1-0.4889)}{1+2\%}=2.40$(元)

依据看涨期权—看跌期权平价定理，有：

2.40−看跌期权价格 =40−45/(1+2%)

解得：看跌期权价格 =6.52(元)

(2)空头对敲组合不亏损的条件为：股价偏离执行价格(45 元)的幅度<收取的期权费之和(2.5+6.5 =9 元)，即：

确保该组合不亏损的最高股价 =45+9 =54(元)

确保该组合不亏损的最低股价 =45−9 =36(元)

如果 6 个月后的标的股票价格实际上涨 20%，达到 40×(1+20%)= 48(元)，则股价偏离执行价格的幅度为 48−45 =3(元)，则该组合净损益 =9−3 =6(元)。

专题六

财务报表分析和财务预测

本专题包含5天的学习内容，具体如下：

DAY26　偿债能力比率

DAY27　营运能力与盈利能力比率

DAY28　市价比率与杜邦分析体系

DAY29　管理用财务报表

DAY30　财务预测之销售百分比法

以上内容均是重要考点，需要大家全面掌握。

DAY 26 偿债能力比率

划重点

一、短期偿债能力分析★★

(一)可偿债资产与短期债务的存量比较

1. 营运资本

指流动资产超过流动负债的部分，即营运资本=流动资产-流动负债

【要点】

(1)营运资本表明全部流动资产抵偿全部流动负债后的差额，即防止流动负债“穿透”流动资产的“缓冲垫”。因此，**营运资本越多，流动负债的偿还越有保障，短期偿债能力越强。**

(2)营运资本=**流动资产-流动负债**

=(总资产-非流动资产)-(总资产-股东权益-非流动负债)

=(股东权益+非流动负债)-非流动资产

=**长期资本-长期资产**

相关内容有①营运资本大于0，表明**长期资本的数额大于长期资产，超过部分被用于流动资产**。营运资本数额越大，财务状况越稳定；②营运资本<0，表明**部分长期资产由流动负债提供资本来源，财务状况不稳定**；③营运资本是绝对数指标，不便于不同历史时期及不同企业之间的比较。

(3)**营运资本配置比率=营运资本÷流动资产**

营运资本配置比率表明流动资产中，使用长期资本筹资的比例。

2. 短期债务的存量比率

(1)流动比率。

流动比率是流动资产与流动负债的比值，即

流动比率=**流动资产÷流动负债**

=1÷(1-营运资本配置比率)

=1÷(1-营运资本÷流动资产)

【要点】包括①流动比率作为相对数指标，排除了企业规模的影响，更**适合同业比较以及本企业不同历史时期的比较**；②**不存在统一的、标准的流动比率**，不同行业的流动比率通常有明显差别；③流动比率是对短期偿债能力的粗略估计，**流动比率较高并不一定意味着较好的短期偿债能力，偏低也不一定意味着较差的短期偿债能力。**

(2)速动比率。

速动资产：包含货币资金、交易性金融资产和各种应收款项等；

非速动资产：包含存货、预付款项、1年内到期的非流动资产及其他流动资产等。

速动比率是速动资产与流动负债的比值，又称酸性测试比率，即

速动比率=速动资产÷流动负债。

【要点】①假设速动资产是可偿债资产，表明每1元流动负债有多少速动资产作为偿债保障；②不同行业的速动比率差别很大，例如，采用大量现销的零售业，几乎没有应收款项，速动比率低于1很正常；相反，一些应收款项较多的企业，速动比率可能要大于1；③**影响速动比率可信性的重要因素是应收款项的变现能力**。可能存在实际坏账大于计提的准备；季节性变化不能反映平均水平。

(3)现金比率。

现金比率是现金与流动负债的比值，即现金比率=货币资金÷流动负债。

其表明1元流动负债有多少现金作为偿债保障。

(二)现金流量比率

现金流量比率是指经营活动现金流量净额与流动负债的比值，即

现金流量比率=经营活动现金流量净额÷流动负债

【要点】

(1)经营活动现金流量净额是指现金流量表中的“经营活动产生的现金流量净额”，代表企业产生现金的能力，是**已经扣除了经营活动自身所需的现金流出，是可以用来偿债的现金流量**。

(2)流动负债采用期末数而非平均数，因为**实际需要偿还的是期末金额，而非平均余额**。

(3)其表明每1元的流动负债的经营活动现金流量保障程度。**比率越高，偿债能力越强**。

(4)该指标更具说服力。一方面它克服了可偿债资产未考虑未来变化及变现能力等问题，另一方面实际用以支付负债的通常是现金，而不是其他可偿债资产。

(三)影响短期偿债能力的其他因素

1. 增强短期偿债能力的表外因素

(1)可动用的银行授信额度：不反映在财务报表中，但会在董事会决议中披露。

(2)可以很快变现的非流动资产：企业可能有一些非经营性长期资产可以随时出售变现，而不出现在“一年内到期的非流动资产”项目中，在企业发生周转困难时，将其出售并不影响企业的持续经营。

(3)偿债能力的声誉：声誉好，易于筹集资金。

2. 降低短期偿债能力的表外因素

例如，与担保有关的或有负债。如果它的金额较大并且很可能发生，就应在评价偿债能力时予以关注。

二、长期偿债能力比率★★

(一)总债务存量比率

1. 资产负债率

资产负债率是指总负债与总资产的比值，即资产负债率=总负债÷总资产×100%。

【要点】①资产负债率衡量企业清算时对债权人利益的保护程度，也代表企业的举债能力；②资产负债率越低，企业偿债越有保证，负债越安全；③各类资产变现能力有显著区别，如房地产的变现价值损失小，专用设备则难以变现。

因此，不同企业的资产负债率不同，与其持有的资产类别的变现能力有关。

2. 产权比率和权益乘数

产权比率=负债总额÷股东权益

权益乘数=总资产÷股东权益

【要点】①产权比率表明每1元股东权益配套的总负债的金额；权益乘数表明每1元股东权益启动的总资产的金额；②权益乘数与产权比率是两种常用的财务杠杆比率，既反映偿债能力，也影响总资产净利率和权益净利率之间的关系，还能表明权益净利率风险的高低，与盈利能力有关。

3. 长期资本负债率

长期资本负债率是指非流动负债占长期资本的百分比，即：

长期资本负债率=非流动负债÷(非流动负债+股东权益)×100%

(二)总债务流量比率

1. 利息保障倍数

利息保障倍数是指息税前利润对利息费用的倍数，即：

利息保障倍数=息税前利润÷利息费用

=(净利润+利息费用+所得税费用)÷利息费用

其中：①分子中的“利息费用”是计入利润表财务费用的利息费用；②分母的“利息费用”是本期全部的应付利息，不仅包括计入利润表财务费用的利息费用，还应包括计入资产负债表固定资产等成本的资本化利息。

【要点】①利息保障倍数表明每1元利息费用由多少倍的息税前利润作为偿付保障。反映债务风险的大小；②其数值越大，利息支付越有保障，反映长期偿债能力；③息税前利润受经营风险的影响，很不稳定，但利息支付是固定的，因此，利息保障倍数等于1也很危险。

2. 现金流量利息保障倍数

现金流量利息保障倍数是指经营活动现金流量净额对利息费用的倍数，即：

现金流量利息保障倍数=经营活动现金流量净额÷利息费用

式中的“利息费用”同利息保障倍数的分母。

【要点】①现金流量利息保障倍数是现金基础的利息保障倍数，表明每1元的利息费用有多少倍的经营活动现金流量净额作为支付保障；②现金流量利息保障倍数比利润基础的利息保障倍数更可靠。

3. 现金流量与负债比率

现金流量与负债比率是指经营活动现金流量净额与负债总额的比率，即：

现金流量与负债比率=(经营活动现金流量净额÷负债总额)×100%

【要点】①负债总额采用期末数而非平均数，因为实际需要偿还的是期末金额，而非平均金额；②该比率表明企业用经营活动现金流量净额偿付全部债务的能力。比率越高，偿还负债总额的能力越强。

4. 影响长期偿债能力的其他因素

(1)债务担保。

(2)未决诉讼。

例解答·练

例题

例 1.（单选题）下列关于营运资本的说法中，正确的是（　　）。

A. 营运资本越多的企业，流动比率越大

B. 营运资本越多，长期资本用于流动资产的金额越大

C. 营运资本增加，说明企业短期偿债能力提高

D. 营运资本越多的企业，短期偿债能力越强

解 营运资本=流动资产−流动负债=长期资本−长期资产。营运资本为正数，说明长期资本的数额大于长期资产，营运资本数额越大，财务状况越稳定。所以选项 B 正确。流动比率=流动资产/流动负债，营运资本越多，只能说明流动资产和流动负债的差额越大，如大公司流动资产 10000 万元，流动负债 8000 万元，营运资本 2000 万元；小公司流动资产 200 万元，流动负债 100 万元，营运资本 100 万元，显然小公司的流动比率更大，不能说明营运资本越多的企业流动比率越大，所以选项 A、D 的说法不正确。营运资本增加，要具体看是流动资产里的什么增加，如存货增加就没有现金增加的偿债能力要强；所以，选项 C 的说法不正确。正确答案是 B 选项。

 B

习题

【单选题】 下列业务中，能够降低企业短期偿债能力的是（　　）。

A. 与担保有关的或有负债事项，金额大且很有可能发生

B. 企业从某国有银行取得 3 年期 500 万元的贷款

C. 企业向战略投资者进行定向增发

D. 企业向股东发放股票股利

参考答案及解析

A **【解析】** 与担保有关的或有负债事项，金额大且很有可能发生，能够降低企业短期偿债能力；选项 B、C 会增加企业短期偿债能力；选项 D 不会影响企业短期偿债能力。

DAY 27 营运能力与盈利能力比率

划重点

一、营运能力比率★★

营运能力比率是衡量公司资产管理效率的财务比率。

(一)应收账款周转率

应收账款周转率是营业收入与应收账款的比率，计算公式：

(1)应收账款周转次数=营业收入÷应收账款

表明应收账款在1年中的周转次数或者每1元应收账款投资能够支持的营业收入。

(2)应收账款周转天数=365÷应收账款周转次数

也叫应收账款收现期，表明从销售开始到收回现金所需要的平均天数。

(3)应收账款与收入比=应收账款÷营业收入

表明每1元营业收入所需要的应收账款投资。

【要点】①营业收入的赊销比例问题：计算时应使用赊销额而非营业收入。但是，外部分析人员无法取得赊销的数据，只好直接使用营业收入计算；②应收账款年末余额的可靠性问题：在应用应收账款周转率进行业绩评价时，可以使用年初年末的平均数或者使用多个时点的平均数，以减少季节性、偶然性或人为因素的影响；③应收账款的减值准备问题：如果坏账准备的金额较大，就应进行调整，使用未计提坏账准备的应收账款计算周转天数、周转次数；④应收账款周转天数不是越短越好。

(二)存货周转率

存货周转率是营业收入与存货的比率，计算方法：

存货周转次数=营业收入÷存货

存货周转天数=365÷存货周转次数

存货与收入比=存货÷营业收入

【要点】①使用“营业收入”还是“营业成本”作为周转额。在短期偿债能力分析中，在分解总资产周转率时，应使用“营业收入”计算周转率；评估存货管理业绩时，应使用“营业成本”计算周转率；②存货周转天数不是越短越好。周转天数越短，说明存货库存水平较低，不能满足企业正常的流转需要；③应注意应付款项、存货和应收账款(或营业收入)之间的关系。接受大订单，会依次推动存货及应付账款、应收账款以及收入的增加，在销售实现之前，存货周转率会变慢，周转天数增加；预期销售萎缩，会先减少存货，引起存货周转率加快，周转天数下降。

(三)流动资产周转率

流动资产周转率是营业收入与流动资产的比率，计算方法有：

(1)流动资产周转次数=营业收入÷流动资产

表明1年中流动资产周转的次数，或者说明每1元流动资产投资支持的营业收入。

(2)流动资产周转天数=365÷流动资产周转次数

表明流动资产周转一次需要的时间，也就是流动资产转换成现金平均需要的时间。

(3)流动资产与收入比=流动资产÷营业收入

表明每1元销售收入需要的流动资产投资。

(四)营运资本周转率

营运资本周转率是营业收入与营运资本的比率，计算方法有：

(1)营运资本周转次数=营业收入÷营运资本

表明1年中营运资本周转的次数，或者说明每1元营运资本投资支持的营业收入。

(2)营运资本周转天数=365÷营运资本周转次数

表明营运资本周转一次需要的时间，也就是营运资本转换成现金平均需要的时间。

(3)营运资本与收入比=营运资本÷营业收入

表明每1元营业收入需要的营运资本投资。

严格意义上，该指标计算仅涉及经营性资产和负债，短期借款、交易性金融资产和超额现金等因不是经营活动必需的而应被排除在外。

(五)非流动资产周转率

非流动资产周转率是营业收入与非流动资产的比率，计算方法有：

(1)非流动资产周转次数=营业收入÷非流动资产

表明1年中非流动资产周转的次数，或者说明每1元非流动资产投资支持的营业收入。

(2)非流动资产周转天数=365÷非流动资产周转次数

表明非流动资产周转一次需要的时间，也就是非流动资产转换成现金平均需要的时间。

(3)非流动资产与收入比=非流动资产÷营业收入，表明每1元营业收入需要的非流动资产投资。

(六)总资产周转率

总资产周转率是营业收入与总资产的比率。

1. 计算方法

(1)总资产周转次数=营业收入÷总资产

表明1年中总资产周转的次数，或者说明每1元总资产投资支持的营业收入。

(2)总资产周转天数=365÷总资产周转次数

表明总资产周转一次需要的时间，也就是总资产转换成现金平均需要的时间。

(3)总资产与收入比=总资产÷营业收入

表明每1元营业收入需要的总资产投资。

2. 驱动因素

总资产周转率的驱动因素分析，通常可以使用“资产周转天数”或“资产与收入比”指标，不使用“资产周转次数”。

$$总资产与收入比=\frac{总资产}{营业收入}=\frac{流动资产}{营业收入}+\frac{非流动资产}{营业收入}$$

$$=流动资产与收入比+非流动资产与收入比$$

$$总资产周转天数=\frac{365\times 总资产}{营业收入}=\frac{365\times 流动资产}{营业收入}+\frac{365\times 非流动资产}{营业收入}$$

$$=流动资产周转天数+非流动资产周转天数$$

二、盈利能力比率★★

（一）营业净利率

1. 计算方法

营业净利率是指净利润与营业收入的比率，即：

营业净利率=（净利润÷营业收入）×100%

2. 驱动因素

由利润表各个项目变动引起。

（二）总资产净利率

1. 计算方法

总资产净利率是指净利润与总资产的比率，表明每1元总资产创造的净利润，即：

总资产净利率=（净利润÷总资产）×100%

总资产净利率是企业盈利能力的关键，是提高权益净利率的基本动力。

2. 驱动因素

总资产净利率的驱动因素是营业净利率和总资产周转次数。

$$总资产净利率=\frac{净利润}{总资产}=\frac{净利润}{营业收入}\times\frac{营业收入}{总资产}=营业净利率\times 总资产周转次数$$

（三）权益净利率

权益净利率，也称净资产收益率，是净利润与股东权益的比率，反映每1元股东权益赚取的净利润，衡量企业的总体盈利能力。

权益净利率=（净利润÷股东权益）×100%

例解答·练

例题

例 1.（多选题）假设其他条件不变，下列计算方法的改变会导致应收账款周转天数减少的有（　　）。

A. 从使用赊销额改为使用营业收入进行计算

B. 从使用应收账款平均余额改为使用应收账款平均净额进行计算

C. 从使用应收账款全年日平均余额改为使用应收账款旺季的日平均余额进行计算

D. 从使用已核销应收账款坏账损失后的平均余额改为核销应收账款坏账损失前的平均余额进行计算

解 根据题意，应收账款周转天数减少，则应收账款周转次数(率)增加，导出营业收入增加或者应收账款平均余额减少才符合。选项A由于赊销额小于营业收入额，从赊销额改为营业收入额会使得分子的营业收入变大，符合题意；选项B应收账款的平均余额改为平均净额(即扣除坏账准备后)，会导致分母的应收账款平均余额变小，符合题意；选项C会导致分母的应收账款平均余额变大，错误；选项D会导致分母的应收账款平均余额变大，错误。因此，选项AB是正确答案。

答 AB

例 2.(单选题)甲公司是一家电器销售企业，每年6月到10月是销售旺季，管理层拟用存货周转率评价全年存货管理业绩，适合使用的公式是(　　)。

A. 存货周转率=营业收入/(Σ各月末存货/12)

B. 存货周转率=营业收入/[(年初存货+年末存货)/2]

C. 存货周转率=营业成本/[(年初存货+年末存货)/2]

D. 存货周转率=营业成本/(Σ各月末存货/12)

解 为了评价存货管理的业绩，应当使用“营业成本”计算存货周转率。而存货的年初余额在1月月初，年末余额在12月月末，都不属于旺季，存货的数额较少，采用存货余额年初年末平均数计算出来的存货周转率较高，因此应该按月进行平均，比较准确，所以选项D正确。

答 D

习题

1.【单选题】甲公司的生产经营存在季节性，每年的6月到10月是生产经营旺季，11月到次年5月是生产经营淡季。如果使用应收账款年初余额和年末余额的平均数计算应收账款周转次数，计算结果会(　　)。

A. 高估应收账款周转速度　　B. 低估应收账款周转速度

C. 正确反映应收账款周转速度　　D. 无法判断对应收账款周转速度的影响

2.【单选题】某企业2019年的总资产周转次数为2次，非流动资产周转次数为3次，若一年有360天，则流动资产周转天数为(　　)。

A. 360　　B. 180

C. 120　　D. 60

3.【计算分析题】甲公司是一个材料供应商，拟与乙公司建立长期合作关系，为了确定对乙公司采用何种信用政策，需要分析乙公司的偿债能力和营运能力。为此，甲公司收集了乙公司2019年度的财务报表，相关的财务报表数据以及财务报表附注中披露的信息如下：

(1)资产负债表项目。

单位：万元

项目	年末金额	年初金额
流动资产合计	4600	4330
其中：货币资金	100	100
交易性金融资产	500	460
应收账款	2850	2660

续表

项目	年末金额	年初金额
预付账款	150	130
存货	1000	980
流动负债合计	2350	2250

(2)利润表项目。

单位：万元

项目	本年金额	上年金额(略)
营业收入	14500	
财务费用	500	
资产减值损失	10	
所得税费用	32.50	
净利润	97.50	

(3)乙公司的生产经营存在季节性，每年3月份至10月份是经营旺季，11月份至次年2月份是经营淡季。

(4)乙公司按照应收账款余额的5%计提坏账准备，2019年年初坏账准备余额140万元，2019年年末坏账准备余额150万元。最近几年乙公司的应收账款回收情况不好，截至2019年年末账龄三年以上的应收账款已达到应收账款余额的10%。为了控制应收账款的增长，乙公司在2019年收紧了信用政策，减少了赊销客户的比例。

(5)乙公司2019年资本化利息支出100万元，计入在建工程。

(6)计算财务比率时，涉及的资产负债表数据均使用其年初和年末的平均数。

要求：

(1)计算乙公司2019年的速动比率；回答评价乙公司的短期偿债能力时，需要考虑哪些因素？具体分析这些因素对乙公司短期偿债能力的影响。

(2)计算乙公司2019年的利息保障倍数；分析并评价乙公司的长期偿债能力。

(3)计算乙公司2019年的应收账款周转次数；回答评价乙公司的应收账款变现速度时，需要考虑哪些因素？具体分析这些因素对乙公司应收账款变现速度的影响。

参考答案及解析

1. A 【解析】应收账款的年初余额是在1月月初，应收账款的年末余额是在12月月末，这两个月份都是该企业的生产经营淡季，应收账款的数额较少，因此用这两个月份的应收账款余额平均数计算出的应收账款周转速度会比较高。选项A是正确答案。

2. D 【解析】总资产周转天数=360/2=180(天)，非流动资产周转天数=360/3=120(天)，流动资产周转天数=180-120=60(天)。所以选项D正确。

3. (1)速动比率=[(100+100+500+460+2850+2660)/2]/[(2250+2350)/2]=1.45

评价乙公司的短期偿债能力时，需要考虑应收账款的变现能力。乙公司按照应收账款余额的5%计提坏账准备，2019年年末账龄三年以上的应收账款已达到应收账款余额的10%，实际坏账很可能比计提的坏账准备多，从而降低乙公司的短期偿债能力。乙公司在年初与年末均处于经营淡季，即使使用平均数，也无法消除季节性影响，计算结果可能不能正确反映乙公司的短期偿债能力。

(2) 利息保障倍数＝(97.50＋32.50＋500)÷(500＋100)＝1.05

乙公司的利息保障倍数略大于 1，说明自身产生的经营收益勉强可以支持现有的债务规模。由于息税前利润受经营风险的影响，存在不稳定性，而利息支出却是固定的，乙公司的长期偿债能力较弱。

(3) 应收账款周转次数＝14500÷[(2850＋150＋2660＋140)÷2]＝5

评价乙公司的应收账款变现速度应考虑的因素有：

①生产经营的季节性对应收账款余额的影响。乙公司的生产经营存在季节性，报表上的应收账款金额不能反映平均水平，即使使用年末和年初的平均数计算，仍然无法消除季节性生产企业年末数据的特殊性，乙公司年末处于经营淡季，应收账款余额低于平均水平，计算结果会高估应收账款变现速度。

②收紧信用政策、减少赊销客户比例对赊销额的影响。计算应收账款周转次数时应使用赊销额，由于无法取得赊销数据而使用营业收入计算时，会高估应收账款周转次数。乙公司 2019 年减少了赊销客户比例，现销比例增大，会进一步高估应收账款变现速度。

DAY 28 市价比率与杜邦分析体系

划重点

一、市价比率★★

（一）市盈率

市盈率是指普通股每股市价与每股收益的比率，反映普通股股东愿意为每 1 元净利润支付的价格，代表投资者对公司未来收益的预期。计算公式：

市盈率＝每股市价÷每股收益

其中：

$$每股收益=\frac{普通股股东净利润}{流通在外普通股加权平均股数}=\frac{净利润-当年宣告或累积的优先股股利}{流通在外普通股加权平均股数}$$

（二）市净率

市净率也称为市账率，是指普通股每股市价与每股净资产的比率，反映普通股股东愿意为每 1 元净资产支付的价格，说明市场对公司净资产质量的评价。计算公式：

市净率（市账率）＝每股市价/每股净资产

每股净资产（每股账面价值）＝普通股股东权益÷流通在外普通股股数

【要点】

（1）有优先股的情况下，普通股权益＝股东权益总额－优先股权益。

（2）使用的流通在外普通股股数是资产负债表日流通在外普通股股数，不是当期流通在外普通股加权平均数。

（三）市销率

市销率是指普通股每股市价与每股营业收入的比率，表明普通股股东愿意为每 1 元营业收入所支付的价格。计算公式：

市销率＝每股市价÷每股营业收入

每股营业收入＝营业收入÷流通在外普通股加权平均股数

二、杜邦分析体系★★★

（一）传统杜邦分析体系的核心比率及基本框架

1. 两因素分析

$$权益净利率=\frac{净利润}{股东权益}=\frac{净利润}{总资产}\times\frac{总资产}{股东权益}=总资产净利率\times权益乘数$$

【要点】

(1)财务杠杆(用权益乘数表示)可以反映企业的财务政策。

(2)总资产净利率与财务杠杆(权益乘数)负相关，共同决定了权益净利率。

(3)要使经营战略和财务政策相匹配，具体有两种：①经营风险低的公司可以得到较多的贷款，其财务杠杆较高；②经营风险高的行业，只能得到较少的贷款，其财务杠杆较低。

坤坤解读 经营风险指的是企业未使用负债时经营的内在风险，更多是指产品是否卖的出去的风险。若一家企业经营风险较高，说明破产的概率就很大，这样的企业很难借到钱，因此财务风险就较低；若经营风险较低，说明破产的概率很小，盈利的概率很大，就能赚到钱，这样的企业借钱就会比较容易，因此，财务风险可以高一些。结论：经营风险与财务风险反向搭配是一种比较适合企业的选择。

2. 三因素分析

$$权益净利率=总资产净利率\times权益乘数=\frac{净利润}{总资产}\times权益乘数$$

$$=\frac{净利润}{营业收入}\times\frac{营业收入}{总资产}\times权益乘数=营业净利率\times总资产周转次数\times权益乘数$$

营业净利率和总资产周转次数负相关，反映了企业的经营战略，二者共同作用形成总资产净利率。

【要点】

(1)厚利少销(如制造业)：营业净利率提高的空间很大，为了提高营业净利率，就需要增加产品附加值，就需要增加投资，导致总资产周转次数下降。

(2)薄利多销(如零售业)：由于竞争激烈，营业净利率提高的空间不大，无需为了提高营业净利率而增加投资，导致总资产周转次数提高。

(二)传统财务分析体系的局限性

(1)计算总资产净利率的“总资产”与“净利润”不匹配。

(2)没有区分经营活动损益和金融活动损益。

(3)没有区分金融资产与经营资产。

(4)没有区分金融负债与经营负债。

例解答·练

例题

例 1.(单选题)甲公司上年净利润为250万元，流通在外的普通股的加权平均股数为100万股，优先股为50万股，优先股股息为每股1元。如果上年末普通股的每股市价为30元，甲公司的市盈率为(　　)。

A. 12　　B. 15

C. 18　　D. 22.5

解 普通股每股收益=(250−50×1)/100=2，市盈率=30/2=15，选项B是正确答案。

答 B

例 2.(单选题)某公司2019年与上年度相比，营业收入增长10.9%，净利润增长8.8%，平均资产总额增加12.6%，平均负债总额增加10.5%。则该公司2019年的权益净利率与上一年相比应是(　　)。

A. 下降　　　　B. 不变

C. 上升　　　　D. 不确定

解 权益净利率=净利润/股东权益，由于净利润增长8.8%，此时只需要比较分母的股东权益是否增长8.8%即可。依题意，资产总额增长12.6%，若负债总额增长12.6%，则股东权益也增长12.6%；但是负债总额仅仅增长10.5%，导出：股东权益增长不仅仅大于8.8%，也一定大于12.6%，因此，2019年权益净利率与上年相比下降。选项A是正确答案。

A

习题

1.【单选题】甲公司2020年初流通在外普通股8000万股，优先股500万股；2020年6月30日增发普通股4000万股。2020年末股东权益合计35000万元，优先股每股清算价值10元，无拖欠的累积优先股股息。2020年末甲公司普通股每股市价12元，市净率是(　　)。

A. 2.8　　　　B. 4.8

C. 4　　　　D. 5

2.【单选题】甲公司2019年的营业净利率比2018年下降5%，总资产周转率提高10%，假定其他条件与2018年相同，那么甲公司2019年的权益净利率比2018年提高(　　)。

A. 4.5%　　　　B. 5.5%

C. 10%　　　　D. 10.5%

3.【计算分析题】甲公司是一家汽车销售企业，现对公司财务状况和经营成果进行分析，以发现与主要竞争对手乙公司的差异。相关资料如下：(单位：万元)

(1)甲公司2019年的主要财务报表数据，假设资产负债表项目年末余额可以代表全年平均水平。

资产负债表项目	2019年末
流动资产	4300
非流动资产	3700
资产总计	8000
流动负债	3500
非流动负债	500
股东权益	4000
负债和股东权益总计	8000

利润表项目	2019年度
销售收入	10000
利润总额	1600
减：所得税费用	400

续表

利润表项目	2019 年度
净利润	1200

(2)乙公司相关财务比率。

营业净利率	总资产周转次数	权益乘数
24%	0.6	1.5

要求：

(1)使用因素分析法，按照营业净利率、总资产周转次数、权益乘数的顺序，对2019年甲公司相对乙公司权益净利率的差异进行定量分析。

(2)说明营业净利率、总资产周转次数、权益乘数3个指标各自的经济含义及各评价企业哪方面能力，并指出甲公司和乙公司在经营战略和财务政策上的差别。

参考答案及解析

1. B 【解析】普通股股东权益＝35000－500×10＝30000(万元)，市净率＝12/[30000/(8000+4000)]＝4.8。选项B是正确答案。

2. A 【解析】(1－5%)×(1+10%)－1＝1.045－1＝4.5%，选项A是正确答案。

3. (1)甲公司营业净利率＝1200÷10000×100%＝12%

甲公司总资产周转次数＝10000÷8000＝1.25

甲公司权益乘数＝8000÷4000＝2

甲公司权益净利率＝1200÷4000＝12%×1.25×2＝30%

乙公司权益净利率＝24%×0.6×1.5＝21.6%

甲公司相对于乙公司的权益净利率的差异＝30%－21.6%＝8.4%

营业净利率差异的影响＝(12%－24%)×0.6×1.5＝－10.8%

总资产周转次数差异的影响＝12%×(1.25－0.6)×1.5＝11.7%

权益乘数差异的影响＝12%×1.25×(2－1.5)＝7.5%

(2)营业净利率的经济含义是每一元营业收入能够赚到的净利润，它评价的是企业盈利能力。

总资产周转次数的经济含义是1元总资产支持的营业收入，它评价的是企业的营运能力。

权益乘数的经济含义是每一元股东权益拥有的总资产，它衡量的是企业的长期偿债能力。

营业净利率和总资产周转次数可以反映企业的经营战略，权益乘数可以反映企业的财务政策。从经营战略看，甲公司采用的是“低盈利、高周转”模式，乙公司采用的是“高盈利、低周转”模式；从财务政策来看，甲公司配置了更高的财务杠杆。

DAY 29 管理用财务报表

划重点

管理用财务报表体系★★★

(一)相关概念

1. 区分经营活动与金融活动

(1)经营活动：销售商品或提供劳务等营业活动及与此有关的生产性资产投资活动。

(2)金融活动：筹资活动以及多余资本的利用。

2. 区分经营资产与金融资产

(1)经营资产：销售商品或提供劳务所涉及的资产。

(2)金融资产：利用经营活动多余资本进行投资所涉及的资产。

3. 区分经营负债与金融负债

(1)经营负债：销售商品或提供劳务所涉及的负债。

(2)金融负债：筹资活动所涉及的负债。

(二)管理用资产负债表

1. 管理用资产负债表关系式

资产=负债+股东权益

经营资产+金融资产=经营负债+金融负债+股东权益

经营资产-经营负债=金融负债-金融资产+股东权益

净经营资产=净金融负债+股东权益=净投资资本

其中：

净经营资产=经营资产-经营负债

=(经营性流动资产+经营性长期资产)-(经营性流动负债+经营性长期负债)

=(经营性流动资产-经营性流动负债)+(经营性长期资产-经营性长期负债)

=经营营运资本+净经营性长期资产

(三)管理用利润表

1. 区分经营损益与金融损益(见表29-1)

表29-1 区分经营损益与金融损益

金融损益	金融损益指的是负的税后利息费用，其中的利息费用指金融负债利息与金融资产收益的差额，即扣除利息收入、金融资产公允价值变动收益等以后的利息费用
经营损益	除金融损益以外的当期损益

2. 管理用利润表关系式

净利润=经营损益+金融损益

=税前经营利润×(1-所得税税率)-利息费用×(1-所得税税率)

=税后经营净利润-税后利息费用

(四)管理用现金流量表

1. 区分经营现金流量与金融活动现金流量(见表29-2)

表29-2 区分经营现金流量与金融活动现金流量

经营现金流量	(1)经营现金流量是指企业因销售商品或提供劳务等营运活动以及与此相关的生产性资产投资活动产生的现金流量; (2)经营现金流量,代表了企业经营活动的全部成果,是"企业生产的现金",因此又称为"实体经营现金流量"简称实体现金流量
金融现金流量	是指筹资活动和金融市场投资活动而产生的现金流量。 (1)债务现金流量:是与债权人之间的交易形成的现金流,包括支付利息、偿还或借入负债,以及金融资产购入或出售; (2)股权现金流量:是与股东之间的交易形成的现金流,包括股利分配、股份发行和回购等

2. 管理用现金流量表关系式

营业现金毛流量=税后经营净利润+折旧与摊销

营业现金净流量=营业现金毛流量-经营营运资本增加

实体现金流量=营业现金净流量-资本支出

其中:

资本支出=净经营长期资产的增加+折旧与摊销

【要点】

(1)实体现金流量来源:经营活动,即

实体现金流量=营业现金毛流量-经营营运资本增加-资本支出

=税后经营净利润-经营营运资本增加-净经营长期资产的增加

(2)实体现金流量去向:金融活动,即

实体现金流量=融资现金流量=金融现金流量=债务现金流量+股权现金流量

其中:①债务现金流量=税后利息费用-净负债增加;②股权现金流量=实体现金流量-债务现金流量=股利分配-股权资本净增加

(五)改进的财务分析体系的核心公式

$$权益净利率=\frac{税后经营净利润}{股东权益}-\frac{税后利息费用}{股东权益}$$

$$=\frac{税后经营净利润}{净经营资产}\times\frac{净经营资产}{股东权益}-\frac{税后利息费用}{净负债}\times\frac{净负债}{股东权益}$$

$$=\frac{税后经营净利润}{净经营资产}\times\left(1+\frac{净负债}{股东权益}\right)-\frac{税后利息费用}{净负债}\times\frac{净负债}{股东权益}$$

=净经营资产净利率×(1+净财务杠杆)-税后利息率×净财务杠杆

=净经营资产净利率+(净经营资产净利率-税后利息率)×净财务杠杆

=净经营资产净利率+经营差异率×净财务杠杆

=净经营资产净利率+杠杆贡献率

依据上述公式，权益净利率的驱动因素包括：

(1)净经营资产净利率。

(2)税后利息率。

(3)净财务杠杆。

其中：净经营资产净利率=税后经营净利率×净经营资产周转次数。

例解答·练

例题

例（计算分析题）甲公司是一家制造业企业，为做好财务计划，甲公司管理层拟采用财务报表进行分析，相关材料如下：

(1)甲公司2020年的重要财务报表数据。

单位：万元

资产负债表项目	2020年末
货币资金	600
应收账款	1600
存货	1500
长期股权投资	1000
固定资产	7300
资产合计	12000
应付账款	3000
长期借款	3000
股东权益	6000
负责及股东权益合计	12000

单位：万元

利润表项目	2020年度
营业收入	20000
减：营业成本	12000
税金及附加	640
管理费用	4000
财务费用	160
加：投资收益	100
利润总额	3300
减：所得税费用	800
净利润	2500

(2)甲公司没有优先股，股东权益变动均来自利润留存，经营活动所需的货币资金是本年营业收入的 2%，其他资产均为经营资产，投资收益(属于经营损益)均来自长期股权投资。

(3)根据税法相关规定，甲公司长期股权投资收益不缴纳所得税，其他损益的所得税税率为 25%。

要求：

编制甲公司 2020 年的管理用财务报表(提示：按照各种损益的适用税率计算应分担的所得税，结果填入下方表格中，不用列出计算过程)

单位：万元

管理用资产负债表	2020 年
经营性资产总计	
经营性负债总计	
净经营资产总计	
金融负债	
金融资产	
净负债	
股东权益	
净负债及股东权益总计	

单位：万元

管理用利润表	2020 年
税前经营利润	
减：经营利润所得税	
税后经营净利润	
利息费用	
减：利息费用抵税	
税后利息费用	
净利润	

答

单位：万元

管理用财务报表	2020 年
经营性资产总计	12000−(600−20000×2%)=11800
经营性负债总计	3000
净经营资产总计	11800−3000=8800
金融负债	3000
金融资产	600−20000×2% =200
净负债	3000−200=2800
股东权益	6000
净负债及股东权益总计	6000+2800=8800

单位：万元

管理用利润表	2020 年
税前经营利润	3300+160=3460
减：经营利润所得税	(3460-100)×25% =840
税后经营净利润	3460-840=2620
利息费用	160
减：利息费用抵税	160×25% =40
税后利息费用	160-40=120
净利润	2620-120=2500

习题

1.【单选题】假设其他因素不变，在净经营资产净利率大于税后利息率的情况下，下列变动中不利于提高杠杆贡献率的是(　　)。

A. 提高税后经营净利率　　B. 提高净经营资产周转次数

C. 提高税后利息率　　D. 提高净财务杠杆

2.【计算分析题】甲公司是一家机械加工企业，采用管理用财务报表分析体系进行权益净利率的行业平均水平差异分析。该公司 2019 年主要的管理用财务报表数据如下：

单位：万元

项目	2019 年
资产负债表项目(年末)：	
净经营资产	1000
净负债	200
股东权益	800
利润表项目(年度)：	
营业收入	3000
税后经营净利润	180
减：税后利息费用	12
净利润	168

为了与行业情况进行比较，甲公司收集了以下 2019 年的行业平均财务比率数据：

财务比率	净经营资产净利率	税后利息率	净财务杠杆	权益净利率
行业平均数据	19.50%	5.25%	40.00%	25.20%

要求：

(1)基于甲公司管理用财务报表有关数据，计算下表列出的财务比率(结果填入下方表格中，不用列出计算过程)。

财务比率	2019 年
税后经营净利率	
净经营资产周转次数	

续表

财务比率	2019 年
净经营资产净利率	
税后利息率	
经营差异率	
净财务杠杆	
杠杆贡献率	
权益净利率	

(2)计算甲公司权益净利率与行业平均权益净利率的差异，并使用因素分析法，按照净经营资产净利率、税后利息率和净财务杠杆的顺序，对该差异进行定量分析。

参考答案及解析

1. C 【解析】杠杆贡献率=(净经营资产净利率-税后利息率)×净财务杠杆=(税后经营净利率×净经营资产周转次数-税后利息率)×净财务杠杆，由上式可以看出，在其他因素不变以及净经营资产净利率大于税后利息率的情况下，提高税后经营净利率、提高净经营资产周转次数和提高净财务杠杆都有利于提高杠杆贡献率，而提高税后利息率会使得杠杆贡献率下降。

2. (1)

财务比率	2019 年
税后经营净利率	180÷3000=6%
净经营资产周转次数	3000÷1000=3
净经营资产净利率	6%×3=18%
税后利息率	12÷200=6%
经营差异率	18%-6%=12%
净财务杠杆	200÷800=25%
杠杆贡献率	12%×25%=3%
权益净利率	18%+3%=21%

(2)甲公司权益净利率=18%+(18%-6%)×25%=21%

行业平均权益净利率=19.5%+(19.5%-5.25%)×40%=25.2%

甲公司权益净利率与行业平均权益净利率的差异=21%-25.2%=-4.2%

替代净经营资产净利率=18%+(18%-5.25%)×40%=23.1%

替代税后利息率=18%+(18%-6%)×40%=22.8%

替代净财务杠杆=18%+(18%-6%)×25%=21%

净经营资产净利率差异的影响=23.1%-25.2%=-2.10%

税后利息率差异的影响=22.8%-23.1%=-0.3%

净财务杠杆差异的影响=21%-22.8%=-1.8%

DAY 30 财务预测之销售百分比法

划重点

一、销售百分比法★★★

(一)销售百分比法的基本原理

销售百分比法假设相关资产、负债与营业收入存在稳定的百分比关系，然后根据预计营业收入和相应的百分比预计相关资产、负债，最后确定融资需求。

(二)销售百分比法的预测步骤

1. 销售预测

销售预测是财务预测的起点。

2. 估计经营资产和经营负债

假设经营资产和经营负债销售百分比不变，即与销售收入同比例增长，则：

(1)经营资产增加额=基期经营资产×销售增长率

=基期经营资产×(销售增加额/基期销售额)

=销售增加额×(基期经营资产/基期销售额)

=销售增加额×经营资产销售百分比

(2)经营负债增加额=基期经营负债×销售增长率

=销售增加额×经营负债销售百分比

(3)净经营资产增加额(融资总需求)

=经营资产增加额-经营负债增加额

=(基期经营资产-基期经营负债)×销售增长率

=基期净经营资产×销售增长率

=销售增加额×(经营资产销售百分比-经营负债销售百分比)

=销售增加额×净经营资产销售百分比

=销售增加额×(1/净经营资产周转次数)

3. 估计留存收益增加额

留存收益增加额=预计净利润-预计股利支付额

=预计营业收入×预计营业净利率×(1-预计股利支付率)

=预计营业收入×预计营业净利率×预计利润留存率

上述留存收益增加额的计算，假设预计营业净利率可以涵盖增加的借款利息。

4. 估计所需融资

先内后外，先债后股。

(1)融资总需求=负债增加额+股东权益增加额

融资的优先顺序如下：①动用现存的金融资产；②增加留存收益；③增加金融负债；④增发股票。

(2)外部融资需求=融资总需求-可动用的金融资产-增加的留存收益

(三)销售百分比法的缺点

(1)假设经营资产和经营负债与销售收入保持稳定的百分比，可能与事实不符。

(2)假设预计营业净利率可以涵盖借款利息的增加，也未必合理。

二、外部资本需求的测算★★

1. 外部融资销售增长比

即“外部融资额/销售增长额”，表明每增加1元营业收入需要追加的外部融资额。

假设可动用的金融资产为零，依据销售百分比法公式，有：

外部融资额=净经营资产增加额-留存收益增加额

=(经营资产销售百分比-经营负债销售百分比)×销售增长额-基期营业收入×(1+销售增长率)×预计营业净利率×(1-预计股利支付率)

等式两边同时除以“销售增长额”，得：

外部融资销售增长比=经营资产销售百分比-经营负债销售百分比-[(1+销售增长率)÷销售增长率]×预计营业净利率×(1-预计股利支付率)

2. 外部融资需求的影响因素

(1)同向变化：①经营资产占销售收入的比；②股利支付率。

(2)反向：①经营负债占销售收入的比；②营业净利率；③可动用金融资产。

(3)销售增长率(取决于与内含增长率的关系)。

例解答·练

例题

例 1.(单选题)销售百分比法是预测企业未来融资需求的一种方法。下列关于应用销售百分比法的说法中，错误的是(　　)。

A. 根据预计存货/销售百分比和预计营业收入，可以预测存货的资金需求

B. 根据预计应付账款/销售百分比和预计营业收入，可以预测应付账款的资金需求

C. 根据预计金融资产/销售百分比和预计营业收入，可以预测可动用的金融资产

D. 根据预计营业净利率和预计营业收入，可以预测净利润

解 销售百分比法假设经营资产、经营负债与营业收入存在稳定的百分比关系。金融资产与营业收入之间没有必然的联系，是用来配合融资需求安排的。并不需要预计的金融资产和营业收入之间存在稳定的百分比关系，所以选项C是正确答案。

答 C

例 2.(计算分析题)甲公司是一家新型建筑材料生产企业，为做好2020年财务计划，拟进行财务报表分析和预测。相关资料如下：

（1）甲公司2019年主要财务数据：

单位：万元

资产负债表项目	2019年末
货币资金	600
应收账款	1600
存货	1500
固定资产	8300
资产总计	12000
应付账款	1000
其他流动负债	2000
长期借款	3000
股东权益	6000
负债及股东权益总计	12000
利润表项目	2019年度
营业收入	16000
减：营业成本	10000
税金及附加	560
销售费用	1000
管理费用	2000
财务费用	240
利润总额	2200
减：所得税费用	550
净利润	1650

（2）公司没有优先股且没有外部股权融资计划，股东权益变动均来自留存收益，公司采用固定股利支付率政策，股利支付率60%。

（3）销售部门预测2020年公司营业收入增长率为10%。

（4）甲公司的企业所得税税率25%。

要求：

（1）假设2020年甲公司除长期借款外所有资产和负债与营业收入保持2019年的百分比关系，所有成本费用与营业收入的占比关系维持2019年水平，用销售百分比法初步测算公司2020年融资总需求和外部融资需求。

（2）假设2020年度甲公司除货币资金、长期借款外所有资产和负债与营业收入保持2019年的百分比关系，除财务费用和所得税费用外所有成本费用与营业收入的占比关系维持2019年水平，2020年新增财务费用按新增长期借款期初借入计算，所得税费用按当年利润总额计算。为满足资金需求，甲公司根据要求（1）的初步测算结果，以百万元为单位向银行申请贷款，贷款利率8%，贷款金额超出融资需求的部分计入货币资金。预算公司2020年末资产负债表和2020年度利润表（结果填入下方表格中，不用列出计算过程）。

单位：万元

资产负债表项目	2020 年末
货币资金	
应收账款	
存货	
固定资产	
资产总计	
应付账款	
其他流动负债	
长期借款	
股东权益	
负债及股东权益总计	
利润表项目	2020 年度
营业收入	
减：营业成本	
税金及附加	
销售费用	
管理费用	
财务费用	
利润总额	
减：所得税费用	
净利润	

答 (1)融资总需求(净经营资产增加额)=(12000−1000−2000)×10% =900(万元)

外部融资额=900−1650×(1+10%)×(1−60%)=174(万元)

思路点拨 根据题意，货币资金也是属于经营资产，与销售收入成稳定的百分比关系，且与销售收入同比增长，则(基期经营资产总额−基期经营负债总额)×销售增长率=融资总需求，即净经营资产增加额。

(2)

单位：万元

资产负债表项目	2020 年末
货币资金	13228.4 — 1760 — 1650 — 9130=688.4
应收账款	1600×(1+10%)=1760
存货	1500×(1+10%)=1650
固定资产	8300×(1+10%)=9130
资产总计	13228.4
应付账款	1000×(1+10%)=1100
其他流动负债	2000×(1+10%)=2200
长期借款	3000+200=3200

续表

资产负债表项目	2020 年末
股东权益	6000+1821×(1−60%)=6728.4
负债及股东权益总计	13228.4
利润表项目	2020 年度
营业收入	16000×(1+10%)=17600
减：营业成本	10000×(1+10%)=11000
税金及附加	560×(1+10%)=616
销售费用	1000×(1+10%)=1100
管理费用	2000×(1+10%)=2200
财务费用	240+200×8% =256
利润总额	2428
减：所得税费用	2428×25% =607
净利润	1821

思路点拨 ①把和营业收入成稳定百分比关系的项目先填出来；②由第一问得知向银行借入长期借款 200 万元，解出长期借款、财务费用和净利润等数字；③根据股利支付率 60% 解出：股东权益=期初余额+本期收益留存；④根据负债+所有者权益=资产，倒挤出货币资金的金额。

习题

1.【多选题】假设其他因素不变，下列变动中有利于减少企业外部融资额的有(　　)。

A. 提高存货周转率　　B. 提高产品毛利率

C. 提高权益乘数　　D. 提高股利支付率

2.【单选题】某企业外部融资占销售增长的百分比为 5%，则若上年营业收入为 1000 万元，预计营业收入增加到 1200 万，则相应外部应追加的资金为(　　)万元。

A. 50　　B. 10

C. 40　　D. 30

参考答案及解析

1. AB 【解析】提高存货周转率可以降低经营资产销售百分比，从而可以降低融资总需求和外部融资额，选项 A 是答案；提高产品毛利率可以提高营业净利率，从而可以提高留存收益增加额，减少外部融资额，选项 B 是答案；本题中，提高权益乘数的途径有两个：在股东权益不变的情况下，增加资产；或者资产不变的情况下，减少股东权益(减少利润留存)，不论是哪个途径，都会导致外部融资额增加，因此选项 C 排除；提高股利支付率会减少留存收益增加额，导致外部融资增加，选项 D 排除。

2. B 【解析】外部融资额=外部融资销售增长比×销售增加额=5%×(1200−1000)=10(万元)

专题七

可持续增长率与资本结构

本专题包含5天的学习内容，具体如下：

DAY31 内含增长率与可持续增长率

DAY32 资本结构的MM理论

DAY33 资本结构的其他理论

DAY34 资本结构决策分析

DAY35 杠杆系数的衡量

其中，比较重要的考点是DAY31、34、35，需要大家重点掌握。

DAY 31 内含增长率与可持续增长率

划重点

一、内含增长率的测算★★

1. 概念

假设可动用的金融资产为零，只靠内部积累(即增加留存收益)实现的销售增长，即在不存在可动用金融资产的情况下，“外部融资需求=0”时的销售增长率就是内含增长率。

2. 计算公式

假设可动用的金融资产为零，经营资产销售百分比、经营负债销售百分比保持不变，由于：

外部融资额=净经营资产增加额−留存收益增加额

=(经营资产销售百分比−经营负债销售百分比)×销售增长额−基期营业收入×(1+销售增长率)×预计营业净利率×(1−预计股利支付率)

等式两边同时除以“销售增长额”，得：

外部融资销售增长比=经营资产销售百分比−经营负债销售百分比−[(1+销售增长率)÷销售增长率]×预计营业净利率×(1−预计股利支付率)

令“外部融资额=0”，求解内含增长率如下：

0=经营资产销售百分比−经营负债销售百分比−[(1+内含增长率)/内含增长率]×预计营业净利率×预计利润留存率

整理，得：

$$\text{内含增长率}=\frac{\text{预计营业净利率}\times\text{预计利润留存率}}{\text{净经营资产销售百分比}-\text{预计营业净利率}\times\text{预计利润留存率}}$$

分子分母同时乘以净经营资产周转率(营业收入/净经营资产)即净经营资产销售百分比的倒数，得：

$$\text{内含增长率}=\frac{\text{净经营资产周转率}\times\text{预计营业净利率}\times\text{预计利润留存率}}{1-\text{净经营资产周转率}\times\text{预计营业净利率}\times\text{预计利润留存率}}$$

$$=\frac{\dfrac{\text{预计净利润}}{\text{预计净经营资产}}\times\text{预计利润留存率}}{1-\dfrac{\text{预计净利润}}{\text{预计净经营资产}}\times\text{预计利润留存率}}$$

3. 结论

在不存在可动用金融资产的情况下：

(1)预计销售增长率=内含增长率，外部融资额=0。

(2)预计销售增长率>内含增长率，外部融资额>0。

(3)预计销售增长率<内含增长率，外部融资额<0。

二、可持续增长率的测算★★★

(一)可持续增长率

1. 概念

公司保持可持续增长状态(即：不发行新股或回购股票、不改变经营效率和财务政策)时，其销售所能达到的增长率。

2. 可持续增长状态的假设条件(见表31-1)

表31-1 可持续增长状态的假设条件

假设	对应指标
(1)公司营业净利率将维持当前水平，并且可以涵盖增加负债的利息	营业净利率不变
(2)公司资产周转率将维持当前水平	资产周转率不变
(3)公司目前的资本结构是目标结构，并且打算继续维持下去	权益乘数不变或 资产负债率不变
(4)公司目前的利润留存率是目标留存率，并且打算继续维持下去	利润留存率不变
(5)不愿意或者不打算增发新股(包括股份回购，下同)	增加的所有者权益=增加的留存收益

3. 可持续增长率的计算

(1)根据期初股东权益计算可持续增长率。

在没有增发新股或回购股票时，则：

$$可持续增长率=\frac{本期净利润\times本期利润留存率}{期初股东权益}$$

$$=期初权益本期净利率\times本期利润留存率$$

$$=\frac{本期净利润}{本期营业收入}\times\frac{本期营业收入}{期末总资产}\times\frac{期末总资产}{期初股东权益}\times本期利润留存率$$

$$=营业净利率\times期末总资产周转次数\times期末总资产期初权益乘数\times利润留存率$$

【注意】上述公式中的权益乘数，分子是期末总资产，分母是期初股东权益；其余均采用本期发生额或者期末余额计算。

(2)根据期末股东权益计算可持续增长率。

在不增发新股或回购股票的情况下，推导过程如下：

$$可持续增长率=\frac{本期净利润\times本期利润留存率}{期初股东权益}$$

$$=\frac{本期净利润\times本期利润留存率}{期末股东权益-本期净利润\times本期利润留存率}$$

将分子和分母同除以期末股东权益：

$$可持续增长率=\frac{本期净利润/期末股东权益\times本期利润留存率}{1-本期净利润/期末股东权益\times本期利润留存率}$$

$$=\frac{期末权益净利率\times本期利润留存率}{1-期末权益净利率\times本期利润留存率}$$

$$=\frac{营业净利率\times期末总资产周转次数\times期末总资产权益乘数\times本期利润留存率}{1-营业净利率\times期末总资产周转次数\times期末总资产权益乘数\times本期利润留存率}$$

【注意】在可持续增长状态下，营业净利率、总资产周转率、权益乘数、利润留存率均保持不变，此时，影响销售增长率(即可持续增长率)的因素各期完全相同，从而各期销售增长率完全相等。

(三)可持续增长率与实际增长率

(1)若下期的经营效率和财务政策与本期相同，且不增发新股或回购股票(满足可持续增长的5个假设条件)，表明下期在本期基础上实现了可持续增长(平衡增长)，则：

下期销售增长率=本期可持续增长率=下期可持续增长率=下期资产增长率=下期负债增长率=下期所有者权益增长率=下期净利润增长率=下期股利增长率

(2)如果可持续增长率公式中的4个财务比率本年有一个或多个提高，在不增发新股或回购股票的情况下，则本年实际增长率就会超过上年的可持续增长率，本年的可持续增长率也会超过上年的可持续增长率。

(3)如果可持续增长率公式中的4个财务比率本年有一个或多个下降，在不增发新股或回购股票的情况下，则本年实际增长率就会低于上年的可持续增长率，本年的可持续增长率也会低于上年的可持续增长率。

(4)如果可持续增长率公式中的4个财务比率已经达到公司的极限，只有通过发行新股增加资金，才能提高销售增长率。

(5)超常增长是"改变"财务比率的结果，而不是持续当前状态的结果；低速增长是超常增长之后的必然结果，企业要事先有所准备，否则将面临现金周转的危机。

(四)基于管理用财务报表的可持续增长率

1. 可持续增长的假设前提(见表31-2)

将"总资产"替换为"净经营资产"。

将"负债"替换为"净负债"。

表31-2　可持续增长的假设前提

经营效率不变	营业净利率不变	净利润与营业收入同比增长
	净经营资产周转率不变	净经营资产与营业收入同比增长
财务政策不变	目标资本结构(净财务杠杆)不变	净经营资产、净负债、股东权益同比增长
	利润留存率(或股利支付率)不变	股利、留存收益增加额与净利润同比增长
不增发新股和回购股票		股东权益的增长只来源于留存收益增加额

2. 可持续增长率的推算

(1)根据期初股东权益计算可持续增长率。

可持续增长率=营业净利率×期末净经营资产周转次数×期末净经营资产期初权益乘数×本期利润留存率

(2)根据期末股东权益计算。

$$可持续增长率=\frac{营业净利率\times期末净经营资产周转次数\times期末净经营资产权益乘数\times本期利润留存率}{1-营业净利率\times期末净经营资产周转次数\times期末净经营资产权益乘数\times本期利润留存率}$$

例解答·练

例题

例 1.（单选题）甲公司2019年经营资产销售百分比为70%，经营负债销售百分比为15%，营业净利率为8%。假设甲公司2020年上述比率保持不变，没有可运用的金融资产，不打算进行股票回购，并采用内含增长方式支持销售增长，为实现10%的销售增长目标，预计2020年股利支付率为（　　）。

A. 37.5%　　　　B. 62.5%

C. 57.5%　　　　D. 42.5%

解 内含增长率 $=\dfrac{8\%\times 预计利润留存率}{70\%-15\%-8\%\times 预计利润留存率}=10\%$，解得：预计利润留存率=62.5%，预计股利支付率=1−62.5%=37.5%。

答 A

例 2.（多选题）甲公司无法取得外部融资，只能依靠内部积累增长。在其他因素不变的情况下，下列说法中正确的有（　　）。

A. 预计营业净利率越高，内含增长率越高

B. 净经营资产周转次数越高，内含增长率越高

C. 经营负债销售百分比越高，内含增长率越高

D. 预计股利支付率越高，内含增长率越高

解 内含增长率=预计营业净利率×预计利润留存率/（经营资产销售百分比−经营负债销售百分比−预计营业净利率×预计利润留存率）=预计营业净利率×预计利润留存率/（1/净经营资产周转次数−预计营业净利率×预计利润留存率），其中：预计利润留存率=1−预计股利支付率。

答 ABC

例 3.（单选题）甲公司处于可持续增长状态，2019年初总资产为1000万元，总负债为200万元，预计2019年净利润为100万元，股利支付率为20%，甲公司2019年可持续增长率为（　　）。

A. 2.5%　　　　B. 8%

C. 10%　　　　D. 11.1%

解 由于2019年没有增发和回购股票，因此可持续增长率=本期净利润×本期利润留存率/期初股东权益，而期初股东权益=1000−200=800（万元），所以，可持续增长率=100×（1−20%）/800×100%=10%。

答 C

习题

1.【单选题】企业目前的营业收入为1000万元，由于通货紧缩，某公司不打算从外部融资，而主要靠调整股利分配政策，扩大留存收益来满足销售增长的资金需求。历史资料表明，该公司经营资产、经营负债与销售总额之间存在着稳定的百分比关系。现已知经营资产销

售百分比为60%，经营负债销售百分比为15%，计划下年营业净利率5%，不进行股利分配。若可供动用的金融资产为0，则据此可以预计下年销售增长率为(　　)。

A. 12.5%　　　　B. 10%

C. 37.5%　　　　D. 13%

2.【多选题】下列关于可持续增长率的说法中，错误的有(　　)。

A. 可持续增长率是指企业仅依靠内部筹资时，可实现的最大销售增长率

B. 可持续增长率是指不改变经营效率和财务政策时，可实现的最大销售增长率

C. 在经营效率和财务政策不变时，可持续增长率等于实际增长率

D. 在可持续增长状态下，企业的资产、负债和权益保持同比例增长

3.【计算分析题】甲公司是一家制造业企业，为做好财务计划，甲公司管理层拟采用管理用财务报表进行分析，相关资料如下：

(1)甲公司2019年的主要财务报表数据。

单位：万元

项目	2019年末
货币资金	300
应收账款	800
存货	750
长期股权投资	500
固定资产	3650
资产总计	6000
应付账款	1500
长期借款	1500
股东权益	3000
负债及股东权益总计	6000
营业收入	10000
减：营业成本	6000
税金及附加	320
管理费用	2000
财务费用	80
加：投资收益	50
利润总额	1650
减：所得税费用	400
净利润	1250

(2)甲公司没有优先股，股东权益变动均来自利润留存，经营活动所需的货币资金是当年销售收入的2%，其他资产均为经营资产。投资收益(属于经营收益)均来自长期股权投资。

(3)根据税法相关规定，甲公司长期股权投资收益不缴纳所得税，其他损益的所得税税率为25%。

(4)甲公司采用固定股利支付率政策，股利支付率60%，经营性资产、经营性负债与销售收入保持稳定的百分比关系。

要求：

(1)编制甲公司2019年的管理用财务报表(提示：按照各种损益的适用税率计算应分担的所得税，结果填入下方表格中，不用列出计算过程)。

单位：万元

管理用财务报表项目	2019年末
经营性资产总计	
经营性负债总计	
净经营资产总计	
金融负债	
金融资产	
净负债	
股东权益	
净负债及股东权益总计	
税前经营利润	
减：经营利润所得税	
税后经营净利润	
利息费用	
减：利息费用抵税	
税后利息费用	
净利润	

(2)假设甲公司目前已达到稳定状态，经营效率和财务政策保持不变，且不增发新股和回购股票，可以按照目前的利率水平在需要的时候取得借款，不变的销售净利率可以涵盖新增债务增加的负债利息。计算甲公司2020年的可持续增长率。

(3)假设甲公司2020年销售增长率为25%，销售净利率与2019年相同，在2019年年末金融资产都可动用的情况下，用销售百分比法预测2020年的外部融资额。

(4)从经营效率和财务政策是否变化角度，回答上年可持续增长率、本年可持续增长率和本年实际增长率之间的联系。

参考答案及解析

1. A 【解析】由于可供动用的金融资产为0，并且不打算从外部融资，经营资产和经营负债销售百分比不变，所以：0=60%−15%−(1+销售增长率)/销售增长率×5%×100%，解得：销售增长率=12.5%。

2. ABC 【解析】可持续增长率是指企业不发行新股(包括回购股票)，不改变经营效率(即不改变营业净利率和资产周转率)和财务政策(不改变资本结构和利润留存率)时，其销售所能达到的增长率。可持续增长必须同时满足不发行新股和不改变经营效率和财务政策，所以，选项A、B、C错误。在可持续增长状态下，企业的资产、负债和权益保持同比例增长，所以，选项D正确。

3.（1）

单位：万元

管理用财务报表	2019 年
经营性资产总计	6000−(300−10000×2%)=5900
经营性负债总计	1500
净经营资产总计	5900−1500=4400
金融负债	1500
金融资产	300−10000×2% =100
净负债	1500−100=1400
股东权益	3000
净负债及股东权益总计	1400+3000=4400
税前经营利润	1650+80=1730
减：经营利润所得税	(1730−50)×25% =420
税后经营净利润	1730−420=1310
利息费用	80
减：利息费用抵税	80×25% =20
税后利息费用	80−20=60
净利润	1310−60=1250

(2)2020 年可持续增长率=2019 年可持续增长率=1250/3000×(1−60%)/[1−1250/3000×(1−60%)]=20%

(3)2020 年可动用的金融资产为 100 万元。

外部融资额=4400×25% −100−1250×(1+25%)×(1−60%)=375(万元)

(4)如果本年的经营效率和财务政策与上年相同，在不增发新股和回购股票的情况下，本年实际增长率、上年的可持续增长率以及本年的可持续增长率三者相等。

如果本年的营业净利率、总资产周转次数、权益乘数和利润留存率四个财务比率中的一个或多个比率提高，在不增发新股和回购股票的情况下，本年实际增长率会超过上年的可持续增长率，本年的可持续增长率也会超过上年的可持续增长率。

如果本年的营业净利率、总资产周转次数、权益乘数和利润留存率四个财务比率中的一个或多个比率下降，在不增发新股和回购股票的情况下，本年实际增长率会低于上年的可持续增长率，本年的可持续增长率也会低于上年的可持续增长率。

如果上述四个财务比率已经达到企业极限，则只有通过发行新股增加资金，才能提高实际的销售增长率。

DAY 32 资本结构的MM理论

划重点

资本结构的 MM 理论★★

(一)无税 MM 理论

命题Ⅰ：在没有企业所得税的情况下，有负债企业的价值 V_L 与无负债企业的价值 V_U 相等，即无论企业是否有负债，企业的资本结构与企业价值无关。其表达式为：

$V_L = EBIT/r_{WACC}^0 = V_U = EBIT/r_s^U$

结论：

(1)在没有企业所得税的情况下，无论企业是否有负债，加权平均资本成本保持不变，企业价值仅由预期收益所决定，即全部预期收益按照与企业风险等级相同的必要报酬率所计算的现值。

(2)在没有企业所得税的情况下，有负债企业的加权平均资本成本等于经营风险等级相同的无负债企业的权益资本成本，即$r_{WACC}^0 = r_s^U$。

(3)在没有企业所得税的情况下，企业加权平均资本成本与其资本结构无关，仅仅取决于企业的经营风险。

命题Ⅱ：在没有企业所得税的情况下，有负债企业的权益资本成本随着财务杠杆的提高而增加。有负债企业权益资本成本等于无负债企业的权益资本成本加上风险溢价，而风险溢价与以市值计算的财务杠杆(债务/权益)成正比。其表达式如下：

$r_s^L = r_s^U$+风险溢价$= r_s^U + D/E(r_s^U - r_d)$

无企业所得税条件下 MM 的命题Ⅰ和命题Ⅱ如图 32-1 所示：

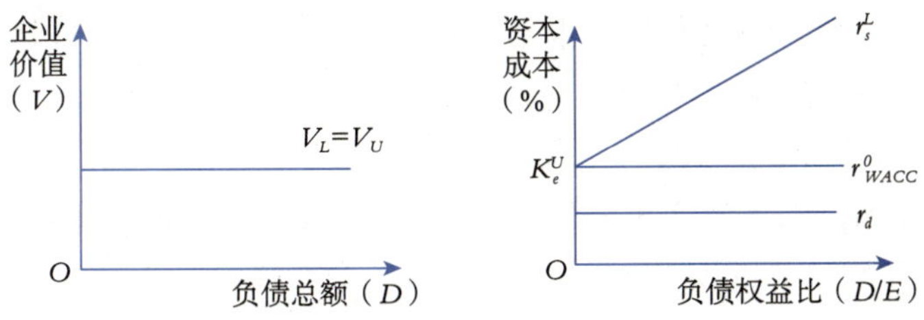

图 32-1 无企业所得税条件下 MM 的命题Ⅰ和命题Ⅱ

(二)有税 MM 理论

命题Ⅰ：在考虑所得税的情况下，有负债企业的价值 V_L =具有相同风险等级的无负债企业的价值 V_U+债务利息抵税收益的现值。其表达式如下：

$V_L = V_U + T \times D$

结论：

(1)在考虑所得税的情况下，债务利息可以税前扣除，形成了债务利息的抵税收益，增加了企业的现金流量，从而增加了价值。

(2)在考虑所得税的情况下，随着企业负债比例提高，企业价值也随之提高，在理论上全部融资来源于负债时，企业价值达到最大。

命题Ⅱ：在考虑所得税的情况下，有债务企业的权益资本成本 =相同风险等级的无负债企业的权益资本成本 +与以市值计算的债务与权益比例成比例的风险报酬，且风险报酬取决于企业的债务比例以及所得税税率。其表达式如下：

$r_s^L=r_s^U$+风险报酬$=r_s^U+(r_s^U-r_d)(1-T)D/E$

【注意】 有税的 MM 命题Ⅱ与无税的 MM 命题Ⅱ的有债务企业的权益资本成本差异是由(1−T)引起的，由于(1−T)小于1，使得有税时有负债企业的权益资本成本比无税时的要小。

考虑企业所得税条件下 MM 的命题Ⅰ和命题Ⅱ如图 32−2 所示：

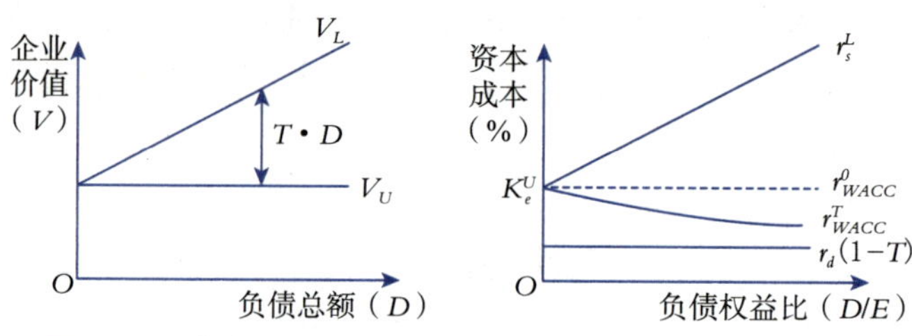

图 32−2 考虑企业所得税条件下 MM 的命题Ⅰ和命题Ⅱ

例解答·练

例题

例 1.(多选题)甲公司以市值计算的债务与股权比率为 2。假设当前的债务税前资本成本为 6%，股权资本成本为 12%。公司发行股票并用所筹集的资金偿还债务，使公司的债务与股权比率降为 1。假设不考虑所得税，企业的税前债务资本成本保持不变，并且满足 MM 理论的全部假设条件，则下列说法正确的有(　　)。

A. 无负债企业的权益资本成本为 8%

B. 偿还债务后有负债企业的权益资本成本为 10%

C. 偿还债务后有负债企业的加权平均资本成本为 8%

D. 当前有负债企业的加权平均资本成本为 8%

解 由于不考虑所得税，根据 MM 理论可知，无负债企业的权益资本成本=当前有负债企业的加权平均资本成本=6%×2/3+12%×1/3=8%，选项 A 和选项 D 的说法正确；偿还债务后有负债企业的权益资本成本=8%+1×(8%−6%)=10%，选项 B 的说法正确；依据无税 MM 理论的命题Ⅰ可知，在不考虑企业所得税的情况下，加权平均资本成本与资本结构无关，所以，偿还债务后有负债企业的加权平均资本成本为 8%，选项 C 的说法正确。

答 ABCD

例 2.（多选题·2019 年）下列关于有企业所得税情况下的 MM 理论的说法中，正确的有（　　）。

A. 高杠杆企业的债务资本成本大于低杠杆企业的债务资本成本

B. 高杠杆企业的权益资本成本大于低杠杆企业的权益资本成本

C. 高杠杆企业的加权平均资本成本大于低杠杆企业的加权平均资本成本

D. 高杠杆企业的价值大于低杠杆企业的价值

解 MM 理论认为，在考虑所得税的条件下，权益资本成本随着债务筹资比例的增加而增加，债务资本成本不变，加权平均资本成本随着债务筹资比例的增加而降低，因此选项 A 的说法错误、选项 B 的说法正确、选项 C 的说法错误。在有税 MM 理论下，有负债企业的价值等于具有相同风险等级的无负债企业的价值加上债务利息抵税收益的现值，说明随着企业负债比例的提高，企业价值也随之提高，因此选项 D 的说法正确。

答 BD

例 3.（单选题）根据有税的 MM 理论，下列各项中会影响企业价值的是（　　）。

A. 债务利息抵税　　B. 债务代理成本

C. 债务代理收益　　D. 财务困境成本

解 在有税 MM 理论下，有负债企业价值=无负债企业价值+债务利息抵税收益的现值。所以选项 A 是答案。

答 A

习题

1.【单选题】在考虑企业所得税但不考虑个人所得税的情况下，下列关于资本结构有税 MM 理论的说法中，错误的是（　　）。

A. 财务杠杆越大，企业价值越大

B. 财务杠杆越大，企业权益资本成本越高

C. 财务杠杆越大，企业利息抵税现值越大

D. 财务杠杆越大，企业加权平均资本成本越高

2.【单选题】根据有税的 MM 理论，当企业负债比例提高时，（　　）。

A. 股权资本成本上升　　B. 债务资本成本上升

C. 加权平均资本成本上升　　D. 加权平均资本成本不变

3.【多选题】下列关于 MM 理论的说法中，正确的有（　　）。

A. 在不考虑企业所得税的情况下，企业加权平均资本成本的高低与资本结构无关，仅取决于企业经营风险的大小

B. 在不考虑企业所得税的情况下，有负债企业的权益成本随负债比例的增加而增加

C. 在考虑企业所得税的情况下，企业加权平均资本成本的高低与资本结构有关，随负债比例的增加而增加

D. 一个有负债企业在有企业所得税情况下的权益资本成本要比无企业所得税情况下的权益资本成本高

参考答案及解析

1. D 【解析】在考虑所得税的条件下，有负债企业的加权平均资本成本随着债务筹资比例的增加而降低。选项 D 的说法错误。
2. A 【解析】根据有税的 MM 理论，当企业负债比例提高时，债务资本成本不变，股权资本成本上升，加权平均资本成本下降。
3. AB 【解析】无企业所得税条件下的 MM 理论认为：企业的资本结构与企业价值无关，企业加权平均资本成本与其资本结构无关，有负债企业的权益资本成本随着财务杠杆的提高而增加。选项 A、B 的说法正确。有企业所得税条件下的 MM 理论认为：企业加权平均资本成本的高低与资本结构有关，随负债比例的增加而降低，所以 C 的说法错误。有负债企业在有企业所得税的前提下，权益资本成本比无税时的要小，所以选项 D 的说法错误。

DAY 33 资本结构的其他理论

划重点

（一）权衡理论（见表 33-1）★★

表 33-1　权衡理论

基本观点	强调在平衡债务利息的抵税收益与财务困境成本的基础上，确定企业价值最大化时的最佳资本结构。 此时所确定的债务比率是债务抵税收益的边际价值等于增加的财务困境成本的现值
表达式	$V_L=V_U+PV$（利息抵税）$-PV$（财务困境成本）
财务困境成本包括直接成本和间接成本。 直接成本：企业因破产、进行清算或重组所发生的法律费用和管理费用等。 间接成本：企业资信状况恶化以及持续经营能力下降而导致的企业价值损失	

（二）代理理论（见表 33-2）★★

表 33-2　代理理论

基本观点	确定企业价值最大化时的最佳资本结构时，除了要考虑债务利息的抵税收益与财务困境成本，还要权衡债务代理成本与债务代理收益
表达式	$V_L=V_U+PV$（利息抵税）$-PV$（财务困境成本）$-PV$（债务的代理成本）$+PV$（债务的代理收益）

1. 代理成本（见表 33-3）

根据代理理论，在企业陷入财务困境时，容易引起过度投资问题与投资不足问题，导致发生债务代理成本。

表 33-3　代理成本

情形	过度投资问题	投资不足问题
概念	是指因企业采用不盈利项目或高风险项目而产生的损害股东以及债权人的利益并降低企业价值的现象	是指因企业放弃净现值为正的投资项目而使债权人利益受损并进而降低企业价值的现象
产生的情形	当企业经理与股东之间存在利益冲突时，经理的自利行为； 当企业股东与债权人之间存在利益冲突时，经理代表股东利益采纳成功率低甚至净现值为负的高风险项目	在企业陷入财务困境且有比例较高的债务时，如果股东事先预见到投资新项目后的大部分收益将由债权人获得并导致自身价值下降时，就会拒绝净现值为正数的新投资项目

2. 代理收益

债务的代理收益有利于减少企业的价值损失或增加企业价值，具体表现为债权人保护条款引入、对经理提升企业业绩的激励措施以及对经理随意支配现金流浪费企业资源的约束等。

（三）优序融资理论★★

基本观点：在信息不对称的情况下，当企业存在融资需求时，首先选择内源融资，其次会选择债务融资，最后选择股权融资，即先内后外、先债后股。

【小结】①无税的 MM 理论：$V_L=V_U$；②有税的 MM 理论：$V_L=V_U+PV$(利息抵税)；③权衡理论：$V_L=V_U+PV$(利息抵税)$-PV$(财务困境成本)；④代理理论：$V_L=V_U+PV$(利息抵税)$-PV$(财务困境成本)$-PV$(财务代理成本)$+PV$(财务代理收益)；⑤优序融资理论：先内后外、先债后股。

例解答·练

例题

例（多选题）下列关于资本结构理论的表述中，正确的有（　　）。

A. 根据 MM 理论，当存在企业所得税时，企业负债比例越高，企业价值越大

B. 根据权衡理论，平衡债务利息的抵税收益与财务困境成本是确定最优资本结构的基础

C. 根据代理理论，当负债程度较高的企业陷入财务困境时，股东通常会选择投资净现值为正的项目

D. 根据优序融资理论，当存在外部融资需求时，企业倾向于债务融资而不是股权融资

解 根据 MM 理论，当存在企业所得税时，有负债企业的价值=具有相同风险等级的无负债企业的价值+债务利息抵税收益的现值，企业负债比例越高，则债务利息抵税收益现值越大，所以，企业价值越大，选项 A 的说法正确；权衡理论，就是强调在平衡债务利息的抵税收益与财务困境成本的基础上，实现企业价值最大化的最佳资本结构，因此，选项 B 的说法正确；根据代理理论，企业陷入财务困境且债务比例较高时，投资从企业整体角度而言净现值为正的项目，可能导致财富从股东转移至债权人，从而使股东拒绝投资，选项 C 的说法错误；优序融资理论是当企业存在融资需求时，首先选择内源融资，其次会选择债务融资，最后选择股权融资（外部），选项 D 的说法正确。

答 ABD

习题

【单选题】在信息不对称和逆向选择的情况下，根据优序融资理论，选择融资方式的先后顺序应该是（　　）。

A. 普通股、优先股、可转换债券、公司债券

B. 普通股、可转换债券、优先股、公司债券

C. 公司债券、可转换债券、优先股、普通股

D. 公司债券、优先股、可转换债券、普通股

参考答案及解析

C 【解析】优序融资理论认为，企业在筹集资金的过程中，遵循着先内源融资后外源融资的基本顺序。在需要外源融资时，按照风险程度的差异，优先考虑债务融资（先普通债券后可转换债券），不足时再考虑权益融资。所以，选项 C 的说法正确。

资本结构决策分析

划重点

一、资本结构的影响因素★

1. 影响因素(见表 34-1)

表 34-1 影响因素

内部因素	通常有营业收入、成长性、资产结构、盈利能力、管理层偏好、财务灵活性以及股权结构等
外部因素	通常有税率、利率、资本市场、行业特征等

2. 具体内容(见表 34-2)

表 34-2 企业类型与负债水平情况

企业类型	负债水平情况
收益与现金流量波动大的企业	负债水平低
成长性好的企业	负债水平高
盈利能力强的企业	负债水平低
一般用途资产比例高	负债水平高
财务灵活性大的企业	负债能力强

二、资本结构决策的分析方法★★★

(一)资本成本比较法

原则：从若干筹资方案中选择加权平均资本成本最小的融资方案，确定为相对最优的资本结构。

(二)每股收益无差别点法

(1)观点：能提高每股收益的资本结构是合理的，反之则不够合理。

(2)解题关键：计算每股收益无差别点的 *EBIT*，进而选择每股收益较高的那个筹资方案。

(3)计算公式：$[(EBIT-I_1)\times(1-T)-PD_1]/N_1=[(EBIT-I_2)\times(1-T)-PD_2]/N_2$。

(4)原则：当预计公司总的息前税前利润大于每股收益无差别点的息前税前利润时，运用负债筹资可获得较高的每股收益；反之运用权益筹资可获得较高的每股收益。

记忆规律 “大债小股”。

（三）企业价值比较法

1. 判断最优资本结构的标准

最佳资本结构应当是使公司的总价值最大，即市净率最高，而不一定是每股收益最高的资本结构。同时，在公司总价值最大的资本结构下，公司的加权平均资本成本也是最低的。

坤坤点拨 此时的比较基准不再是每股收益，而是企业价值。即企业价值（债务价值+股权价值）最大时的资本结构就是最优资本结构。

2. 确定方法

（1）企业市场总价值（V）= S+B+P=股票的市场价值+长期债务价值+优先股价值

假设企业的经营利润永续，股东要求的回报率（权益资本成本）不变，则股票的市场价值为：

$$S=\frac{(EBIT-I)(1-T)-PD}{r_s}$$

r_s的确定方法：资本资产定价模型。

（2）加权平均资本成本=税前债务资本成本×（$1-T$）×B/V+股权资本成本×S/V+优先股资本成本×P/V

坤坤点拨 假设无优先股，解题步骤如下：①先计算股权价值：上述公式的分子是净利润，分母是股权资本成本（用资本资产定价模型确定），由于净利润归股东所有，就转化为永续年金求现值的问题了；②计算企业价值：股权价值+债务价值；③计算加权平均资本成本：此时的加权平均资本成本最小，企业价值最大。

例解答·练

例题

例（计算分析题）某企业目前已有1000万元长期资本，均为普通股，股价为10元/股。现企业希望再实现500万元的长期资本融资以满足扩大经营规模的需要。有三种筹资方案可供选择：

方案一：全部通过年利率为10%的长期债券融资；

方案二：全部是优先股股利率为12%的优先股筹资；

方案三：全部依靠发行普通股股票筹资，按照目前的股价，需增发50万股新股。企业所得税税率为25%。

要求：

（1）计算长期债务和普通股筹资方式的每股收益无差别点。

（2）计算优先股和普通股筹资的每股收益无差别点。

（3）假设企业预期的息前税前利润为210万元，若不考虑财务风险，该公司应当选择哪一种筹资方式？

答（1）方案一与方案三，即长期债务和普通股筹资方式的每股收益无差别点，$EPS_1=EPS_3$：

$$\frac{(EBIT-I_1)(1-T)-PD_1}{N_1}=\frac{(EBIT-I_3)(1-T)-PD_3}{N_3}$$

$$\frac{(EBIT-50)(1-25\%)-0}{100}=\frac{(EBIT-0)(1-25\%)-0}{150}$$

解得：方案一与方案三的每股收益无差别点所对应的 $EBIT$=150(万元)。

(2)方案二与方案三，即优先股和普通股筹资方式的每股收益无差别点，$EPS_2=EPS_3$：

$$\frac{(EBIT-I_2)\times(1-T)-PD_2}{N_2}=\frac{(EBIT-I_3)(1-T)-PD_3}{N_3}$$

$$\frac{(EBIT-0)\times(1-25\%)-500\times12\%}{100}=\frac{(EBIT-0)(1-25\%)-0}{150}$$

解得：方案二与方案三的每股收益无差别点所对应的 $EBIT$=240(万元)。

(3)因为税前优先股利 80 万元(即 60/0.75)高于长期债券的利息，所以利用每股收益无差别点法决策优先应排除优先股；又因为 210 万元高于无差别点 150 万元，所以若不考虑财务风险应采用负债筹资，因其每股收益高。

习题

【单选题】甲公司因扩大经营规模需要筹集长期资本，有发行长期债券、发行优先股、发行普通股三种筹资方式可供选择。经过测算，发行长期债券与发行普通股的每股收益无差别点为 120 万元，发行优先股与发行普通股的每股收益无差别点为 180 万元。如果采用每股收益无差别点法进行筹资方式决策，下列说法中，正确的是(　　)。

A. 当预期的息税前利润为 100 万元时，甲公司应当选择发行长期债券

B. 当预期的息税前利润为 150 万元时，甲公司应当选择发行普通股

C. 当预期的息税前利润为 180 万元时，甲公司可以选择发行普通股或发行优先股

D. 当预期的息税前利润为 200 万元时，甲公司应当选择发行长期债券

参考答案及解析

D　**【解析】**因为增发普通股的每股收益线的斜率低，增发优先股和增发债券的每股收益线的斜率相同，由于发行优先股与发行普通股的每股收益无差别点(180 万元)高于发行长期债券与发行普通股的每股收益无差别点(120 万元)，可以肯定发行债券的每股收益线在发行优先股的每股收益线上，即本题按每股收益判断始终债券筹资优于优先股筹资。因此当预期的息税前利润高于 120 万元时，甲公司应当选择发行长期债券，当预期的息税前利润低于 120 万元时，甲公司应当选择发行股票。

DAY 35 杠杆系数的衡量

划重点

杠杆效应：由于某项固定成本的存在，某一财务变量的变动，会放大另一相关财务变量的变动，具有放大盈利波动性的作用，从而影响公司的风险与收益。

一、经营杠杆系数的衡量★★

(一)息税前利润与盈亏平衡分析

$EBIT=(P-V)\times Q-F$

当 $EBIT=0$ 时，达到盈亏平衡，此时的 Q 即是盈亏临界点的销售量，即：

$Q_{BE}=F/(P-V)$

(二)经营风险

经营风险，是指企业未使用债务时经营的内在风险。影响因素有：

(1)产品需求：市场对企业产品的需求稳定，经营风险小；反之，经营风险大。

(2)产品售价：产品售价稳定，经营风险小；反之，经营风险大。

(3)产品成本：产品成本变动大，经营风险大；反之，经营风险小。

(4)调整价格的能力：调整价格能力强，经营风险小；反之，经营风险大。

(5)固定成本的比重：固定成本所占比重大，经营风险大；反之，经营风险小。

(三)经营杠杆系数的衡量方法

经营杠杆效应是指在某一固定成本比重的作用下，由于销售量一定程度的变动引起息税前利润产生更大程度变动的现象。其大小用经营杠杆系数(DOL)来表示，定义表达式为：

$$DOL=\frac{\Delta EBIT/EBIT}{\Delta Q/Q}$$

计算公式：

$$DOL=\frac{\text{基期边际贡献}}{\text{基期息税前利润}}=\frac{M}{M-F}=\frac{M}{EBIT}$$

【要点】

(1)只要企业存在固定性经营成本，就存在营业收入(销售量)的较小变动引起息前税前利润较大变动的经营杠杆的放大效应。

(2)经营杠杆放大了企业营业收入(销售量)变化对息税前利润变动的影响。经营杠杆系数越大，表明经营风险也就越大；反之，经营杠杆系数越小，经营风险也就越小。

(3)固定经营成本是引发经营杠杆效应的根源，即经营杠杆的大小是由固定经营成本和息税前利润共同决定的。

(4)同向变动的因素有固定成本、变动成本；反向变动的因素有产品销售数量、销售价格水平。

(5)控制措施：企业一般可以通过增加营业收入、降低单位变动成本、降低固定成本比重等措施使经营杠杆系数下降，降低经营风险。

二、财务杠杆系数的衡量★★

(一)财务风险

财务风险是指企业运用债务筹资方式而产生的丧失偿付能力的风险，而这种风险最终由普通股股东承担。

在某一固定的债务与权益融资结构下由于息税前利润的变动引起每股收益产生更大变动程度的现象被称为财务杠杆效应。

(二)财务杠杆系数的衡量方法

定义公式：$DFL=(\Delta EPS/EPS)/(\Delta EBIT/EBIT)$

计算公式：$DFL=EBIT/[EBIT-I-PD/(1-T)]$

或：$DFL=[Q(P-V)-F]/[Q(P-V)-F-I-PD/(1-T)]$

【要点】

(1)只要在企业的筹资方式中有固定性融资费用的债务或优先股，就会存在息税前利润的较小变动引起每股收益较大变动的财务杠杆效应。

(2)财务杠杆放大了息税前利润变化对每股收益变动的影响，财务杠杆系数越大，表明普通股每股收益的波动程度越大，财务风险也就越大。

(3)固定融资成本是引发杠杆效应的根源，即财务杠杆的大小是由固定融资成本和息税前利润共同决定的。

(4)影响因素：企业资本结构中债务资本比重；息税前利润水平；所得税税率水平。

债务成本比重越高、固定性融资费用额越高、息税前利润水平越低，财务杠杆效应越大，反之亦然。

(5)控制措施：负债比率是可以控制的。企业可以通过合理安排资本结构，适度负债，使财务杠杆利益抵消风险增大所带来的不利影响。

三、联合杠杆系数的衡量★★

联合杠杆效应是指由于固定经营成本和固定融资费用的存在，导致每股收益变动率大于销售(或营业收入)变动率的现象。

(1)定义公式：DTL=每股收益变化的百分比/营业收入变化的百分比$=(\Delta EPS/EPS)/(\Delta S/S)$。

(2)关系公式：$DTL=DOL\times DFL$。

(3)计算公式：$DTL=[Q(P-V)]/[Q(P-V)-F-I-PD/(1-T)]$或：$DTL=(EBIT+F)/[EBIT-I-PD/(1-T)]$。

【要点】

(1)影响因素：影响经营杠杆和影响财务杠杆的因素都会影响联合杠杆。

(2)经营风险与财务风险要保持此消彼长的搭配才行。

例解答·练

例题

例 1.(多选题)某企业只生产一种产品，当年的税前利润为 20000 元。运用本量利关系对影响税前利润的各因素进行敏感分析后得出，单价的敏感系数为 4，单位变动成本的敏感系数为-2.5，销售量的敏感系数为 1.5，固定成本的敏感系数为-0.5。下列说法中，正确的有(　　)。

A. 上述影响税前利润的因素中，单价是最敏感的，固定成本是最不敏感的

B. 当单价提高 10%时，税前利润将增长 8000 元

C. 当单位变动成本的上升幅度超过 40%时，企业将转为亏损

D. 企业的安全边际率为 66.67%

解 某变量的敏感系数的绝对值越大，表明变量对利润的影响越敏感，选项 A 正确；由于单价敏感系数为 4，因此当单价提高 10%时，利润提高 40%，因此税前利润增长额=20000×40%=8000(元)，选项 B 正确；单位变动成本的上升幅度超过 40%，则利润降低率=-2.5×40%=-100%，所以选项 C 正确；因为经营杠杆系数=销售量的敏感系数=1.5，而经营杠杆系数=$(P-V)Q/[(P-V)Q-F]=Q/[Q-F/(P-V)]=Q/(Q-Q_0)$=1/安全边际率，所以安全边际率=1/销售量的敏感系数=1/1.5=66.67%，所以选项 D 正确。

答 ABCD

例 2.(单选题)甲公司只生产一种产品，产品单价为 6 元，单位变动成本为 4 元，产品销量为 10 万件/年，固定成本为 5 万元/年，利息支出为 3 万元/年。甲公司的财务杠杆为(　　)。

A. 1.18　　B. 1.25

C. 1.33　　D. 1.66

解 甲公司的息税前利润=10×(6-4)-5=15(万元)

甲公司的财务杠杆=15/(15-3)=1.25。选项 B 是正确答案。

答 B

例 3.(单选题)甲公司 2019 年每股收益 1 元，经营杠杆系数 1.2，财务杠杆系数 1.5。假设公司不进行股票分割，如果 2020 年每股收益想达到 1.9 元，根据杠杆效应，其营业收入应比 2019 年增加(　　)。

A. 50%　　B. 60%

C. 75%　　D. 90%

解 联合杠杆系数=1.2×1.5=1.8；每股收益变动率=(1.9-1)/1=90%；营业收入变动率=90%/1.8=50%。选项 A 是正确答案。

答 A

习题

1.【多选题】下列关于经营杠杆的说法中，正确的有(　　)。

A. 经营杠杆反映的是营业收入的变化对每股收益的影响程度

B. 如果没有固定性经营成本，则不存在经营杠杆效应

C. 经营杠杆的大小是由固定性经营成本和息税前利润共同决定的

D. 如果经营杠杆系数为1，表示不存在经营杠杆效应

2.【多选题】下列关于财务杠杆的说法中，正确的有(　　)。

A. 财务杠杆系数越大，财务风险越大

B. 如果没有利息和优先股利，则不存在财务杠杆效应

C. 财务杠杆的大小是由利息、税前优先股利和税前利润共同决定的

D. 如果财务杠杆系数为1，表示不存在财务杠杆效应

3.【计算分析题】甲公司是一家上市公司，目前的长期投资资金来源包括：长期借款7500万元，年利率5%，每年付息一次，5年后还本；优先股30万股，每股面值100元，票面股息利率8%；普通股500万股，每股面值1元。为扩大生产规模，公司现需筹资4000万元，有两种筹资方案可供选择：

方案一是平价发行长期债券，债券面值1000元，期限10年，票面利率6%，每年付息一次；

方案二是按当前每股市价16元增发普通股，假设不考虑发行费用。

目前公司年销售收入1亿元，变动成本率为60%，除财务费用外的固定成本2000万元。预计扩大规模后，每年新增销售收入3000万元，变动成本率不变，除财务费用外的固定成本新增500万元。公司的所得税税率25%。

要求：

(1)计算追加筹资前的经营杠杆系数、财务杠杆系数、联合杠杆系数。

(2)计算方案一和方案二的每股收益无差别点的销售收入，并据此对方案一和方案二作出选择。

(3)基于要求(2)的结果，计算追加筹资后的经营杠杆系数，财务杠杆系数，联合杠杆系数。

参考答案及解析

1. BCD 【解析】经营杠杆反映的是营业收入的变化对息税前利润的影响程度。

2. ABCD

3. (1)边际贡献=10000×(1-60%)=4000(万元)

息税前利润=4000-2000=2000(万元)

税前固定性融资成本=7500×5%+30×100×8%/(1-25%)=695(万元)

经营杠杆系数=4000/2000=2

财务杠杆系数=2000/(2000-695)=1.53

联合杠杆系数=2×1.53=3.06

(2)采纳方案一的普通股股数=500(万股)

采纳方案一的税前固定性融资成本=695+4000×6%=935(万元)

采纳方案二的普通股股数=500+4000/16=750(万股)

采纳方案二的税前固定性融资成本=695(万元)

每股收益无差别点的息税前利润$=\frac{750\times935-500\times695}{750-500}$=1415(万元)

每股收益无差别点的销售收入 $=\frac{1415+(2000+500)}{1-60\%}=9787.5$（万元）

扩大规模后，公司销售收入为13000万元，大于每股收益无差别点的销售收入，应该选择方案一。

（3）边际贡献＝13000×（1－60%）＝5200（万元）

息税前利润＝5200－2500＝2700（万元）

筹资后的经营杠杆系数＝5200/2700＝1.93

筹资后的财务杠杆系数＝2700/（2700－935）＝1.53

筹资后的联合杠杆系数＝1.93×1.53＝2.95

专题八

股利分配、股票分割、股票回购与营运资本管理（一）

本专题包含5天的学习内容，具体如下：

DAY36　股利理论与股利政策

DAY37　股利政策影响因素、股利种类与分配方案

DAY38　股票分割和股票回购

DAY39　营运资本投资与筹资策略

DAY40　现金管理

其中，比较重要的考点是DAY36、38、39－40，需要重点掌握。

DAY 36 股利理论与股利政策

划重点

一、股利理论★

（一）股利无关论（见表 36-1）

这一理论是米勒与莫迪格利安尼于 1961 年提出。

表 36-1　股利无关论

假设	（1）公司的投资政策已确定并且已经为投资者所理解。 （2）不存在股票的发行和交易费用（即不存在股票筹资费用）。 （3）不存在个人或公司所得税。 （4）不存在信息不对称。 （5）经理与外部投资者之间不存在代理成本
观点	（1）投资者并不关心公司股利的分配。 （2）股利的支付比率不影响公司的价值

（二）股利相关论

1. 税差理论

税差：现金股利税和资本利得税有差异。

（1）一般出于保护和鼓励资本市场投资的目的，会采用股利收益税率高于资本利得税率的差异税率制度。

（2）股东在支付税金时间上存在差异，继续持有股票可以延迟资本利得的纳税时间，可以体现递延纳税的时间价值。

坤坤解读 ①股利收益税率高于资本利得税率的话，投资者便希望上市公司少发放现金股利而利用这部分资金投资于公司进而带来股价上涨，这样股东就不用出售股票进而继续持有股票了，只要资本市场有更多的资金在运转，就能得到更好的发展；②即便股利收益税率和资本利得税率相等的话，如果发放现金股利，股东就必须立即交税（实务中是被上市公司代扣代缴了）；但是股价上涨，股东不出售股票的话，便暂时不用交税，等到以后出售时再交税，所以体现了递延纳税的时间价值。

观点：

（1）如果不考虑股票交易成本，企业应采取低现金股利比率的分配政策。

（2）如果存在股票的交易成本，甚至当资本利得税与交易成本之和大于股利收益税时，偏好取得定期现金股利收益的股东自然会倾向于企业采用高现金股利支付率政策。

2. 客户效应理论

(1)边际税率较高的投资者(高收入阶层和风险偏好投资人，税负高、偏好资本利得)偏好低现金股利支付率的股票，偏好少分现金股利、多留存。

(2)边际税率较低的投资者(低收入阶层和风险厌恶投资人，税负低、偏好现金股利)偏好高现金股利支付率的股票。

3. “一鸟在手”理论

(1)一鸟在手，强于二鸟在林：股东更偏好于现金股利而非资本利得，倾向于选择股利支付率高的股票。

(2)为实现股东价值最大化目标，企业应实行高股利分配率的股利政策。

当股利支付率提高时，股东承担的收益风险会降低，权益资本成本也会降低，由于企业权益价值=分红总额/权益资本成本，则企业权益价值提高。

4. 代理理论(见表36-2)

表 36-2　代理理论

股东与债权人	债权人希望企业采取低股利支付率，通过多留存少分配的股利政策以保证充裕现金，防止发生债务支付困难，在借款合同中加入限制性条款等
经理人员与股东	高股利支付率可以抑制经理人员随意支配自由现金流的代理成本，也有利于满足股东取得股利收益的愿望
控股股东与中小股东	处于外部投资者保护程度较弱环境的中小股东希望企业采用多分配少留存的股利政策，以防控股股东的利益侵害

5. 信号理论

在信息不对称的情况下，公司可以通过股利政策向市场传递有关公司未来盈利能力的信息。股利政策所产生的信息效应会影响股票的价格。具体如表36-3：

表 36-3　信号理论

可能的信号	好信号	差信号
高股利支付率	企业未来业绩大幅度增长	企业没有前景好的投资项目
低股利支付率	企业有前景看好的投资项目	企业未来出现衰退

二、股利政策类型★★★

(一)剩余股利政策

1. 概念

股利政策受投资机会及其资本成本的双重影响。即：在公司有着良好的投资机会时，根据一定的目标资本结构(最佳资本结构)，测算出投资所需的权益资本，先从盈余当中留用，然后将剩余的盈余作为股利予以分配。

2. 理由

保持目标资本结构，使加权平均资本成本最低，企业价值最大。

3. 注意问题

第一、关于法律限制。

法律的这条规定，实际上只是对本年利润“留存”数额的限制，而不是对股利分配的限制。

第二、关于财务限制。

资本结构是长期有息负债和所有者权益的比率，不是资产负债率不变。

分配股利的现金问题，是营运资金管理问题，如果现金存量不足，可以通过短期借款解决，与筹集长期资本无直接关系。

第三、关于经济限制。

出于经济上有利的原则，筹集资金要在确定目标结构的前提下，首先使用利润留存补充资金，其次的来源是长期借款，最后的选择是增发股份。

限制动用以前年度未分配利润分配股利的真正原因，来自财务限制和采用的股利分配政策。只有在资金有剩余的情况下，才会超本年盈余进行分配。超量分配，然后再去借款或向股东要钱，不符合经济原则。因此，公司不会动用以前年度未分配利润，只能分配本年利润的剩余部分给股东。

(二)固定股利或稳定增长股利政策

(1)概念。

固定股利或稳定增长股利政策是指企业将每年派发的股利固定在某一特定水平，或是在此基础上维持某一固定增长率从而逐年稳定增长。

其中，固定股利政策将每年发放的股利固定在某一相对稳定的水平上并在较长的时期内不变，只有当公司认为未来盈余将会显著地、不可逆转地增长时，才提高年度的股利发放额。

(2)特点。

优点：①消除投资者内心的不确定性；树立公司良好形象，增强投资者信心，从而使股价稳定或上升。②有利于投资者安排股利收入和支出，特别是对股利有着很高依赖性的股东，更是如此。

缺点：①股利支付与盈余脱节，可能导致资金短缺；②不能像剩余股利政策那样保持较低的资本成本。

适用范围：适用于成熟的、盈利充分且获利能力比较稳定的、扩张需求减少的公司。

(三)固定股利支付率政策

(1)概念。

是公司确定一个股利占盈余的比率，长期按此比率支付股利的政策。

(2)特点。

优点：能使股利与公司盈余紧密地配合，以体现多盈多分，少盈少分，无盈不分的原则。

缺点：各年的股利变动较大，极易造成公司不稳定的感觉，对稳定股票价格不利。

(四)低正常股利加额外股利政策

(1)概念。

该股利政策是公司一般情况下每年只支付固定的、数额较低的股利，在盈余较多的年份，再根据实际情况向股东发放额外股利。但额外股利并不固定化，不意味着公司永久地提高了规定的股利支付率。

(2)采用的理由：①具有较大灵活性；②可使那些依靠股利度日的股东每年至少可以得到虽然较低但比较稳定的股利收入，从而吸引住这部分股东。

例题

例 1.(单选题)下列关于股利分配的说法中，错误的是(　　)。

A. 税差理论认为，当股票资本利得税与股票交易成本之和大于股利收益税时，应采用高现金股利支付率政策

B. 客户效应理论认为，对于高收入阶层，应采用高现金股利支付率政策

C. “一鸟在手”理论认为，由于股东偏好当期股利收益胜过未来预期资本利得，应采用高现金股利支付率政策

D. 代理理论认为，为解决控股股东和中小股东之间的代理冲突，应采用高现金股利支付率政策

解 客户效应理论认为，对于高收入阶层，由于其税负高，他们希望公司少发放现金股利，并希望通过获得资本利得适当避税，因此，公司应实施低现金分红比例，甚至不分红的股利政策，选项B错误。

答 B

例 2.(单选题)甲公司2019年初未分配利润−100万元，2019年实现净利润1200万元。公司计划2020年新增投资资本1000万元，目标资本结构(债务∶权益)为3∶7。法律规定，公司须按抵减年初累计亏损后的本年净利润10%提取公积金。若该公司采取剩余股利政策，应发放现金股利(　　)万元。

A. 310　　B. 380　　C. 400　　D. 500

解 目标资本结构中负债与股东权益比例是3∶7，因此股东权益占全部资本的70%，应发放现金股利金额=1200−1000×70%=500(万元)。注意：本题中2019年的利润留存额=1200−500=700(万元)大于按照法律规定应该提取的法定公积金(1200−100)×10%=110(万元)，所以，没有违反法律规定。

答 D

习题

1.【多选题】公司基于不同的考虑会采用不同的股利分配政策。采用剩余股利政策的公司更多地关注(　　)。

A. 盈余的稳定性　　B. 公司的流动性　　C. 投资机会　　D. 资本成本

2.【单选题】公司采用固定股利支付率政策时，考虑的理由通常是(　　)。

A. 稳定股票市场价格　　B. 维持目标资本结构

C. 保持较低资本成本　　D. 使股利与公司盈余紧密配合

3.【计算分析题】(2019年)甲公司是一家上市公司，当年取得的利润在下年分配，2018年公司净利润为10000万元，2019年分配现金股利3000万元。预计2019年净利润为12000万元，2020年只投资一个新项目，总投资额为8000万元。

要求：

(1)如果甲公司采用固定股利政策，计算2019年净利润的股利支付率。

（2）如果甲公司采用固定股利支付率政策，计算2019年净利润的股利支付率。

（3）如果甲公司采用剩余股利政策，目标资本结构是负债：权益=2：3，计算2019年净利润的股利支付率。

（4）如果甲公司采用低正常股利加额外股利政策，低正常股利为2000万元，额外股利为2019年净利润扣除低正常股利后余额的16%，计算2019年净利润的股利支付率。

（5）比较上述股利政策的优点和缺点。

参考答案及解析

1. CD 【解析】剩余股利政策就是在公司有着良好的投资机会时，根据一定的目标资本结构（最佳资本结构），测算出投资所需的权益资金，先从盈余中留用，然后将剩余的盈余作为股利予以分配。奉行剩余股利政策，意味着公司只将剩余的盈余用于发放股利。这样做的根本理由是为了保持理想的资本结构，使加权平均资本成本最低。
2. D 【解析】固定股利支付率政策，是公司确定一个股利占盈余的比率，长期按此比率支付股利的政策。在这一股利政策下，各年股利额随公司经营的好坏而上下波动，获得较多盈余的年份股利较高，获得盈余少的年份股利额就低。主张实行固定股利支付率的人认为，这样做能使股利与公司盈余紧密地配合，以体现多盈多分，少盈少分，无盈不分的原则。
3. （1）由于采用固定股利政策，则2019年支付的现金股利为3000万元。

   2019年股利支付率=3000/12000×100%=25%

   （2）2019年股利支付率=2018年股利支付率=3000/10000×100%=30%

   （3）投资需要的权益资金=8000×3/5=4800（万元）

   股利支付率=（12000−4800）/12000×100%=60%

   （4）额外股利=（12000−2000）×16%=1600（万元）

   股利支付率=（2000+1600）/12000×100%=30%

   （5）剩余股利政策：

   优点：保持理想的资本结构，加权平均资本成本最低。

   缺点：受到当年盈利水平和未来投资规模影响，每年股利发放额不稳定。

   固定股利政策：

   优点：稳定的股利向市场传递着公司正常发展的信息，有利于树立公司良好形象，增强投资者对公司的信心，稳定股票的价格；稳定的股利有利于投资者安排股利收入和支出。

   缺点：股利的支付与盈余脱节，可能造成公司资金短缺；不能像剩余股利政策那样保持较低的资本成本。

   固定股利支付率政策：

   优点：使股利与公司盈余紧密结合，以体现多盈多分、少盈少分、无盈不分的原则。

   缺点：各年的股利变动较大，极易造成公司不稳定的感觉，对稳定股票价格不利。

   低正常加额外股利政策：

   优点：具有较大灵活性，有利于股东增强对公司的信心，有利于股票价格稳定；可使那些依靠股利度日的股东每年至少可以得到虽然较低但比较稳定的股利收入，从而吸引住这部分股东。

股利政策影响因素、股利种类与分配方案

划重点

一、股利政策的影响因素★

(一)法律限制(见表 37-1)

表 37-1　法律限制

限制因素	要点
资本保全的限制	公司不能用资本(包括股本和资本公积)发放股利
企业积累的限制	按照法律规定，公司税后利润必须先提取法定公积金。此外还鼓励公司提取任意公积金，只有当提取的法定公积金达到注册资本的 50%时，才可以不再提取
净利润的限制	规定公司年度累计净利润必须为正数时才可发放股利，以前年度亏损必须足额弥补
超额累积利润的限制	许多国家规定公司不得超额累积利润，一旦公司的保留盈余超过法律认可的水平，将被加征额外税额
无力偿付的限制	基于对债权人的利益保护，如果一个公司已经无力偿付负债，或股利支付会导致公司失去偿债能力，则不能支付股利

(二)股东因素(见表 37-2)

表 37-2　股东因素

限制因素	要点
稳定的收入和避税考虑	依靠股利维持生活的股东要求支付稳定的现金股利
	边际税率高的股东出于避税考虑，往往反对发放较多的现金股利
控制权稀释	为防止控制权的稀释，持有控股权的股东希望少募集权益资金，少分股利

(三)公司因素(见表 37-3)

表 37-3　公司因素

限制因素	要点
盈余的稳定性	盈余相对稳定的公司有可能支付较高的股利，盈余不稳定的公司一般采取低股利政策
公司的流动性	公司的流动性较低时往往支付较低的股利
举债能力	具有较强的举债能力的公司有可能采取高股利政策，而举债能力弱的公司往往采取低股利政策

续表

限制因素	要点
投资机会	有良好投资机会的公司往往少发现金股利，缺乏良好投资机会的公司，倾向于支付较高的现金股利
资本成本	保留盈余的资本成本低于发行新股。从资本成本考虑，如果公司有扩大资金的需要，也应当采取低现金股利政策
债务需要	具有较高债务偿还需要的公司一般采取低现金股利政策

（四）其他限制（见表37-4）

表37-4　其他限制

限制因素	要点
债务合同约束	如果债务合同限制现金股利支付，公司只能采取低股利政策
通货膨胀	通货膨胀时期，公司计提的折旧不能满足重置固定资产的需要，需要动用盈余补足重置固定资产的需要，通货膨胀时期股利政策往往偏紧

二、股利的种类（见表37-5）★

表37-5　股利的种类

股利支付形式	特点
现金股利	现金股利是以现金支付的股利，它是股利支付的主要方式。公司支付现金股利除了要有累计盈余外，还要有足够的现金
股票股利	股票股利是公司以增发的股票作为股利的支付方式
财产股利	是以现金以外的资产支付的股利，主要是以公司所拥有的其他企业的有价证券，如债券、股票，作为股利支付给股东
负债股利	是公司以负债支付的股利，通常以公司的应付票据支付给股东，不得已情况下也有发行公司债券抵付股利的

在我国上市公司的股利分配实践中，股利支付方式是现金股利、股票股利或者是两种方式兼有的组合分配方式，有时也会同时实施从资本公积转增股本的方案。

三、股利分配方案★

1. 股票股利的影响（见表37-6）

表37-6　股票股利的影响

有影响的项目	无影响的项目
（1）所有者权益的内部结构。 （2）股数增加。 （3）每股收益下降。 （4）每股市价下降	（1）资本结构（资产总额、负债总额、所有者权益总额）不变。 （2）股东持股比例。 （3）若盈利总额和市盈率不变，股票股利发放不会改变股东持股的市场价值总额。 （4）每股面值

发放股票股利对所有者权益的内部结构的影响(按面值发放股票股利时):

(1)未分配利润按面值减少(增加的股数×每股面值)。

(2)股本按面值增加(增加的股数×每股面值)。

(3)资本公积不变。

2. 股票股利与资本公积转增股本的比较(见表 37-7)

表 37-7 股票股利与资本公积转增股本的比较

相同点	(1)会使股东具有相同的股份增持效果，但并未增加股东持有股份的价值。 (2)由于股票股利与转增都会增加股本数量，但每个股东持有股份的比例并未改变，结果导致每股价值被稀释，从而使股票交易价格下降
区别点	对所有者权益内部具体项目的影响不同

3. 除权参考价

通常，发放现金股利、股票股利和资本公积转增股本都会使股票价格下降。

在除(权)息日:

$$股票的除权参考价=\frac{股权登记日收盘价-每股现金股利}{1+送股率+转增率}$$

例解答·练

例题

例 1.(单选题)下列各项中，会导致企业采取高股利政策的事项是(　　)。

A. 物价持续上升

B. 金融市场利率走势上升

C. 销售渠道受阻，库存积压

D. 经济增长速度减慢，企业缺乏良好的投资机会

解 通货膨胀时期，为弥补折旧基金购买力水平下降的资金缺口，公司的股利政策往往偏紧，选项 A 排除；金融市场利率上升会提高公司的外部融资成本，使公司偏向于内部融资，此时公司应采取低股利支付率政策，选项 B 排除；销售渠道受阻，库存积压会导致公司资产流动性下降，此时应采取低股利支付率政策，选项 C 排除；经济增长速度减慢，企业缺乏良好的投资机会，保留大量现金会导致资金闲置，应采取高股利支付率政策，选项 D 是答案。

答 D

例 2.(单选题)甲公司是一家上市公司，2019 年的利润分配方案如下：每 10 股送 2 股并派发现金红利 10 元(含税)，资本公积每 10 股转增 3 股。如果股权登记日的股票收盘价为每股 25 元，除权(息)日的股票参考价格为(　　)元。

A. 10　　B. 15

C. 16　　D. 16.67

解 除权日的股票参考价=(股权登记日收盘价-每股现金股利)/(1+送股率+转增率)=(25-10/10)/(1+20%+30%)=16(元)。选项 C 正确。

C

习题

1.【多选题】下列关于股利分配政策的表述中，错误的有(　　)。

A. 处于衰退期的企业在制定收益分配政策时，应当优先考虑企业积累

B. 金融市场利率走势下降时，公司一般不应采用高现金股利政策

C. 基于控制权的考虑，股东会倾向于较高的股利支付水平

D. 债权人不会影响公司的股利分配政策

2.【单选题】如果甲公司以所持有的乙公司股票作为股利支付给股东，这种股利属于(　　)。

A. 现金股利　　B. 股票股利

C. 财产股利　　D. 负债股利

参考答案及解析

1. ABCD 【解析】处于衰退期的企业在制定收益分配政策时，应当优先考虑将利润发放给股东，而不是企业积累；金融市场利率下降时，外部资金来源的资本成本降低，企业可以采取高股利支付率政策；基于控制权的考虑，股东会倾向于较低的股利支付水平；债权人会影响公司的股利分配政策。选项 ABCD 正确。

2. C 【解析】财产股利是以现金以外的资产(主要是公司所拥有的其他企业的有价证券)支付的股利。选项 C 正确。

DAY 38 股票分割和股票回购

划重点

一、股票分割★★

(一)股票分割的概念及目的(见表38-1)

表38-1 股票分割的概念及目的

概念	目的
股票分割是指将面额较高的股票交换成面额较低的股票的行为	(1)主要目的在于通过增加股票股数降低每股市价,从而吸引更多的投资者。 (2)股票分割往往是成长中公司的行为,所以宣布股票分割后容易给人一种“公司正处于发展之中”的印象,这种利好信息会在短时间内提高股价

(二)股票分割与股票股利(见表38-2)

表38-2 股票分割与股票股利

内容	股票股利	股票分割
不同点	(1)面值不变。 (2)股东权益内部结构变化。 (3)属于股利支付方式。 (4)在公司股价上涨幅度不大时,往往通过发放股票股利将股价维持在理想的范围之内	(1)面值变小。 (2)股东权益内部结构不变。 (3)不属于股利支付方式。 (4)在公司股价暴涨且预期难以下降时,才采用股票分割的办法降低股价
相同点	(1)普通股股数增加。 (2)每股收益和每股市价下降。 (3)资本结构不变(资产总额、负债总额、股东权益总额不变)。 (4)往往给人们传递一种“公司正处于发展中”的信息,从纯粹经济的角度看,二者没有区别	

(三)股票反分割

股票反分割也称股票合并,是股票分割的相反行为,即将数股面额较低的股票合并为一股面额较高的股票。其影响有:

(1)普通股股数减少。

(2)每股面值变大,每股收益、每股市价、每股净资产上升。

(3)股东权益内部结构不变。

(4)资本结构不变(资产总额、负债总额、股东权益总额不变)。

(5)在公司股价剧跌且预期难以上升时,才采用股票反分割的办法提升股价,往往给人们传递一种“公司发展不好”的信息。

二、股票回购★★

股票回购是指公司出资购回自身发行在外的股票。

(一)股票回购的意义(见表 38-3)

表 38-3　股票回购的意义

对股东的意义	(1)股票回购后股东得到资本利得，当资本利得税率小于现金股利税率时，股东将得到纳税上的好处。 (2)股票回购相比现金股利对股东利益具有不确定的影响
对公司的意义	对公司而言，股票回购有利于增加公司的价值： (1)向市场传递了股价被低估的信号。 (2)用自由现金流进行股票回购，有助于提高每股收益。 (3)避免股利波动带来的负面影响。 (4)发挥财务杠杆的作用。 (5)在一定程度上降低了公司被收购的风险。 (6)调节所有权结构

【小结】

1. 股票回购和现金股利的比较(见表 38-4)

表 38-4　股票回购和现金股利的比较

内容	股票回购	现金股利
不同点	(1)股东得到的资本利得，需交纳资本利得税，税负低。 (2)股票回购对股东利益具有不稳定的影响。 (3)不属于股利支付方式。 (4)可配合公司资本运作需要	(1)发放现金股利后股东则需交纳股利收益税，税负高。 (2)稳定到手的收益。 (3)属于股利支付方式
相同点	(1)所有者权益减少。 (2)现金减少	

2. 股票回购、股票分割及股票股利、股票反分割的比较(见表 38-5)

表 38-5　股票回购、股票分割及股票股利、股票反分割的比较

内容	股票回购	股票分割及股票股利	股票反分割
股数	减少	增加	减少
每股市价	提高	降低	提高
每股收益	提高	降低	提高
资本结构	改变，提高财务杠杆水平	不影响	不影响
控制权	巩固既定控制权或转移公司控制权	不影响	不影响

(二)股票回购的方式(见表 38-6)

表 38-6　股票回购的方式

回购地点	①场内公开收购；②场外协议收购
回购对象	①资本市场上随机回购；②向全体股东招标回购；③向个别股东协商回购
筹资方式	①举债回购；②现金回购；③混合回购(既动用剩余资金，又向银行等金融机构举债来回购本公司股票)
回购价格的确定方式	①固定价格要约回购（优点：赋予所有股东向公司出售其所有持股票的均等机会，而且通常情况下公司享有在回购数量不足时取消回购计划或延长要约有效期的权力）；可以在短时间内回购大量的股票；②荷兰式拍卖回购（优点：在回购价格确定方面给予了公司更大的灵活性）；指定回购价格的范围(通常较宽)及回购数量范围

例解答·练

例题

例 1.(计算分析题·2019 年)甲公司是一家高科技上市公司，流通在外普通股加权平均股数 2000 万股，2019 年净利润为 5000 万元，为回馈投资者，甲公司董事会正在讨论相关分配方案，资料如下：

方案一：每 10 股发放现金股利 6 元；

方案二：每 10 股发放股票股利 10 股。预计股权登记日为 2020 年 10 月 20 日；现金红利到账日为 2020 年 10 月 21 日；除权(除息)日为 2020 年 10 月 21 日；新增无限售条件流通股份上市日为 2020 年 10 月 22 日。

假设甲公司股票 2020 年 10 月 20 日收盘价为 30 元。

要求：

(1)如果使用方案一，计算甲公司每股收益、每股股利，如果通过股票回购将等额现金支付给股东，回购价格每股 30 元，设计股票回购方案，并简述现金股利与股票回购的异同。

(2)若采用方案二，计算发放股票股利后甲公司每股股益，每股除权参考价。如果通过股票分割方式达到同样的每股收益稀释效果，设计股票分割方案，并简述股票股利与股票分割的异同。

答 (1)每股收益 =5000/2000 =2.5(元/股)

每股股利 =6/10 =0.6(元)

回购的股数 =2000×0.6/30 =40(万股)

现金股利与股票回购的异同：

相同点：都可以使股东获得现金。

不同点：发放现金股利不会减少普通股股数，股票回购会减少普通股股数；发放现金股利，股东要交纳股利收益税；而股票回购后股东需要交纳资本利得税。

(2)每股收益 =5000/(2000+2000×10/10) = 1.25(元/股)

每股除权参考价 =30/(1+10/10) = 15(元/股)

股票分割方案是 1 股分割成 2 股。

股票股利和股票分割的异同：

相同点：都不会导致公司的资产或负债发生变化，都可以增加普通股股数，在盈利总额和市盈率不变的情况下，都可以降低每股收益和每股市价，但公司价值不变，股东权益总额和每位股东持有股票的市场价值不变。

不同点：股票股利属于股利方式，股票分割不属于股利方式；发放股票股利之后，股东权益内部结构会发生变化，每股股票面值不变；股票分割之后，股东权益内部结构不会发生变化，每股股票面值降低。

例 2. (单选题) 甲公司目前普通股 400 万股，每股面值 1 元，股东权益总额 1400 万元。如果按 2 股换成 1 股的比例进行股票反分割，下列各项中，正确的是(　　)。

A. 甲公司股数 200 万股

B. 甲公司每股面值 0.5 元

C. 甲公司股本 200 万元

D. 甲公司股东权益总额 700 万元

解 如果按 2 股换成 1 股的比例进行股票反分割，则每股面值 =1×2 =2(元)，股数 =400/2 = 200(万股)，股本 =200×2 =400(万元)，股东权益总额不变，仍为 1400 万元，所以只有选项 A 是正确的。

答 A

例 3. (多选题) 甲公司盈利稳定，有多余现金，拟进行股票回购用于将来奖励本公司职工。在其他条件不变的情况下，股票回购产生的影响(　　)。

A. 每股面额下降

B. 资本结构变化

C. 每股收益提高

D. 自由现金流量减少

解 股票回购利用企业多余现金回购企业股票，减少了企业的自由现金流量，同时减少企业外部流通股的数量，减少企业的股东权益，因此选项 B、D 正确；企业外部流通股的数量减少，净收益不变，因此每股收益增加，选项 C 正确；股票回购不影响每股面值，选项 A 错误。

答 BCD

习题

1. 【单选题】 实施股票分割和股票股利产生的效果相似，它们都会(　　)。

A. 降低股票每股面值

B. 降低股票每股价格

C. 减少股东权益总额

D. 改变股东权益结构

2. 【多选题】 下列关于股票股利、股票分割和股票回购的表述中，正确的有(　　)。

A. 发放股票股利会导致股价下降，因此股票股利会使股票总市场价值下降

B. 如果发放股票股利后股票的市盈率增加，则原股东所持股票的市场价值增加

C. 发放股票股利和进行股票分割对企业的所有者权益各项目的影响是相同的

D. 股票回购本质上是现金股利的一种替代选择，但是两者带给股东的净财富效应不同

参考答案及解析

1. B **【解析】**实施股票股利和股票分割，都会导致普通股股数增加，进而降低股票每股市价。发放股票股利不会降低股票每股面值，实施股票股利和股票分割都不会减少股东权益总额，实施股票分割不会改变股东权益结构。

2. BD **【解析】**发放股票股利会导致股价下降，但股票流通数量会成比例增加，股票总市场价值不变，选项A错误；发放股票股利后的原股东所持股票的市场价值＝发放股票股利后原股东持股比例×发放股票股利后的盈利总额×发放股票股利后的市盈率，由于发放股票股利不改变股东的持股比例和盈利总额，因此，发放股票股利后的市盈率增加将会导致原股东所持股票的市场价值增加，选项B正确；发放股票股利会导致所有者权益相关项目的变动(未分配利润减少、股本增加)，而股票分割不会导致所有者权益各项目的变动，选项C错误；股票回购本质上是现金股利的一种替代选择，但股票回购股东需要缴纳资本利得税，而发放现金股利股东则需要缴纳股利所得税，两者带给股东的净财富效应不同，选项D正确。

DAY 39 营运资本投资与筹资策略

划重点

一、营运资本投资策略★

(一)适中型投资策略

1. 流动资产的相关成本

(1)短缺成本：随着流动资产投资水平降低而增加的成本。

(2)持有成本：随着流动资产投资上升而增加的成本，主要是与流动资产相关的机会成本。

2. 最优投资规模

使得持有成本和短缺成本总计最小化，即：短缺成本和持有成本相等时达到最优投资规模。

(二)保守型投资策略(见表 39-1)

表 39-1　保守型投资策略

流动资产投资状况	成本特点
表现为安排较高的流动资产与收入比	承担较大的流动资产持有成本，但短缺成本较小

(三)激进型投资策略(见表 39-2)

表 39-2　激进型投资策略

流动资产投资状况	成本特点
表现为较低的流动资产与收入比	节约流动资产的持有成本，但公司要承担较大的短缺成本

二、营运资本筹资策略★★★

营运资本筹资策略，是指在总体上如何为流动资产筹资，采用短期资金来源还是长期资金来源，或者兼而有之。

坤坤点拨 营运资本筹资策略用一句话概括其精髓：波动性流动资产到底是从哪里筹资来的。

1. 筹资结构的衡量指标

(1)易变现率的概念：经营性流动资产中长期筹资来源的比重。

(2)易变现率的计算。

$$易变现率=\frac{(股东权益+长期债务+经营性流动负债)-长期资产}{经营性流动资产}$$

【注意】

(1)经营性流动负债也称为自发性流动负债。

(2)"股东权益+长期债务+经营性流动负债"本章也将其称为长期资金来源，

$$易变现率=\frac{长期资金来源-长期资产}{经营性流动资产}$$

2. 营运资本筹资策略(见表 39-3)

表 39-3 营运资本筹资策略

类型	资产结构	关系	资本结构	特征
适中型筹资策略	波动性流动资产	等于	临时性流动负债	成本、收益、风险均适中的营运资本筹资策略
	稳定性流动资产和长期资产	等于	经营性流动负债、长期债务和股东权益	

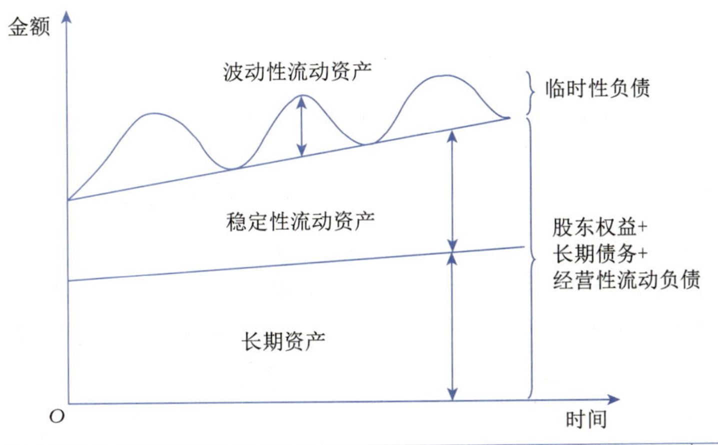

类型	资产结构	关系	资本结构	特征
保守型筹资策略	波动性流动资产	大于	临时性流动负债	高成本、低收益、低风险的营运资本筹资策略
	稳定性流动资产和长期资产	小于	经营性流动负债、长期债务和股东权益	

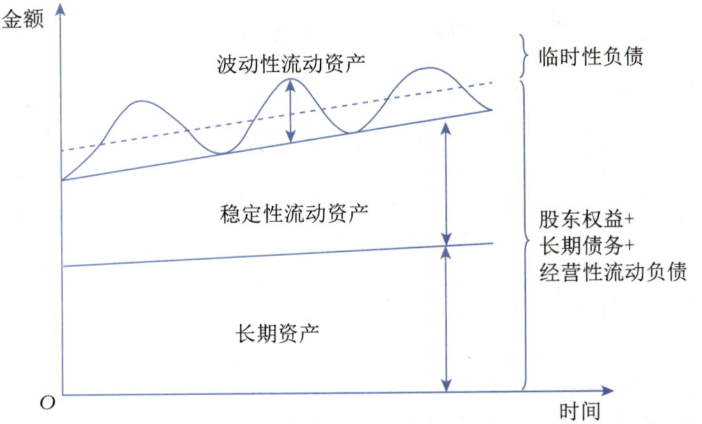

类型	资产结构	关系	资本结构	特征
激进型筹资策略	波动性流动资产	小于	临时性流动负债	低成本、高收益、高风险的营运资本筹资策略
	稳定性流动资产和长期资产	大于	经营性流动负债、长期债务和股东权益	

续表

类型	资产结构	关系	资本结构	特征

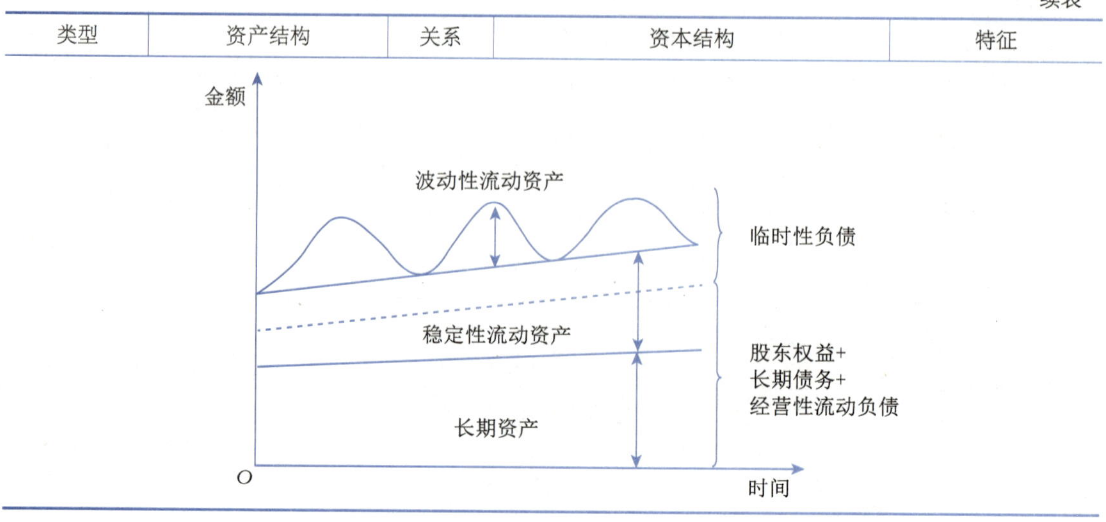

【小结】

(1)波动性流动资产全部由临时性负债筹集，即波动性流动资产等于临时性负债，属于适中型筹资策略。(短资短用)

(2)波动性流动资产仅由临时性负债筹集其中一部分金额，说明还有一部分金额是由长期筹资来源解决，即波动性流动资产大于临时性负债，属于保守型筹资策略。(长资短用)

(3)波动性流动资产由临时性负债筹集其全部金额且还有多余金额，说明临时性负债多余的金额用来满足长期资产的需求，即波动性流动资产小于临时性负债，属于激进型筹资策略。(短资长用)

3. 易变现率与筹资策略

(1)适中型筹资策略(见表39-4)。

表39-4 适中型筹资策略

营业低谷时期	经营性流动资产(全部为稳定性流动资产)刚好全部使用(广义)长期资金支持，即易变现率=1
营业高峰时期	由于波动性流动资产由短期资金来源支持，即：易变现率<1

(2)激进型筹资策略(见表39-5)。

表39-5 激进型筹资策略

营业低谷时期	经营性流动资产(全部为稳定性流动资产)有一部分由短期资金来源支持，即易变现率<1
营业高峰时期	由于全部波动性流动资产及一部分稳定性流动资产由短期资金来源支持，即易变现率<1

(3)保守型筹资策略(见表39-6)。

表39-6 保守型筹资策略

营业低谷时期	长期资金来源解决经营性流动资产(全部为稳定性流动资产)和长期资产的资金需求后，还有剩余的闲置资金，即易变现率>1
营业高峰时期	如果一部分波动性流动资产由短期资金来源支持，则易变现率<1

坤坤点拨 判断是哪种筹资策略，不是用的是营业高峰时期的易变现率，而是低谷时期的易变现率。

例解答·练

例题

例 1.（单选题）与激进型营运成本投资策略相比，适中型营运资本投资策略的（　　）。

A. 持有成本和短缺成本均较低　　B. 持有成本和短缺成本均较高

C. 持有成本较高，短缺成本较低　　D. 持有成本较低，短缺成本较高

解 相比于激进型营运资本投资策略，适中型营运资本投资策略的流动资产/收入比率较高，所以持有成本较高，而短缺成本较低。选项C是正确答案。

答 C

例 2.（单选题·2019年）甲公司是一家啤酒生产企业，淡季占用300万元货币资金、200万元应收账款、500万元存货、1000万元固定资产以及200万元无形资产（除此以外无其他资产），旺季需额外增加300万元季节性存货。经营性流动负债、长期负债和股东权益总额始终保持在2000万元，其余靠短期借款提供资金。甲公司的营运资本筹资策略是（　　）。

A. 保守型策略　　B. 适中型策略

C. 激进型策略　　D. 无法确定

解 由于（稳定性流动资产+长期资产）=300+200+500+1000+200=2200（万元）大于（股东权益+长期债务+经营性流动负债），或者旺季的短期借款=300+200+500+1000+200+300−2000=500（万元）大于波动性流动资产（300万元），所以，为激进型筹资策略。选项C是正确答案。

答 C

习题

1.【单选题】甲公司是一家生产和销售冷饮的企业，冬季是其生产经营淡季，应收账款、存货和应付账款处于正常状态。根据如下甲公司资产负债表，该企业的营运资本筹资策略是（　　）。

甲公司资产负债表

2019年12月31日　　单位：万元

资产	金额	负债及股东权益	金额
货币资金（经营）	20	短期借款	50
应收账款	80	应付账款	100
存货	100	长期借款	150
固定资产	300	股东权益	200
资产总计	500	负债及股东权益总计	500

A. 适中型筹资策略　　B. 保守型筹资策略

C. 激进型筹资策略　　D. 无法判断

2. 【多选题】与采用激进型营运资本筹资策略相比，企业采用保守型营运资本筹资策略时(　　)。

A. 资金成本较高

B. 易变现率较高

C. 举债和还债的频率较高

D. 蒙受短期利率变动损失的风险较高

3. 【多选题】甲公司的生产经营存在季节性，公司的稳定性流动资产为 300 万元，营业低谷时的易变现率为 120%。下列各项说法中，正确的有(　　)。

A. 公司采用的是激进型筹资策略

B. 波动性流动资产全部来源于短期资金

C. 稳定性流动资产全部来源于长期资金

D. 营业低谷时，公司有 60 万元的闲置资金

参考答案及解析

1. C 【解析】在三种营运资本筹资策略中，在生产经营的淡季，只有激进型筹资策略的临时性负债大于 0。本题中，在生产经营的淡季，甲公司短期借款为 50 万元，即临时性负债大于 0，由此可知，该企业的营运资本筹资策略是激进型筹资策略。选项 C 是正确答案。

2. AB 【解析】与采用激进型营运资本筹资策略相比，企业采用保守型营运资本筹资策略时，短期金融负债所占比重较小，所以，举债和还债的频率较低，同时蒙受短期利率变动损失的风险也较低。然而，另一方面，却会因长期负债资本成本高于短期金融负债的资本成本导致与采用激进型营运资本筹资策略相比，企业采用保守型营运资本筹资策略时，资金成本较高。易变现率=(长期资金-长期资产)/经营性流动资产，与采用激进型营运资本筹资策略相比，企业采用保守型营运资本筹资策略时，长期资金较多，因此，易变现率较高。选项 AB 是正确答案。

3. CD 【解析】营业低谷时的易变现率大于 1，表明公司采用的是保守型筹资策略，选项 A 错误；保守型筹资策略下，只有一部分波动性流动资产采用短期资金来源，另一部分波动性流动资产和全部稳定性流动资产，则由长期资金来源支持，选项 B 错误，选项 C 正确；营业低谷时，经营性流动资产全部为稳定性流动资产，易变现率为 120% 表明长期资金来源满足了长期资产的资金需求后，仍比稳定性流动资产所需资金多出 20%×300=60 万元，即为闲置资金，选项 D 正确。

DAY 40 现金管理

划重点

一、现金管理的目标及方法★

(一)企业现金置存的原因

交易性需要、预防性需要、投机性需要。

(二)现金管理的方法(见表 40-1)

表 40-1 现金管理的方法

管理策略	要点
力争现金流量同步	如果企业能尽量使它的现金流入与现金流出发生的时间趋于一致，就可以使其所持有的交易性现金余额降到最低水平
使用现金浮游量	从企业开出支票，收票人收到支票并存入银行，至银行将款项划出企业账户，中间需要一段时间。现金在这段时间的占用称为现金浮游量。不过，在使用现金浮游量时，一定要控制好使用的时间，否则会发生银行存款的透支
加速收款	这主要指缩短应收账款的时间。做到既利用应收账款吸引顾客，又缩短收款时间，从两者之间找到适当的平衡点
推迟应付账款的支付	指企业在不影响自己信誉的前提下，尽可能地推迟应付款的支付期，充分运用供货方所提供的信用优惠

二、最佳现金持有量分析★★

(一)成本分析模式(见表 40-2，图 40-1)

表 40-2 成本分析模式

相关成本	机会成本	管理成本	短缺成本
与现金持有量的关系	正比例变动	无明显的比例关系(固定成本)	反向变动
决策原则	最佳现金持有量是使上述三项成本之和最小的现金持有量		

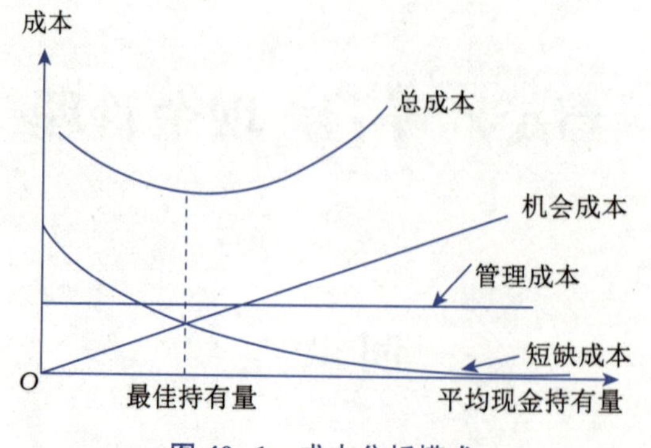

图 40-1　成本分析模式

（二）存货模式

1. 决策原则

使得相关总成本最小的现金持有量即最佳现金持有量。

（1）机会成本：指企业因保留一定现金余额而丧失的再投资收益。

机会成本 = 平均现金持有量×有价证券利息率 = $C/2 \times K$

（2）交易成本：指企业用现金购入有价证券以及转让有价证券换取现金时付出的交易费用。

交易成本 = 交易次数×每次交易成本 = $T/C \times F$

最佳现金持有量 C^* 是机会成本线与交易成本线交叉点所对应的现金持有量，如图 40-2 所示。

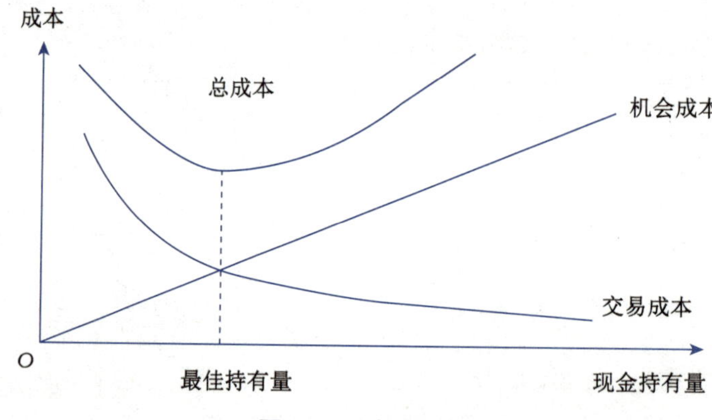

图 40-2　存货模式

2. 计算公式

最佳现金持有额 $C^* = \sqrt{\dfrac{2 \times T \times F}{K}}$

最小相关总成本 = $\sqrt{2 \times T \times F \times K}$

3. 存货模式的优缺点

优点：现金持有量的存货模式是一种简单、直观的确定最佳现金持有量的方法。

缺点：该模型假定现金的流出量稳定不变，实际上这很少出现。

（三）随机模式

随机模式是在现金需求量难以预知的情况下进行现金持有量控制的方法。

1. 基本原理

企业根据历史经验和现实需要，测算出一个现金持有量的控制范围，即制定出现金持有量的上限和下限，将现金量控制在上下限之内，如图 40-3 所示。

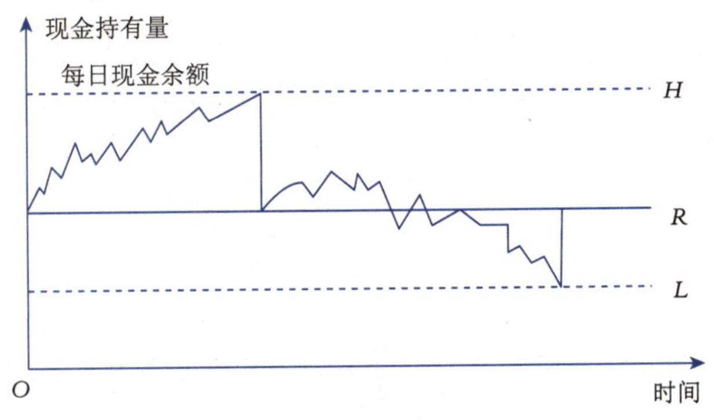

图 40-3 现金持有量的随机模式

坤坤点拨 当现金处于上下限范围内，是不需要有任何动作的。只有现金量触碰到上下限，才需要进行操作：触碰上限时，花钱即可——买进有价证券；触碰下限时，变现即可——卖出有价证券。

2. 计算公式

(1)现金返回线(R)的计算公式：

$$R=\sqrt[3]{\frac{3b\delta^2}{4i}}+L$$

式中：b——每次有价证券的固定转换成本；

i——有价证券的日利息率；

δ——预期每日现金余额波动的标准差；

L——现金存量的下限。

(2)现金存量的上限(H)的计算公式：$H=3R-2L$。

(3)下限的确定：受到企业每日的最低现金需要量、管理人员的风险承受倾向等因素的影响。

例解答·练

例题

例 1.(多选题·2019 年)甲公司采用成本分析模式确定最佳现金持有量，下列说法中，正确的有(　　)。

A. 现金机会成本和短缺成本相等时的现金持有量是最佳现金持有量

B. 现金机会成本最小时的现金持有量是最佳现金持有量

C. 现金机会成本、管理成本和短缺成本之和最小时的现金持有量是最佳现金持有量

D. 现金机会成本和管理成本相等时的现金持有量是最佳现金持有量

解 在成本分析模式下，机会成本、管理成本和短缺成本之和最小的现金持有量，就是最佳现金持有量，由于管理成本是固定成本，在一定范围内不变，也就是现金机会成本和短缺成本相

等时的现金持有量是最佳现金持有量。选项 AC 是正确答案。

答 AC

例 2.(单选题)甲公司采用存货模式确定最佳现金持有量。在现金需求量保持不变的情况下，当有价证券转换为现金的交易费用从每次 100 元下降至 50 元，有价证券投资报酬率从 4% 上涨至 8% 时，甲公司现金管理应采取的措施是(　　)。

A. 最佳现金持有量保持不变

B. 将最佳现金持有量提高 50%

C. 将最佳现金持有量降低 50%

D. 将最佳现金持有量提高 100%

解 存货模式下，最佳现金持有额 $C^*=\sqrt{\frac{2\times T\times F}{K}}$。有价证券利率上涨为原来的 2 倍，每次交易成本下降为原来的 1/2，根据公式可知，根号里面的表达式变为原来的 1/4，开方后变为原来的 1/2，即下降 50%。选项 C 是正确答案。

答 C

例 3.(多选题)甲公司采用随机模式确定最佳现金持有量，最优现金返回线水平为 7000 元，现金存量下限为 2000 元。公司财务人员的下列作法中，正确的有(　　)。

A. 当持有的现金余额为 1000 元时，转让 6000 元的有价证券

B. 当持有的现金余额为 5000 元时，转让 2000 元的有价证券

C. 当持有的现金余额为 12000 元时，购买 5000 元的有价证券

D. 当持有的现金余额为 18000 元时，购买 11000 元的有价证券

解 现金存量的上限 =7000+2×(7000−2000)=17000(元)，现金存量下限为 2000 元。如果持有的现金余额位于上下限之内，则不需要进行现金与有价证券之间的转换，否则需要进行现金与有价证券之间的转换，使得现金余额达到最优现金返回线水平。选项 AD 是正确答案。

答 AD

习题

1.【单选题】企业为了使其持有的交易性现金余额降到最低，可采取(　　)。

A. 力争现金流量同步　　B. 使用现金浮游量

C. 加速收款　　D. 推迟应付款的支付

2.【多选题】企业采用成本分析模式管理现金，在最佳现金持有量下，下列各项中正确的有(　　)。

A. 机会成本等于短缺成本

B. 机会成本与管理成本之和最小

C. 机会成本与短缺成本之和最小

D. 机会成本等于管理成本

3.【计算分析题】某公司现金收支比较稳定，预计全年(按 360 天计算)现金需要量为 25 万元，现金与有价证券的交易成本为每次 500 元，机会成本率为 10%。

要求：

(1)计算最佳现金持有量。

(2)计算最佳现金持有量下的全年有价证券交易次数和有价证券交易间隔期。

(3)计算最佳现金持有量下全年现金持有的总成本、全年交易成本和全年现金持有机会成本。

4. **【多选题】**某企业采用随机模式控制现金的持有量。下列事项中，能够使最优现金返回线下降的有(　　)。

A. 有价证券的收益率提高

B. 管理人员对风险的偏好程度提高

C. 企业每日的最低现金需要量提高

D. 企业每日现金余额变化的标准差增加

参考答案及解析

1. A **【解析】**力争现金流量同步可使其持有的交易性现金余额降到最低。选项 A 是正确答案。

2. AC **【解析】**在成本分析模式下，机会成本、管理成本、短缺成本之和最小的现金持有量是最佳现金持有量。管理成本是一种固定成本，与现金持有量之间无明显的比例关系，因此机会成本和短缺成本之和最小时的现金持有量为最佳现金持有量，此时机会成本等于短缺成本。选项 AC 是正确答案。

3. (1)最佳现金持有量 $=\sqrt{\dfrac{2\times250000\times500}{10\%}}=50000$(元)

(2)全年有价证券交易次数 $=250000\div50000=5$(次)

有价证券交易间隔期 $=360\div5=72$(天)

(3)全年现金持有的总成本 $=\sqrt{2\times250000\times500\times10\%}=5000$(元)

全年交易成本 $=5\times500=2500$(元)

全年现金持有机会成本 $=50000/2\times10\%=2500$(元)

或全年交易成本=全年现金持有机会成本 $=5000\div2=2500$(元)

4. AB **【解析】**最优现金返回线 $R=\sqrt[3]{\dfrac{3b\times\delta^2}{4i}}+L$，有价证券的收益率提高会提高最优现金返回线公式的分母，使最优现金返回线降低，选项 A 是答案；管理人员对风险的偏好程度提高会降低现金存量的下限，进而使最优现金返回线降低，选项 B 是答案；企业每日的最低现金需要量提高会提高现金存量的下限，企业每日现金余额波动的标准差增加会提高最优现金返回线公式的分子，使最优现金返回线提高，选项 CD 排除。

专题九 营运资本管理（二）与长期筹资（一）

本专题包含5天的学习内容，具体如下：

DAY41　应收账款管理

DAY42　存货管理（一）

DAY43　存货管理（二）

DAY44　短期债务管理

DAY45　长期债务筹资

其中，比较重要的考点是DAY41-43，需要重点掌握。

DAY 41 应收账款管理

划重点

信用政策分析★★

(一)信用政策的构成

(1)信用期间：是企业允许顾客从购货到付款之间的时间，或者说是企业给予顾客的付款期间。

(2)信用标准：指顾客获得企业的交易信用所应具备的条件。

(3)现金折扣政策：是企业对顾客在商品价格上所做的扣减。

(二)信用标准的“5C”系统

企业在设定某一顾客的信用标准时，要评估其赖账的可能性，如41-1表所示。

表41-1　信用标准的“5C”系统

信用标准的五个方面	概念
品质	指顾客的信誉，即履行偿债义务的可能性
能力	指顾客的偿债能力，即其流动资产的数量和质量以及与流动负债的比例
资本	指顾客的财务实力和财务状况
抵押	指顾客拒付款项或无力支付款项时能被用作抵押的资产
条件	指可能影响顾客付款能力的经济环境

(三)信用政策的决策方法

1. 决策原则

如果改变信用期间增加的税前损益大于0，则可以改变。

2. 关键指标(见表41-2)

表41-2　关键指标

增加的收益	增加的边际贡献	边际贡献=销售数量×单位边际贡献 =销售金额×边际贡献率 若超过相关范围，增加的固定成本也要扣除

<table>
<tr><td rowspan="6">增加的成本</td><td rowspan="3">增加的应计利息</td><td>应收账款</td><td>应收账款占用资金的应计利息
=应收账款占用资金×资本成本
=应收账款平均余额×变动成本率×资本成本
=赊销额/360×平均收现期×变动成本率×资本成本</td></tr>
<tr><td>存货</td><td>存货占用资金的应计利息
=存货平均库存量×单位变动成本×资本成本</td></tr>
<tr><td>应付账款</td><td>应付账款抵减的占用资金应计利息
=-应付账款平均余额×资本成本</td></tr>
<tr><td colspan="2">现金折扣成本</td><td>=∑销售额×现金折扣率×享受现金折扣的顾客比例</td></tr>
<tr><td colspan="2">收账费用</td><td>赊销额×收账费率</td></tr>
<tr><td colspan="2">坏账损失</td><td>赊销额×坏账损失率</td></tr>
</table>

坤坤解读

(1)应收账款占用资金=应收账款平均余额×变动成本率

应收账款占用资金是企业为获取赊销款项而垫付的资金，而不是尚未收回的款项，通常是指应收账款余额中的变动成本部分，即客户实际占用销售方的资金，是销售方付出的变动成本的部分。

(2)应收账款平均余额=日销售额×平均收现期

=年销售额/360×平均收现期

=年销售额/(360÷平均收现期)

=年销售额÷应收账款周转率

若题干提供现金折扣的情况下，平均收现期是指各种收现期的加权平均数。

例解答·练

例题

例 (计算分析题)某公司现在采用30天按发票金额付款的信用政策，拟将信用期放宽至60天，在放宽信用期的同时，为了吸引顾客尽早付款，提出了0.8/30，n/60的现金折扣条件，估计会有一半的顾客(按60天信用期所能实现的销售量计)将享受现金折扣优惠。假设等风险投资的最低报酬率为15%，其他有关的数据如下表所示。

项目	30天	0.8/30，n/60
销售量(件)	100000	120000
销售额(元)(单价5元)	500000	600000
销售成本(元)		
变动成本(每件4元)	400000	480000
固定成本(元)	50000	50000
息税前利润(元)	50000	70000

续表

项目	30天	0.8/30，n/60
可能发生的收账费用(元)	3000	4000
可能发生的坏账损失(元)	5000	9000
可能发生的折扣		600000×50%×0.8%

要求：计算说明是否需要放宽信用期并提供现金折扣。

答 (1)收益的增加。

收益的增加=增加的销售收入-增加的变动成本=(600000-500000)-80000=20000(元)

(2)应收账款占用资金的应计利息增加。

30天信用期应计利息=500000/360×30×400000/500000×15%=5000(元)

平均收现期=30×50%+60×50%=45(天)

提供现金折扣的应计利息=(600000÷360)×45×80%×15%=9000(元)

应计利息增加=9000-5000=4000(元)

(3)收账费用和坏账损失增加。

收账费用增加=4000-3000=1000(元)

坏账损失增加=9000-5000=4000(元)

(4)估计现金折扣成本的变化。

现金折扣成本增加=新的销售水平×新的现金折扣率×享受现金折扣的顾客比例

-旧的销售水平×旧的现金折扣率×享受现金折扣的顾客比例

=600000×0.8%×50%-500000×0×0

=2400(元)

(5)提供现金折扣后的税前损益。

收益增加-成本费用增加=20000-(4000+1000+4000+2400)=8600(元)

由于可获得税前收益，故应当放宽信用期，提供现金折扣。

习题

【计算分析题】 A公司生产、销售一种产品，该产品的单位变动成本是60元，单位售价是80元。公司目前采用30天按发票金额付款的信用政策，80%的顾客(按销售量计算，下同)能在信用期内付款，另外20%的顾客平均在信用期满后20天付款，逾期应收账款的收回需要支出占逾期账款5%的收账费用，公司每年的销售量为36000件，平均存货水平为2000件。

为了扩大销售量、缩短平均收现期，公司拟推出“5/10、2/20、n/30”的现金折扣政策。采用该政策后，预计销售量会增加15%，40%的顾客会在10天内付款，30%的顾客会在20天内付款，20%的顾客会在30天内付款，另外10%的顾客平均在信用期满后20天付款，逾期应收账款的收回需要支出占逾期账款5%的收账费用。为了保证及时供货，平均存货水平需提高到2400件，其他条件不变。

假设等风险投资的必要报酬率为12%，一年按360天计算。

要求：

(1)计算改变信用政策后边际贡献、收账费用、应收账款应计利息、存货应计利息、现金折扣成本的变化。

（2）计算改变信用政策的净损益，并回答A公司是否应推出该现金折扣政策。

参考答案及解析

（1）改变信用政策前销售收入=36000×80=2880000（元）

改变信用政策增加的销售量=36000×15%=5400（件）

改变信用政策后销售收入=36000×（1+15%）×80=3312000（元）

变动成本率=60/80=75%

改变信用政策后边际贡献增加额=5400×（80−60）=108000（元）

改变信用政策前收账费用=2880000×20%×5%=28800（元）

改变信用政策后收账费用=3312000×10%×5%=16560（元）

改变信用政策后收账费用增加额=16560−28800=−12240（元）

改变信用政策前平均收账期=30×80%+50×20%=34（天）

改变信用政策前应收账款应计利息=2880000/360×34×75%×12%=24480（元）

改变信用政策后平均收账期=10×40%+20×30%+30×20%+50×10%=21（天）

改变信用政策后应收账款应计利息=3312000/360×21×75%×12%=17388（元）

改变信用政策后应收账款应计利息增加额=17388−24480=−7092（元）

改变信用政策后存货应计利息增加额=（2400−2000）×60×12%=2880（元）

现金折扣成本增加额=3312000×（5%×40%+2%×30%）−0=86112（元）

（2）改变信用政策的净损益=108000−（−12240−7092+2880+86112）=38340（元）

由于改变信用政策的净损益大于零，A公司应该推出该现金折扣政策。

DAY 42 存货管理（一）

划重点

一、储备存货的成本★★

（一）取得成本

（1）订货成本：取得订单的成本，如表 42-1 所示。

表 42-1 订货成本

订货变动成本	与订货次数有关，每次发生额相等，为存货经济批量决策的相关成本，如差旅费、邮资、电报电话费等。 订货变动成本=每次订货变动成本×次数 $=每次订货变动成本\times\frac{存货年需要量}{每次进货量(即批量)}=K\times D/Q$
订货固定成本	与订货次数无关，为存货经济批量决策的无关成本，如常设采购机构的基本开支等，用 F_1 表示

（2）购置成本：存货本身的价值。

购置成本=存货年需要量×单价=$D\times U$

在存货年需要量和采购单价一定的情况下，购置成本为经济批量决策的无关成本。

（二）储存成本

为保持存货而发生的成本，如表 42-2 所示。

表 42-2 储存成本

储存变动成本	与持有存货的数量有关，为存货经济批量决策的相关成本，如存货占用资金的应计利息、存货的破损和变质损失、存货的保险费用等 变动储存成本=单位变动储存成本×平均库存量 $=单位变动储存成本\times\frac{批量}{2}=K_C\times Q/2$
储存固定成本	与存货数量的多少无关，为存货经济批量决策的无关成本，如仓库折旧、仓库职工的固定月工资等，用 F_2 表示

平均库存量如图 42-1 所示：

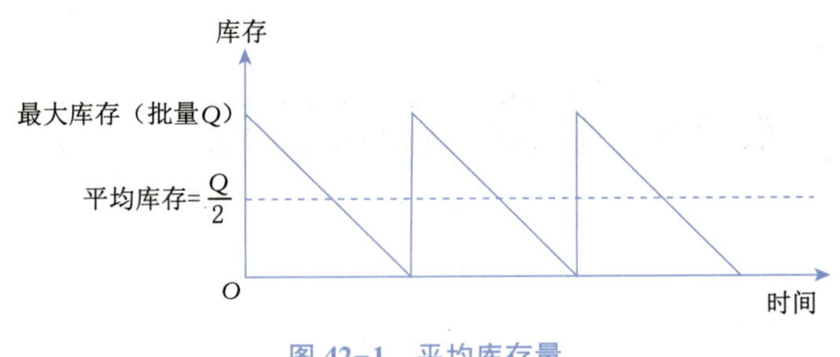

图 42-1　平均库存量

(三)缺货成本

由于存货供应中断而造成的损失，包括停工损失、拖欠发货损失、丧失销售机会的损失、商誉损失，以及紧急额外购入成本等。

二、存货经济批量分析★★★

(一)经济订货量基本模型

1. 假设条件

(1)能及时补充存货，即需要订货时便可立即取得存货。

(2)能集中到货，而不是陆续入库。

(3)不允许缺货，即无缺货成本。

(4)年需求量稳定，并能预测。

(5)存货单价不变。

(6)企业现金充足，不会因现金短缺而影响进货。

(7)所需存货市场供应充足，不会因买不到而影响其他方面。

2. 经济订货量

经济订货量使订货变动成本与储存变动成本之和达到最小值，即使得二者相等时的每次进货量就是最佳经济订货批量，此时的相关总成本最低，如图 42-2 所示。

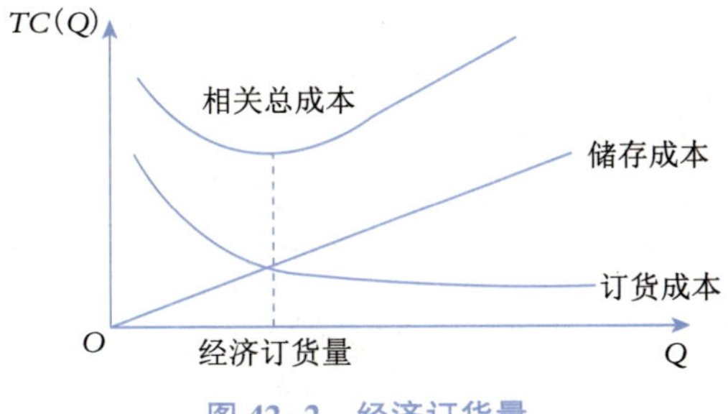

图 42-2　经济订货量

(1)相关总成本=订货变动成本+储存变动成本

$$=\text{每次订货变动成本}\times\frac{\text{存货年需要量}}{\text{批量}}+\text{单位变动储存成本}\times\frac{\text{批量}}{2}$$

$$=K\times D/Q+K_C\times Q/2$$

公式巧记

D、Q 是英文单词“需要”和“数量”的首字母简写；

K_C表示单位储存变动成本，取自中文储存的“储”的拼音首字母；

K表示每次订货变动成本，单独记即可。

(2)经济订货量 $=\sqrt{\dfrac{2\times\text{年需要量}\times\text{每次订货变动成本}}{\text{单位变动储存成本}}}$

坤坤解读 由上图可知，当订货变动成本与储存变动成本相等时的每次进货量即为最佳经济订货批量，令 $K\times D/Q = K_C\times Q/2$

解得：$Q^* = \sqrt{\dfrac{2KD}{K_c}}$

上式表明，与经济订货量：①正相关：年需要量 D、一次订货变动成本 K；②负相关：单位变动储存成本 K_C。

(3)最佳订货次数=年需要量/最佳经济订货量

(4)最佳订货周期(天数)=360/最佳订货次数

(5)与经济订货量相关的存货总成本 $TC(Q^*)$

$$=\sqrt{2\times\text{年需要量}\times\text{每次订货变动成本}\times\text{单位变动储存成本}}$$

$$=\sqrt{2KDK_c}$$

(6)经济订货量占用资金=经济订货量/2×存货单价 $=\dfrac{Q^*}{2}\times U$

坤坤点拨 基本模型也等于零部件外购一次性入库的情况。

(二)存货陆续供应和使用

(1)基本原理。

设每批订货数为 Q，每日送货量为 P，每日耗用量 d。

(2)相关成本。

变动订货成本=年订货次数×每次订货成本 $=\dfrac{D}{Q}\times K$

变动储存成本=年平均库存量×单位存货的年储存成本 $=\dfrac{Q}{2}\times\left(1-\dfrac{d}{p}\right)\times K_C$

(3)基本公式。

存货陆续供应和使用的经济订货量：

$$\sqrt{\frac{2KD}{K_C}\times\frac{p}{p-d}}$$

存货陆续供应和使用的经济订货量总成本公式为：

$$TC(Q^*)=\sqrt{2KDK_C\times\left(1-\frac{d}{p}\right)}$$

经济订货量占用资金 $=\dfrac{Q}{2}\times(1-d/p)\times U$

公式巧记 K_C和$(1-d/p)$“形影不离”。

坤坤点拨 存货陆续供应和使用模型(你边送我边用)也等于零部件自制的情况(边生产入库边耗用)。

例解答·练

例题

例 1.(多选题)根据存货经济批量模型，下列各项中，导致存货经济订货批量增加的情况有(　　)。

A. 单位储存成本增加　　B. 订货固定成本增加

C. 存货年需求量增加　　D. 单位订货变动成本增加

解 基本模型中，经济订货批量 $=\sqrt{\dfrac{2\times 年需要量\times 一次订货变动成本}{单位变动储存成本}}$，单位储存成本增加导致经济订货批量减少，选项 A 不正确；订货固定成本不影响经济订货批量，选项 B 不正确。选项 CD 是正确答案。

答 CD

例 2.(多选题)A 公司生产中使用的甲标准件，全年共需耗用 9000 件，该标准件通过自制方式取得。其日产量 50 件，单位生产成本 50 元；每次生产准备成本 200 元，固定生产准备成本每年 10000 元；储存变动成本每件 5 元，固定储存成本每年 20000 元。假设一年按 360 天计算，下列各项中，正确的有(　　)。

A. 经济生产批量为 1200 件　　B. 经济生产批次为每年 12 次

C. 经济生产批量占用资金为 30000 元　　D. 与经济生产批量相关的总成本是 3000 元

解 每日耗用量 $=9000\div 360=25$(件)

经济生产批量 $=\sqrt{\dfrac{2\times 9000\times 200}{5\times(1-25/50)}}=1200$(件)

经济生产批次 $=9000\div 1200=7.5$(次)

经济生产批量占用资金 $=1200/2\times 50\times(1-25/50)=15000$(元)

与经济生产批量相关的总成本 $=1200\times(1-25/50)\times 5=3000$(元)

答 AD

习题

【计算分析题】某生产企业使用 A 零件，可以外购，也可以自制。如果外购，单价 4 元，一次订货成本 10 元；如果自制，单位成本 3 元，每次生产准备成本 600 元，每日产量 50 件。零件的全年需求量为 3600 件，储存变动成本为零件价值的 20%，每日平均需求量为 10 件。

要求：分别计算零件外购和自制的总成本，以选择较优的方案。

参考答案及解析

(1)自制方案。

生产成本 $=3600\times 3=10800$(元)

与经济生产批量相关的最优总成本 $=\sqrt{2\times 3600\times 600\times 0.6\times(1-10/50)}=1440$(元)

自制方案总成本 $=10800+1440=12240$(元)

(2)外购方案。

采购成本＝3600×4＝14400(元)

与经济订货批量相关的最优总成本＝$\sqrt{2\times3600\times10\times0.8}$＝240(元)

外购方案总成本＝14400+240＝14640(元)

由于自制的总成本(12240元)低于外购的总成本(14640元)，故以自制为宜。

DAY 43 存货管理（二）

划重点

再订货点与保险储备★★★

1. 订货提前期

一般情况下，企业的存货不能做到随用随时补充，因此需要在没有用完时提前订货。再订货点指的是企业再次发出订单时应保持的存货库存量，在不考虑保险储备的情况下，相当于交货期内的存货需求量，即

再订货点 R=平均交货时间×平均每日需要量=$L\times d$

坤坤解读 再订货点不是指订货的时间点，而是指仓库里还有多少件存货数量时就要向供应商发出订货需求了，因为供应商交货还需要路上运输的时间。

2. 存货的保险储备

（1）概念。

按照某一订货量和再订货点发出订单后，如果需求增大或送货延迟，就会发生缺货或供货中断。为防止由此造成的损失，就需要多储备一些存货以备应急之需，称为保险储备（安全存量）。

（2）考虑保险储备的再订货点。

R=平均交货时间×平均每日需求量+保险储备=$L\times d+B$

（3）保险储备量确定的原则：使得保险储备的储存成本及缺货成本之和最小。

设单位缺货成本为 K_U，一次订货缺货量为 S，年订货次数为 N，保险储备量为 B，单位储存变动成本为 K_C，则：

$$TC(S、B)=K_U\cdot S\cdot N+B\cdot K_C$$

例解答·练

例题

例 （计算分析题）假定某存货的年需要量为3600件，单位变动储存成本为2元/件，单位缺货成本为4元/件，交货时间为10天，经济订货量为300件，每年订货12次，交货期内的存货需要量及其概率分布如下：

每日需要量（d）	7	8	9	10	11	12	13
交货期内需要量（10×d）	70	80	90	100	110	120	130
概率（P）	0.01	0.04	0.20	0.50	0.20	0.04	0.01

要求：确定最优保险储备量及再订货点。

答 平均每日需要量=7×0.01+8×0.04+9×0.20+10×0.50+11×0.20+12×0.04+13×0.01=10（件）

(1)保险储备量=0

再订货点=10×10=100(件)

平均缺货量=10×0.20+20×0.04+30×0.01=3.1(件)

缺货成本=3.1×4×12=148.8(元)

保险储备成本=0

相关总成本=148.8(元)

(2)保险储备量=10(件)

再订货点=10×10+10=110(件)

平均缺货量=10×0.04+20×0.01=0.6(件)

缺货成本=0.6×4×12=28.8(元)

保险储备成本=10×2=20(元)

相关总成本=28.8+20=48.8(元)

(3)保险储备量=20(件)

再订货点=10×10+20=120(件)

平均缺货量=10×0.01=0.1(件)

缺货成本=0.1×4×12=4.8(元)

保险储备成本=20×2=40(元)

相关总成本=4.8+40=44.8(元)

(4)保险储备量=30(件)

再订货点=10×10+30=130(件)

平均缺货量=0

缺货成本=0

保险储备成本=30×2=60(元)

相关总成本=60(元)

依据上述分析，可知在保险储备量为20件、再订货点为120件时，相关总成本44.8元最低，因此最优保险储备量为20件，最优再订货点为120件。

习题

【计算分析题】甲公司是一家机械加工企业，产品生产需要某种材料，年需求量为720吨(一年按360天计算)。该公司材料采购实行供应商招标制度，年初选定供应商并确定材料价格，供应商根据甲公司指令发货，运输费由甲公司承担。目前有两个供应商方案可供选择，相关资料如下：

方案一：选择A供应商，材料价格为每吨3000元，每吨运费100元，每次订货还需支付返空、路桥等固定运费500元。材料集中到货，正常情况下从订货至到货需要10天，正常到货的概率为50%，延迟1天到货的概率为30%，延迟2天到货的概率为20%。当材料缺货时，每吨缺货成本为50元。如果设置保险储备，以一天的材料消耗量为最小单位。材料单位储存成本为 200 元/年。

方案二：选择当地 B 供应商，材料价格为每吨 3300 元，每吨运费 20 元，每次订货还需支付固定运费 100 元。材料在甲公司指令发出当天即可送达，但每日最大送货量为 10 吨。材料单位储存成本为 200 元/年。

要求：

(1)计算方案一的经济订货量；分别计算不同保险储备量的相关总成本，并确定最合理的保险储备量；计算方案一的总成本。

(2)计算方案二的经济订货量和总成本。

(3)从成本角度分析，甲公司应选择哪个方案？

参考答案及解析

(1)经济订货量 $=\sqrt{\frac{2\times720\times500}{200}}=60$(吨)

最佳订货次数 $=720\div60=12$(次)

平均日需求量 $=720\div360=2$(吨)

交货期长度及其需求量的概率分布如下：

交货期(天)	10	11	12
交货期内需求量(吨)	20	22	24
概率	50%	30%	20%

①保险储备量 =0，再订货点 $=2\times10=20$(吨)

一次订货缺货量 $=2\times30\%+4\times20\%=1.4$(吨)

缺货成本 $=1.4\times50\times12=840$(元)

保险储备成本 =0

缺货成本+保险储备成本 =840(元)

②保险储备量 =2(吨)，再订货点 $=2\times10+2=22$(吨)

一次订货缺货量 $=2\times20\%=0.4$(吨)

缺货成本 $=0.4\times50\times12=240$(元)

保险储备成本 $=2\times200=400$(元)

缺货成本+保险储备成本 $=240+400=640$(元)

③保险储备量 =4(吨)，再订货点 $=2\times10+4=24$(吨)

一次订货缺货量 =0

缺货成本 =0

保险储备成本 $=4\times200=800$(元)

缺货成本+保险储备成本 =800(元)

经比较，设置 2 吨保险储备时的缺货成本与保险储备成本之和最低，应设置 2 吨的保险储备。

购置成本 $=720\times(3000+100)=2232000$(元)

与批量有关的存货总成本 $=60\times200=12000$(元)

缺货成本+保险储备成本=240+400=640(元)

总成本=2232000+12000+640=2244640(元)

(2)经济订货量=$\sqrt{\frac{2\times720\times100}{200\times(1-2/10)}}$=30(吨)

与批量有关的存货总成本=30×200×(1-2/10)=4800(元)

购置成本=720×(3300+20)=2390400(元)

总成本=2390400+4800=2395200(元)

(3)方案一的总成本低于方案二的总成本，应当选择方案一。

短期债务管理

划重点

一、短期债务筹资的特点★

(1)筹资速度快，容易取得。

(2)筹资富有弹性，限制相对宽松。

(3)筹资成本较低。

(4)筹资风险高。

二、商业信用筹资★

(一)商业信用筹资的优缺点(见表44-1)

表44-1　商业信用筹资的优缺点

优点	(1)是自发性筹资，容易取得。 (2)持续性的信贷形式，无须办理正式筹资手续。 (3)若没有现金折扣(或企业不放弃现金折扣)或使用不带息票据，商业信用筹资无成本
缺点	放弃现金折扣的机会成本较高

(二)应付账款

(1)放弃现金折扣的机会成本 $=\frac{\text{折扣百分比}}{1-\text{折扣百分比}}\times\frac{360}{\text{信用期}-\text{折扣期}}$

坤坤点拨　影响因素：折扣百分比越高，折扣期越长，放弃折扣的信用成本率越高(同"折扣"同向关系)；信用期越长，放弃折扣的信用成本率越低(同非"折扣"反向关系)。

(2)利用现金折扣的决策。

若放弃现金折扣成本率>短期贷款率或短期投资收益率：折扣期内付款。

若放弃现金折扣成本率<短期贷款率或短期投资收益率：信用期付款。

如果面对两家以上提供不同信用条件的卖方，应通过衡量放弃折扣成本的大小，选择信用成本最小(或所获利益最大)的一家。

三、短期借款筹资★★

1. 短期借款的信用条件

(1)信贷限额与周转信贷协定的区别(见表44-2)。

表 44-2 信贷限额与周转信贷协定的区别

条件	概念	要点
信贷限额	银行规定无担保的贷款最高限额	无法律效应，银行并不承担必须提供全部信贷限额的义务
周转信贷协定	银行具有法律义务地承诺提供不超过某一最高限额的贷款协定	有法律效应，银行必须满足企业不超过最高限额的借款；贷款限额未使用的部分，企业需要支付承诺费

(2)补偿性余额(见表 44-3)。

表 44-3 补偿性余额

条件	概念	要点
补偿性余额	银行要求借款企业保持按贷款限额或实际借款额一定百分比的最低银行存款额	会提高借款的有效年利率

有效年利率=实际支付的年用资费用/实际使用的借款金额

(3)抵押借款与非抵押借款(见表 44-4)。

表 44-4 抵押借款与非抵押借款

借款方式	有无担保	内容
抵押	企业有抵押品担保	抵押借款对银行来说是一种风险投资，贷款利率较非抵押借款高
非抵押	企业无抵押品担保	银行向信誉好的客户提供非抵押借款

(4)偿还方式的选择(见表 44-5)。

表 44-5 偿还方式的选择

偿还方式	要点
到期一次偿还和贷款期内定期等额偿还两种方式	贷款期内定期等额偿还会提高借款的有效年利率

2. 借款利息支付方式(见表 44-6)

表 44-6 借款利息支付方式

类型	利息支付方式	有效年利率
收款法	借款到期时还本付息	报价利率
贴现法	发放贷款时先从本金中扣除利息，到期时偿还本金	报价利率/(1-报价利率)
加息法	分期等额偿还本息	报价利率×2

【小结】

有效年利率与报价利率的关系如表 44-7 所示。

表 44-7 有效年利率与报价利率的关系

项目	有效年利率与报价利率的关系
存在补偿性余额	有效年利率>报价利率

续表

项目	有效年利率与报价利率的关系
存在周转信贷协定的未使用部分	有效年利率>报价利率
收款法付息(到期一次还本付息)	有效年利率=报价利率
贴现法付息(预扣利息)	有效年利率>报价利率
加息法付息(分期等额偿还本息)	有效年利率=2×报价利率

例解答·练

例题

例 1.(单选题)下列各项中，使放弃现金折扣成本降低的是(　　)。

A. 付款期、折扣期不变，折扣率降低

B. 折扣期、折扣率不变，付款期缩短

C. 折扣率不变，付款期和折扣期等量延长

D. 折扣率、付款期不变，折扣期延长

解 由放弃现金折扣的信用成本率的公式可知，选项A的说法正确；折扣期、折扣率不变，付款期缩短，将导致放弃现金折扣成本的分母减少，放弃现金折扣的成本提高，选项B排除；折扣率不变，付款期和折扣期等量延长，对放弃现金折扣的成本没有影响，选项C排除；折扣率、付款期不变，折扣期延长，享受现金折扣的优惠加大，放弃现金折扣的成本提高，选项D排除。

答 A

例 2.(单选题)甲公司与银行签订周转信贷协议：银行承诺一年内随时满足甲公司最高8000万元的贷款，承诺费按承诺贷款额度的0.5%于签订协议时支付；公司取得贷款部分已支付的承诺费在一年后返还。甲公司在签订协议同时申请一年期贷款5000万元，年利率8%，按年单利计息，到期一次还本付息，在此期间未使用承诺贷款额度的其他贷款。该笔贷款的实际成本最接近于(　　)。

A. 8.06%　　B. 8.80%

C. 8.37%　　D. 8.3%

解 题干中“公司取得贷款部分已支付的承诺费在一年后返还”是坑点，虽然返还了，但却是一年后，实际用资依旧是扣除承诺费后的结果，不需要考虑返还的情况。支付的利息=5000×8%=400(万元)，支付的承诺费=(8000−5000)×0.5%=15(万元)，实际资本成本=(400+15)/(5000−8000×0.5%)×100%=8.37%。

 C

习题

1.【单选题】某公司拟使用短期借款进行筹资。下列借款条件中，不会导致有效年利率(利息与可用贷款额的比率)高于报价利率(借款合同规定的利率)的是(　　)。

A. 按贷款一定比例在银行保持补偿性余额

B. 按贴现法支付银行利息

C. 按收款法支付银行利息

D. 按加息法支付银行利息

2.【单选题】甲公司向银行借款 900 万元，年利率为 8%，期限 1 年，到期还本付息，银行要求按借款金额的 15% 保持补偿性余额(银行按 2% 付息)。该借款的有效年利率为(　　)。

A. 7.70%　　　　B. 9.06%

C. 9.41%　　　　D. 10.10%

参考答案及解析

1. C 【解析】按贷款一定比例在银行保持补偿性余额、贴现法计息和加息法计息都会导致有效年利率高于报价利率，选项 ABD 排除；收款法付息方式下，有效年利率与报价利率相等，选项 C 为答案。

2. B 【解析】由于年利息支出 = 900×8% = 72(万元)，年利息收入 = 900×15%×2% = 2.7(万元)，实际可使用的资金 = 900×(1−15%) = 765(万元)，所以，该借款的有效年利率 = (72−2.7)/765×100% = 9.06%。

DAY 45 长期债务筹资

划重点

一、各种筹资方式的特点★★

1. 债务筹资与普通股筹资(见表 45-1)

表 45-1 债务筹资与普通股筹资

区别	债务筹资	普通股筹资
资本成本	低(利息可抵税;投资人风险小,要求回报低)	高(股利不能抵税;股票投资人风险大,要求回报高)
公司控制权	不分散控制权	会分散控制权
筹资风险	高(到期偿还;支付固定利息)	低(无到期日,没有固定的股利负担)
资金使用的限制	限制条款多	限制条款少

2. 长期负债与短期负债(见表 45-2)

表 45-2 长期负债与短期负债

区别	短期负债	长期债务
资本成本	低	高
筹资风险	高(期限短,还本付息压力大)	低
资金使用的限制	限制相对宽松	限制条款多
筹资速度	快(容易取得)	慢

3. 银行借款与债券筹资(见表 45-3)

表 45-3 银行借款与债券筹资

区别	银行借款	债券筹资
资本成本	低(利息率低,筹资费低)	高
筹资速度	快(手续比发行债券简单)	慢
筹资弹性	大(可协商,可变更性比债券好)	小
筹资对象及范围	对象窄,范围小	对象广,范围大

4. 债券筹资的优缺点

(1)优点:①筹资规模大;②具有长期性和稳定性;③有利于资源优化配置。

(2)缺点:①发行成本高;②信息披露成本高;③限制条件多。

二、长期借款的保护性条款（见表 45-4）★

表 45-4　长期借款的保护性条款

一般性保护条款	一般性保护条款应用于大多数借款合同，但根据具体情况会有不同内容，主要包括：①对借款企业流动资金保持量的规定；②对支付现金股利和再购入股票的限制；③对净经营性长期资产总投资规模的限制；④限制其他长期债务；⑤借款企业定期向银行提交财务报表；⑥不准在正常情况下出售较多资产；⑦如期缴纳税费和清偿其他到期债务；⑧不准以任何资产作为其他承诺的担保或抵押；⑨不准贴现应收票据或出售应收账款，以避免或有负债；⑩限制租赁固定资产的规模
特殊性保护条款	特殊性保护条款是针对某些特殊情况而出现在部分借款合同中的，主要包括：①贷款专款专用；②不准企业投资于短期内不能收回资金的项目；③限制企业高级职员的薪金和奖金总额；④要求企业主要领导人在合同有效期间担任领导职务；⑤要求企业主要领导人购买人身保险；等等

三、债券发行价格

债券发行价格：未来现金流量的现值

债券发行价格=未来支付的利息现值+到期本金的现值

四、债券的偿还★

1. 偿还方式

(1)偿还时间：①到期偿还；②提前偿还；③滞后偿还。

(2)偿还形式：①现金偿还；②用新债换旧债；③用普通股偿还。

2. 提前偿还（又称提前赎回或收回）的时机选择

包括：①当企业资金有结余时；②当预测利率下降时。

例解答·练

例题

例 1.（多选题）对企业而言，发行股票筹集资金的优点有（　　）。

A. 增强公司筹资能力　　B. 降低公司财务风险

C. 降低公司资本成本　　D. 资金使用限制较少

解 股票筹资的资本成本一般较高。

答 ABD

例 2.（单选题）与长期借款相比，发行债券进行筹资的优点是（　　）。

A. 筹资速度较快　　B. 筹资规模较大

C. 筹资费用较小　　D. 筹资灵活性较好

解 债券筹资的优点：①筹资规模较大；②具有长期性和稳定性；③有利于资源优化配置。选项 B 正确。

答 B

例 3.(多选题)下列各项中，属于企业长期借款合同一般性保护条款的有(　　)。

A. 限制企业租入固定资产的规模

B. 限制企业股权再融资

C. 限制企业高级职员的薪金和奖金总额

D. 限制企业增加具有优先求偿权的其他长期债务

解 一般性保护条款应用于大多数借款合同。特殊性保护条款是针对某些特殊情况而出现在部分借款合同中的。选项C属于特殊性保护条款的内容。股权再融资会提高企业偿债能力，不属于限制条款。

答 AD

习题

1.【多选题】长期债券筹资与短期债券筹资相比(　　)。

A. 筹资风险大　　B. 筹资风险小

C. 成本高　　D. 速度快

2.【单选题】长期借款筹资与长期债券筹资相比，其特点是(　　)。

A. 利息能节税　　B. 筹资弹性大

C. 筹资费用大　　D. 债务利息高

3.【单选题】如果企业在发行债券的契约中规定了允许提前偿还的条款(　　)。

A. 当预测年利息率下降时，一般应提前赎回债券

B. 当预测年利息率上升时，一般应提前赎回债券

C. 当债券投资人提出申请时，才可提前赎回债券

D. 当债券价格下降时，一般应提前赎回债券

参考答案及解析

1. BC 【解析】长期债券与短期债券相比，筹资风险较小，速度慢。
2. B 【解析】借款时企业与银行直接交涉，有关条件可谈判确定，用款期间发生变动，也可与银行再协商。而债券融资面对的是社会广大投资者，协商改善融资条件的可能性很小。
3. A 【解析】预测年利息率下降时，如果提前赎回债券，而后以较低的利率来发行新债券，可以降低利息费用，对企业有利。

专题十

长期筹资（二）

本专题包含5天的学习内容，具体如下：

DAY46　普通股筹资

DAY47　混合筹资（一）

DAY48　混合筹资（二）

DAY49　租赁筹资

DAY50　阶段检测

其中，比较重要的考点是DAY47-49，需要重点掌握。

普通股筹资

划重点

一、普通股筹资的特点★

优点：

(1)没有固定利息负担。

(2)没有固定到期日。

(3)财务风险小。

(4)能增加公司的信誉。

(5)筹资限制较少。

(6)在通货膨胀时普通股筹资容易吸收资金。

缺点：

(1)普通股资本成本较高。

(2)会增加新股东，可能会分散公司的控制权。

(3)信息披露成本大，也增加了公司保护商业秘密的难度。

(4)股票上市会增加公司被收购的风险。

二、普通股的发行方式★

1. 公开发行与非公开发行(见表46-1)

表46-1　公开发行与非公开发行

发行方式	特征	优点	缺点
公开发行	向不特定对象公开募集股份	(1)发行范围广，发行对象多，易于足额筹集资本。 (2)股票的变现性强，流通性好。 (3)有助于提高发行公司的知名度和扩大影响力	手续繁杂，发行成本高
非公开发行	又称私募，是指向特定对象发行股票的行为	灵活性较大，发行成本低	发行范围小，股票变现性差

2. 直接发行与间接发行(见表46-2)

表46-2 直接发行与间接发行

方式		优点	缺点
直接发行		发行公司可直接控制发行过程，并可以节省发行费用	筹资时间较长，发行公司要承担全部发行风险，并需要发行公司有较高的知名度、信誉和实力
委托发行	包销	可及时筹足资本，不承担发行风险	损失部分溢价，发行成本高
	代销	可获部分溢价收入，降低发行费用	承担发行风险

3. 普通股发行定价

(1)发行价格种类(见表46-3)。

表46-3 发行价格种类

等价	股票的票面金额，也称为平价发行或面值发行
时价	以公司原发行同种股票的现行市场价格为基准来选择增发新股的发行价格，也称市价发行
中间价	市场价格(时价)与面额(等价)的中间值

(2)我国《公司法》规定，股票不准折价发行。

(3)我国《证券法》规定，股票溢价发行时，发行价格由发行人与承销的证券公司协商确定。

三、股权再融资★★

(一)配股

1. 相关要点(见表46-4)

表46-4 相关要点

概念	是指向原普通股股东按其持股比例、以低于市价的某一特定价格配售一定数量新发行股票的融资行为
目的	(1)不改变原控股股东对公司的控制权和享有的各种权利。 (2)因发行新股将导致短期内每股收益稀释，通过折价配售的方式可以给老股东一定的补偿。 (3)鼓励老股东认购新股，以增加发行量
配股权的特征	是普通股股东的优惠权，实际上是一种短期的看涨期权
配股价格确定	配股一般采取网上定价的方式，配股价格由主承销商和发行人协商确定

2. 配股条件

上市公司向原股东配股的，除了要符合公开发行股票的一般规定外，还应当符合下列规定：

(1)拟配售股份数量不超过本次配售股份前股份总数的30%。

(2)控股股东应当在股东大会召开前公开承诺认配股份的数量。

(3)采用证券法规定的代销方式发行。

3. 配股除权价格

除权后股票的理论除权基准价格为：

$$\text{配股除权参考价}=\frac{\text{配股前股票市值}+\text{配股价格}\times\text{配股数量}}{\text{配股前股数}+\text{配股数量}}$$

$$=\frac{\text{配股前每股价格}+\text{配股价格}\times\text{股份变动比例}}{1+\text{股份变动比例}}$$

如果除权后股票交易市价高于该除权基准价格，这种情形使得参与配股的股东财富较配股前有所增加，一般称之为“填权”；反之股价低于除权基准价格则会减少参与配股股东的财富，一般称之为“贴权”。

坤坤点拨 配股除权参考价实际上是在计算配股以后每股的股价是多少，按照单价=总价/数量的道理，分子的总价用配股前股票的总价值+本次配售股票的总价值，分母数量用配股前的股票总数+本次配售的股票数量，其公式原理与会计中发出存货的计价方法之“月末一次加权平均法”近似。

4. 每股股票配股权价值

$$\text{每股股票配股权价值}=\frac{\text{配股除权参考价}-\text{配股价格}}{\text{购买一股新配股所需的原股数}}$$

(二)增发新股

1. 增发方式的选择(见表46-5)

表46-5 增发方式的选择

区别	公开增发	非公开增发
增发对象	没有特定的发行对象，股票市场上的投资者均可以认购	(1)机构投资者：大体可以划分为财务投资者和战略投资者。 ①财务投资者：通常以获利为目的，通过短期持有上市公司股票适时套现，实现获利的法人，他们一般不参与公司的重大的战略决策；②战略投资者：他们与发行公司业务联系紧密且欲长期持有发行公司股票。上市公司通过非公开增发引入战略投资者不仅获得战略投资者的资金，还有助于引入其管理理念与经验，改善公司治理。 (2)大股东及关联方：指上市公司的控股股东或关联方

续表

区别	公开增发	非公开增发
增发新股的规定	除了要满足上市公司公开发行的一般规定外，还要符合： (1)最近3个会计年度加权平均净资产报酬率平均不低于6%(扣除非经常性损益后的净利润与扣除前的净利润相比，以低者作为加权平均净资产报酬率的计算依据)。 (2)除金融企业外，最近1期期末不存在持有金额较大的交易性金融资产和可供出售的金融资产、借予他人款项、委托理财等财务性投资的情形	非公开增发没有过多发行条件上的限制
增发新股的定价	按照"发行价格应不低于公告招股意向书前20个交易日公司股票均价或前1个交易日的均价"的原则确定增发价格	发行价格应不低于定价基准日前20个交易日公司股票均价的80% 定价基准日前20个交易日股票交易均价 $=\frac{\text{定价基准日前20个交易日股票交易总额}}{\text{定价基准日前20个交易日股票交易总量}}$
增发新股的认购方式	通常为现金认购	不限于现金，还包括股权、债权、无形资产、固定资产等非现金资产

2. 增发对新老股东财富的影响

(1)增发价格>现行市价，则老股东财富增加，新股东财富减少，两者绝对值相等。

(2)增发价格<现行市价，则老股东财富减少，新股东财富增加，两者绝对值相等。

(三)股权再融资对企业的影响(见表46-6)

表46-6 股权再融资对企业的影响

资本结构	(1)降低资产负债率，可能增大资本成本。 (2)如果有助于企业目标资本结构的实现，增强财务稳健性、降低债务违约风险，就会降低加权平均资本成本，增加企业价值
财务状况	(1)在企业运营及盈利状况不变的情况下，会降低财务杠杆水平和净资产报酬率。 (2)投资于好的项目，获得正的投资活动净现值，或者能够改善资本结构，降低资本成本，有利于增加企业的价值
控制权	(1)就配股而言，控股股东只要不放弃认购的权利，就不会削弱控制权。 (2)公开增发会引入新股东，股东控制权受增发认购数量影响。 (3)非公开增发若面向财务投资者和战略投资者增发，会降低控股股东的控股比例，但财务投资者和战略投资者与控股股东有良好的合作关系，一般不会威胁控制权。 (4)若面向控股股东的增发是为了收购其优质资产或实现集团整体上市，则会提高控股股东的控制比例，增强其控制权

例解答·练

例题

例 1.(多选题)与公开发行股票相比，下列关于非公开发行股票的说法中，正确的有(　　)。

A. 发行成本低　　B. 发行范围小

C. 股票变现性差　　D. 发行方式灵活性小

解 非公开发行股票方式弹性较大，发行成本低，但发行范围小，股票变现性差。

答 ABC

例 2.(单选题)甲公司采用配股方式进行融资。每 10 股配 2 股，配股前股价为 6.2 元。配股价为 5 元。如果除权日股价为 5.85 元。所有股东都参加了配股。除权日股价下跌(　　)。

A. 2.42%　　B. 2.50%

C. 2.56%　　D. 5.65%

解 配股除权价格=(配股前每股价格+配股价格×股份变动比例)/(1+股份变动比例)=(6.2+5×0.2)/(1+0.2)=6(元/股)，除权日股价下跌(6−5.85)/6×100%=2.50%。

答 B

习题

1.【单选题】配股是上市公司股权再融资的一种方式。下列关于配股的说法中，正确的是(　　)。

A. 配股价格一般采取网上竞价方式确定

B. 配股价格低于市场价格，会减少老股东的财富

C. 配股权是一种看涨期权，其执行价格等于配股价格

D. 配股权价值等于配股后股票价格减配股价格

2.【多选题】下列关于股权再融资的说法中，正确的有(　　)。

A. 公开增发股票的公司必须具有持续盈利能力

B. 实施配股时，如果除权后股票交易价格高于除权基准价格，一般称之为“贴权”

C. 非公开增发新股的认购方式不限于现金

D. 上市公司非公开发行股票的发行定价应不低于定价基准日前 20 个交易日公司股票的均价

参考答案及解析

1. C 【解析】配股一般采取网上定价发行的方式，配股价格由主承销商和发行人协商确定，所以选项 A 的说法不正确；若除权后股票交易市价高于除权基准价格，则参与配股增加老股东财富，所以选项 B 的说法不正确；配股权是普通股股东的优惠权，实际上是一种短期的看涨期权，所以选项 C 的说法正确；每股股票配股权价值等于配股后除权参考价与配股价格的差额再除以购买一股新股所需的股数，所以选项 D 的说法不正确。

2. AC 【**解析**】除权后股票交易市价高于该除权基准价格，这种情形使得参与配股的股东财富较配股前有所增加，一般称之为“填权”；反之股价低于除权基准价格则会减少参与配股股东的财富，一般称之为“贴权”。所以选项 B 不正确。非公开发行股票的发行价格应不低于定价基准日前 20 个交易日公司股票均价的 80%。所以选项 D 不正确。

DAY 47 混合筹资（一）

划重点

一、优先股筹资★

（一）优先股发行的有关规定

1. 上市公司发行优先股的一般条件

（1）最近3个会计年度实现的年均可分配利润应当不少于优先股1年的股息。

（2）最近3年现金分红情况应当符合公司章程及中国证监会的有关监管规定。

（3）报告期不存在重大会计违规事项。

（4）已发行的优先股不得超过公司普通股股份总数的50%，且筹资金额不得超过发行前净资产的50%，已回购、转换的优先股不纳入计算。

2. 特别规定

（1）最近3个会计年度应当连续盈利。扣除非经常性损益后的净利润与扣除前净利润相比，以低者作为计算依据。

（2）上市公司公开发行优先股的，可以向原股东优先配售。

（3）上市公司公开发行优先股应当在公司章程中规定以下事项：①采取固定股息率；②在有可分配税后利润的情况下必须向优先股股东分配股息；③未向优先股股东足额派发股息的差额部分应当累积到下一个会计年度；④优先股股东按照约定的股息率分配股息后，不再同普通股股东一起参加剩余利润分配。

3. 其他规定

（1）优先股每股票面金额为100元，发行价格不得低于优先股票面金额。

公开发行优先股的价格或票面股息率以市场询价或证监会认可的其他公开方式确定。非公开发行优先股的票面股息率不得高于最近两个会计年度的年均加权平均净资产收益率。

（2）上市公司不得发行可转换为普通股的优先股，但商业银行可根据商业银行资本监管规定，非公开发行触发事件发生时强制转换为普通股的优先股，并遵守有关规定。

（3）上市公司非公开发行优先股仅向本办法规定的合格投资者发行，每次发行对象不得超过200人，且相同条款优先股的发行对象累计不得超过200人。

（二）优先股的筹资成本（见表 47-1）

表 47-1 优先股的筹资成本

要点	解释
同一公司的优先股股东要求的必要报酬率比债权人高	优先股投资的风险比债券大。当企业面临破产时，优先股的求偿权低于债权人。在公司财务困难的时候，债务利息会被优先支付，优先股股利则其次
同一公司的优先股股东要求的必要报酬率比普通股股东低	优先股投资的风险比普通股低。当企业面临破产时，优先股股东的求偿权优先于普通股股东。在公司分配利润时，优先股股息通常固定且优先支付，普通股股利只能最后支付

（三）优先股筹资的优缺点（见表 47-2）

表 47-2 优先股筹资的优缺点

优点	与债券相比，不支付股利不会导致公司破产；没有到期期限，不需要偿还本金
	与普通股相比，发行优先股一般不会稀释股东权益
缺点	优先股股利不可以税前扣除，是优先股筹资的税收劣势
	优先股的股利通常被视为固定成本，与负债筹资的利息没有什么差别，会增加公司的财务风险并进而增加普通股的成本

二、附认股权证债券筹资★★

（一）认股权证的特征

1. 认股权证与以股票看涨期权的共同点（见表 47-3）

表 47-3 认股权证与以股票看涨期权的共同点

相同	解释
标的资产	均以股票为标的资产，其价值随股票价格变动
选择权	在到期前均可以选择执行或不执行，具有选择权
执行价格	均有一个固定的执行价格

2. 认股权证与股票看涨期权的区别（见表 47-4）

表 47-4 认股权证与股票看涨期权的区别

区别	股票看涨期权	认股权证
行权时股票来源	看涨期权执行时，其股票来自二级市场	当认股权执行时，股票是新发股票
对每股收益和股价的影响	不存在稀释问题。 理由：标准化的期权合约，在行权时只是与发行方结清价差，根本不涉及股票交易	会引起股份数的增加，从而稀释每股收益和股价
期限	时间短，通常只有几个月	期限长，可以长达 10 年，甚至更长

续表

区别	股票看涨期权	认股权证
布莱克-斯科尔斯模型的运用	可以适用。 理由：期限短，可以假设没有股利支付	不能用布莱克-斯科尔斯模型定价。 理由：期限长，不分红很不现实

（二）发行认股权证的用途

（1）在公司发行新股时，为避免原有股东每股收益和股价被稀释，给原有股东配发一定数量的认股权证，使其可以按优惠价格认购新股，或直接出售认股权证，以弥补新股发行的稀释损失。

（2）作为奖励发给本公司的管理人员。

（3）作为筹资工具，认股权证与公司债券同时发行，用来吸引投资者购买票面利率低于市场要求的长期债券。

（三）附认股权证债券的筹资成本

1. 附认股权证债券

是指公司债券附认股权证，持有人依法享有在一定期间内按约定价格（执行价格）认购公司股票的权利，是债券加上认股权证的产品组合。

2. 附认股权证债券的种类（见表 47-5）

表 47-5 附认股权证债券的种类

种类	特点
分离型	指认股权证与公司债券可以分开，单独在流通市场上自由买卖
非分离型	指认股权证无法与公司债券分开，两者存续期限一致，同时流通转让，自发行至交易均合二为一，不得分开转让。非分离型附认股权证债券近似于可转债
现金汇入型	指当持有人行使认股权利时，必须再拿出现金来认购股票
抵缴型	指公司债票面金额本身可按一定比例直接转股，如现行可转换公司债的方式

（四）附认股权证债券筹资的优缺点（见表 47-6）

表 47-6 附认股权证债券筹资的优缺点

优点	（1）发行附认股权证债券可以起到一次发行，二次融资的作用。 （2）可以降低融资成本。 发行附认股权证的债券，是以潜在的股权稀释为代价换取较低的利息
缺点	（1）灵活性较差。因无赎回和强制转股条款，从而在市场利率大幅降低时，发行人需要承担一定的机会成本。附带认股权证的债券发行者，主要目的是发行债券而不是股票，是为了发债而附带期权。认股权证的执行价格，一般比发行时的股价高出 20% 至 30%。如果将来公司发展良好，股票价格会大大超过执行价格，原有股东会蒙受较大损失。 （2）附带认股权证债券的承销费用通常高于债务融资

例解答·练

例题

例 1. (多选题) 按照我国《优先股试点管理办法》的有关规定，上市公司公开发行优先股应当在公司章程中规定的事项有(   )。

A. 采取固定股息率

B. 在有可分配税后利润的情况下必须向优先股股东分配股息

C. 对于累积优先股，未向优先股股东足额派发股息的差额部分应累积到下一个会计年度，对于非累积优先股则无需累积

D. 优先股股东按照约定的股息率分配股息后，特殊情况下还可同普通股股东一起参加剩余利润分配

解 按照我国《优先股试点管理办法》的有关规定未向优先股股东足额派发股息的差额部分应当累积到下一个会计年度，C 错误；优先股股东按照约定的股息率分配股息后，不再同普通股股东一起参加剩余利润分配，D 错误。

答 AB

例 2. (单选题) 下列关于认股权证与股票看涨期权共同点的说法中，正确的是(   )。

A. 两者均有固定的行权价格

B. 两者行权后均会稀释每股价格

C. 两者行权后均会稀释每股收益

D. 两者行权时买入的股票均来自二级市场

解 期权是指一种合约，该合约赋予持有人在某一特定日期或该日期之前的任何特定时间以固定价格购进或售出一种资产的权利。认股权证是公司向股东发放的一种凭证，授权其持有者在一个特定期间以特定价格购买特定数量的公司股票。所以，选项 A 的说法正确。看涨期权的持有人行权，其股票来自二级市场，因此，不会引起股数的增加，不会稀释每股价格和每股收益，即选项 B 和选项 C 的说法不正确；认股权证的持有人行权时，股票是新发行股票，来自一级市场，所以，选项 D 的说法不正确。

答 A

例 3. (多选题) 某公司是一家生物制药企业，目前正处于高速成长阶段。公司计划发行 10 年期限的附认股权债券进行筹资。下列说法中，正确的有(   )。

A. 认股权证是一种看涨期权，可以使用布莱克—斯科尔斯模型对认股权证进行定价

B. 使用附认股权债券筹资的主要目的是当认股权证执行时，可以以高于债券发行日股价的执行价格给公司带来新的权益资本

C. 使用附认股权债券筹资的缺点是当认股权证执行时，会稀释股价和每股收益

D. 为了使附认股权债券顺利发行，其内含报酬率应当介于债务市场利率和税前普通股成本之间

解 B-S 模型假设没有股利支付，而认股权证期限长，假设有效期内不分红很不现实，不能应用 B-S 模型估价，选项 A 错误；使用附认股权债券筹资的主要目的是作为促销手段，给予债

券投资者以特定价格购买本公司股票的选择权，以吸引债券投资者购买票面利率低于市场利率的长期债券，因此其主要目的是为增发债券，选项 B 错误；使用附认股权债券筹资时，行权会增加普通股股数，所以，会稀释股价和每股收益，选项 C 正确；使用附认股权债券筹资时，如果内含报酬率低于债务市场利率，投资人不会购买该项投资组合，如果内含报酬率高于税前普通股成本，发行公司不会接受该方案，选项 D 正确。

答 CD

习题

1.【多选题】相对普通股而言，下列各项中，属于优先股特殊性的有(　　)。

A. 当公司破产清算时，优先股股东优先于普通股股东求偿

B. 当公司分配利润时，优先股股东优先于普通股股利支付

C. 当公司选举董事会成员时，优先股股东优先于普通股股东当选

D. 当公司决定合并、分立时，优先股股东表决权优先于普通股股东

2.【计算分析题】甲公司为扩大产能，拟平价发行分离型附认股权证债券进行筹资，方案如下：债券每份面值 1000 元，期限 5 年，票面利率 5%。每年付息一次。同时附送 20 份认股权证。认股权证在债券发行 3 年后到期，到期时每份认股权证可按 11 元的价格购买 1 股甲公司普通股股票。

甲公司目前有发行在外的普通债券，5 年后到期，每份面值 1000 元，票面利率 6%，每年付息一次，每份市价 1020 元(刚刚支付过最近一期利息)。

公司目前处于生产的稳定增长期，可持续增长率 5%。普通股每股市价 10 元。公司企业所得税税率 25%。

要求：

(1)计算公司普通债券的税前资本成本。

(2)计算分离型附认股权证债券的税前资本成本。

(3)判断筹资方案是否合理，并说明理由，如果不合理，给出调整建议。

参考答案及解析

1. AB 【解析】优先股有如下特殊性：①优先分配利润。优先于普通股股东分配公司利润；②优先分配剩余财产。公司因解散、破产等原因进行清算时，公司财产在按照公司法和破产法有关规定进行清偿后的剩余财产，应当优先向优先股股东支付未派发的股息和公司章程约定的清算金额；③表决权限制。所以，选项 A、B 正确。

2. (1)设普通债券税前资本成本(即税前到期收益率)为 i，则：

i=6%时，债券投资的净现值 $=1000\times6\%\times(P/A,\ 6\%,\ 5)+1000\times(P/F,\ 6\%,\ 5)-1020$

$=1000-1020=-20$(元)

i=4%时，债券投资的净现值 $=1000\times6\%\times(P/A,\ 4\%,\ 5)+1000\times(P/F,\ 4\%,\ 5)-1020$

$=69$(元)

$$i=\frac{69\times6\%+20\times4\%}{69+20}=5.55\%$$

(2)第 3 年末股票市价 $=10\times(1+5\%)^3=11.58$(元/股)

第 3 年末行权的现金净流入 = 20×(11.58−11) = 11.6(元)

设分离型附认股权证债券税前资本成本(即税前期望收益率)为 k，则：

k=5%时，债券投资的净现值 = 1000×5%×(P/A, 5%, 5) + 1000×(P/F, 5%, 5) + 11.6×(P/F, 5%, 3) − 1000

= 1000 + 11.6×(P/F, 5%, 3) − 1000

= 10.02(元)

k=6%时，债券投资的净现值 = 1000×5%×(P/A, 6%, 5) + 1000×(P/F, 6%, 5) + 11.6×(P/F, 6%, 3) − 1000 = −32.34(元)

$$i=\frac{10.02\times 6\%+32.34\times 5\%}{10.02+32.34}=5.24\%$$

(3) 筹资方案不合理，原因是附认股权证债券的税前资本成本 5.24% 低于普通债券的税前资本成本 5.55%。可以通过降低执行价格或提高票面利率等方式，使得附认股权证债券的税前资本成本大于普通债券的税前资本成本。

混合筹资（二）

划重点

可转换债券筹资★★★

（一）概念

可转换债券是一种特殊的债券，它在一定期间内依据约定的条件可以转换成普通股。

（二）可转换债券的主要条款

1. 可转换性

（1）这种转换，在资产负债表上只是负债转换为普通股，并不增加额外的资本。认股权证与之不同，认股权会带来新的资本。

（2）这种转换是一种期权，证券持有人可以选择转换，也可选择不转换而继续持有债券。

2. 转换价格

即转换发生时投资者为取得普通股每股所支付的实际价格，转换价格通常比发行时的股价高出20%至30%。

3. 转换比率

是债权人将一份债券转换成普通股可获得的普通股股数，即：转换比率=债券面值÷转换价格。

4. 转换期

转换期是指可转换债券转换为股份的起始日至结束日的期间。

根据我国《上市公司证券发行管理办法》规定，自发行结束之日起6个月后方可转换为公司股票，转换期限由公司根据可转换债券的存续期限及公司财务状况决定。

5. 赎回条款（见表48-1）

表48-1 赎回条款

概念	赎回条款是可转换债券的发行企业可以在债券到期日之前提前赎回债券的规定	
目的	①可以促使债券持有人转换股份，因此又被称为加速条款；②可以使发行公司避免市场利率下降后，继续向债券持有人按较高的债券票面利率支付利息所蒙受的损失	
具体内容	不可赎回期	设立不可赎回期的目的，在于保护债券持有人的利益，防止发行企业滥用赎回权，促使债券持有人过早转换债券
	赎回期	赎回期是可转换债券的发行公司可以赎回债券的期间

<table>
<tr><td rowspan="2">具体内容</td><td>赎回价格</td><td>赎回价格一般高于可转换债券的面值，两者之差为赎回溢价。赎回溢价随债券到期日的临近而减少</td></tr>
<tr><td>赎回条件</td><td>赎回条件分为无条件赎回和有条件赎回。无条件赎回是在赎回期内发行公司可随时按照赎回价格赎回债券。有条件赎回是对赎回债券有一些条件限制，只有在满足了这些条件之后才能由发行公司赎回债券</td></tr>
</table>

6. 回售条款(见表 48-2)

表 48-2 回售条款

概念	回售条款是在可转换债券发行公司的股票价格达到某种恶劣程度时，债券持有人有权按照约定的价格将可转换债券卖给发行公司的有关规定
目的	设置回售条款是为了保护债券投资人的利益，使他们能够避免遭受过大的投资损失，从而降低投资风险。合理的回售条款，可以使投资者具有安全感，因而有利于吸引投资者

坤坤小结 谁赎回就对谁有利，谁回售就对谁有利。

7. 强制性转换条款(见表 48-3)

表 48-3 强制性转换条款

概念	强制性转换条款是在某些条件具备之后，债券持有人必须将可转换债券转换为股票，无权要求偿还债券本金的规定
目的	设置强制性转换条款，是为了保证可转换债券顺利地转换成股票，实现发行公司扩大权益筹资的目的

(三)可转换债券的筹资成本

1. 相关概念

(1)债券的价值。

纯债券价值是不含看涨期权的普通债券的价值，即：

纯债券的价值=利息的现值+本金的现值

(2)债券的转换价值。

债券转换价值是债券转换成的股票价值。

转换价值=股价×转换比例

(3)可转换债券的底线价值。

可转换债券的最低价值，应当是纯债券价值和转换价值两者中较高者。

2. 可转换债券的税前成本

(1)计算方法(求内含报酬率)。

买价=利息现值+可转换债券的底线价值(通常是转换价值)现值

上式中求出的折现率，就是可转换债券的税前成本。

(2)合理的范围。

可转换债券的税前筹资成本应在普通债券利率与税前股权成本之间。

坤坤点拨 ①要把股权资本成本换算为“税前”，这样比较口径才一致；②若可转债的税前资本成本低于普通债券利率(即税前资本成本)，则投资人不会购买；若可转债的税前资本成本高于税前股权资本成本，则筹资人不如直接发股进行筹资。因此，可转债的税前资本成本要介于普通债券利率与税前股权成本之间。

（四）可转换债券筹资的优缺点（见表48-4）

表48-4 可转换债券筹资的优缺点

优点	(1)与普通债券相比，可转换债券使得公司能够以较低的利率取得资金。降低了公司前期的筹资成本。 (2)与普通股相比，可转换债券使得公司取得了以高于当前股价出售普通股的可能性。有利于稳定公司股票价格
缺点	(1)股价上涨风险。如果转换时股票价格大幅上涨，公司只能以较低的固定转换价格换出股票，会降低公司的股权筹资额。 (2)股价低迷风险。发行可转换债券后，如果股价没有达到转股所需要的水平，可转换债券持有者没有如期转换普通股，则公司只能继续承担债务。在订有回售条款的情况下，公司短期内集中偿还债务的压力会更明显。 (3)筹资成本高于普通债券。尽管可转换债券的票面利率比普通债券低，但是加入转股成本之后的总筹资成本比普通债券要高

（五）可转换债券和附认股权证债券的区别（见表48-5）

表48-5 可转换债券和附认股权证债券的区别

区别点	可转换债券	附认股权证债券
是否增加新的资本	可转换债券在转换时只是报表项目之间的变化，没有增加新的资本	附认股权证债券在认购股份时给公司带来新的权益资本
灵活性不同	可转换债券允许发行者规定可赎回条款、强制性转换条款等，种类较多	附认股权证债券的灵活性较差
适用情况不同	可转换债券的发行者主要目的是发行股票而不是债券，只是因为当前股价偏低，希望通过将来转股以实现较高的股票发行价	附认股权证债券的发行者主要目的是发行债券而不是股票，是为了发债而附带期权，只是因为当前利率要求高，希望通过捆绑期权吸引投资者以降低利率
两者的发行费用不同	可转换债券的承销费用与普通债券类似	附认股权证债券的承销费用介于债务融资和普通股融资之间

例解答·练

例题

例 1.（单选题）有些可转换债券在赎回条款中设置不可赎回期，其目的是（ ）。

A. 防止赎回溢价过高 B. 保证可转换债券顺利转换成股票

C. 保证发行公司长期使用资金 D. 防止发行公司过度使用赎回权

解 设置不可赎回期的目的，在于保护债券持有人的利益，防止发行企业滥用赎回权，强制债券持有人过早转换债券。

答 D

例 2.(多选题)为确保债券平价发行，假设其他条件不变，下列各项可导致票面利率降低的有(　　)。

A. 附转换条款　　　　B. 附赎回条款

C. 附回售条款　　　　D. 附认股权证

解 为确保债券平价发行，假设其他条件不变，公司可以附转换条款发行可转换债券，或者附认股权证发行附认股权证债券，由于债券持有人有可能获得股票投资收益，从而导致票面利率降低。

答 AD

例 3.(多选题)在其他条件不变的情况下，关于单利计息，到期一次还本付息的可转换债券的内含报酬率，下列各项中正确的有(　　)。

A. 债券期限越长，债券内含报酬率越高

B. 票面利率越高，债券内含报酬率越高

C. 转换比率越高，债券内含报酬率越高

D. 转换价格越高，债券内含报酬率越高

解 可转换债券的内含报酬率是使得可转换债券的投资人获得的现金流入的现值等于投资额的折现率，假设债券在到期日前转换，则投资者的内含报酬率与债券期限无关，如果投资者不转股将债券持有至到期，则债券期限越长，投资者所获未来现金流量的时间越晚，内含报酬率越低，所以选项 A 不是答案。本题的可转换债券是到期一次还本付息，也就是说，如果在到期前没有转股，则投资人在到期日收到全部利息，因此，在其他条件不变的情况下，票面利率越高，债券内含报酬率越高，即选项 B 是答案。如果在到期前转股，则投资人只能收到按照转换价值计算的现金流入，不能收到利息，而转换价值=股价×转换比率，所以，在其他条件不变的情况下，转换比率越高，债券内含报酬率越高，即选项 C 是答案。由于在其他条件不变的情况下，转换价格越高，意味着转换比率越低，所以选项 D 不是答案。

答 BC

习题

1.【多选题】以下关于可转换债券的说法中，正确的有(　　)。

A. 在转换期内逐期降低转换比率，不利于投资人尽快进行债券转换

B. 在转换期内逐期提高转换价格，不利于投资人尽快进行债券转换

C. 设置赎回条款主要是为了保护发行企业与原有股东的利益

D. 设置回售条款可能会加大公司的财务风险

2.【单选题】甲公司拟发行可转换债券，当前等风险普通债券的市场利率为 5%，股东权益成本为 7%。甲公司的企业所得税税率为 20%。要使发行方案可行，可转换债券的税前资本成本的区间为(　　)。

A. 4%～7%　　　　B. 5%～7%

C. 4%～8.75%　　　　D. 5%～8.75%

3.【多选题】下列有关发行可转换债券的特点表述正确的有(　　)。

A. 在股价降低时，会降低公司的股权筹资额

B. 在股价降低时，会有财务风险

C. 可转换债券使得公司取得了以高于当前股价出售普通股的可能性

D. 可转换债券的票面利率比纯债券低，因此其资本成本低

参考答案及解析

1. CD 【解析】在转换期内逐期降低转换比率，说明越往后转换的股数越少，促使投资人尽快进行债券转换。
2. D 【解析】如果可转换债券的税前成本高于税前股权成本，则不如直接增发普通股，所以，要使发行方案可行，可转换债券的税前资本成本的最大值为 7%/(1-20%)=8.75%；如果可转换债券的税前成本低于普通债券的利率，则对投资人没有吸引力。所以，要使发行方案可行，可转换债券的税前资本成本的最小值为 5%。
3. BC 【解析】在股价上涨时，公司只能以较低的固定转换价格换出股票，会降低公司的股权筹资额。尽管可转换债券的票面利率比纯债券低，但是加入转股成本之后的总筹资成本比纯债券要高。

租赁筹资

划重点

一、租赁的原因及类型★

（一）租赁的原因（见表 49-1）

表 49-1　租赁的原因

原因	说明
节税	节税是长期租赁存在的重要原因
降低交易成本	交易成本的差别是短期租赁存在的主要原因
减少不确定性	租赁的风险主要与租赁期满时租赁资产的余值有关

（二）租赁的类型（见表 49-2）

表 49-2　租赁的类型

划分标准	租赁的类型	特点
当事人之间的关系	直接租赁	该种租赁是指出租方（租赁公司或生产厂商）直接向承租人提供租赁资产的租赁形式
	杠杆租赁	出租人引入资产时只支付引入所需款项（如购买资产的货款）的一部分（通常为资产价值的 20%～40%），其余款项则以引入的资产或出租权等为抵押，向另外的贷款者借入；资产租出后，出租人以收取的租金向贷款者（债权人）还贷
	售后租回	该种租赁是指承租人先将某资产卖给出租人，再将该资产租回的一种租赁形式
租赁期的长短	短期租赁	短期租赁的时间明显少于租赁资产的经济寿命
	长期租赁	长期租赁的时间接近租赁资产的经济寿命
全部租赁费是否超过资产的成本	不完全补偿租赁	是指租赁费不足以补偿租赁资产的全部成本的租赁
	完全补偿租赁	是指租赁费超过资产全部成本的租赁
承租人是否可以随时解除租赁	可以撤销租赁	是指合同中注明承租人可以随时解除的租赁。通常，提前终止合同，承租人要支付一定的赔偿额
	不可撤销租赁	是指在合同到期前不可以单方面解除的租赁。如果经出租人同意或者承租人支付一笔足够大的额外款项，从而得到对方的认可，不可撤销租赁也可以提前终止

续表

划分标准	租赁的类型	特点
出租人是否负责租赁资产的维护（维修、保险和财产税等）	毛租赁	指由出租人负责资产维护的租赁
	净租赁	指由承租人负责资产维护的租赁

（三）租赁费用

1. 租赁费用的经济内容

（1）出租人的全部出租成本：租赁资产的购置成本、营业成本和相关的利息。

（2）利润。

2. 租赁费用的报价形式

（1）合同分别约定租赁费、利息和手续费。

（2）合同分别约定租赁费和手续费。

（3）合同只约定一项综合租赁费，没有分项的价格。

二、租赁的会计处理和税务处理★★

（一）租赁的会计处理

除采用简化处理的短期租赁和低价值资产租赁外，对所有租赁均确认使用权资产和租赁负债，参照固定资产准则对使用权资产计提折旧，采用固定的周期性利率确认每期利息费用。

1. 采用简化处理的短期租赁和低价值资产租赁

对于短期租赁和低价值资产租赁，承租人可以选择不确认使用权资产和租赁负债，作出该选择的，承租人应当将短期租赁和低价值资产租赁的租赁付款额，在租赁期内各个期间按照直线法或其他系统合理的方法计入相关资产成本或当期损益。

2. 其他租赁

除采用简化处理的短期租赁和低价值资产租赁外的租赁，在租赁期开始日承租人应当对租赁确认使用权资产和租赁负债。

税收法规规定了租赁资产的计税基础和扣除时间，并且与会计准则不一致时，应遵循税收法规。具体如下：①以经营租赁方式租入固定资产发生的租赁费支出，按照租赁期均匀扣除；②以融资租赁方式租入固定资产发生的租赁费支出，按照规定构成融资租入固定资产价值的部分应当提取折旧费用，分期扣除。

（二）租赁的决策分析

1. 租赁分析的基本模型

租赁净现值=租赁的现金流量总现值−借款购买的现金流量总现值

计算现值使用的折现率，采用有担保债券的税后利率作为折现率，它比无风险利率稍微高一点。

2. 经营租赁

（1）承租人租赁期的现金流量=−税后租金=−租金×(1−所得税税率)

（2）自行购置的相关现金流出量。

①初始现金流量：−购置设备支出；②营业现金毛流量：折旧抵税、−税后维修保养支出；

③终结点现金流量：资产变现金额+变现损失抵税(或-变现收益纳税)。

3. 融资租赁

(1)折旧计算(见表 49-3)。

租赁费不可抵税时，租赁资产可以提取折旧费用，分期扣除。

表 49-3　折旧计算

情况	计税基础	折旧计算
合同约定付款总额时	以租赁合同约定的付款总额和承租人在签订租赁合同过程中发生的相关费用为计税基础	年折旧=合同约定的付款总额及相关费用×(1-预计残值率)/同类设备折旧年限
合同未约定付款总额时	以该资产的公允价值和承租人在签订租赁合同过程中发生的相关费用为计税基础	年折旧=(公允价值+初始直接费用)×(1-预计残值率)/同类设备折旧年限

(2)决策指标：租赁净现值。

折现率：采用有担保债务税后成本。

例解答·练

例题

例（计算分析题）A 公司是一个制造企业，为增加产品产量决定添置一台设备，预计该设备将使用 4 年。公司正在研究应通过自行购置还是租赁取得该设备。有关资料如下：

(1)如果自行购置，预计设备购置成本 100 万元。该项固定资产的税法折旧年限为 5 年，预计净残值率为 5%。4 年后该设备的变现价值预计为 30 万元。设备维护费用(保险、保养、修理等)预计每年 1 万元，假设发生在每年年末。

(2)B 租赁公司可提供该设备的租赁服务，租赁期 4 年，年租赁费 20 万元，在年初支付。租赁公司负责设备的维护，不再另外收取费用。租赁期内不得撤租。租赁期届满租赁资产所有权不转让。

(3)A 公司的所得税税率为 25%，税后借款(有担保)利率为 8%。

要求：判断租赁性质，计算租赁净现值，并决策。

答 租赁方案：

单位：万元

时间(年末)	0	1	2	3	4
租赁方案：					
租金支付	-20	-20	-20	-20	
计税基础	80				
折旧		15.2	15.2	15.2	15.2
折旧抵税		3.80	3.80	3.80	3.80
期末资产变现流入					0

续表

时间(年末)	0	1	2	3	4
期末资产账面价值					19.2
期末资产变现损益					−19.2
期末资产变现损失减税					4.80
各年现金流量	−20	−16.2	−16.2	−16.2	8.6
折现系数(8%)	1	0.9259	0.8573	0.7938	0.735
各年现金流量现值	−20	−15	−13.89	−12.86	6.32
租赁流出总现值	−55.43				

租赁方案计算说明：

(1)判断租赁税务性质。该合同不属于简化处理的短期租赁和低价值资产租赁，符合融资租赁的认定标准，租赁费每年20万元，不可在税前扣除。

(2)租赁资产的计税基础。由于合同约定了承租人的付款总额，租赁费是取得租赁资产的成本，全部构成其计税基础：

租赁资产的计税基础=20×4=80(万元)

(3)折旧抵税。按同类固定资产的折旧年限计提折旧费：

租赁资产的年折旧额=80×(1−5%)÷5=15.2(万元)

每年折旧抵税=15.2×25%=3.8(万元)

(4)期末资产变现。该设备租赁期满所有权不转移。

期末资产变现流入=0(万元)

期末资产账面价值=80−15.2×4=19.2(万元)

期末资产变现损失=0−19.2=−19.2(万元)

期末资产变现损失减税=19.2×25%=4.8(万元)

(5)各年现金流量。

第1年初年金流量=−20(万元)

第1年至第3年末现金流量=−20+3.80=−16.2(万元)

第4年末现金流量=3.80+4.80=8.60(万元)

(6)租赁方案现金流量总现值

=−20−16.20×2.5771+8.60×0.7350=−55.43(万元)

购买方案：

单位：万元

时间(年末)	0	1	2	3	4
购买方案：					
购置设备	−100				
折旧抵税(25%)		19×25%=4.75	4.75	4.75	4.75
税后维护费用		−1×(1−25%) =−0.75	−0.75	−0.75	−0.75
期末资产变现流入					30

续表

时间(年末)	0	1	2	3	4
期末资产账面价值					24
期末资产变现损益					6
期末资产变现收益纳税					-1.5
各年现金流量	-100	4	4	4	32.5
折现系(8%)	1	0.9259	0.8573	0.7938	0.7350
各年现金流量现值	-100	3.70	3.43	3.18	23.89
购买流出总现值	-65.80				
租赁优势	10.37				

购买方案计算说明:

(1)购置设备。

第 1 年年初购置设备=100(万元)

(2)折旧抵税,按税法规定计提折旧费:

每年折旧=100×(1-5%)÷5=19(万元)

每年折旧抵税额=19×25%=4.75(万元)

(3)税后维修费用。

每年年末税后维修费用=1×(1-25%)=0.75(万元)

(4)期末资产变现。

期末资产变现流入=30(万元)

期末资产账面价值=100-19×4=24(万元)

期末资产变现收益=30-24=6(万元)

期末资产变现利得缴税=6×25%=1.50(万元)

(5)各年现金流量。

第 1 到 3 年末现金流量=4.75-0.75=4(万元)

第 4 年末现金流量=4.75-0.75+30-1.5=32.50(万元)

(6)购买方案现金流量总现值=-100+4×2.5771+32.5×0.7350=-65.80(万元)

由上可知,租赁方案相对购买方案的净现值=(-55.43)-(-65.80)=10.37(万元)。

因此,租赁方案更有利。

习题

【计算分析题】甲公司是一家制造业企业,产品市场需求处于上升阶段,为增加产能,公司拟于 2020 年初添置一台设备,有两种方案可供选择:

方案一:自行购置。预计设备购置成本 1600 万元。按税法规定,该设备按直线法计提折旧,折旧年限 5 年,净残值为 5%,预计该设备使用 4 年,每年年末支付维护费用 16 万元,4 年后变现价值 400 万元。

方案二:租赁。甲公司租用设备进行生产,租赁期 4 年,设备的维护费用由提供租赁服务的公司承担,租赁期内不得撤租,租赁期满时设备所有权不转让,租赁费总计 1480 万元,分 4 年偿付,每年年初支付 370 万元。

甲公司的企业所得税税率为25%，税前有担保的借款利率为8%。

要求：

(1)计算方案一的初始投资额，每年折旧抵税额、每年维护费用税后净额、4年后设备变现税后净额，并计算考虑货币时间价值的平均年成本。

(2)计算方案二的考虑货币时间价值的平均年成本。

(3)比较方案一和方案二的平均年成本，判断甲公司应该选择方案一还是方案二。

参考答案及解析

(1)初始投资额=1600(万元)

每年折旧额=1600×(1-5%)/5=304(万元)

年折旧抵税额=304×25%=76(万元)

每年维护费税后净额=16×(1-25%)=12(万元)

4年后设备账面价值=1600-304×4=384(万元)

4年后设备变现收益纳税额=(400-384)×25%=4(万元)

4年后设备变现税后现金净流量=400-4=396(万元)

购置方案折现率=8%×(1-25%)=6%

购置方案现金流出总现值=1600+12×(P/A，6%，4)-76×(P/A，6%，4)-396×(P/F，6%，4)=1064.56(万元)

考虑货币时间价值的平均年成本=1064.56/(P/A，6%，4)=307.22(万元)

(2)该合同不属于选择简化处理的短期租赁和低价值资产租赁，符合融资租赁的认定标准。租金不可以直接抵税。

租赁方案折现率=8%×(1-25%)=6%

每年折旧额=1480×(1-5%)/5=281.2(万元)

年折旧抵税额=281.2×25%=70.3(万元)

设备租赁期满时设备所有权不转让，期末资产变现流入=0

期末资产账面价值=1480-281.2×4=355.2(万元)

期末资产变现损失抵税=355.2×25%=88.8(万元)

租赁方案的现金流出总现值

=370×(P/A，6%，4)×(1+6%)-70.3×(P/A，6%，4)-88.8×(P/F，6%，4)

=1045.07(万元)

考虑货币时间价值的平均年成本=1045.07/(P/A，6%，4)=301.60(万元)

(3)方案一的平均年成本大于方案二的平均年成本，所以甲公司应选择方案二。

阶段检测

习题

1.【综合题】(2019年)甲公司是一家制造业上市公司，目前公司股票每股38元，预计股价未来增长率7%；长期借款合同中保护性条款约定甲公司长期资本负债率不可高于50%、利息保障倍数不可低于5倍。为占领市场并优化资本结构，公司拟于2019年末发行可转换债券筹资20000万元。为确定筹资方案是否可行，收集资料如下：

资料一：甲公司2019年预计财务报表主要数据。

单位：万元

资产负债表项目	2019年末
资产总计	85000
流动负债	5000
长期借款	20000
股东权益	60000
负债和股东权益总计	85000
利润表项目	2019年度
营业收入	187500
财务费用	1000
利润总额	10000
所得税费用	2500
净利润	7500

甲公司2019年财务费用均为利息费用，资本化利息250万元。

资料二：筹资方案。

甲公司拟平价发行可转换债券，面值1000元，票面利率6%，期限10年，每年末付息一次，到期还本。每份债券可转换20股普通股，不可赎回期5年，5年后赎回价格1030元，此后每年递减6元。不考虑发行成本等其他费用。

资料三：甲公司尚无上市债券，也找不到合适的可比公司，评级机构评定甲公司的信用级别为AA级。目前上市交易的AA级公司债券及与之到期日相近的政府债券信息如下：

公司债券			政府债券	
发行公司	到期日	到期收益率	到期日	到期收益率
乙	2022年11月30日	5.69%	2022年12月10日	4.42%
丙	2025年1月1日	6.64%	2024年11月15日	5.15%
丁	2029年11月30日	7.84%	2029年12月10日	5.95%

甲公司股票目前β系数1.25，市场风险溢价5%，企业所得税税率25%。假设公司所筹集资金全部用于购置资产，资本结构以长期资本账面价值计算权重。

资料四：如果甲公司按筹资方案发债，预计2020年营业收入比2019年增长25%，财务费用在2019年财务费用基础上增加新发债券利息，资本化利息保持不变，企业应纳税所得额为利润总额，营业净利率保持2019年水平不变，不分配现金股利。

要求：

(1)根据资料一，计算筹资前长期资本负债率、利息保障倍数。

(2)根据资料二，计算发行可转换债券的资本成本。

(3)为判断筹资方案是否可行，根据资料三，利用风险调整法，计算甲公司税前债务资本成本；假设无风险利率参考10年期政府债券到期收益率，计算筹资后股权资本成本。

(4)为判断是否符合借款合同中保护性条款的要求，根据资料四，计算筹资方案执行后2020年末长期资本负债率、利息保障倍数。

(5)基于上述结果，判断筹资方案是否可行，并简要说明理由。

2.【**计算分析题**】A公司是一家上市公司，其股票于2020年7月1日的收盘价为每股40元。有一种以该股票为标的资产的看涨期权，执行价格为42元，到期时间是3个月。3个月以内公司不会派发股利，3个月以后股价有2种变动的可能：上升到46元或者下降到30元。国库券利率为4%。

要求：

(1)利用风险中性原理，计算A公司股价的上行概率和下行概率，以及看涨期权的价值。

(2)利用套期保值原理，计算看涨期权的股价上行时到期日价值、套期保值比率。

(3)利用复制原理，计算借款数额和看涨期权的价格。

(4)根据第(3)问的计算结果，若有一种以该股票为标的资产的看跌期权，执行价格为42元，到期时间是3个月，计算看跌期权价格。

(5)根据(3)、(4)问的计算结果，若甲投资人购入1股D公司的股票，同时购入该股票的1份看跌期权，判断甲投资人采取的是哪种投资策略，并根据预计的股票价格变动情况，确定该投资人的投资组合收益为多少？并确定投资人不至于亏损的股价变动范围。

(6)根据(3)、(4)问的计算结果，投资者希望将净损益限定在有限区间内，应选择哪种投资组合？该投资组合应该如何构建？根据预计的股票价格变动情况，确定该投资人的投资组合收益为多少。并确定投资人不至于亏损的股价变动范围。

(7)若目前看涨期权价格为3元，根据第(2)、(3)问的计算结果，请根据套利原理，构建一个套利组合进行套利。

(8)如果该看涨期权的现行价格为2.4元，根据第(2)、(3)问的计算结果，请根据套利原理，构建一个投资组合进行套利。

(9)如果该看涨期权的现行价格为2.4元，计算其到期净损益的两种可能性。

3.【**计算分析题**】甲公司是一家互联网企业，最近三年连续实现盈利，A公司拟收购甲公司，经过调查甲公司2020年的财务数据为：营业收入24000万元、净利润5000万元、资产总额19000万元、净资产10800万元、增长率为8%。与甲公司风险、收入、成本等各方面类似的可比公司2020年相关数据如下：

项目	可比公司
固定股利支付率政策下股利支付率	40%
权益净利率	50%
营业净利率	20%
销售成本率	70%
股权资本成本	15%
β值	0.95
增长率	10%

要求：

(1)分别用市盈率模型、市净率模型和市销率模型对甲公司进行估价。

(2)简述市盈率模型、市净率模型和市销率模型三种模型的适用范围，并分析各个模型对甲公司股价进行评估是否适用。

4.【**计算分析题**】甲公司是一家高科技上市公司，目前正处于高速成长时期。公司为了开发新的项目，急需筹资10000万元，甲公司拟采取发行附认股权证债券的方式筹资并初拟了筹资方案，相关资料如下：

(1)发行10年期附认股权证债券10万份，每份债券面值为1000元，票面利率为7%，每年年末付息一次，到期还本。债券按面值发行，每份债券同时附送20张认股权证，认股权证只能在第五年年末行权，行权时每张认股权证可以按25元的价格购买1股普通股。

(2)公司目前发行在外的普通股为1000万股，每股市价24.06元，预计公司未来的可持续增长率为8%。

(3)当前等风险普通债券的平均利率为8%，发行费用可以忽略不计。由于认股权证和债券组合的风险比普通债券风险大，投资所要求的必要报酬率为9%。

要求：

(1)计算拟发行的每份纯债券的价值。

(2)计算拟附送的每张认股权证的价值。

(3)预计第五年年末的股票价格。

(4)计算投资人购买1份附认股权证债券的净现值，判断筹资方案是否可行并说明原因。

5.【**综合题**】乙公司是一个高成长的公司，目前每股价格为20元，每股股利为1元，股利预期增长率为6%。公司现在急需筹集资金5000万元，有以下三个备选方案：

方案1：按照目前市价增发股票250万股。

方案2：平价发行10年期的长期债券。目前新发行的10年期政府债券的到期收益率为3.6%。H公司的信用级别为AAA级，目前上市交易的AAA级公司债券有3种。这3种公司债券及与其到期日接近的政府债券的到期收益率如下表所示：

债券发行公司	上市债券到期日	上市债券到期收益率	政府债券到期日	政府债券到期收益率
甲	2023年7月1日	6.5%	2023年6月30日	3.4%
乙	2024年9月1日	6.25%	2024年8月1日	3.05%
丙	2026年6月1日	7.5%	2026年7月1日	3.6%

方案3：发行10年期的可转换债券，债券面值为每份1000元，票面利率为5%，每年年末付息一次。转换价格为25元；不可赎回期为5年，5年后可转换债券的赎回价格为1050元，此后每年递减10元。假设等风险普通债券的市场利率为7%。

要求：

(1)计算按方案1发行股票的资本成本。

(2)计算按方案2发行债券的税前资本成本。

(3)根据方案3，计算第5年末可转换债券的底线价值，并计算按方案3发行可转换债券的税前资本成本。

(4)判断方案3是否可行并解释原因。如方案3不可行，请确定票面利率范围是多少，方案才是可行的。假设其他因素不变，公司的实际税率为24.5%。

(5)假设其他因素不变，公司的实际税率为24.5%，转换价格范围是多少，方案才是可行的。

(6)若通过改变不可赎回期的方式，投资人接受的不可赎回期是多少，改变以年为最小单位，赎回价格的确定方式不变。

参考答案及解析

1. (1)长期资本负债率=20000/(20000+60000)×100%=25%

利息保障倍数=(7500+2500+1000)/(1000+250)=8.8

(2)第5年末转换价值=38×(F/P，7%，5)×20=1065.98(元)

由于转换价值高于赎回价格，所以，债券持有人会选择转股并出售。

假设可转换债券的税前资本成本为i，则列式为：

1000=1000×6%×(P/A，i，5)+1065.98×(P/F，i，5)

即：1000=60×(P/A，i，5)+1065.98×(P/F，i，5)

当i=7%时，60×(P/A，7%，5)+1065.98×(P/F，7%，5)=60×4.1002+1065.98×0.7130=1006.06

当i=8%时，60×(P/A，8%，5)+1065.98×(P/F，8%，5)=60×3.9927+1065.98×0.6806=965.07

列式为(i-7%)/(8%-7%)=(1000-1006.06)/(965.07-1006.06)

i=7.15%

可转换债券的资本成本=7.15%×(1-25%)=5.36%

(3)甲公司税前债务资本成本=(5.69%-4.42%+6.64%-5.15%+7.84%-5.95%)/3+5.95%
=7.5%

股权资本成本=5.95%+1.25×5%=12.20%

(4)2020年股东权益增加额=7500×(1+25%)=9375(万元)

2020年末长期资本负债率=(20000+20000)/(60000+20000+20000+9375)×100%
=36.57%

2020年息税前利润=7500×(1+25%)/(1-25%)+1000+20000×6%=14700(万元)

利息保障倍数=14700/(1000+20000×6%+250)=6

(5)不可行。

虽然长期资本负债率和利息保障倍数达到了要求，但可转换债券的税前资本成本低于税前债务资本成本，没有投资人愿意购买可转换债券，所以该筹资方案不可行。

2. (1)上升百分比=(46-40)/40=15%

下降变动率=(30-40)/40=-25%

期利率=4%/4=1%

1%=p×15%+(1-p)×(-25%)

上行概率 p=0.65，下行概率(1-p)=0.35

解得：C_u=46-42=4(元)，C_d=0

看涨期权价值=(4×0.65)/(1+1%)=2.57(元)

(2) C_u=46-42=4(元)，C_d=0

套期保值比率=(4-0)/(46-30)=0.25

(3)借款额=0.25×30/(1+1%)=7.43(元)

看涨期权价格=0.25×40-7.43=2.57(元)

(4)看跌期权价格=2.57+42/(1+1%)-40=4.15(元)

(5)甲投资人采取的是保护性看跌期权。

若股票价格下降到30元，投资净损益=42-40-4.15=-2.15(元)

若股票价格上涨到46元，投资净损益=46-40-4.15=1.85(元)。

股票价格为 S_T，S_T-40-4.15>0，所以股票价格高于44.15元，投资人不会亏损。

(6)选择抛补性看涨期权组合。

抛补性看涨期权组合的构建方法是购买1股股票，并卖空1份以该股票为标的的看涨期权。

若股票价格下降到30元，投资净损益=30-40+2.57=-7.43(元)。

若股票价格上涨到46元，投资净损益=42-40+2.57=4.57(元)。

设股价降到 S_T；由 S_T-40+2.57>0 解得 S_T>37.43，所以股票价格高于37.43元，投资人不会亏损。

(7)由于目前看涨期权价格为3元高于2.57元，所以存在套利空间。套利组合应为：出售1份看涨期权，借入7.43元，买入0.25股股票，可套利0.43元。

(8)由于目前看涨期权价格为2.4元，低于2.57元，所以存在套利空间。套利组合应为：购买1股看涨期权，同时卖空0.25股股票，贷出7.43元，可套利0.17元。

(9)股票价格上涨到46元：到期净损益=(46-42)-2.4=1.6。

股票价格下跌到30元时：到期净损益=-2.4。

3. (1)市盈率模型：

可比公司本期市盈率=[股利支付率×(1+增长率)]/(股权资本成长-增长率)

=[40%×(1+10%)]/(15%-10%)=8.8

甲公司的股权价值=可比公司本期市盈率×目标企业本年净利润

=8.8×5000=44000(万元)

市净率模型：

可比公司本期市净率=[权益净利率$_0$×股利支付率×(1+增长率)]/(股权资本成本-增长率)

$=[50\% \times 40\% \times (1+10\%)]/(15\% - 10\%)$

$=4.4$

甲公司的股权价值=可比公司本期市净率×目标企业本年净资产

$=4.4 \times 10800 = 47520$(万元)

市销率模型：

可比公司本期市销率=[营业净利率$_0$×股利支付率×(1+增长率)]/(股权资本成本-增长率)

$=[20\% \times 40\% \times (1+10\%)]/(15\% - 10\%) = 1.76$

甲公司的股权价值=可比公司本期市销率×目标企业本年销售收入

$=1.76 \times 24000 = 42240$(万元)

(2)市盈率模型最适合连续盈利的企业；甲公司最近三年连续盈利，因此该模型适用于甲公司的估价。

市净率模型主要适用于需要拥有大量资产、净资产为正值的企业，甲公司是运营模式简单的互联网企业，属于轻资产企业，净资产与企业价值的关系不大，因此该模型不适用于甲公司的估价。

市销率模型主要适用于销售成本率较低的服务类企业，或者销售成本率趋同的传统行业的企业。可比公司的销售成本率为70%，说明甲公司的销售成本率也较高，但甲公司并非传统行业，因此该模型不适用于对甲公司的估价。

4. (1)每份纯债券价值$=1000 \times 7\% \times (P/A, 8\%, 10) + 1000 \times (P/F, 8\%, 10)$

$=70 \times 6.7101 + 1000 \times 0.4632 = 932.91$(元)

(2)每张认股权证的价值$=(1000-932.91)/20=3.35$(元)

(3)股票价格$=24.06 \times (1+8\%)^5 = 35.35$(元)

(4)净现值$=70 \times (P/A, 9\%, 10) + 20 \times (35.35-25) \times (P/F, 9\%, 5)$

$+1000 \times (P/F, 9\%, 10) - 1000$

$=70 \times 6.4177 + 20 \times (35.35-25) \times 0.6499 + 1000 \times 0.4224 - 1000$

$=6.17$(元)

由于净现值大于0，所以，筹资方案可行。

5. (1)股票的资本成本$=[1 \times (1+6\%)]/20 + 6\% = 11.3\%$

(2)无风险利率=3.6%

信用风险补偿率$=[(6.5\% - 3.4\%) + (6.25\% - 3.05\%) + (7.5\% - 3.6\%)]/3 = 3.4\%$

税前债务成本$=3.6\% + 3.4\% = 7\%$

(3)第5年末转换价值$=20 \times (1+6\%)^5 \times (1000/25) = 1070.58$(元)

第5年末纯债券价值$=50 \times (P/A, 7\%, 5) + 1000 \times (P/F, 7\%, 5)$

$=50 \times 4.1002 + 1000 \times 0.7130 = 918.01$(元)

因此，底线价值为1070.58元

$1000 = 50 \times (P/A, i, 5) + 1070.58 \times (P/F, i, 5)$

设利率为7%

$50 \times 4.1002 + 1070.58 \times 0.7130 = 968.33$(元)

设利率为6%

$50 \times 4.2124 + 1070.58 \times 0.7473 = 1010.66$(元)

内插法解得：i=6.25%

(4)由于税前资本成本小于等风险普通债券市场利率，所以投资人不接受，不可行。

$1000=1000\times i\times(P/A,\ 7\%,\ 5)+1070.58\times(P/F,\ 7\%,\ 5)$

i=5.77%，票面利率至少提高到5.77%。

税前股票资本成本=11.3%/(1−24.5%)=15%

$1000=1000\times i\times(P/A,\ 15\%,\ 5)+1070.58\times(P/F,\ 15\%,\ 5)$

$1000=1000\times i\times 3.3522+1070.58\times 0.4972$

i=13.95%

因此，票面利率范围：5.77%—13.95%

(5)转换价格 X，

$1000=1000\times 5\%\times(P/A,\ 7\%,\ 5)+20\times(1+6\%)^5\times(1000/X)\times(P/F,\ 7\%,\ 5)$

$1000=205.01+(19083.0967/X)$

X=24，转换价格至少降到24元。

$1000=1000\times 5\%\times(P/A,\ 15\%,\ 5)+20\times(1+6\%)^5\times(1000/X)\times(P/F,\ 15\%,\ 5)$

$1000=1000\times 5\%\times 3.3522+20\times(1+6\%)^5\times(1000/X)\times 0.4972$

X=15.99元

因此，转换价格范围：15.99—24元

(6)修改不可赎回期 n。

$1000=1000\times 5\%\times(P/A,\ 7\%,\ n)+20\times(1+6\%)^n\times(1000/25)\times(P/F,\ 7\%,\ n)$

设期数为6，

$50\times 4.7665+20\times(1+6\%)^6\times 40\times 0.6663=994.45$(元)

设期数为7，

$50\times 5.3893+20\times(1+6\%)^7\times 40\times 0.6227=1018.51$(元)

所以不可赎回期应调为7年及以上。

专题十一 投资项目资本预算

本专题包含5天的学习内容，具体如下：

DAY51　投资项目的类型及评价方法（一）

DAY52　投资项目的评价方法（二）

DAY53　投资项目现金流量的估计（一）

DAY54　投资项目现金流量的估计（二）

DAY55　投资项目折现率的估计与敏感分析

其中，比较重要的考点是DAY52-55，需要全面掌握。

DAY 51 投资项目的类型及评价方法（一）

划重点

一、投资项目的类型★

按照投资项目之间的相互关系划分：

(1)独立项目：独立项目是相容性投资，各项目之间互不关联、互不影响，可以同时并存。其决策考虑的是方案本身是否满足某种决策的标准。

(2)互斥项目：互斥项目是非相容性投资，各项目之间互相关联、相互替代，不能同时并存。互斥投资项目决策考虑的是各方案之间的互斥性，从可行方案中选择最优方案。

二、独立项目的评价方法★★

1. 净现值法

(1)概念。

净现值是指未来现金净流量现值与原始投资额现值的差额，是评价项目是否可行最重要的指标。

(2)计算公式。

净现值=未来现金净流量现值-原始投资额现值

(3)折现率的确定：项目资本成本。

(4)决策原则：当净现值大于0，投资项目可行。

(5)优缺点(见表51-1)。

表51-1 优缺点

优点	具体广泛的适用性，在理论上也比其他方法更完善
缺点	净现值是个金额的绝对值，在比较投资额不同的项目时有一定的局限性

2. 现值指数法

(1)概念。

现值指数是指投资项目未来现金净流量现值与原始投资额现值的比值，亦称现值比率或获利指数。

(2)计算公式。

特定项目未来现金净流量现值与原始投资额现值的比值。

(3)特点。

现值指数消除了投资额的差异，反映投资的效率，但没有消除项目期限的差异。

(4)决策原则：当现值指数大于1，投资项目可行。

3. 内含报酬率法

(1)概念。

内含报酬率是指能够使未来现金净流量现值等于原始投资额现值的折现率。或者说是使投资项目净现值为零的折现率。

(2)计算公式。

①利用年金现值系数表推算。

令该项目的净现值=$NCF\times(P/A, IRR, n)-C=0$，可得：

$(P/A, IRR, n)=C/NCF$

②一般情况下：逐步测试法。

计算步骤：首先通过逐步测试找到使净现值一个大于0，一个小于0的，并且最接近的两个折现率，然后通过内插法求出内含报酬率。

坤坤点拨 未知折现率所对应的系数更加靠近哪个已知折现率对应的系数，计算出来的内含报酬率就更加靠近那个系数所对应的已知折现率。

(3)决策规则："内含报酬率>资本成本"，项目可行(即净现值>0)。

(4)内含报酬率与现值指数的比较。

①都是相对比率；②计算内含报酬率无需事先估计资本成本；计算现值指数需要事先估计资本成本，方案的优先次序会受到资本成本的影响。

4. 回收期法

(1)概念。

投资引起的现金净流量累计到与原始投资额相等所需要的时间。代表收回投资所需要的年限，年限越短，项目越有利。

(2)计算公式。

1)在原始投资一次支出，每年现金净流量相等时，可按下列简便公式计算静态回收期：

回收期=原始投资额/每年现金净流量

2)若不满足上述条件，则计算使"累计现金净流量=原始投资额"的时点。

(3)折现回收期(也叫动态回收期)。

在考虑货币时间价值的情况下，以项目现金净流量的现值抵偿原始投资额现值所需要的时间，也就是使"净现值=0"的时间。

(4)决策原则：接受"回收期<基准回收期"的项目。

(5)优缺点(见表51-2)。

表51-2 回收期法优缺点

优点	①计算简便；②容易理解；③大体衡量项目的流动性和风险
缺点	①静态回收期忽视了货币时间价值；②没有考虑回收期以后的现金流，即没有衡量盈利性；③促使公司接受短期项目，放弃有战略意义的长期项目

5. 会计报酬率法

(1)概念及计算公式。

$$会计报酬率=\frac{年平均净利润}{原始投资额}\times100\%$$

(2)优缺点(见表51-3)。

表51-3　会计报酬率法优缺点

优点	①衡量盈利性的简单方法，易于理解；②数据容易取得；③考虑了整个项目寿命期的全部利润；④揭示采纳一个项目后财务报表的变化，使经理人员知道业绩的预期，也便于项目的后评价
缺点	①使用账面利润而非现金流量，忽视了折旧对现金流量的影响；②忽视了净利润的时间分布对于项目经济价值的影响

例解答·练

例题

例 1.(单选题)若净现值为负数，表明该投资项目(　　)。

A. 各年利润小于0，不可行

B. 它的投资报酬率小于0，不可行

C. 它的投资报酬率没有达到预定的折现率，不可行

D. 它的投资报酬率超过了预定的折现率，不可行

解 净现值为负数，即表明该投资项目的报酬率小于预定的折现率，方案不可行。但并不表明该方案一定为亏损项目或投资报酬率小于0。选项C正确。

答 C

例 2.(多选题)动态投资回收期法是长期投资项目评价的一种辅助方法，该方法的缺点有(　　)。

A. 忽视了资金的时间价值

B. 忽视了折旧对现金流的影响

C. 没有考虑回收期以后的现金流

D. 促使放弃有战略意义的长期投资项目

解 动态投资回收期法考虑了资金时间价值因素，选项A错误；动态投资回收期法需要基于投资项目的现金流量计算，而估算投资项目的现金流量需要考虑折旧抵税影响，选项B错误；回收期法没有考虑回收期以后的现金流，也就是没有衡量盈利性；促使公司接受短期项目，放弃有战略意义的长期项目，选项CD正确。

答 CD

习题

1.【多选题】对互斥方案进行优选时，下列说法正确的有(　　)。

A. 投资项目评价的现值指数法和内含报酬率法结论可能不一致

B. 投资项目评价的现值指数法和内含报酬率法结论一定一致

C. 投资项目评价的净现值法和现值指数法结论一定一致

D. 投资项目评价的净现值法和内含报酬率法结论可能不一致

2. 【多选题】甲公司拟投资一条生产线。该项目投资期限5年，资本成本12%，净现值200万元。下列说法中，正确的有(　　)。

A. 项目现值指数大于1　　B. 项目折现回收期大于5年

C. 项目会计报酬率大于12%　　D. 项目内含报酬率大于12%

3. 【多选题】下列关于投资项目评估方法的表述中，正确的有(　　)。

A. 现值指数法克服了净现值法不能直接比较投资额不同的项目的局限性

B. 动态回收期法克服了静态回收期法不考虑货币时间价值的缺点，但是仍然不能衡量项目的盈利性

C. 计算内含报酬率时，如果用试算的折现率得到的净现值大于零，说明项目的内含报酬率小于该试算的折现率

D. 内含报酬率法不能直接评价两个投资规模不同的互斥项目的优劣

参考答案及解析

1. AD 【解析】由于现值指数和净现值的大小受折现率高低的影响，折现率高低甚至会影响方案的优先次序，而内含报酬率不受折现率高低的影响，所以选项B、C不正确。

2. AD 【解析】净现值大于0，说明现值指数大于1，内含报酬率大于资本成本。净现值大于0，说明现金流入现值大于现金流出现值，可以推出项目折现回收期小于5年。根据净现值无法判断回收期和会计报酬率的大小。选项AD正确。

3. ABD 【解析】现值指数是相对数，克服了净现值法不能直接比较投资额不同的项目的局限性，选项A正确；无论动态回收期还是静态回收期都没有考虑回收期满以后的现金流量，所以不能衡量盈利性，选项B正确；计算内含报酬率时，如果用试算的折现率得到的净现值大于零，说明项目的内含报酬率高于该试算的折现率，选项C错误；对于互斥项目应当净现值法优先，因为净现值大可以给股东带来的财富就大，股东需要的是实实在在的报酬而不是报酬的比率。

DAY 52 投资项目的评价方法（二）

划重点

一、互斥项目的优选问题★★

1. 决策原则

对于投资额不同引起的互斥项目(项目的寿命相同)，应以净现值法优先。

2. 项目寿命期不同引起的矛盾

(1)共同年限法。

基本原理：假设投资项目可以在终止时进行重置，通过重置使两个项目达到相同的年限，然后比较其净现值(合计)，亦称重置价值链法。

(2)等额年金法。

假设项目可以无限重置，并且每次都在该项目的终止期，等额年金的资本化就是项目的净现值。计算公式：

净现值的等额年金=净现值/年金现值系数

永续净现值=净现值的等额年金/资本成本

(3)共同年限法和等额年金法的局限性。

①技术进步快的领域，预期升级换代不可避免，不可能原样复制；②没有考虑通货膨胀导致重置成本上升的影响；③忽视了竞争会使项目净利润下降，甚至被淘汰的可能性。

(4)共同年限法和等额年金法的实际应用。

①适用于重置概率很高的项目；②预计项目年限差别不大的项目直接比较净现值。

二、总量有限时的资本分配★★

资本分配问题是指在企业投资项目有总量预算约束的情况下，如何选择相互独立的项目。具体步骤如下：

(1)将全部项目排列出不同的组合，每个组合的投资需要不超过资本总量。

(2)计算各项目的净现值以及各组合的净现值合计(此时参考现值指数排序并寻找净现值最大的组合)。

(3)选择净现值合计最大的组合作为采纳的项目。

例解答·练

例题

例 1.（计算分析题）假设公司项目的资本成本是10%，有A和B两个互斥的投资项目。A项目的年限为6年，净现值12441万元，内含报酬率19.73%；B项目的年限为3年，净现值为8324万元，内含报酬率32.67%。

要求：利用等额年金法进行优选。

答 利用等额年金法进行优选：

A项目的净现值的等额年金=12441/4.3553=2857（万元）

A项目的永续净现值=2857/10%=28570（万元）

B项目的净现值的等额年金=8324/2.4869=3347（万元）

B项目的永续净现值=3347/10%=33470（万元）

因此，B项目优于A项目。

例 2.（计算分析题）甲公司本年度投资的资本限额为600万元，现有5个投资项目可供选择。各项目的投资规模、净现值、现值指数如下表所示，要求分析可能的投资项目组合，并选择最优的投资组合。

甲公司投资备选方案

投资项目	投资规模（万元）	现值指数	净现值（万元）
A	400	1.5	200
B	100	2.0	100
C	250	2.2	300
D	150	0.9	−15
E	200	2.5	300

答（1）首先对所有投资项目按现值指数由大到小进行排序，其结果如下表所示。

按现值指数排序的投资项目

投资项目	投资规模（万元）	现值指数	净现值（万元）
E	200	2.5	300
C	250	2.2	300
B	100	2.0	100
A	400	1.5	200
D	150	0.9	−15

（2）选择现值指数较高的投资项目，以确定投资组合，充分利用资本限额，并计算各种组合的净现值总额，比较符合条件的投资组合。其结果如下表所示。

甲公司的投资组合选择

投资组合	包括的项目	投资规模(万元)	净现值(万元)
1	E、C、B	550	300+300+100=700
2	E、A	600	300+200=500

(3)按照投资组合的净现值总额选取最佳组合。从表中可看出，组合1的净现值最大，因此，最终决策结果是选择组合1。

习题

1.【单选题】对于多个投资组合方案，当资金总量受到限制时，应在资金总量范围内选择(　　)。

A. 使累计净现值最大的方案进行组合　　B. 累计会计收益率最大的方案进行组合

C. 累计现值指数最大的方案进行组合　　D. 累计内部收益率最大的方案进行组合

2.【计算分析题】(2019年)甲汽车租赁公司拟购置一批新车用于出租。现有两种投资方案，相关信息如下：

方案一：购买中档轿车100辆，每辆车价格10万元，另需支付车辆价格10%的购置相关税费。每年平均出租300天，日均租金150元/辆。车辆可使用年限8年，8年后变现价值为0。前5年每年维护费2000元/辆，后3年每年维护费3000元/辆。车辆使用期间每年保险费3500元/辆，其他税费500元/辆。每年增加付现固定运营成本20.5万元。

方案二：购买大型客车20辆，每辆车价格50万元，另需支付车辆价格10%的购置相关税费。每年平均出租250天，日租金840元/辆。车辆可使用年限10年，10年后变现价值为0。前6年每年维护费5000元/辆，后4年每年维护费10000元/辆，每年保险费30000元/辆，其他税费5000元/辆。每年增加付现固定运营成本10万元。

根据税法相关规定，车辆购置相关税费计入车辆原值，采用直线法计提折旧，无残值。等风险投资必要报酬率12%。企业所得税税率25%。

假设购车相关支出发生在期初，每年现金流入流出均发生在年末。

要求：

(1)分别估计两个方案的现金流量。

(2)分别计算两个方案的净现值。

(3)分别计算两个方案净现值的等额年金。

(4)假设两个方案都可以无限重置，且是互斥项目，用等额年金法判断甲公司应采用哪个投资方案。

参考答案及解析

1. A 【解析】在主要考虑投资效益的条件下，多方案比较决策的主要依据，就是能否保证在充分利用资金的前提下，获得尽可能多的净现值总量。选项A正确。

2. (1)方案一：

年折旧额=(10×100+10×100×10%)/8=137.5(万元)

NCF_0=-(10×100+10×100×10%)=-1100(万元)

NCF_{1-5}=150×300×100×(1−25%)/10000−(0.2+0.35+0.05)×100×(1−25%)
−20.5×(1−25%)+137.5×25%=311.5(万元)

NCF_{6-8}=150×300×100×(1−25%)/10000−(0.3+0.35+0.05)×100×(1−25%)
−20.5×(1−25%)+137.5×25%=304(万元)

方案二:

年折旧额=(20×50+20×50×10%)/10=110(万元)

NCF_0=−(50×20+50×20×10%)=−1100(万元)

NCF_{1-6}=840×250×20×(1−25%)/10000−(0.5+3+0.5)×20×(1−25%)−10×(1−25%)
+110×25%=275(万元)

NCF_{7-10}=840×250×20×(1−25%)/10000−(1+3+0.5)×20×(1−25%)−10×(1−25%)
+110×25%=267.5(万元)

(2)方案一的净现值=311.5×(P/A, 12%, 5)+304×(P/A, 12%, 3)×(P/F, 12%, 5)
−1100=311.5×3.6048+304×2.4018×0.5674−1100=437.18(万元)

方案二的净现值=275×(P/A, 12%, 6)+267.5×(P/A, 12%, 4)×(P/F, 12%, 6)−1100
=275×4.1114+267.5×3.0373×0.5066−1100=442.24(万元)

(3)方案一净现值的等额年金=437.18/(P/A, 12%, 8)=437.18/4.9676=88.01(万元)

方案二净现值的等额年金=442.24/(P/A, 12%, 10)=442.24/5.6502=78.27(万元)

(4)由于方案一的净现值的等额年金高于方案二，所以应该选择方案一。

坤坤提示 由于两个方案的资本成本(折现率)相同，所以不需要再计算永续净现值即可比较；若两个方案的资本成本(折现率)不同，则还需要通过计算永续净现值才能比较优劣。

投资项目现金流量的估计（一）

划重点

一、投资项目现金流量的构成（见表53-1）★★

表53-1 投资项目现金流量的构成

项目初始现金流量	涉及购买资产和使之正常运行所必须的直接现金流出，包括设备购置及安装支出、垫支营运资本、机会成本等
项目寿命期内现金流量	主要包括新项目实施所带来的税后增量现金流入和流出，如受新项目实施影响的行政管理人员及辅助生产部门等费用； 项目以债务方式融资带来的利息支付和本金偿还以及以股权方式融资带来的现金股利支付等，均不包括在内，因为折现率中已经包含了该项目的筹资成本
项目寿命期末现金流量	主要是与项目终止有关的现金流量，如设备变现税后净现金流入、收回营运资本现金流入、可能还会涉及弃置义务等现金流出

二、投资项目现金流量的影响因素

（一）确定投资方案相关现金流量的基本原则

基本原则：只有增量现金流量才是与项目有关的现金流量。

增量现金流量是指接受或拒绝某个投资方案后，企业总现金流量因此发生的变动。即现金流量是否发生取决于特定项目是否实施。

（二）相关成本和非相关成本（见表53-2）

表53-2 相关成本和非相关成本

划分	概念	举例
相关成本	与特定决策有关的、在分析评价时必须加以考虑的成本	差量成本、付现成本、重置成本、机会成本等
非相关成本	与特定决策无关的、在分析评价时不必加以考虑的成本	沉没成本、不可避免成本、共同成本等

（三）不要忽视机会成本

机会成本是指选择了一个投资方案，必须放弃投资于其他途径的机会，而其他投资机会可能得到的收益就是实行本方案的一种代价。简言之，即不是选择本方案实际付出的代价，而是丧失的一种潜在的收益。

(四)考虑投资方案对公司其他项目的影响

(1)新项目与原有项目之间为竞争关系，新项目实施会导致原有项目现金流量减少，将其作为新项目的现金流出量。

(2)新项目与原有项目之间为互补关系，新项目实施会导致原有项目现金流量增加，将其作为新项目的现金流入量。

(五)对营运资本的影响

1. 基本原理

开办新业务使得销售额扩大，相应的，存货和应收账款等经营性流动资产也会增加，需要筹资；同时，应付账款和应付费用等经营性流动负债也增加，从而降低对营运资金的需要。

2. 估计方法

(1)某一年营运资本垫支=该年营运资本需求-上年营运资本需求

=(该年增量销售收入-上年增量销售收入)×给定百分比

(2)收回的营运资本。

假设没有提前收回营运资本，各年垫支营运资本的累计数通常在项目终结时全部收回。

三、固定资产更新决策

(一)固定资产更新决策的性质

固定资产更新决策属于互斥项目优选决策，即是继续使用旧设备还是购置新设备的选择。

(二)固定资产更新决策的方法(见表53-3)

表53-3 固定资产更新决策的方法

情形	寿命期相同	寿命期不同
预期营业收入不同	净现值法	共同年限法 等额年金法
预期营业收入相同 (即不改变生产能力)	现金流出总现值比较法	平均年成本法

坤坤点拨 当不改变生产能力，即无论继续使用旧设备还是更换新设备所带来的预期营业收入相同的情况下，若寿命期相同，只需要比较哪个现金流出的现值最小即可(两害相权取其轻)；若寿命期不相同，则不能直接比较哪个现金流出的现值最小，而需要比较哪个的平均年成本最小。

平均年成本法：

(1)适用条件：预期寿命不同且不改变生产能力(预期营业收入相同)的互斥项目优选决策。

(2)平均年成本=现金流出总现值÷年金现值系数

(3)使用平均年成本法时要注意的问题：①把继续使用旧设备和购置新设备看成是两个互斥的方案，而不是一个更换设备的特定方案；②假设前提是将来设备再更换时，可以按原来的平均年成本找到可代替的设备；③固定资产的经济寿命。

随着时间的递延，年运行成本和年持有成本呈反方向变化，从而存在一个最经济的使用年限，即固定资产平均年成本最低的使用年限，如图53-1所示：

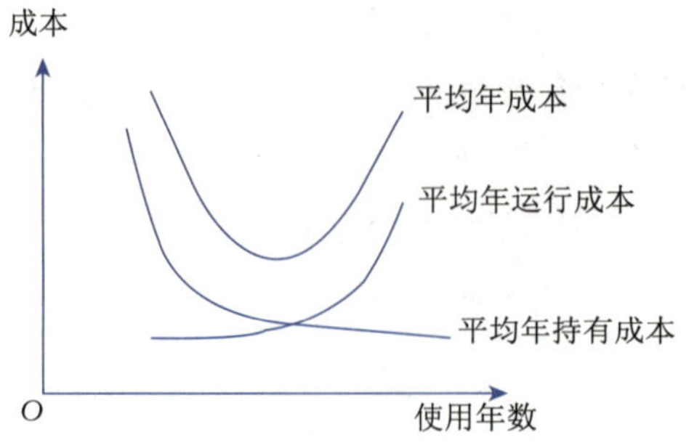

图 53-1　固定资产的经济寿命

例解答·练

例题

例（计算分析题·2019 年）甲公司是一家制造业企业，产品市场需求旺盛，为增加产能，拟于 2019 年末添置一台设备，该设备无需安装，预计购置成本 300 万元，根据税法相关规定，该设备按照直线法计提折旧，折旧年限 3 年，净残值率为 5%，甲公司现需确定该设备的经济寿命，相关资料如下：

单位：万元

年份	运行成本	年末变现价值
2019		300
2020	90	200
2021	100	110
2022	150	40

甲公司加权平均资本成本为 10%，企业所得税税率 25%，假设运行成本均发生在各年末。

要求：

（1）在考虑货币时间价值的情况下，分别计算设备更新年限为 1 年、2 年、3 年的平均年成本。

（2）根据要求（1）计算的平均年成本，确定该设备的经济寿命。

答（1）思路：先算各年的现金流出，然后折现再除以各年的年金现值系数即可。

年折旧=300×（1−5%）/3=95（万元）

年折旧抵税额=95×25%=23.75（万元）

第 1 年末残值变现损失抵税额=（300−95−200）×25%=1.25（万元）

第 2 年末残值变现损失抵税额=（300−95×2−110）×25%=0（万元）

第 3 年末残值变现收益纳税额=（40−300×5%）×25%=6.25（万元）

①更新年限为 1 年的平均年成本

=[300−（200+1.25）×（P/F，10%，1）+90×（1−25%）×（P/F，10%，1）−23.75×（P/F，10%，1）]/（P/A，10%，1）

=[300−（200+1.25）×0.9091+90×（1−25%）×0.9091−23.75×0.9091]/0.9091

$=172.5$(万元)

②更新年限为2年的平均年成本

$=[300-110\times(P/F, 10\%, 2)+90\times(1-25\%)\times(P/F, 10\%, 1)+100\times(1-25\%)\times(P/F, 10\%, 2)-23.75\times(P/A, 10\%, 2)]/(P/A, 10\%, 2)$

$=(300-110\times0.8264+67.5\times0.9091+75\times0.8264-23.75\times1.7355)/1.7355$

$=167.8$(万元)

③更新年限为3年的平均年成本

$=[300-(40-6.25)\times(P/F, 10\%, 3)+90\times(1-25\%)\times(P/F, 10\%, 1)+100\times(1-25\%)\times(P/F, 10\%, 2)+150\times(1-25\%)\times(P/F, 10\%, 3)-23.75\times(P/A, 10\%, 3)]/(P/A, 10\%, 3)$

$=(300-33.75\times0.7513+67.5\times0.9091+75\times0.8264+112.5\times0.7513-23.75\times2.4869)/2.4869$

$=170.27$(万元)

(2)更新年限为2年的平均年成本最低，因此该设备的经济寿命为2年。

习题

1.**【单选题】**在设备更换不改变生产能力且新旧设备未来使用年限不同的情况下，固定资产更新决策应选择的方法是(　　)。

A. 净现值法　　B. 平均年成本法

C. 折现回收期法　　D. 内含报酬率法

2.**【多选题】**在下列方法中，不能直接用于期限不相同的多个互斥方案比较决策的方法有(　　)。

A. 净现值法　　B. 共同年限法

C. 等额年金法　　D. 差量分析法

3.**【多选题】**某公司正在开会讨论是否投产一种新产品，对以下收支发生争论。你认为不应列入该项目评价的现金流量有(　　)。

A. 新产品投产需要占用营运资金80万元，它们可在公司现有周转资金中解决，不需要另外筹集

B. 该项目利用现有未充分利用的厂房和设备，如将该设备出租可获收益200万元，但公司规定不得将生产设备出租，以防止对本公司产品形成竞争

C. 新产品销售会使本公司同类产品减少收益100万元，如果本公司不经营此产品，竞争对手也会推出此新产品

D. 动用为其它产品储存的原料约200万元

4.**【计算分析题】**B公司目前生产一种产品，该产品的适销期预计还有6年，公司计划6年后停产该产品。生产该产品的设备已使用5年，比较陈旧，运行成本(人工费、维修费和能源消耗等)和残次品率较高。目前市场上出现了一种新设备，其生产能力、生产产品的质量与现有设备相同。设备虽然购置成本较高，但运行成本较低，并且可以减少存货占用资金、降低残次品率。除此以外的其他方面，新设备与旧设备没有显著差别。

B公司正在研究是否应将现有旧设备更换为新设备，有关的资料如下(单位：元)：

继续使用旧设备	
当初购买和安装成本	200000
旧设备当前市值	50000
税法规定折旧年限(年)	10
税法规定折旧方法	直线法
税法规定残值率	10%
已经使用年限(年)	5 年
预计尚可使用年限(年)	6 年
预计 6 年后残值变现净收入	0
年运行成本(付现成本)	110000
年残次品成本(付现成本)	8000

更换新设备	
新设备购买和安装成本	300000
税法规定折旧年限(年)	10
税法规定折旧方法	直线法
税法规定残值率	10%
运行效率提高减少半成品存货占用资金	15000
计划使用年限(年)	6 年
预计 6 年后残值变现净收入	150000
年运行成本(付现成本)	85000
年残次品成本(付现成本)	5000

B 公司更新设备投资的资本成本为 10%，所得税税率为 25%；固定资产的会计折旧政策与税法有关规定相同。

要求：

(1)计算 B 公司继续使用旧设备的相关现金流出总现值。

(2)计算 B 公司更换新设备方案的相关现金流出总现值。

(3)计算两个方案相关现金流出总现值的净差额，并判断应否实施更新设备的方案。

参考答案及解析

1. B 【解析】对于使用年限不同的互斥方案，决策标准应当选用平均年成本法，所以选项 B 正确。

2. AD 【解析】净现值法和差量分析法均适用于项目期限相同的多个互斥方案的比较决策；等额年金法和共同年限法适用于项目期限不相同的多个互斥方案的比较决策。

3. BC 【解析】选项 B、C 所述现金流量无论方案采纳与否，流量均存在，所以选项 B、C 均为非相关成本。

4. (1)①旧设备初始现金净流出量

旧设备年折旧额 = 200000×(1−10%)/10 = 18000(元)

旧设备当前账面价值 = 200000−18000×5 = 110000(元)

继续使用旧设备丧失掉的当前变现税后净现金流入

=50000+(110000−50000)×25% =65000(元)

②旧设备寿命期内现金净流出量

第 1~5 年每年现金净流出量=(110000+8000)×(1−25%)−18000×25% =84000(元)

第 6 年现金净流出量=(110000+8000)×(1−25%)= 88500(元)

③旧设备寿命期末回收额

第 6 年末变现税后净现金流入(账面价值抵税)= 20000×25% =5000(元)

④继续使用旧设备的相关现金流出总现值

=65000+84000×(P/A, 10%, 5)+88500×(P/F, 10%, 6)−5000×(P/F, 10%, 6)

= 430562.95(元)

(2)①新设备初始现金净流出量

新设备购买和安装成本=300000(元)

提前回收营运资本=−15000(元)

新设备初始现金净流出量=300000−15000=285000(元)

②新设备寿命期内现金净流出量

新设备年折旧额=300000×(1−10%)/10=27000(元)

第 1~6 年每年现金净流出量=(85000+5000)×(1−25%)−27000×25% =60750(元)

③新设备寿命期末回收额

第 6 年末账面价值=300000−27000×6=138000(元)

第 6 年末变现税后净现金流入=150000−(150000−138000)×25% =147000(元)

第 6 年末减少的营运资本回收额=15000(元)

新设备寿命期末回收额=147000−15000=132000(元)

④使用新设备的相关现金流出总现值

=285000+60750×(P/A, 10%, 6)−132000×(P/F, 10%, 6)

= 475070.48(元)

(3)两个方案的相关现金流出总现值的净差额

=475070.48−430562.95=44507.53(元)

由于新设备的现金流出总现值大于旧设备，因此不应该更新。

DAY 54 投资项目现金流量的估计（二）

划重点

所得税和折旧对现金流量的影响★★★

营业现金毛流量=营业收入-付现营业费用-所得税

=营业收入-(营业费用-折旧)-所得税

=营业收入-营业费用+折旧-所得税

=税前经营利润+折旧-所得税

=税后经营净利润+折旧

=(营业收入-付现营业费用-折旧)×(1-税率)+折旧

=营业收入×(1-税率)-付现营业费用×(1-税率)+折旧×税率

=税后营业收入-税后付现营业费用+折旧抵税额

上述公式的含义如下：

(1)税后营业收入=营业收入×(1-税率)

营业收入增加当期现金流入，同时增加当期的应纳税所得额从而增加所得税支出，考虑所得税影响后，项目引起的营业收入带给企业的增量现金流入量。

(2)税后付现营业费用=付现营业费用×(1-税率)

付现营业费用增加当期现金流出，同时减少当期的应纳税所得额从而减少所得税支出，考虑所得税影响后，项目引起的付现营业费用带给企业的增量现金流出量。

(3)折旧抵税额=折旧×税率

折旧不产生现金流出，只是资本性支出在税前扣除的方式，折旧对现金流量的影响，是通过所得税引起的，即产生折旧抵税收益。

坤坤提示 ①如果不考虑所得税因素，则折旧对现金流量不产生影响；②折旧必须按照税法规定的折旧方法、折旧年限、税法残值等计算；③税法残值是按税法规定计算年折旧额时应从原值中扣除的残值，不同于处置时预计的变现收入。

例解答·练

例题

例 (单选题)A公司对某投资项目的分析与评价资料如下：该投资项目适用的所得税率为25%，年税后营业收入为750万元，税后付现营业费用为375万元，税后经营净利润225万元。

那么，该项目年营业现金毛流量为(　　)万元。

A. 525　　B. 425

C. 325　　D. 225

解 营业收入=750/(1-25%)=1000(万元)

付现营业费用=375/(1-25%)=500(万元)

税前经营利润=225/(1-25%)=300(万元)

折旧=1000-500-300=200(万元)

年营业现金毛流量=750-375+200×25%=425(万元)

或者年营业现金毛流量=(1000-500-200)×(1-25%)+200=425(万元)

答 B

习题

【综合题】甲公司是一家电器制造企业，主营业务是厨卫家电的生产和销售，为了扩大市场份额，准备投产智能家电产品(以下简称智能产品)。目前相关技术研发已经完成，正在进行该项目的可行性研究。资料如下：

(1)如果可行，该项目拟在2020年初投产，预计该智能产品3年后(即2022年末)停产。即项目预期持续3年。智能产品单位售价1500元，2020年销售10万台，销量以后每年按10%增长，单位变动制造成本为1000元，每年付现固定制造费用200万元，每年付现销售和管理费用与销售收入的比例为10%。

(2)为生产该智能产品，需添置一条生产线，预计购置成本6000万元。生产线可在2019年末前安装完毕。按税法规定，该生产线折旧年限4年，预计净残值率为5%，采用直线法计提折旧，预计2022年末该生产线变现价值为1200万元。

(3)公司现有一闲置厂房对外出租，每年年末收取租金40万元，该厂房可用于生产该智能产品，因生产线安装期较短，安装期间租金不受影响。由于智能产品对当前产品的替代效应，当前产品2020年销量下降1.5万台，下降的销量以后按每年10%增长，2022年末智能产品停产，替代效应消失，2023年当前产品销量恢复至智能产品投产前水平。当前产品的单位售价800元，单位变动成本600元。

(4)营运资本为销售收入的20%，智能产品项目垫支的营运资本在各年年初投入，在项目结束时全部收回，减少的当前产品的垫支的营运资本在各年年初收回，在智能产品项目结束时重新投入。

(5)项目加权平均资本成本为9%，公司适用的所得税税率为25%，假设该项目的初始现金流量发生在2019年年末，营业现金流量均发生在以后各年末。

要求：

计算项目的初始现金流量(2019年末增量现金净流量)、2020~2022年的增量现金净流量及项目的净现值、折现回收期和现值指数，并判断项目可行性(计算过程和结果填入下方表格中)。

单位：万元

	2019 年末	2020 年末	2021 年末	2022 年末
……				
现金净流量				
折现率(9%)				
折现值				
净现值				
折现回收期(年)				
现值指数				

参考答案及解析

单位：万元

	2019 年末	2020 年末	2021 年末	2022 年末
智能产品销量(万台)		10	11	12. 1
智能产品税后销售收入		11250	12375	13612. 5
智能产品税后变动制造成本		−7500	−8250	−9075
智能产品税后付现固定制造费用		−150	−150	−150
智能产品税后销售和管理费用		−1125	−1237. 5	−1361. 25
减少的税后租金收入		−30	−30	−30
减少的当前产品税后贡献		−225	−247. 5	−272. 25
智能产品生产线折旧		1425	1425	1425
智能产品生产线折旧抵税		356. 25	356. 25	356. 25
智能产品占用的营运资本	−3000	−300	−330	3630
减少的当前产品营运资本占用	240	24	26. 4	−290. 4
智能产品生产线购置支出	−6000			
智能产品生产线变现收入				1200
智能产品生产线变现损失抵税				131. 25
现金净流量	−8760	2300. 25	2512. 65	7751. 10
折现率(9%)	1	0. 9174	0. 8417	0. 7722
折现值	−8760	2110. 25	2114. 90	5985. 40
净现值	1450. 55			
折现回收期(年)	2. 76			
现值指数	1. 17			

由于项目的净现值大于 0(或者折现回收期小于 3 年，或者现值指数大于 1)，所以，该项目具有可行性。

思路点拨 (以第一年为例)：智能产品税后销售收入=1500×10×(1−25%)=11250(万元)

智能产品税后变动制造成本=1000×10×(1−25%)=7500(万元)

智能产品税后付现固定制造费用=200×(1−25%)=150(万元)

智能产品税后销售和管理费用=1500×10×10%×(1−25%)=1125(万元)

减少的税后租金收入=40×(1−25%)=30(万元)

减少的当前产品税后贡献=(800−600)×1.5×(1−25%)=225(万元)

智能产品生产线折旧抵税=[6000×(1−5%)/4]×25%=356.25(万元)

智能产品占用的营运资本=1500×10×10%×20%=300(万元)

减少的当前产品营运资本占用=800×1.5×10%×20%=24(万元)

DAY 55 投资项目折现率的估计与敏感分析

划重点

一、使用企业当前加权平均资本成本作为投资项目资本成本★★

应同时具备两个条件：

(1)项目的经营风险与企业当前资产的平均经营风险相同。

(2)公司继续采用相同的资本结构为新项目筹资。

二、运用可比公司法估计投资项目的资本成本(见表55-1)★★★

表55-1 运用可比公司法估计投资项目的资本成本

适用范围	如果新项目的经营风险与现有资产的平均经营风险显著不同(不满足等风险假设)
调整方法	寻找一个经营业务与待评价项目类似的上市公司，以该上市公司的β值作为待评价项目的β值

$\beta_{资产}$不含财务风险，$\beta_{权益}$既包含了项目的经营风险，也包含了目标企业的财务风险。

计算步骤：

(1)卸载可比企业财务杠杆。

$\beta_{资产}=\beta_{权益}/[1+(1-T)\times负债/权益]$

(2)加载目标企业财务杠杆。

目标企业的$\beta_{权益}=\beta_{资产}\times[1+(1-T)\times负债/权益]$

(3)根据目标企业的$\beta_{权益}$计算股东要求的报酬率。

股东要求的报酬率=股权资本成本=无风险利率+$\beta_{权益}$×市场风险溢价

(4)计算目标企业的加权平均资本成本。

加权平均资本成本=税前债务成本×(1-所得税税率)×债务比重+股东权益成本×权益比重

三、敏感分析

敏感分析是投资项目评价中常用的一种研究不确定性的方法。它在确定性分析的基础上，进一步分析不确定性因素对投资项目的最终经济效果指标的影响及影响程度。

四、敏感分析的方法(见表55-2)★★★

表55-2 敏感分析的方法

方法	评价角度	缺点
最大最小法	根据净现值为零时选定变量的临界值评价项目的特有风险	(1)只允许一个变量发生变动，而假设其他变量保持不变。 (2)没有给出每一个数值发生的可能性
敏感程度法	根据选定变量的敏感系数评价项目的特有风险 敏感系数=目标值变动百分比/选定变量变动百分比	

(一)最大最小法

基本原理：确定使 $NPV=0$ 的有关因素的最大值或最小值。

主要步骤：

(1)给定计算净现值的每个变量的预期值。

(2)根据变量的预期值计算基准净现值。

(3)选择一个变量并假设其他变量不变，令净现值=0，计算选定变量的临界值；如此往复，测试每个变量的临界值。

坤坤点拨 对企业有利的因素，下降就是不好，计算它下降到什么一种程度就不能再下降了，否则结果就为负数了，此时叫做“最小法”；对企业不利的因素，上升就是不好，计算它上升到什么一种程度就不能再上升了，否则结果也为负数了，此时叫做“最大法。”

(二)敏感程度法

主要步骤：

(1)计算项目的基准净现值(方法与最大最小法相同)。

(2)选定一个变量，如每年税后营业现金流入，假设其发生一定幅度的变化，而其他因素不变，重新计算净现值。

(3)计算选定变量的敏感系数。

$$敏感系数=\frac{目标值变动百分比}{选定变量变动百分比}$$

表示选定变量变化1%时导致目标值变动的百分数，可以反映目标值对于选定变量变化的敏感程度。

(4)根据上述分析结果，对项目的敏感性作出判断。

坤坤提示 ①敏感系数的正负号只是表明方向，判断敏感程度大小应根据绝对值的大小判断(可以理解为离散程度的高低)；②若某参数的小幅度变化能导致结果的较大变化，则称此参数为敏感因素，反之则称其为非敏感因素。即敏感系数的绝对值大于1为敏感因素，敏感系数的绝对值小于1为非敏感因素。

(5)优缺点。

优点：计算过程简单，也易于理解。

缺点：①在进行敏感性分析时，只允许一个变量发生变动，而假设其他变量保持不变；②没有给出每一个数值发生的可能性。

例解答·练

例题

例 (计算分析题)甲公司主营电池生产业务，现已研发出一种新型锂电池产品，准备投向市场。为了评价该锂电池项目，需要对其资本成本进行估计。有关资料如下：

(1)该锂电池项目拟按照资本结构(负债/权益)30/70 进行筹资，税前债务资本成本预计为 9%。

(2)目前市场上有一种还有 10 年到期的已上市政府债券。该债券面值为 1000 元，票面利率 6%，每年付息一次，到期一次归还本金，当前市价为 1120 元，刚过付息日。

(3)锂电池行业的代表企业是乙、丙公司，乙公司的资本结构(负债/权益)为 40/60，股东权益的 β 系数为 1.5；丙公司的资本结构(负债/权益)为 50/50，股东权益的 β 系数为 1.54。权益市场风险溢价为 7%。

(4)甲、乙、丙三个公司适用的企业所得税税率均为 25%。

已知：(P/A，4%，10)=8.1109，(P/A，5%，10)=7.7217；(P/F，4%，10)=0.6756；(P/F，5%，10)=0.6139

要求：

(1)计算无风险报酬率；

(2)使用可比公司法计算锂电池行业代表企业的平均 $\beta_{资产}$、该锂电池项目的 $\beta_{权益}$ 与权益资本成本；

(3)计算该锂电池项目的加权平均资本成本。

答 (1)无风险报酬率即为已上市政府债券的到期收益率，采用逐步测试法计算如下：

当 i=5%时，

NPV =1000×6%×(P/A，5%，10)+1000×(P/F，5%，10)−1120

=60×7.7217+1000×0.6139−1120=−42.80(元)

当 i=4%时，

NPV =1000×6%×(P/A，4%，10)+1000×(P/F，4%，10)−1120

=60×8.1109+1000×0.6756−1120=42.25(元)

解得：无风险报酬率 $=\dfrac{42.25\times5\%+42.80\times4\%}{42.25+42.80}=4.50\%$

(2)乙公司的 $\beta_{资产}$ =1.5/[1+(1−25%)×40/60]=1

丙公司的 $\beta_{资产}$ =1.54/[1+(1−25%)×50/50]=0.88

行业平均 $\beta_{资产}$ =(1+0.88)/2=0.94

锂电池项目的 $\beta_{权益}$ =0.94×[1+(1−25%)×30/70]=1.24

锂电池项目的权益资本成本=4.50%+1.24×7%=13.18%

(3)加权平均资本成本=9%×(1−25%)×30%+13.18%×70%=11.25%

习题

【综合题】 沿用 DAY54(习题)的题干。

为分析未来不确定性对该项目净现值的影响，应用最大最小法计算单位变动制造成本的最大值，应用敏感程度法计算单位变动制造成本上升 5% 时净现值对单位变动制造成本的敏感系数。

参考答案及解析

设单位变动制造成本达到最大值时的增加额为 ΔVC，则

$1450.55=\Delta VC\times10\times(1-25\%)/(1+9\%)+\Delta VC\times10\times(1+10\%)\times(1-25\%)/(1+9\%)^2+\Delta VC\times10\times(1+10\%)^2\times(1-25\%)/(1+9\%)^3$

$1450.55=\Delta VC\times20.83$

$\Delta VC=69.64$(元)

单位变动制造成本最大值 $=1000+\Delta VC=1000+69.64=1069.64$(元)；

Δ 净现值 $=-[50\times10\times(1-25\%)/(1+9\%)+50\times10\times(1+10\%)\times(1-25\%)/(1+9\%)^2+50\times10\times(1+10\%)^2\times(1-25\%)/(1+9\%)^3]=-50\times20.83=-1041.50$(万元)

净现值对单位变动制造成本的敏感系数 $=(-1041.50/1450.55)/5\%=-71.80\%/5\%=-14.36$

专题十二

本量利分析

本专题包含5天的学习内容，具体如下：

DAY56　成本性态分析与变动成本法

DAY57　本量利分析的基本模型

DAY58　保本分析（一）

DAY59　保本分析（二）与保利分析

DAY60　利润敏感分析

其中，比较重要的考点是DAY57-60，需要全面掌握。

DAY 56 成本性态分析与变动成本法

划重点

一、成本性态分析★★★

(一)成本性态

(1)概念：也称成本习性，是指成本总额与业务量(如产品产量、销量等)之间的内在关系。

(2)成本分类(见表56-1)。

表56-1 成本分类

分类	概念
固定成本	在特定的业务量范围内不受业务量变动影响，一定期间的总额能保持相对稳定的成本
变动成本	在特定的业务量范围内其总额随业务量变动而正比例变动的成本
混合成本	成本总额随业务量变动而变动，但不成正比例关系

(二)三大成本的分类

1. 固定成本的分类(见表56-2)

表56-2 固定成本的分类

分类	概念及特点
约束性固定成本	概念：提供和维持生产经营所需设施、机构而发生的成本。 特点： (1)以前决策的结果，现在很难改变，即不能通过当前的管理决策行动加以改变的固定成本。 (2)约束性固定成本属于企业"经营能力成本"，是企业为了维持一定的业务量所必须负担的最低成本。 (3)若降低约束性固定成本，只能合理利用经营能力、增加生产规模、进而降低单位固定成本。 举例：固定资产折旧费、财产保险、管理人员工资、取暖费、照明费等
酌量性固定成本	概念：为完成特定活动而支出的固定成本，其发生额是根据企业的经营方针由经理人员决定的。 特点： (1)可以通过管理决策行动改变其数额的固定成本。 (2)酌量性固定成本关系到企业的竞争能力，也是一种提供生产经营能力的成本，而不是生产产品的成本。 举例：科研开发费、广告费、职工培训费等

2. 变动成本的分类(见表 56-3)

表 56-3　变动成本的分类

分类	概念及特点
技术性变动成本 (也叫约束性变动成本)	概念：与产量有明确的生产技术或产品结构设计关系的变动成本。 特点： (1)是利用生产能力所必须发生的成本。 (2)生产能力利用越充分，其成本就越多。 举例：汽车配套的发动机、传动系配件、制动系配件、行驶系配件等
酌量性变动成本	概念：可以通过管理决策行动改变的变动成本。 特点： (1)其发生额由经理人员决定。 (2)决策一旦做出，其支出额会随业务量呈正比例变动。 举例：按销售额一定百分比开支的销售佣金、新产品研制费、技术转让费等

3. 混合成本

(1)半变动成本：在初始成本的基础上随业务量正比例增长的成本，如图 56-1 所示。

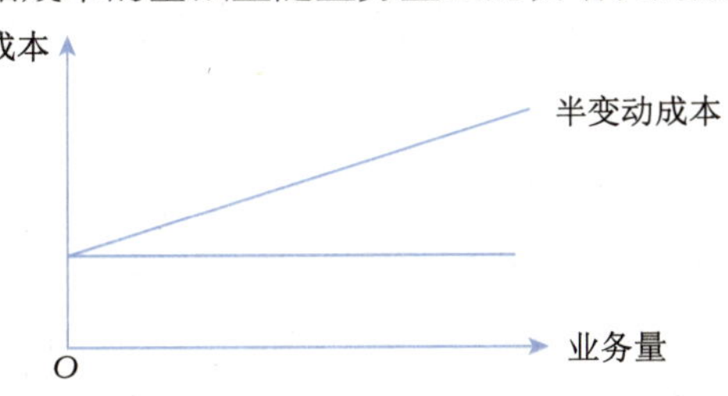

图 56-1　半变动成本

举例：电费和电话费等公用事业费、燃料、维护和修理费等。

计算公式：$y=a+bx$ 即：

总成本=固定成本+单位变动成本×业务量

(2)阶梯式成本：成本总额随业务量呈阶梯式增长的成本，亦称步增成本或半固定成本，如图 56-2 所示。

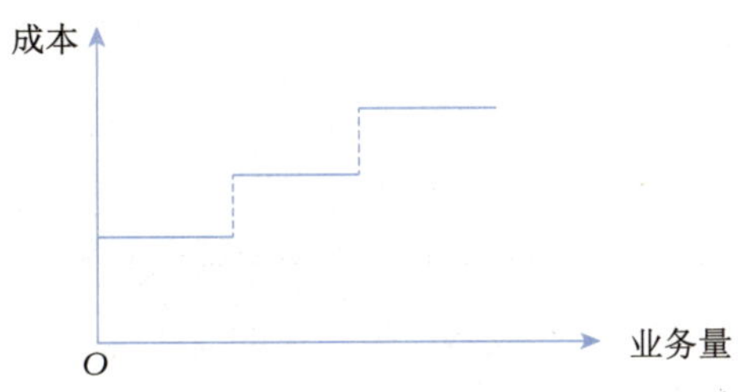

图 56-2　阶梯式成本

举例：受开工班次影响的动力费、整车运输费用、检验人员工资等。

(3)延期变动成本：在一定的业务量范围内总额保持稳定，超过特定业务量则开始随业务量正比例增长的成本，如图 56-3 所示。

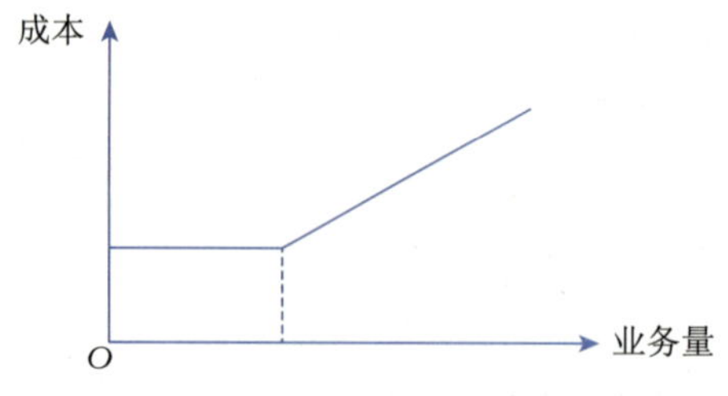

图 56-3　延期变动成本

举例：在正常业务量情况下给员工支付固定月工资，当业务量超过正常水平后则需支付加班费。

(4)非线性成本：随业务量变动而变动，但变化率是递增或递减的；在业务量相关范围内可以近似地看成是变动成本或半变动成本。

坤坤点拨　半变动成本与延期变动成本的区别在于：有没有一个既定的业务量范围。如果存在一个既定业务量范围，在此范围内都只需负担既定的成本总额，超过该既定业务量范围才体现变动成本的特征，则属于延期变动成本；如果没有一个既定业务量范围，即只要有一个单位的业务量发生，就体现变动成本的特征，成本便随之正比例增加，而且即便没有业务量也要负担既定的固定成本，则属于半变动成本。

(三)混合成本的分解

1. 回归直线法

是根据一系列历史成本资料，用数学上的最小平方法原理，计算能代表平均成本水平的直线截距和斜率，以其作为固定成本和单位变动成本的一种成本估计方法。

2. 工业工程法(见表 56-4)

表 56-4　工业工程法

概念	运用工业工程的研究方法，逐项研究决定成本高低的每个因素，在此基础上直接估算固定成本和单位变动成本的一种成本估计方法
适用范围	这种方法可以在没有历史成本数据、历史成本数据不可靠或者需要对历史成本分析结论进行验证的情况下使用。尤其是在建立标准成本和制定预算时，使用工业工程法比历史成本分析更加科学

二、变动成本法★

1. 概念

也称直接成本法、边际成本法。在此方法下，产品成本只包括直接材料、直接人工和变动制造费用，即变动生产成本，变动生产成本随生产量的变化呈正比例变化。

2. 完全成本法与变动成本法的区别(见表 56-5)

表 56-5　完全成本法与变动成本法的区别

	完全成本法	变动成本法
成本区分	制造成本与非制造成本	变动成本与固定成本
产品成本	全部制造成本(包括固定和变动)	制造成本中的变动部分，包括直接材料、直接人工和变动制造费用

续表

	完全成本法	变动成本法
期间费用	全部非制造成本(管理费用、销售费用、财务费用)	制造成本中的固定成本(固定制造费用)和全部非制造成本
存货估价	在产品和产成品存货中既有变动制造成本也含有固定生产成本	在产品和产成品存货中只有变动制造成本，存货计价低于完全成本法

3. 优缺点及作用(见表 56-6)

表 56-6 变动成本法的优缺点及作用

优缺点	作用
优点： (1)消除了在完全成本法下，销售不变但可通过增加生产、调节库存来调节利润的问题。 (2)能够揭示利润和业务量之间的正常关系。 (3)为企业内部管理者提供有用的管理信息。 (4)可以简化成本计算。 缺点：不利于财务会计报告	(1)使管理者更加注重销售和市场。 (2)为企业预测前景、规划未来和经营决策服务。 (3)便于分清各部门经济责任，有利于进行成本控制和业绩评价。 (4)便于加强日常管理

例解答·练

例题

例 1.(单选题)下列各项中，属于酌量性变动成本的是(　　)。

A. 直接人工成本　　B. 直接材料成本

C. 产品销售税金及附加　　D. 按销售额一定比例支付的销售代理费

解 酌量性变动成本的发生额是由经理人员决定的。例如，按销售额一定的百分比开支的销售佣金、新产品研制费、技术转让费等，选项 D 是答案；直接材料成本、直接人工成本、产品销售税金及附加属于与业务量有明确的技术或实物关系的技术性变动成本。

答 D

例 2.(单选题·2019 年)电信运营商推出“手机 10 元保号，可免费接听电话和接收短信，主叫国内通话每分钟 0.2 元”套餐业务，若选用该套餐，则消费者每月手机费属于(　　)。

A. 半变动成本　　B. 固定成本

C. 阶梯式成本　　D. 延期变动成本

解 解题关键在于“手机 10 元保号，可免费……”，即没有一个既定的业务量范围，也要给 10 元，然后每分钟电话费 0.2 元，属于半变动成本。是指在初始成本的基础上随业务量正比例增长的成本。这类成本通常有一个初始成本，一般不随业务量变动而变动，相当于固定成本；在这个基础上，成本总额随业务量变化呈正比例变化，又相当于变动成本。这两部分混合在一起，构成半变动成本。

答 A

例 3.(单选题)甲公司机床维修费为半变动成本，机床运行100小时的维修费为250元，运行150小时的维修费为300元。机床运行时间为80小时，维修费为(　　)元。

A. 200　　B. 220

C. 230　　D. 250

解 *先求b再求a然后代入y=a+bx*。根据$250=a+100\times b$，$300=a+150\times b$，可知，$a=150$，$b=1$，所以，机床运行时间为80小时，维修费$=150+80\times1=230$(元)。

答 C

习题

1.【单选题】下列各项成本费用中，属于酌量性固定成本的是(　　)。

A. 广告费　　B. 运输车辆保险费

C. 行政部门耗用水费　　D. 生产部门管理人员工资

2.【单选题】(2019年)电信运营商推出“手机29元不限流量，可免费通话1000分钟，超出部分主叫国内通话每分钟0.1元”套餐，若选用该套餐，则消费者每月手机费属于(　　)。

A. 固定成本　　B. 阶梯式成本

C. 延期变动成本　　D. 半变动成本

3.【单选题】下列关于混合成本性态分析的说法中，错误的是(　　)。

A. 半变动成本可分解为固定成本和变动成本

B. 延期变动成本在一定业务量范围内为固定成本，超过该业务量可分解为固定成本和变动成本

C. 阶梯式成本在一定业务量范围内为固定成本，当业务量超过一定限度，成本跳跃到新的水平时，以新的成本作为固定成本

D. 为简化数据处理，在相关范围内非线性成本可以近似看成变动成本或半变动成本

4.【单选题】如果企业采用变动成本法核算产品成本，产品成本的计算范围是(　　)。

A. 直接材料、直接人工

B. 直接材料、直接人工、间接制造费用

C. 直接材料、直接人工、变动制造费用

D. 直接材料、直接人工、变动制造费用、变动管理及销售费用

参考答案及解析

1. A　【解析】酌量性固定成本指的是可以通过管理决策行动而改变数额的固定成本，包括科研开发费、广告费、职工培训费等，所以选项A正确。

2. C　【解析】题干说了“手机29元不限流量，可免费通话1000分钟……”意思就是在一个既定的业务量范围内都是29元，超出此范围才每分钟0.1元，属于延期变动成本。是指在一定业务量范围内总额保持稳定，超出特定业务量则开始随业务量正比例增长的成本。延期变动成本在某一业务量以下表现为固定成本，超过这一业务量则成为变动成本。

3. B　【解析】延期变动成本在某一业务量以下表现为固定成本，超过这一业务量则成为变动成本，所以选项B的说法不正确。

4. C　【解析】变动成本法核算产品成本，产品成本的计算范围只包括变动制造成本。

DAY 57 本量利分析的基本模型

划重点

一、相关假设(见表57-1)★

表57-1 相关假设

相关范围假设	成本按性态划分的基本假设，包括期间假设和业务量假设
模型线性假设	固定成本不变；变动成本与业务量呈完全线性关系；销售收入与销售数量呈完全线性关系
产销平衡假设	本量利分析中的“量”是指销售量或销售收入
品种结构不变假设	各种产品的销售收入在总收入中所占的比重不变

二、本量利分析的基本模型★★★

(一)损益方程式

息税前利润=销售收入-总成本=销售收入-(变动成本+固定成本)

=销售量×(单价-单位变动成本)-固定成本=$Q\times(P-V)-F$

(二)边际贡献方程式

1. 边际贡献

边际贡献=销售收入-变动成本=(单价-单位变动成本)×销量

单位边际贡献=单价-单位变动成本

【要点】

(1)边际贡献具体分为制造边际贡献(生产边际贡献)和产品边际贡献(总营业边际贡献)。

(2)制造边际贡献=销售收入-产品变动成本

产品变动成本也叫变动生产成本，包括直接材料、直接人工和变动制造费用。

产品边际贡献=制造边际贡献-变动销售和管理成本

(3)通常，如果在“边际贡献”前未加任何定语，则是指“产品边际贡献”。

2. 边际贡献率

边际贡献率=边际贡献/销售收入×100%=单位边际贡献/单价×100%

通常，边际贡献率指的是产品边际贡献率，表明每1元销售收入中边际贡献所占的比重，反映产品给企业作出贡献的能力。

变动成本率=变动成本/销售收入×100%=单位变动成本/单价×100%

变动成本率+边际贡献率=1

息税前利润=边际贡献-固定成本=销售量×单位边际贡献-固定成本

=销售收入×边际贡献率−固定成本

三、本量利关系图★

1. 基本的本量利关系图(见图 57−1)

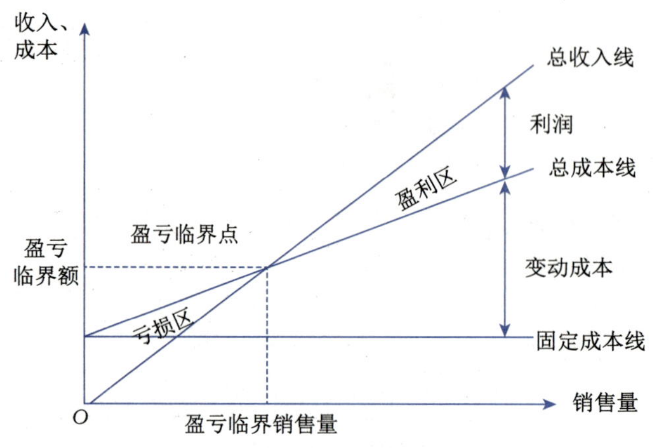

图 57−1　基本的本量利关系图

2. 边际贡献式的本量利关系图(见图 57−2)

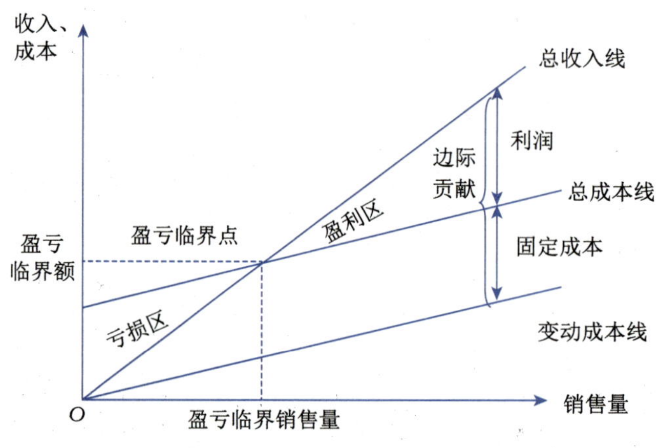

图 57−2　边际贡献式的本量利关系图

3. 方形图(见图 57−3)

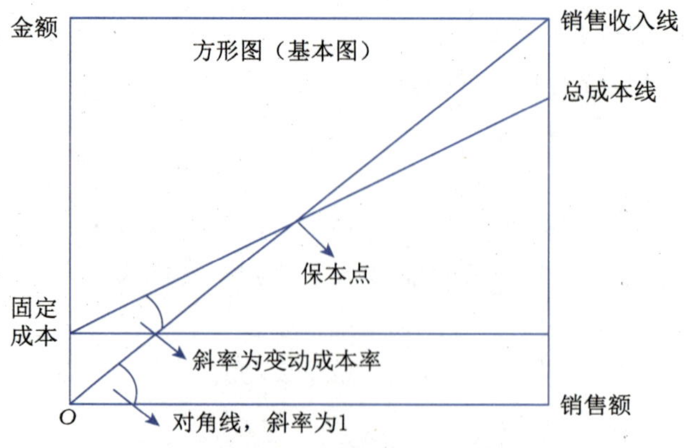

图 57−3　基本的本量利关系图的方形图

坤坤小结 ①基本的本量利关系图中，销售收入线的斜率是单价、总成本线的斜率是单位变动成本；②边际贡献式的本量利关系图中，销售收入线的斜率是单价、变动成本线的斜率是单位变动成本；③基本的本量利关系图的方形图和边际贡献式的本量利关系图中，若销售量用金额表示，销售收入线的斜率是1、总成本线的斜率是变动成本率。

例解答·练

例题

例 (多选题)某企业只生产一种产品，单价20元，单位变动成本12元，固定成本为2400元，满负荷运转下的正常销售量为400件。以下说法中，正确的有(　　)。

A. 在“销售量”以金额表示的边际贡献式本量利图中，该企业的变动成本线斜率为12

B. 在保本状态下，该企业生产经营能力的利用程度为75%

C. 安全边际中的边际贡献等于800元

D. 该企业的经营杠杆系数等于4

解 若销量以金额表示，则变动成本线的斜率为变动成本率=12÷20=60%，选项A错误；盈亏临界点=2400/(20−12)=300(件)，盈亏临界点作业率=300÷400=75%，选项B正确；安全边际的边际贡献(利润)=100×(20−12)=800(元)，选项C正确；安全边际率=1−75%=25%，经营杠杆系数=1/安全边际率=1/25%=4，选项D正确。

答 BCD

习题

【单选题】 产品边际贡献是指(　　)。

A. 销售收入与产品变动成本之差

B. 销售收入与销售和管理变动成本之差

C. 销售收入与制造边际贡献之差

D. 销售收入与全部变动成本(包括产品变动成本和期间变动成本)之差

参考答案及解析

D **【解析】** 边际贡献分为制造边际贡献和产品边际贡献，其中，制造边际贡献=销售收入−产品变动成本，产品边际贡献=制造边际贡献−销售和管理变动成本=销量×(单价−单位变动成本)。

DAY 58 保本分析（一）

划重点

一、保本量与保本额分析★★★

保本点，也称盈亏临界点，是指企业收入和成本相等的经营状态，即边际贡献等于固定成本时企业所处的既不盈利又不亏损的状态。

(1)息税前利润=销售量×(单价-单位变动成本)-固定成本

令息税前利润=0，此时的销售量即为保本点时的销售量：

保本量=固定成本/(单价-单位变动成本)=固定成本/单位边际贡献

(2)息税前利润=销售额×边际贡献率-固定成本

令息税前利润=0，此时的销售额即为保本点时的销售额：

保本额=固定成本/边际贡献率

二、与保本点有关的指标★★★

(一)盈亏临界点作业率

盈亏临界点作业率是指盈亏临界点销售量占企业实际或预计销售量的比重，即

盈亏临界点作业率=盈亏临界点销售量/实际或预计销售量×100%

=盈亏临界点销售额/实际或预计销售额

盈亏临界点作业率表明保本状态下的生产经营能力的利用程度。

(二)安全边际和安全边际率

(1)安全边际是指实际或预计的销售额(量)超过盈亏临界点销售额(量)的差额，表明销售额(量)下降多少企业仍不至亏损，即

安全边际=实际或预计销售额(量)-盈亏临界点销售额(量)

安全边际率$=(Q-Q_0)/Q$

或 $=(S-S_0)/S$

(2)其数值越大，企业发生亏损的可能性越小，经营就越安全。

(3)降低保本点的途径：①提高单价；②降低单位变动成本；③降低固定成本总额。

(4)盈亏临界点作业率+安全边际率=1

(5)只有安全边际才能为企业提供利润，盈亏临界点所提供的边际贡献等于固定成本，安全边际所提供的边际贡献等于企业利润。因此：

息税前利润=安全边际额×边际贡献率

息税前利润率=安全边际率×边际贡献率

(6)安全边际率×经营杠杆系数=1，推导如下：

$DOL=M/(M-F)$

安全边际率=(销售额-盈亏临界点销售额)/销售额

由于盈亏临界点销售额×边际贡献率-固定成本=0

所以安全边际率=(销售额-固定成本/边际贡献率)/销售额

分子分母同乘以边际贡献率得到：

安全边际率=(边际贡献-固定成本)/边际贡献=$(M-F)/M$

因此安全边际率×经营杠杆系数=1。

例解答·练

例题

例 (多选题)在边际贡献大于0的前提下，如果产品的单价与单位变动成本等额提高，销售量和固定成本水平不变，则下列结论中，成立的有(　　)。

A. 单位边际贡献不变，边际贡献率提高

B. 边际贡献总额不变，边际贡献率降低

C. 保本量不变，保本额提高

D. 保本量下降，保本额不变

解 产品的单价与单位变动成本等额提高，则单位边际贡献不变，由于单位边际贡献不变，单价提高，边际贡献率降低，选项A不成立，选项B成立；由“保本量=固定成本/(单价-单位变动成本)”可知，若产品的单价与单位变动成本上升的金额相同，则保本量的分母(单位边际贡献)不变，且固定成本不变，则保本量不变，但由于单价提高，导致保本额提高，选项C成立，选项D不成立。

答 BC

习题

【单选题】 甲公司只生产一种产品，变动成本率为40%，盈亏临界点作业率为70%。甲公司的息税前利润率是(　　)。

A. 12%　　B. 18%

C. 28%　　D. 42%

参考答案及解析

B **【解析】** 安全边际率=1-盈亏临界点作业率=1-70%=30%，边际贡献率=1-变动成本率=1-40%=60%；息税前利润率=安全边际率×边际贡献率=30%×60%=18%。

DAY 59 保本分析（二）与保利分析

划重点

一、多品种情况下的保本分析★★★

多种产品的边际贡献率要用加权平均数，其公式为：

$$加权平均边际贡献率=\frac{\sum 各产品边际贡献}{\sum 各产品销售收入}\times 100\%$$

$$=\sum(各产品边际贡献率\times 各产品占总销售比重)$$

加权平均保本销售额=固定成本总额/加权平均边际贡献率

某产品保本销售额=加权平均保本销售额×该产品销售比重

某产品保本销售量=该产品保本点销售额/该产品的单价

二、保利分析★★

（1）保利量是使企业实现目标利润所需完成的业务量。

$$保利量=\frac{固定成本+目标利润}{单价-单位变动成本}=目标边际贡献\div 单位边际贡献$$

（2）保利额是企业为实现既定的目标利润所需的业务额。

$$保利额=\frac{固定成本+目标利润}{边际贡献率}=目标边际贡献\div 边际贡献率$$

若存在企业所得税，则目标利润=税后目标利润/（1−企业所得税税率）。

例解答·练

例题

例（单选题）下列关于多种产品加权平均边际贡献率的计算公式中，错误的是（　　）。

A. 加权平均边际贡献率=（Σ产品边际贡献/Σ各产品销售收入）×100%

B. 加权平均边际贡献率=Σ（各产品安全边际率×各产品销售息税前利润率）

C. 加权平均边际贡献率=（利润+固定成本）/Σ各产品销售收入×100%

D. 加权平均边际贡献率=Σ（各产品边际贡献率×各产品占总销售比重）

解 选项A、D是教材中的表述，所以正确；因为边际贡献=利润+固定成本，所以，选项C也是正确的，但边际贡献率=销售息税前利润率÷安全边际率，所以选项B是错误的。

答 B

习题

【计算分析题】 某企业计划生产 A、B、C 三种产品，固定成本总额为 50000 元，它们的销售量、销售单价、单位变动成本资料如下表所示。

产品销售与成本情况相关资料

项目	A 产品	B 产品	C 产品
预计销售量(件)	1500	1000	2500
销售单价	20	15	14
单位变动成本(元)	10	6	7

要求：

(1)计算企业计划期内的加权平均边际贡献率、加权平均保本销售额。

(2)计算 B 产品的盈亏平衡销售额和盈亏平衡销售量。

参考答案及解析

(1)

项目	A 产品	B 产品	C 产品	合计
销售额(元)	30000	15000	35000	80000
销售百分比	37. 50%	18. 75%	43. 75%	100%
单位边际贡献	10	9	7	-
边际贡献率	50%	60%	50%	-

加权平均边际贡献率=(1500×10+1000×9+2500×7)/80000×100% =51. 875%

或加权平均边际贡献率=∑(各产品边际贡献率×各产品占总销售比重)

=37. 5% ×50% +18. 75% ×60% +43. 75% ×50% =51. 875%

加权平均保本销售额=固定成本总额/加权平均边际贡献率=50000/51. 875% ≈96386(元)

(2)B 产品的盈亏平衡销售额=加权平均保本销售额×B 产品的销售百分比=96386×18. 75% ≈18072(元)

B 产品的盈亏平衡销售量=B 产品的盈亏平衡销售额/B 产品的单价=18072/15≈1205(件)

DAY 60 利润敏感分析

划重点

一、临界值分析(最大最小法)★★

确定临界值就是求取达到保本点的销售量和单价的最小允许值以及单位变动成本和固定成本的最大允许值。

假设其他因素不变，令“利润=0”，

求解：销量、单价、单位变动成本或固定成本。

二、敏感度分析★★★

$$敏感系数=\frac{利润变动百分比}{因素变动百分比}$$

(1)如果利润对这些参数的敏感系数绝对值大于1，则这类参数为敏感因素；如果利润对这些参数的敏感系数绝对值小于1，则该参数为不敏感因素。

(2)敏感程度排序是以绝对值的大小比较的。

例解答·练

例题

例 1.(计算分析题)某企业只生产一种产品，单价为2元，单位变动成本1.20元，预计明年固定成本40000元，产销量计划达100000件。假设没有利息支出和所得税。

要求：计算有关参数发生多大变化使盈利转为亏。

答 预计明年销售利润为：

利润=100000×(2−1.20)−40000=40000(元)

(1)单价的最小值。

设单价为P,

$100000\times(P-1.20)-40000=0$

$P=1.60$(元)

单价降至1.60元，即降低20%(0.4÷2)时企业由盈利转入亏损。

(2)单位变动成本的最大值。

设单位变动成本为V,

100000×(2−V)−40000=0

V=1.60(元)

单位变动成本由1.20元上升至1.60元时，企业利润由40000元降至零。此时，单位变动成本上升了33%(0.40÷1.20)。

(3)固定成本最大值。

设固定成本为F，

100000×(2−1.20)−F=0

F=80000(元)

固定成本增至80000元时，企业由盈利转为亏损，此时固定成本增加了100%(40000÷40000)。

(4)销售量最小值(盈亏临界点销售量)。

Q=40000/(2−1.2)=50000(件)

销售计划如果只完成50%(50000÷100000)，则企业利润为零。

例 2.(单选题)甲公司只生产一种产品，每件产品的单价为5元，单价敏感系数为5。假定其他条件不变，甲公司盈亏平衡时的产品单价是(　　)元。

A. 3　　B. 3.5

C. 4　　D. 4.5

解 盈亏平衡时利润下降的百分比为100%，由于单价敏感系数为5，所以，单价下降的百分比=100%/5=20%，即盈亏平衡时的产品单价=5×(1−20%)=4(元)。

 C

习题

1.【多选题】某企业只生产一种产品，当年的税前利润为20000元。运用本量利关系对影响税前利润的各因素进行敏感分析后得出，单价的敏感系数为4，单位变动成本的敏感系数为−2.5，销售量的敏感系数为1.5，固定成本的敏感系数为−0.5。下列说法中，正确的有(　　)。

A. 上述影响税前利润的因素中，单价是最敏感的，固定成本是最不敏感的

B. 当单价提高10%时，税前利润将增长8000元

C. 当单位变动成本的上升幅度超过40%时，企业将转为亏损

D. 企业的安全边际率为66.67%

2.【计算分析题】(2019年节选)甲公司乙部门只生产一种产品，投资额25000万元，2019年销售500万件。该产品单价25元，单位变动成本资料如下：

项目	单位变动成本(元)
直接材料	3
直接人工	4
变动制造费用	2
变动销售费用	1
合计	10

该产品目前盈亏临界点作业率 20%，现有产能已满负荷运转。因产品供不应求，为提高销量，公司经可行性研究，2020 年拟增加 50000 万元投资。新产能投入运营后，每年增加 2700 万元固定成本。假设公司产销平衡，不考虑企业所得税。

要求：

计算乙部门 2019 年税前投资报酬率；假设产能扩张不影响产品单位边际贡献，为达到 2019 年税前投资报酬率水平，计算 2020 年应实现的销量。

3. 【**计算分析题**】甲公司拟加盟乙服装连锁集团，乙集团对加盟企业采取不从零开始的加盟政策：将达到盈亏平衡条件的自营门店整体转让给符合条件的加盟商；加盟经营协议期 5 年，加盟时一次性支付 120 万元加盟费；加盟期内，每年按年营业额 10% 向乙集团支付特许经营使用费和广告费。甲公司预计于 2019 年 12 月 31 日正式加盟。目前正进行 2020 年度盈亏平衡分析。其他相关资料如下：

(1) 门店面积 100 平方米，每平方米每年租金 1500 元。

(2) 为扩大营业规模，新增一项固定资产，原值 5 万元，直线法折旧，折旧年限为 5 年(无残值)。

(3) 服装每件售价 1000 元，变动制造成本率为 40%，每年正常销售 1600 件，每年固定成本、变动成本率保持不变。

要求：

(1) 计算每年固定成本总额、单位变动成本、盈亏临界点销售额及正常销量时的安全边际率。

(2) 如果计划每年目标税前利润 120 万元，计算销量。

(3) 其他条件不变，如果销售价格上浮 15%，以目标税前利润 120 万元为基数，计算目标税前利润变动百分比及目标税前利润对单价的敏感系数。

(4) 如果计划每年目标税前利润达 120 万元且销量 4000 件，计算可接受的最低售价。

参考答案及解析

1. ABCD 【**解析**】单价的敏感系数 4 最高，固定成本的敏感系数−0. 5 最低，选项 A 正确；单价的敏感系数为 4，表明单价提高 10%，利润将提高 40%，增长额 = 20000×40% = 8000(元)，选项 B 正确；若单位变动成本的上升幅度超过 40%，则利润下降幅度将超过 2. 5×40% =100%，企业将转为亏损，选项 C 正确；安全边际率 = 1/经营杠杆系数 = 1/销售量的敏感系数 = 1/1. 5 = 66. 67%，选项 D 正确。

2. 目前盈亏临界点销售量 = 500×20% = 100(万件)

2019 年固定成本 = 100×(25−10) = 1500(万元)

2019 年息税前利润 = (25−10)×500−1500 = 6000(万元)

2019 年税前投资报酬率 = 6000/25000×100% = 24%

2020 年息税前利润 = (25000+50000)×24% = 18000(万元)

2020 年应实现的销量 = (1500+2700+18000)/(25−10) = 1480(万件)

3. (1) 每年固定成本总额 = 120/5+100×1500/10000+5/5 = 40(万元)

单位变动成本 = 1000×(40% +10%) = 500(元)

边际贡献率=(1000−500)/1000×100% =50%

盈亏临界点销售额=40/50% =80(万元)

正常销售额=1000×1600/10000=160(万元)

安全边际率=(160−80)/160×100% =50%

(2)单位边际贡献=1000−500=500(元)

目标税前利润 120 万元的销量=(1200000+400000)/500=3200(件)

(3)单价上浮 15%，则:

税前利润增加=边际贡献增加=3200×0.05×15% =24(万元)

税前利润变动百分比=24/120×100% =20%

税前利润对单价的敏感系数=20%/15% =1.33

(4)假定最低售价为 p，则:

4000×p×50% −40=120

解得售价 p=0.08(万元)=800(元)

专题十三 短期经营决策与管理会计报告

本专题包含5天的学习内容，具体如下：

DAY61　短期经营决策概述

DAY62　生产决策（一）

DAY63　生产决策（二）

DAY64　定价决策

DAY65　管理会计报告

其中，比较重要的考点是DAY62-63，需要全面掌握。

DAY 61 短期经营决策概述

划重点

一、短期经营决策的概念与成本分类（见表 61-1）

表 61-1 短期经营决策的概念与成本分类

概念	短期经营决策是指对企业一年以内或者维持当前的经营规模的条件下所进行的决策
特点	是在既定的规模条件下决定如何有效地进行资源的配置，以获得最大的经济效益。通常不涉及固定资产投资和经营规模的改变
成本分类	相关成本和不相关成本

二、相关成本与不相关成本★

（一）相关信息的特点

相关信息应该同时具备两个特点：

第一，相关信息是面向未来的；

第二，相关信息在各个备选方案之间应该有所差异。

（二）相关成本

1. 概念

指与决策相关的成本，在分析评价时必须加以考虑，它随着决策的改变而改变。

2. 表现形式

（1）边际成本：业务量增加或减少一个单位时所引起的成本变动部分。

（2）机会成本：实行本方案的一种代价，即失去所放弃方案的潜在收益。

（3）重置成本：指目前从市场上购置一项原有资产所需支付的成本，也可以称之为现时成本或现行成本，它带有现时估计的性质。

（4）付现成本：指需要在将来或最近期间支付现金的成本，是一种未来成本。

（5）可避免成本：当方案或者决策改变时，这项成本可以避免或其数额发生变化。酌量性固定成本就属此类。

（6）可延缓成本：指同已经选定、但可以延期实施而不会影响大局的某方案相关联的成本。

（7）专属成本：指可以明确归属于某种、某批或某个部门的固定成本。

（8）差量成本：通常指两个备选方案的预期成本之间的差异数，亦称差别成本或差额成本。

（三）不相关成本

1. 概念

是指与决策没有关联的成本。

2. 表现形式

（1）沉没成本：是指由于过去已经发生的，现在和未来的决策无法改变的成本。与“历史成本”同义。

（2）不可避免成本：是指通过管理决策行为而不能改变其数额的成本。约束性固定成本就属此类。

（3）不可延缓成本：是相对于可延缓成本而言的，它是指即使财力有限也必须在企业计划期间发生，否则就会影响企业大局的已选定方案的成本。

（4）共同成本：是指那些需由几种、几批或者有关部门共同分担的固定成本。

例解答·练

例题

例 （多选题）关于短期经营决策，下列说法正确的是（　　）。

A. 短期经营决策是指对企业一年以外或者维持当前的经济规模条件下所进行的决策

B. 决策的相关信息是面向未来的

C. 短期经营决策通常不涉及固定资产投资和经营规模的改变

D. 决策的相关信息在各个备选方案之间应该有所差异

解 短期经营决策是指对企业一年以内或者维持当前的经济规模条件下所进行的决策，选项A错误。其余BCD表述正确。

答 BCD

习题

【多选题】 下列有关不可避免成本的表述正确的有（　　）。

A. 约束性固定成本属于不可避免成本

B. 酌量性固定成本属于可避免成本

C. 不可避免成本是指通过管理决策行动而不能改变其数额的成本

D. 不可避免成本指可以明确归属于某种、某批或某个部门的固定成本

参考答案及解析

ABC **【解析】** 明确归属于某种、某批或某个部门的固定成本是专属成本，不一定是不可避免成本，选项D错误。

生产决策（一）

划重点

一、生产决策的主要方法★★

（一）差量分析法（见表 62-1）

表 62-1 差量分析法

方案	方案一	方案二	差量
相关收入 R	R_1	R_2	R_1-R_2=差额收入
相关成本 C	C_1	C_2	C_1-C_2=差额成本
决策指标	差额利润=差额收入-差额成本		
决策原则	差额利润>0，选方案一。 差额利润<0，选方案二。 差额利润=0，方案一和方案二无差别		

（二）边际贡献分析法

（1）概念：是通过对比各个备选方案的边际贡献额的大小来确定最优方案的决策方法。

（2）决策原则：选择边际贡献总额最大的方案为优。

（3）适用条件。

生产能力不变、固定成本总额稳定不变。

若有专属成本发生，需从边际贡献总额中扣除专属成本得到相关损益，选择相关损益最大的方案。

相关损益=相关收入-相关成本=相关收入-（变动成本+专属成本）

（三）本量利分析法

息税前利润=销售收入-变动成本-固定成本

=（单价-单位变动成本）×销量-固定成本

=$(P-V)\times Q-F$

二、亏损产品是否停产的决策（见表 62-2）★★★

表 62-2 亏损产品是否停产的决策

决策指标	边际贡献
决策原则	如果企业的亏损产品能够提供正的边际贡献，就不应该立即停产

三、零部件自制与外购的决策（见表62-3）★★★

表62-3　零部件自制与外购的决策

决策指标		相关成本
决策依据		因相关收入为零，故选择相关成本小的方案即可
相关成本	外购	外购成本
	自制	需要分情况分析，相关成本包括自制的变动成本、转产的机会成本、专属成本以及租金等

四、特殊订单是否接受的决策（见表62-4）★★★

表62-4　特殊订单是否接受的决策

决策指标	接受订单增加的相关损益 =订单所提供的边际贡献-该订单所引起的相关成本
决策原则	增加的相关损益大于0，可接受订单

例解答·练

例题

例 1.（计算分析题）兴达公司是一家越野用山地自行车制造商，每年制造自行车需要外胎10000个，外购成本每条58元，企业已有的轮胎生产车间有能力制造这种外胎，自制外胎的单位相关成本资料如下表所示：

相关成本资料　　单位：元

直接材料	32
直接人工	12
变动制造费用	7
固定制造费用	10
变动成本	51
生产成本	61

要求：结合下列各种情况下，分别作出该自行车外胎是自制还是外购的决策。

（1）如果公司现在具有足够的剩余生产能力，且剩余生产能力无法转移，即该生产车间不制造外胎时，闲置下来的生产能力无法被用于其他方面。

（2）如果公司现在具备足够的剩余生产能力，但剩余生产能力可以转移用于加工自行车内胎，每年可以节省内胎的外购成本20000元。

（3）如果公司目前只有生产外胎5000条的生产能力，且无法转移，若自制10000条，则需租入设备一台，月租金4000元，这样使外胎的生产能力达到13000条。

(4)接问题(3)，如果公司可以采用自制和外购外胎两种方式的结合，即可自制一部分，又可外购一部分。

答 (1)由于有剩余生产能力无法转移，所以零件自制外胎的相关成本仅包含自制的变动成本。

自制的单位变动成本=32+12+7=51(元/条)

自制相关成本=51×10000=510000(元)

外购的单位购置成本=58(元/条)

外购相关成本=58×10000=580000(元)

由于自制方案比外购方案每年节约成本70000元，这种外胎应采用自制方案。

(2)外购相关成本=58×10000=580000(元)

自制相关成本=51×10000+20000=530000(元)

由于自制相关成本小，所以应选择自制。

(3)外购相关成本=58×10000=580000(元)

自制相关成本=51×10000+4000×12=558000(元)

自制外胎的年成本低于外购成本，差额成本为22000元，公司应该选择自制该外胎。

(4)外购相关成本=58×10000=580000(元)

自制相关成本=51×10000+4000×12=558000(元)

“自制+外购”=51×5000+58×5000=545000(元)

这样，企业应该自制5000条，同时外购5000条外胎。

例 2.(单选题)甲公司生产乙产品，生产能力为500件。目前正常订货量为400件，剩余生产能力无法转移。正常销售单价80元，单位产品成本50元，其中变动成本40元。现有客户追加订货100件，报价70元，甲公司如果接受这笔订货。需要追加专属成本1200元。甲公司若接受这笔订货，将增加利润(　　)元。

A. 800　　B. 2000

C. 1800　　D. 3000

解 增加利润=100×(70−40)−1200=1800(元)。

 C

习题

1.【多选题】某企业生产所需要的甲零件可以自制也可以外购。如果自制单位成本为80元，企业目前有足够的生产能力，且剩余能力无法转移；如果外购，外购成本每件70元，则下列表述正确的有(　　)。

A. 外购成本低，应选择外购

B. 如果自制的单位变动成本小于70元，则选择自制

C. 如果选择自制的边际贡献大于外购的边际贡献，则选择自制

D. 只要自制的边际贡献大于0就应选择自制

2.【计算分析题】某企业A产品的生产能力为10000件，目前的正常订货量为8000件，销售单价10元，单位产品的成本为8元，成本构成如下表所示。

单位：元

直接材料	3
直接人工	2
变动制造费用	1
固定制造费用	2
单位产品成本	8

现有客户向该企业追加订货，且客户只愿意出价每件 7 元，如果有关情况如下，请分别针对下述不同情况，分析企业是否应该接受该订单。

要求：

(1)如果订货 2000 件，剩余生产能力无法转移，且追加订货不需要追加专属成本。

(2)如果订货 2000 件，剩余生产能力无法转移，但需要追加一台专用设备，全年需要支付专属成本 1000 元。

(3)如果订货 2500 件，剩余生产能力无法转移，也不需要追加专属成本。

(4)如果订货 2500 件，剩余生产能力可以对外出租，可获租金 3000 元，另外追加订货需要追加专属成本 1000 元。

3. **【单选题】**(2019 年)甲是一家汽车制造企业，每年需要 M 零部件 20000 个，可以自制或外购，自制时直接材料费用为 400 元/个，直接人工费用为 100 元/个，变动制造费用为 200 元/个，固定制造费用为 150 元/个，甲公司有足够的生产能力，如不自制，设备出租可获得年租金 40 万元，甲选择外购的条件是单价小于(　　)元。

A. 680　　B. 720

C. 830　　D. 870

参考答案及解析

1. BC **【解析】**企业自制目前有足够的生产能力，且剩余能力无法转移，因此固定成本是非相关成本，只有变动成本是决策相关成本。

2. (1)增加的相关收入=2000×7=14000(元)

增加的相关成本=2000×6=12000(元)

增加的相关利润=2000(元)

接受该订单可以增加利润 2000 元，应该接受该订单。

(2)增加的相关收入=7×2000=14000(元)

增加的相关成本=6×2000+1000=13000(元)

增加的相关利润=14000−13000=1000(元)

订货可以增加利润 1000 元。因此应该接受该订单。

(3)增加的相关收入=7×2500=17500(元)

增加的相关成本=变动成本+丧失正常订单的机会成本

=6×2500+500×(10−6)=17000(元)

增加的相关利润=17500−17000=500(元)

订货可以增加利润 500 元。因此应该接受该订单。

【提示】接受订单会影响到正常的销售，企业的剩余生产能力能够生产2000件。其余的500件要减少正常的订货量，因此500件正常销售所带来的边际贡献应该作为接受订单的机会成本。

(4)增加的相关收入=7×2500=17500(元)

增加的相关成本=变动成本+丧失的租金成本+减少的正常销售的边际贡献+专属成本

=6×2500+3000+500×(10-6)+1000=21000(元)

增加的相关利润=17500-21000=-3500(元)

接受订单带来的差额利润为-3500元，即减少利润3500元，显然此时企业不应该接受该订单。

3. B 【解析】企业有足够的生产能力，并且存在机会成本，则企业自制的单位变动成本=400+100+200+400000/20000=720(元)。

DAY 63 生产决策（二）

划重点

一、约束资源最优利用的决策（见表 63-1）★★★

表 63-1　约束资源最优利用的决策

决策指标	单位约束资源的边际贡献=单位边际贡献/单位产品所需用的资源
决策原则	优先安排"单位约束资源的边际贡献"最大的方案，可使边际贡献总额最大

二、产品是否应进一步深加工的决策（见表 63-2）★★★

表 63-2　产品是否应进一步深加工的决策

决策指标	差额利润=深加工的相关收入-深加工的相关成本
决策原则	差额利润>0，才可选择深加工

例解答·练

例题

例（计算分析题·2019 年）甲公司生产 A、B 两种产品。A 产品是传统产品，造价高、定价低、多年亏损，但市场仍有少量需求，公司一直坚持生产。B 产品是最近几年新开发的产品，由于技术性能好，质量高，颇受用户欢迎，目前市场供不应求。2019 年末，公司计划、销售和财务部门一起编制下一年的生产计划，在该计划基础上，财务部门预测收入、成本和利润。相关信息如下：

2020 年预计利润表

单位：万元

	A	B	合计
营业收入	1220	560	1780
营业成本	1260	440	1700
税前营业利润	-40	120	80

经财务部门测算，A、B 产品的变动成本率分别为 70% 和 40%。

公司领导根据财务部门预测，提出如下几个问题：

(1) 2020 年公司税前营业利润能否达到 100 万元？

(2) A 产品亏损 40 万元，可否考虑停产？

(3) 若能添置设备，扩大生产能力，增产能否增利？

根据公司领导提出的问题，财务部门和相关部门共同研究，提出如下三个方案：

方案一：停止生产 A 产品，按原计划生产 B 产品。

方案二：停止生产 A 产品，调整生产计划，平衡生产能力，使 B 产品增产 80%。

方案三：在 2020 年原生产计划基础上，投资 50 万元购置一台设备，用于生产 B 产品，B 产品增产 10%。预计该设备使用年限 5 年，按直线法计提折旧，无残值。

要求：

(1) 分别计算 A、B 产品的变动成本和边际贡献。

(2) 分别计算三个方案的税前营业利润，并据以选择最优方案。

(3) 基于要求(2)的结果，依次回答公司领导提出的三个问题，并简要说明理由。

答 (1) A 产品的变动成本 = 1220×70% = 854(万元)

A 产品的边际贡献 = 1220−854 = 366(万元)

B 产品的变动成本 560×40% = 224(万元)

B 产品的边际贡献 = 560−224 = 336(万元)

(2) 企业总固定成本 = (1260−854) + (440−224) = 622(万元)

方案一的税前营业利润 = 336−622 = −286(万元)

方案二的税前营业利润 = 560×(1+80%)×(1−40%)−622 = −17.2(万元)

方案三的税前营业利润 = 80+560×10%×(1−40%)−50/5 = 103.6(万元)

方案三的税前营业利润最大，应选择方案三。

(3) 2020 年公司税前营业利润能达到 100 万元。

由于 A 产品能提供正的边际贡献，在短期内，即使停产 A 产品，其固定成本也不会降低，所以不能停产 A 产品。

由于方案三可以增加税前经营利润，所以增产能增利。

习题

【综合题】 甲公司是一家智能机器人制造企业，目前生产 A、B、C 三种型号机器人，最近几年该行业市场需求变化较大，公司正进行生产经营的调整和决策。相关资料如下：

(1) 预计 2020 年 A 型机器人销量 1500 台，单位售价 24 万元，单位变动成本 14 万元；B 型机器人销量 1000 台，单位售价 18 万元，单位变动成本 10 万元；C 型机器人销量 2500 台，单位售价 16 万元，单位变动成本 10 万元；固定成本总额 10200 万元。

(2) A、B、C 三种型号机器人都需要通过同一台关键设备加工，该设备是公司的关键约束资源，该设备总的加工能力为 5000 小时，A、B、C 三种型号机器人利用该设备进行加工的时间分别为 1 小时、2 小时和 1 小时。

要求：

(1) 为有效利用关键设备，该公司 2020 年 A、B、C 三种型号机器人各应生产多少台？营业利润总计多少？

(2)基于要求(1)的结果，计算公司2020年的加权平均边际贡献率、加权平均盈亏平衡销售额及A型机器人的盈亏平衡销售额、盈亏平衡销售量、盈亏临界点作业率。

(3)假设公司根据市场需求变化，调整产品结构，计划2021年只生产A型机器人，预计2021年A型机器人销量达到5000台，单位变动成本保持不变，固定成本增加到11200万元，若想达到要求(1)的营业利润，2021年公司A型机器人可接受的最低销售单价是多少？

(4)基于要求(3)的单位售价、单位变动成本、固定成本和销量，分别计算在这些参数增长10%时营业利润对各参数的敏感系数，然后按营业利润对这些参数的敏感程度进行排序，并指出对营业利润而言哪些参数是敏感因素。

参考答案及解析

(1)A型机器人单位小时边际贡献=(24−14)/1=10(万元/小时)

B型机器人单位小时边际贡献=(18−10)/2=4(万元/小时)

C型机器人单位小时边际贡献=(16−10)/1=6(万元/小时)

因为A型机器人单位小时边际贡献>C型机器人单位小时边际贡献>B型机器人单位小时边际贡献，所以应该先生产A型机器人，再生产C型机器人，最后生产B型机器人。

因为A型机器人销量1500台，所以A型机器人生产1500台，总工时1500小时，C型机器人销量2500台，所以C型机器人生产2500台，总工时2500小时，剩余工时=5000−1500−2500=1000(小时)，所以应该生产B型机器人的数量=1000/2=500(台)

即生产A型机器人1500台，C型机器人2500台，B型机器人500台。

营业利润总计=1500×(24−14)+2500×(16−10)+500×(18−10)−10200=23800(万元)

(2)加权平均边际贡献率=[1500×(24−14)+2500×(16−10)+500×(18−10)]/(1500×24+2500×16+500×18)=40%

加权平均盈亏平衡销售额=10200/40%=25500(万元)

A型机器人的盈亏平衡销售额=25500×1500×24/(1500×24+2500×16+500×18)=10800(万元)

A型机器人的盈亏平衡销售量=10800/24=450(台)

A型机器人的盈亏临界点作业率=450/1500=30%

(3)假设可接受的最低销售单价是P，则：

(P−14)×5000−11200=23800

解得P=21(万元)

(4)单价增长10%：

变化后的营业利润=[21×(1+10%)−14]×5000−11200=34300(万元)

营业利润变动百分比=(34300−23800)/23800=44.12%

营业利润对单价的敏感系数=44.12%/10%=4.41

单位变动成本增长10%：

变化后的营业利润=[21−14×(1+10%)]×5000−11200=16800(万元)

营业利润变动百分比=(16800−23800)/23800=−29.41%

营业利润对单位变动成本的敏感系数=−29.41%/10%=−2.94

销量增长 10%：

变化后的营业利润=(21-14)×5000×(1+10%)-11200=27300(万元)

营业利润变动百分比=(27300-23800)/23800=14.71%

营业利润对销量的敏感系数=14.71%/10%=1.47

固定成本增长 10%：

变化后的营业利润=(21-14)×5000-11200×(1+10%)=22680(万元)

营业利润变动百分比=(22680-23800)/23800=-4.71%

营业利润对固定成本的敏感系数=-4.71%/10%=-0.47

敏感程度由大到小的顺序是单价、单位变动成本、销量、固定成本。

敏感系数的绝对值大于 1 的因素属于敏感因素，所以单价、单位变动成本、销量对营业利润而言属于敏感因素。

定价决策

划重点

一、产品销售定价决策原理(见表 64-1)★

表 64-1　产品销售定价决策原理

市场类型	对销售价格的控制力
完全竞争	单个厂商无法左右，每个厂商只是均衡价格的被动接受者
垄断竞争	对价格有一定的影响力
寡头垄断	对价格有一定的影响力
完全垄断	可以自主决定价格

二、产品销售定价的方法★★

(一)成本加成定价法(见表 64-2)

表 64-2　成本加成定价法

基本思路		产品的目标价格=成本基数+成数	
		成本基数	成数
种类	完全成本加成法	单位产品的制造成本	非制造成本及利润
	变动成本加成法	单位产品的变动成本	固定成本和利润

(二)市场定价法(见表 64-3)

表 64-3　市场定价法

概念	对于有活跃市场的产品，可以根据市场价格来定价，或者根据市场上同类或者相似产品的价格来定价
特点	有利于时刻保持对市场的敏感性，对同行的敏锐性

(三)新产品的销售定价方法(见表 64-4)

表 64-4　新产品的销售定价方法

种类	概念	适用范围
撇脂性定价法	在新产品试销初期先定出较高的价格，以后随着市场的逐步扩大，再逐步把价格降低	一种短期性的策略，往往适用于产品的生命周期较短的产品，如“苹果”手机的定价

续表

种类	概念	适用范围
渗透性定价	在新产品试销初期以较低的价格进入市场，以期迅速获得市场份额，等到市场地位已经较为稳固的时候，再逐步提高销售价格	这是一种长期的市场定价策略，如“小米”手机的定价

(四)有闲置能力条件下的定价方法(见表64-5)

表64-5 有闲置能力条件下的定价方法

概念	是指在企业具有闲置生产能力时，面对市场需求的变化所采用的定价方法
定价原则	企业产品的价格应该在变动成本与目标价格之间进行选择。 只要价格高于增量成本(即变动成本)，企业就可以接受

例解答·练

例题

例 (单选题)在完全成本加成定价法下，成本基数是(　　)。

A. 单位产品的直接材料成本和直接人工成本

B. 单位产品的销售费用和管理费用

C. 单位产品的固定成本和变动成本

D. 单位产品的制造成本

解 在完全成本加成定价法下，成本基数是单位产品的制造成本。以这种制造成本进行加成，加成部分必须能弥补销售以及管理费用等非制造成本，并为企业提供满意的利润。

 D

习题

【多选题】对不同的市场类型，企业对销售价格的控制力是不同的。下列说法中正确的是(　　)。

A. 在完全竞争的市场中，企业可以自主决定产品的价格

B. 在垄断竞争市场中，厂商可以对价格有一定的影响力

C. 在寡头垄断市场中，厂商可以对价格有一定的影响力

D. 在完全垄断的市场中，企业可以自主决定产品的价格

参考答案及解析

BCD 【解析】在完全竞争的市场中，市场价格是单个厂商所无法左右的，每个厂商只是均衡价格的被动接受者。在垄断竞争和寡头垄断市场中，厂商可以对价格有一定的影响力，而在完全垄断的市场中，企业可以自主决定产品的价格。因此，选项BCD是正确答案。

管理会计报告

划重点

一、内部责任中心业绩报告(见表65-1)★

表65-1 内部责任中心业绩报告

业绩报告	要点
成本中心业绩报告	(1)按成本中心可控成本的各明细项目列示其预算数、实际数和成本差异数。 (2)自下而上，从最基层的成本中心逐级向上汇编，直至最高层次的成本中心。 (3)每一级的业绩报告，除最基层只有本身的可控成本外，都应包括本身的可控成本和下属部门转来的责任成本
利润中心业绩报告	(1)分别列出其可控的销售收入、变动成本、边际贡献、经理人员可控的可追溯固定成本、分部经理可控边际贡献、分部经理不可控但高层管理部门可控的可追溯固定成本、部门可控边际贡献的预算数和实际数；并通过实际与预算的对比，分别计算差异，据此进行差异的调查、分析产生差异的原因。 (2)自下而上逐级汇编，直至整个企业的息税前利润
投资中心业绩报告	主要考核指标是投资报酬率、剩余收益，补充的指标是现金回收率和剩余现金流量

二、质量成本的分类(见表65-2)★★★

表65-2 质量成本的分类

可控	预防成本	为了防止产品质量达不到预定标准而发生的成本；一般发生在产品生产之前的各阶段，主要包括：质量工作费用、标准制定费用、教育培训费用、质量奖励费用
	鉴定成本	为了保证产品质量达到预定标准而对产品进行检测所发生的成本；具体细分为：检测工作的费用、检测设备的折旧、检测人员的费用
不可控	内部失败成本	产品进入市场之前由于产品不符合质量标准而发生的成本，主要包括：废料、返工、修复、重新检测、停工整修或变更设计等
	外部失败成本	存在缺陷的产品流入市场以后发生的成本，主要包括：产品因存在缺陷而错失的销售机会，问题产品的退还、返修，处理顾客的不满和投诉发生的成本

三、质量绩效报告(见表 65-3)★

表 65-3　质量绩效报告

中期报告	根据当期(通常为 1 年)的质量目标列示质量管理的成效；企业期末编制质量绩效报告时，将实际质量成本与预算质量成本目标进行比较，确定其差异，分析差异产生的原因，明确应采取的改进措施
长期报告	根据长期质量目标列示企业质量管理成效
多期质量趋势报告	列示了企业实施质量管理以来所取得的成效；多期质量趋势报告的编制必须以多个期间企业组织的质量成本相关数据为基础，并绘制出质量趋势图；例如，质量成本占销售额的百分比逐年下降，表明质量成本管理水平不断提升

例解答·练

例题

例 1. (多选题)投资中心的业绩报告中披露的考核指标有(　　)。

A. 投资报酬率　　B. 剩余收益

C. 现金回收率　　D. 剩余现金流量

解 投资中心的业绩报告中披露的主要考核指标是投资报酬率和剩余收益，补充的指标是现金回收率和剩余现金流量。

答 ABCD

例 2. (多选题·2019 年)下列质量成本中，发生在产品交付顾客之前的有(　　)。

A. 鉴定成本　　B. 内部失败成本

C. 外部失败成本　　D. 预防成本

解 鉴定成本和内部失败成本发生在产品未到达顾客之前，选项 A、B 是答案；外部失败成本发生在产品被消费者接受之后，选项 C 不是答案；预防成本发生在产品生产之前，选项 D 也是答案。

答 ABD

习题

1.【单选题】下列各项中属于质量预防成本的是(　　)。

A. 顾客退货成本　　B. 废品返工成本

C. 处理顾客投诉成本　　D. 质量标准制定费

2.【多选题】下列各项质量成本中，不属于内部失败成本的有(　　)。

A. 产品返工费用

B. 产品检测费用

C. 产品质量认证费用

D. 处理顾客不满和投诉发生的费用

参考答案及解析

1. D 【**解析**】选项 A、C 属于外部失败成本；选项 B 属于内部失败成本；选项 D 属于预防成本。
2. BCD 【**解析**】内部失败成本是指产品进入市场之前由于产品不符合质量标准而发生的成本，这部分成本包括废料、返工、修复、重新检测、停工整顿或变更设计等。

专题十四

全面预算

本专题包含5天的学习内容，具体如下：

DAY66　全面预算概述及编制方法（一）

DAY67　全面预算的编制方法（二）

DAY68　营业预算的编制

DAY69　现金预算的编制

DAY70　利润表和资产负债表预算的编制

其中，比较重要的考点是DAY67-69，需要重点掌握。

DAY 66 全面预算概述及编制方法（一）

划重点

一、全面预算的体系（见图 66-1）★

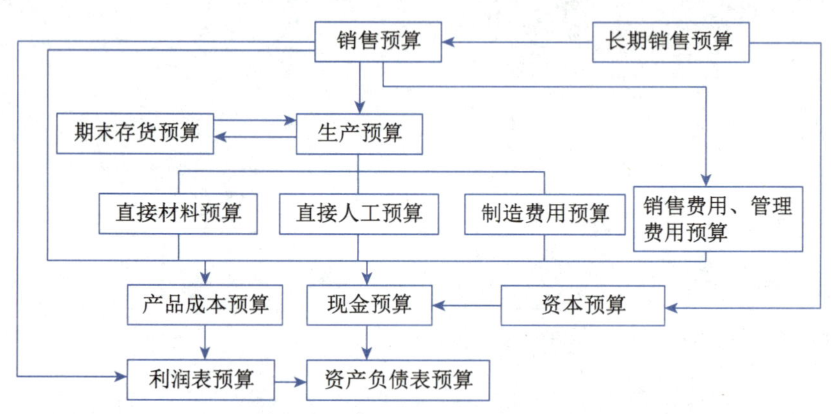

图 66-1　全面预算体系

二、全面预算的分类（见表 66-1）★★

表 66-1　全面预算的分类

预算期	长期预算	长期销售预算、资本预算、长期资本筹措预算、研究与开发预算
	短期预算	年度预算、季度或月度预算，如直接材料预算、现金预算等
内容	专门预算	反映企业某一方面经济活动的预算，如直接材料预算、制造费用预算等
	综合预算	资产负债表预算和利润表预算，反映企业的总体状况，是各种专门预算的综合
业务活动领域	投资预算	如资本预算
	营业预算	也称经营预算，是关于采购、生产、销售等业务的预算，包括销售预算、生产预算、成本预算等
	财务预算	关于利润、现金和财务状况的预算，包括现金预算、利润表预算和资产负债表预算

三、增量预算法与零基预算法（按出发点特征不同的分类，见表 66-2）★★

表 66-2　增量预算法与零基预算法

方法	概念	优缺点
增量预算法（也叫调整预算法）	增量预算法是指以历史期实际经济活动及其预算为基础，结合预算期经济活动及相关影响因素的变动情况，通过调整历史期经济活动项目及金额形成预算的预算编制方法	优点：编制工作量小 缺点：当预算期的情况发生变化时，预算数额会受到基期不合理因素的干扰，可能导致预算的不准确，不利于调动各部门达成预算目标的积极性
零基预算法	零基预算法是指企业不以历史期经济活动及其预算为基础，以零为起点，从实际需要出发分析预算期经济活动的合理性，经综合平衡，形成预算的预算编制方法	优点：不受前期费用项目和费用水平的制约，能够调动各部门降低费用的积极性。 缺点：编制工作量大

增量预算法的前提条件：

（1）现有的业务活动是企业所必需的。

（2）原有的各项业务都是合理的。

四、定期预算法与滚动预算法（按照预算期的时间特征不同，见表 66-3）★★

表 66-3　定期预算法与滚动预算法

分类	概念	特点
定期预算法	是以固定不变的会计期间（如年度、季度、月份）作为预算期间编制预算的方法	优点：保证预算期间与会计期间在时期上配比，便于依据会计报告的数据与预算的比较，考核和评价预算的执行结果。 缺点：不利于前后各个期间的预算衔接，不能适应连续不断的业务活动过程的预算管理
滚动预算法（也叫连续预算法或永续预算法）	是在上期预算完成情况的基础上，调整和编制下期预算，并将预算期间逐期连续向后滚动推移，使预算期间保持一定的时期跨度	优点：能够保持预算的持续性，有利于考虑未来业务活动，结合企业近期目标和长期目标；使预算随时间的推进不断加以调整和修订，能使预算与实际情况更相适应，有利于充分发挥预算的指导和控制作用。 缺点：编制工作量大

滚动预算的分类如表 66-4 所示。

表 66-4　滚动预算的分类

逐月滚动	逐月滚动是指在预算编制过程中，以月份为预算的编制和滚动单位，每个月调整一次预算的方法	编制的预算比较精确，但工作量比较大
逐季滚动	逐季滚动方式是指在预算编制过程中，以季度为预算的编制和滚动单位，每个季度调整一次预算的方法	比逐月滚动的工作量小，但精确度较差
混合滚动	在预算编制过程中，同时以月份和季度作为预算的编制和滚动单位的方法	这种预算方法的理论依据：人们对未来的了解程度具有对近期的预计把握较大，对远期的预计把握较小的特征

例解答·练

例题

例 1.（多选题）下列预算中，属于财务预算的有（　　）。

A. 销售预算

B. 生产预算

C. 现金预算

D. 利润表预算

解 财务预算是关于利润、现金和财务状况的预算，包括利润表预算、现金预算和资产负债表预算等。选项 CD 正确。

答 CD

例 2.（多选题）与增量预算编制方法相比，零基预算编制方法的优点有（　　）。

A. 可以重新审视现有业务的合理性

B. 可以避免前期不合理费用项目的干扰

C. 可以调动各部门降低费用的积极性

D. 编制工作量小

解 零基预算法是指企业不以历史期经济活动及其预算为基础，以零为起点，从实际需要出发分析预算期经济活动的合理性，经综合平衡，形成预算的预算编制方法。应用零基预算法编制费用预算的优点是不受前期费用项目和费用水平的制约，能够调动各部门降低费用的积极性，但其缺点是编制工作量大。

答 ABC

习题

1.【多选题】下列关于财务预算的表述中，正确的有（　　）。

A. 财务预算多为长期预算

B. 财务预算多为专门预算

C. 财务预算是关于利润、现金和财务状况的预算

D. 财务预算主要包括现金预算和预计财务报表

2.【单选题】不受前期费用项目和费用水平限制，并能够克服增量预算方法缺点的预算方法是（　　）。

A. 弹性预算法　　B. 固定预算法

C. 零基预算法　　D. 滚动预算法

3.【多选题】短期预算可采用定期预算法编制，该方法（　　）。

A. 使预算期间与会计期间在时期上配比

B. 有利于前后各个期间的预算衔接

C. 可以适应连续不断的业务活动过程的预算管理

D. 有利于按财务报告数据考核和评价预算的执行结果

参考答案及解析

1. CD 【解析】财务预算是关于利润、现金和财务状况的预算，包括利润表预算、现金预算和资产负债表预算等。选项 CD 正确。
2. C 【解析】增量预算法的缺点是不利于调动各部门达成预算目标的积极性。零基预算法是指企业不以历史期经济活动及其预算为基础，以零为起点，从实际需要出发分析预算期经济活动的合理性，经综合平衡，形成预算的预算编制方法。应用零基预算法编制费用预算的优点是不受前期费用项目和费用水平的制约，能够调动各部门降低费用的积极性。选项 C 正确。
3. AD 【解析】定期预算法以固定不变的会计期间作为预算期间，可以使预算期间与会计期间在时期上配比，便于依据会计报告的数据与预算的比较，考核和评价预算的执行结果，选项 AD 正确；定期预算的缺点是不利于前后各个期间的预算衔接，不能适应连续不断的业务活动过程的预算管理，选项 BC 错误。

DAY 67 全面预算的编制方法（二）

划重点

固定预算法与弹性预算法(按业务量基础的数量特征不同分类)★★

1. 概念、特点及适用范围的比较(见表 67-1)

表 67-1　概念、特点及适用范围的比较

分类	概念	特点	适用范围
固定预算法(也叫静态预算法)	在编制预算时，只根据预算期内正常、可实现的某一固定的业务量(如生产量、销售量等)水平作为唯一基础来编制预算的方法	(1)适应性差。 (2)可比性差	经营业务稳定，生产产品产销量稳定，能准确预测产品需求及产品成本的企业，也可用于编制固定费用预算
弹性预算法(也叫动态预算法)	是在成本性态分析的基础上，依据业务量、成本和利润之间的联动关系，按照预算期内可能的一系列业务量(如生产量、销售量、工时等)水平编制的系列预算方法。 一般来说，可定在正常生产能力的 70%～110%之间，或以历史上最高业务量和最低业务量为其上下限。弹性预算法编制预算的准确性，在很大程度上取决于成本性态分析的可靠性	(1)预算的适用范围大。 (2)便于预算执行的评价和考核	理论上，适用于编制全面预算中所有与业务量有关的预算，但实务中主要用于编制成本费用预算和利润预算，尤其是成本费用预算

2. 弹性预算的编制

(1)公式法(见表 67-2)。

表 67-2　公式法

编制要点	优点	缺点
某项预算成本总额=预算固定成本额+预算单位变动成本额×预计业务量 ($y=a+bx$)	便于计算任何业务量的预算成本	阶梯成本和曲线成本只能用数学方法修正为直线，才能应用公式法

(2)列表法(见表67-3)。

表67-3 列表法

编制要点	优点	缺点
列表法是在预计的业务量范围内将业务量分为若干水平，然后按照不同的业务量水平编制预算	(1)不管实际业务量多少，不必经过计算即可找到与业务量相近的预算成本。 (2)混合成本中的阶梯成本和曲线成本，可按总成本性态模型计算填列，不必用数学方法修正为近似的直线成本	在评价和考核实际成本时，往往需要使用插补法来计算"实际业务量的预算成本"，比较麻烦

例解答·练

例题

例 (单选题)只根据预算期内正常的、可实现的某一业务量水平为唯一基础来编制预算的方法称为(　　)。

A. 零基预算法　　B. 定期预算法

C. 静态预算法　　D. 滚动预算法

解 固定预算法又称静态预算法，是指在编制预算时，只根据预算期内正常、可实现的某一固定的业务量(如生产量、销售量等)水平作为唯一基础来编制预算的方法。

答 C

习题

【单选题】 甲公司机床维修费为半变动成本，机床运行100小时的维修费为250元，运行150小时的维修费为300元，机床运行时间为90小时，维修费为(　　)元。

A. 220　　B. 240

C. 250　　D. 200

参考答案及解析

B **【解析】** 本题为公式法下弹性预算的编制。半变动成本的计算式为$y=a+bx$，则有$250=a+b\times100$；$300=a+b\times150$，联立方程解得，$a=150$(元)，$b=1$(元/小时)，则运行90小时的维修费$=150+1\times90=240$(元)。

DAY 68 营业预算的编制

划重点

营业预算包括销售预算、生产预算、直接材料预算、直接人工预算、制造费用预算、产品成本预算、销售费用预算和管理费用预算等，如图 68-1 所示。

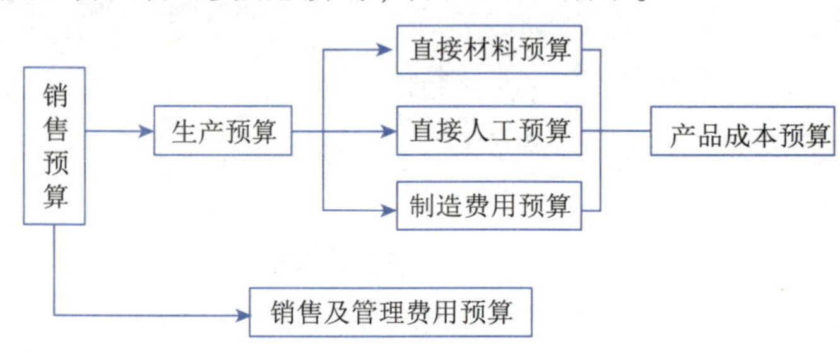

图 68-1　营业预算

一、销售预算★★★

销售预算是整个预算的编制起点，其他预算的编制都以销售预算为基础。

计算公式：

收入=单价×数量

本期现金收入=当期销售收入按照收现比例本期收到的现金+前期销售收入按照收现比例本期收到的现金。

二、生产预算★★★

生产预算是在销售预算的基础上编制的，主要内容有销售量、期初和期末产成品存货以及预计生产量。

【要点】

(1)唯一只以实物量表示的预算，不涉及价值量。

(2)计算公式：①预计期末产成品存货=下季度销售量×百分比例；②预计期初产成品存货=上季度末产成品存货；③预计生产量=(预计销售量+预计期末产成品存货)-预计期初产成品存货。

三、直接材料预算★★★

直接材料预算是以生产预算为基础编制的，还要考虑材料存货水平。

计算公式：

预计材料采购数量=(生产需用量+期末存量)-期初存量

材料采购支出金额=当期采购金额按照付款比例本期支付的现金+前期采购金额按照付款比例本期支付的现金

四、直接人工预算★

直接人工预算是以生产预算为基础编制的，主要内容有预计产量、单位产品工时、人工总工时、每小时人工成本和人工总成本。

五、制造费用预算★

制造费用预算分为变动制造费用和固定制造费用两部分进行预算。

(1)变动制造费用以生产预算为基础来编制。

(2)固定制造费用，需要逐项进行预计，通常与本期产量无关，可按每期实际需要的支付额预计，然后求出全年数。

(3)为便于以后编制现金预算，需要预计现金支出，根据每个季度制造费用数额扣除折旧费后，即可得出"现金支出的费用"。

(4)制造费用分配率=制造费用预算额/预算人工总工时。

六、产品成本预算★

产品成本预算是销售预算、生产预算、直接材料预算、直接人工预算和制造费用预算的汇总，主要内容是产品的单位成本和总成本。

七、销售费用和管理费用预算★

销售费用预算是指为了实现销售预算所需安排的费用预算，以销售预算为基础编制。

管理费用预算是企业管理业务所必需的费用，多属于固定成本，所以，一般是以过去的实际开支为基础，按预算期的可预见变化来调整。

例解答·练

例题

例 1.(单选题)某公司预计计划年度期初应收账款余额为200万元，1至3月份销售收入分别为500万元、600万元和800万元，每月的销售额当月收回70%，次月收回30%。则预计第一季度现金收入额是(　　)。

A. 2100万元　　B. 1900万元

C. 1860万元　　D. 1660万元

解 第一季度现金收入额=200+500+600+800×70%=1860(万元)。

答 C

例 2.(多选题)在编制生产预算时，计算某种产品预计生产量应考虑的因素包括(　　)。

A. 预计材料采购量　　B. 预计产品销售量

C. 预计期初产品存货量　　D. 预计期末产品存货量

解 某种产品预计生产量=预计销售量+预计期末产品存货量–预计期初产品存货量，可见预计生产量不需考虑材料采购量。

答 BCD

例 3.(单选题·2019年)甲公司正在编制直接材料预算，预计单位产品材料消耗量10千克；材料价格50元/千克，第一季度期初、期末材料存货分别为500千克和550千克；第一季度、第二季度产成品销量分别为200件和250件；期末产成品存货按下季度销量10%安排。预计第一季度材料采购金额是(　　)元。

A. 102500　　B. 105000

C. 130000　　D. 100000

解 第一季度末产成品数量=250×10=25(件)，第一季度初产成品数量=200×10%=20(件)，第一季度生产量=200+25−20=205（件），材料生产需要量=205×10=2050(千克)，第一季度材料采购量=2050+550−500=2100（千克)，预计第一季度材料采购金额=2100×50=105000(元)。

答 B

例 4.(多选题)下列各项预算中，以生产预算为基础编制的有(　　)。

A. 直接材料预算　　B. 直接人工预算

C. 销售费用预算　　D. 固定制造费用预算

解 直接人工预算、直接材料预算以生产预算为基础编制，选项AB正确；销售费用预算以销售预算为基础，选项C排除；固定制造费用预算，需要逐项进行预计，通常与本期产量无关，按每季度实际需要的支付额预计，然后求出全年数，选项D排除。

答 AB

习题

1.【单选题】甲公司正在编制下一年度的生产预算，期末产成品存货按照下季度销量的10%安排。预计一季度和二季度的销售量分别为150件和200件，一季度的预计生产量是(　　)件。

A. 145　　B. 150

C. 155　　D. 170

2.【单选题】甲企业生产一种产品，每件产品消耗材料10千克。预计本期产量155件，下期产量198件，本期期初材料310千克，期末材料按下期产量用料的20%确定。本期预计材料采购量为(　　)千克。

A. 1464　　B. 1860

C. 1636　　D. 1946

3.【单选题】某企业2018年第一季度产品生产量预算为1500件，单位产品材料用量5千克/件，年初材料库存量1000千克，第一季度还要根据第二季度生产耗用材料的10%安排季末存量，预计第二季度生产耗用7800千克材料。材料采购价格预计12元/千克，年初应付账款为20000元，企业各季度采购金额中60%当季度付现，40%下季度付现，则该企业第一季度材料现金支出金额为(　　)。

A. 72416 元　　　　　　　　　　B. 87360 元

C. 92640 元　　　　　　　　　　D. 99360 元

4. 【**多选题**】(2019 年)编制直接人工预算时，影响直接人工总成本的因素有(　　)。

A. 预计直接人工工资率　　　　　B. 预计车间辅助人员工资

C. 预计单位产品直接人工工时　　D. 预计产量

参考答案及解析

1. C 【**解析**】一季度预计生产量=150+200×10% −150×10% =155(件)。

2. C 【**解析**】本期期末材料=198×10×20% =396(千克)，本期预计材料采购量=生产需用量+期末材料−期初材料=155×10+396−310=1636(千克)。

3. A 【**解析**】采购量=1500×5+7800×10% −1000=7280(千克)

采购金额=7280×12=87360(元)

第一季度材料现金支出=87360×60% +20000=72416(元)

4. ACD 【**解析**】直接人工预算是以生产预算为基础编制的。其主要内容有预计产量、单位产品(直接人工)工时、人工总工时、每小时人工成本(即直接人工工资率)和人工总成本。

DAY 69 现金预算的编制

划重点

现金预算由四部分组成：可供使用现金、现金支出、现金多余或不足、现金的筹措和运用。

计算公式：

(1)可供使用现金=期初现金余额+预算期现金收入。

(2)现金支出包含预算期的各项现金支出。

(3)现金多余或不足列式可供使用现金与现金支出合计的差额：①现金多余，可用于偿还银行借款或者用于短期投资；②现金不足，需向银行借款。

(4)期末现金余额=现金多余或不足+现金筹措额−现金运用额。

例解答·练

例题

例 1.(多选题)下列营业预算中，通常需要预计现金支出的有(　　)。

A. 生产预算　　B. 销售费用预算

C. 制造费用预算　　D. 直接材料预算

解 生产预算是在销售预算的基础上编制的，其主要内容有销售量、生产量、期初和期末产成品存货量，它是不含价值量指标的预算，只涉及实物量指标。因此选项A不是答案；销售费用预算、制造费用预算、直接材料预算都涉及价值量指标，需要预计现金支出，所以本题答案为选项BCD。

答 BCD

例 2.(计算分析题)甲公司是一家制造企业，正在编制2020年第一、二季度现金预算，年初现金余额52万元。

相关资料如下：

(1)预计第一季度销量30万件，单位售价100元；第二季度销量40万件，单位售价90元；第三季度销量50万件，单位售价85元，每季度销售收入60%当季收现，40%下季收现，2020年初应收账款余额800万元，第一季度收回。

(2)2020年初产成品存货3万件，每季末产成品存货为下季销量的10%。

(3)单位产品材料消耗量10千克，单价4元/千克，当季所购材料当季全部耗用，季初季末无材料存货，每季度材料采购货款50%当季付现，50%下季付现。2020年初应付账款余额

420万元，第一季度偿付。

(4)单位产品人工工时2小时，人工成本10元/小时；制造费用按人工工时分配，分配率7.5元/小时。销售和管理费用全年400万元，每季度100万元。假设人工成本、制造费用、销售和管理费用全部当季付现。全年所得税费用100万元，每季度预缴25万元。

(5)公司计划在上半年安装一条生产线，第一、二季度分别支付设备购置450万元、250万元。

(6)每季末现金余额不能低于50万元。低于50万元时，向银行借入短期借款，借款金额为10万元的整数倍。借款季初取得，每季末支付当季利息，季度利率2%。高于50万元时，高出部分按10万元的整数倍偿还借款，季末偿还。

第一、二季度无其他融资和投资计划。

要求：

根据上述资料，编制公司2020年第一、二季度现金预算(结果填入下方表格中，不用列出计算过程)。

现金预算 单位：万元

项目	第一季度	第二季度
期初现金余额		
加：销货现金收入		
可供使用的现金合计		
减：各项支出		
材料采购		
人工成本		
制造费用		
销售和管理费用		
所得税费用		
购买设备		
现金支出合计		
现金多余或不足		
加：短期借款		
减：归还短期借款		
减：支付短期借款利息		
期末现金余额		

现金预算 单位：万元

项目	第一季度	第二季度
期初现金余额	52	50
加：销货现金收入	2600	3360
可供使用的现金合计	2652	3410

续表

项目	第一季度	第二季度
减：各项支出		
材料采购	1040	1440
人工成本	620	820
制造费用	465	615
销售和管理费用	100	100
所得税费用	25	25
购买设备	450	250
现金支出合计	2700	3250
现金多余或不足	−48	160
加：短期借款	100	0
减：归还短期借款	0	100
减：支付短期借款利息	2	2
期末现金余额	50	58

思路点拨 ①第一季度销货现金收入＝30×100×60%＋800＝2600（万元），第二季度销货现金收入＝30×100×40%＋40×90×60%＝3360（万元）。

②预计生产量＝预计销售量＋预计期末产成品数量－预计期初产成品数量，第一季度初产成品存货为3万件，第一季度末产成品存货为40×10%＝4（万件），第二季度末产成品存货为50×10%＝5（万件），第一季度销量30万件，第二季度销量40万件。所以，第一季度预计生产量＝30＋4－3＝31（万件），第二季度预计生产量＝40＋5－4＝41（万件）。第一季度采购现金支出＝31×10×4×50%＋420＝1040（万元），第二季度采购现金支出＝31×10×4×50%＋41×10×4×50%＝1440（万元）。

③第一季度人工成本支出＝31×2×10＝620（万元），第二季度人工成本支出＝41×2×10＝820（万元）。

④第一季度制造费用支出＝31×2×7.5＝465（万元），第二季度制造费用支出＝41×2×7.5＝615（万元）。

⑤设第一季度短期借款A万元，

则$-48+A-A\times2\%\geqslant50$，解得$A\geqslant100$，借款金额为10万元的整数倍，所以借款100万元，第一季度支付利息＝100×2%＝2（万元）。

设第二季度归还短期借款B万元，

则$160-B-2\geqslant50$，解得$B\leqslant108$，由于按10万元的整数倍偿还借款，所以归还短期借款100万元。

习题

1.【单选题】某期现金预算中假定出现了正值的现金余缺，且超过额定的期末现金余额时，单纯从财务预算调剂现金余缺的角度看，该期不宜采用的措施是（　　）。

A. 偿还部分借款利息　　B. 偿还部分借款本金

C. 抛售短期有价证券　　D. 购入短期有价证券

2.【计算分析题】甲公司是一家蔗糖生产企业，每年 12 月份编制下一年的分季度现金预算。2019 年末，预计 2020 年的相关资料如下：

(1)该公司只生产一种 1 千克装的白砂糖。由于作为原料的甘蔗有季节性，采购、生产只在第一、四季度进行，但销售全年发生。

(2)销售收入预计：第一季度 1500 万元，第二季度 750 万元，第三季度 750 万元，第四季度 1500 万元。所有销售均为赊销。每季度赊销款的 2/3 当季收回，另外 1/3 下一季度收回，应收账款年初余额 500 万元，预计可在第一季度收回。

(3)原料采购预计：甘蔗全年原料采购预计支出 800 万元；第一季度预付原料采购款的 50%，第四季度收储原料并支付剩余的 50% 尾款。

(4)付现费用预计：直接人工费用第一、四季度均为 700 万元；制造费用第一、四季度均为 500 万元；第二、三季度不进行生产，不发生直接人工和制造费用；销售和管理费用第一季度 100 万元、第二季度 50 万元、第三季度 50 万元、第四季度 100 万元。直接人工费用、制造费用、销售和管理费用，均于当季支付。全年所得税费用 200 万元，分 4 个季度预交，每季度支付 50 万元。

(5)公司计划在下半年安装两条新生产线，第三、四季度分别支付设备及安装款 400 万元、200 万元。

(6)2019 年末，公司有现金 12 万元，没有短期投资。为应对季节生产所需的大量资金，2019 年末公司从银行借入短期借款 255 万元。除该短期借款外，公司没有其他负债。

公司根据下季度现金净需求额外加 10 万元浮动额确定季末最低现金余额，如下季度现金净需求额为负，则最低现金金额为 10 万元。实有现金低于最低现金余额时，如果有短期投资，先变卖短期投资，仍不足时，再向银行借入短期借款；超过最低现金余额时，如果有短期借款，先偿还短期借款，仍有剩余时，再进行短期投资。借款、偿还借款、投资和收回投资，数额均为 5 万元的倍数，均在季度末发生。短期借款年利率为 8%，每季度末付息一次；短期投资年报酬率为 4%，每季度末结算一次。假设不考虑借款和投资的交易费用。

(7)为简化计算，假设 2021 年第一季度的预计销售收入、原料采购及付现费用与 2020 年第一季度相同。

要求：

根据上述资料，编制公司现金预算(结果填入下方表格中，不用列出计算过程)。

现金预算　　　　单位：万元

季度	一	二	三	四	合计
期初现金余额					
销货现金收入：					
本期销售本期收款					
上期销售本期收款					
可供使用现金					
现金支出：					
原料采购					

续表

季度	一	二	三	四	合计
直接人工					
制造费用					
销售与管理费用					
所得税费用					
设备购置及安装					
现金支出合计					
向银行借款					
归还银行借款					
支付借款利息					
短期投资					
收回短期投资					
获取投资报酬					
期末现金余额					

参考答案及解析

1. C 【解析】出现了正值的现金收支余缺，且超过额定的期末现金余额时，应该归还短期借款本息或者购买短期有价证券。

2.

现金预算 单位：万元

季度	一	二	三	四	合计
期初现金余额	12+255=267	11.9	11.8	713.2	267
本期销售本期收款	1500×2/3=1000	750×2/3=500	750×2/3=500	1500×2/3=1000	3000
上期销售本期收款	500	1500×1/3=500	750×1/3=250	750×1/3=250	1500
可供使用的现金合计	1767	1011.9	761.8	1963.2	4767
现金支出：					
原料采购	400			400	800
直接人工	700			700	1400
制造费用	500			500	1000
销售与管理费用	100	50	50	100	300
所得税费用	50	50	50	50	200
设备购置及安装			400	200	600
现金支出合计	1750	100	500	1950	4300
向银行借款				50	50
归还银行借款		255			255
支付借款利息	255×2%=5.1	5.1			10.2
短期投资		640			640

续表

季度	一	二	三	四	合计
收回短期投资			445	195	640
获取投资报酬			640×1% =6.4	195×1% =1.95	8.35
期末现金余额	11.9	11.8	713.2	260.15	260.15

思路点拨 ①关于期末最低现金余额的确定：题中说到“公司根据下季度现金净需求额外加10万元浮动额确定季末的最低现金余额。如下季度现金净需求额为负，则最低现金额为10万元。”其中的“现金净需求额=现金支出合计-(本期销售本期收款+上期销售本期收款)”，所以，第一季度和第二季度的期末最低现金余额为10万元，第三季度的期末最低现金余额为(1950-1000-250)+10=710(万元)。题中又说到，为简化计算，假设2021年第一季度的预计销售收入、原料采购及付现费用与2020年第一季度相同。也就是说，2021年第一季度的现金净需求额=2020年第一季度的现金净需求额(1750-1000-500=250万元)，所以，2020年第四季度的期末最低现金余额为250+10=260(万元)。

②第二季度实有现金=1011.9-100-5.1=906.8(万元)，与期末最低现金余额的差额=906.8-10=896.8(万元)。由于实有现金超过最低现金余额时，如果有短期借款，先偿还短期借款，仍有剩余时，再进行短期投资。偿还借款和投资数额均为5万元的倍数。所以，第二季度偿还短期借款255万元，短期投资的最大数额=896.8-255=641.8(万元)，取5万元的倍数得640万元。

③第三季度实有现金=761.8-500+6.4=268.2(万元)，低于期末最低现金余额(710万元)，期末最低现金余额与第三季度实有现金的差额=710-268.2=441.8(万元)。由于实有现金低于最低现金余额时，如果有短期投资，先变卖短期投资，仍不足时，再向银行借入短期借款；借款和收回投资，数额均为5万元的倍数。所以，第三季度应该变卖短期投资445万元。

④第四季度实有现金=1963.2-1950+1.95=15.15(万元)，低于期末最低现金余额(260万元)，期末最低现金余额与第三季度实有现金的差额=260-15.15=244.85(万元)，由于实有现金低于最低现金余额时，如果有短期投资，先变卖短期投资，仍不足时，再向银行借入短期借款；借款和收回投资，数额均为5万元的倍数。所以，第三季度应该变卖短期投资445万元。所以，第四季度应该收回640-445=195(万元)投资，借入短期借款的最小额=244.85-195=49.85(万元)，取5万元的倍数得50万元。

利润表和资产负债表预算的编制

划重点

一、利润表预算★

利润表预算表格形式如表 70-1 所示。

表 70-1 利润表预算

单位：元

项目	金额
销售收入(取自销售预算)	
销货成本(取自产品成本预算)	
毛利	
销售及管理费用(取自销售和管理费用预算)	
借款利息(取自现金预算)	
利润总额	
所得税费用(取自现金预算)	
净利润	

【要点】

(1)按照权责发生制编制。

(2)“所得税”费用项目是在利润预测时估计的，并已列入现金预算。它通常不是根据“利润总额”和所得税税率计算出来的。

二、资产负债表预算★

资产负债表预算特点及编制基础如表 70-2 所示。

表 70-2 资产负债表预算特点及编制基础

特点	反映预算期末的财务状况
编制基础	该表是利用本期期初资产负债表，根据有关营业和财务等预算的有关数据加以调整编制的

资产负债表预算表格形式如表 70-3 所示。

表 70-3　资产负债表预算　　单位：元

资产			负债和权益		
项目	年初	年末	项目	年初	年末
现金(取自现金预算)			应付账款(取自直接材料预算)		
应收账款(取自销售预算)			长期借款		
直接材料(取自直接材料预算)			普通股		
产成品(取自产品成本预算)			未分配利润		
固定资产					
资产总额			负债和权益总额		

【要点】

(1)现金：取自于现金预算，即第四季度的期末余额。

(2)应收账款：根据销售预算，期末应收账款=本期销售额×(1-本期收现率)。

(3)直接材料：根据直接材料预算。

(4)产成品：直接取自产品成本预算。

(5)固定资产：现金预算中涉及。

(6)应付账款："应付账款"是根据直接材料预算中的第四季度采购金额和付现率计算，期末应付账款=本期采购金额×(1-本期付现率)。

(7)未分配利润：期末未分配利润=期初未分配利润+本期利润-本期股利(现金预算表)。

例解答·练

例题

例 (多选题)编制资产负债表预算时，下列预算中，能够直接为"存货"项目年末余额提供数据来源的有(　　)。

A. 销售预算　　B. 产品成本预算

C. 直接材料预算　　D. 生产预算

解 资产负债表中，"存货"项目年末数据直接来源为产品成本预算、直接材料预算。

答 BC

习题

【多选题】下列关于全面预算中的利润表预算编制的说法中，正确的有(　　)。

A. "销售收入"项目的数据，来自销售预算

B. "销货成本"项目的数据，来自生产预算

C. "销售及管理费用"项目的数据，来自销售及管理费用预算

D. "所得税费用"项目的数据，通常是根据利润表预算中的"利润"项目金额和本企业适用的法定所得税税率计算出来的

参考答案及解析

AC 【解析】在编制利润表预算时，“销售成本”项目的数据，来自产品成本预算，选项 B 的说法不正确；“所得税费用”项目的数据是在利润规划时估计的，并已列入现金预算，通常不是根据“利润”和所得税税率计算出来的，选项 D 的说法不正确。

专题十五 责任会计

本专题包含5天的学习内容，具体如下：

DAY71　企业组织结构与责任中心划分

DAY72　成本中心（一）

DAY73　成本中心（二）

DAY74　利润中心

DAY75　投资中心

其中，比较重要的考点是DAY72-75，需要重点掌握。

DAY 71 企业组织结构与责任中心划分

划重点

一、企业的集权与分权★

（一）集权（见表71-1）

表71-1 集权

概念	集权是把企业经营管理权限较多集中在企业上层的一种组织形式
优点	(1)便于提高决策效率，对市场作出迅速反应。 (2)容易实现目标的一致性。 (3)可以避免重复和资源浪费
缺点	容易形成对高层管理者的个人崇拜，形成独裁，导致将来企业高管更替困难，影响企业长远发展

（二）分权（见表71-2）

表71-2 分权

概念	分权是把企业的经营管理权适当的分散在企业的中下层的一种组织形式
优点	(1)可以让高层管理者将主要精力集中于重要事务。 (2)权力下放，可以充分发挥下属的积极性和主动性，增加下属的工作满足感，便于发现和培养人才。 (3)下属拥有一定的决策权，可以减少不必要的上下沟通，并可以对下属权限内的事情迅速作出反应
缺点	可能产生与企业整体目标不一致的委托—代理问题

二、科层组织结构（见表71-3）★

表71-3 科层组织结构

管理机构设置	(1)两类管理机构：直线指挥机构与参谋职能机构。 (2)两类管理人员：直线人员（主体）与参谋人员（辅助）。 (3)企业生产经营的决策权力主要集中在最高层的直线领导手中
优点	(1)各个职能部门目标明确，部门主管容易控制和规划。 (2)同类专业员工一起共事、相互学习、提高技能。 (3)内部资源较为集中，可减少不必要的重复和浪费
缺点	(1)部门之间的工作协调常会出现困难，各自为政，争夺公司资源。 (2)员工只看到本部门的目标和利益，缺乏整体意识和创新精神。 (3)整个企业对外在环境的反应比较迟钝

三、事业部制组织结构

事业部制是一种分权的组织结构，把分权管理与独立核算结合在一起，在总公司统一领导下，按照产品、地区或者市场(客户)划分经营单位(即事业部)，事业部是在总公司控制下的利润中心。其主要特点是：

(1)在总公司之下，企业按照产品类别、地区类别或者顾客类别设置生产经营事业部。

(2)每个事业部设置各自的执行总经理，对其事业部的收入、成本和利润的实现负全部责任。

(3)总公司在重大问题上集中决策，各个事业部是独立经营、独立核算、自负盈亏的利润中心。

(4)总公司的利润是各个事业部利润之和，总公司对各个事业部下达利润指标，各个事业部必须保证实现总公司下达的利润指标。

四、网络组织结构

网络组织结构单元和单元之间的关系类似于一个网络，因此称为扁平化网络组织(N 型组织)。从总体上看，它是一个由众多独立的创新经营单位组成的彼此有紧密联系的网络，其主要特点如表 71-4 所示：

表 71-4　网络组织结构的主要特点

分散性	网络组织结构是由为数众多且具有很大独立性的小规模经营单位构成的企业联合体
创新性	创新活动由过去少数高层管理人员推动转变为企业基层人员的重要职责
高效性	行政管理和辅助职能部门被精简
协作性	独立的小规模经营单位在生产经营中必须大量依赖与其他单位的广泛合作，管理会计信息开始“由内而外”，协调和服务于企业集团的整体利益

例解答·练

例题

例 (单选题)关于分权的企业组织结构的优缺点，下列表述不正确的是(　　)。

A. 提高决策效率

B. 减少不必要的上下沟通

C. 可以充分发挥下属的积极性和主动性

D. 产生委托代理问题

解 分权的优点：①可以让高层管理者将主要精力集中于重要事务；②权力下放，可以充分发挥下属的积极性和主动性，增加下属的工作满足感，便于发现和培养人才；③下属拥有一定的决策权，可以减少不必要的上下沟通，并可以对下属权限内的事情迅速作出反应。缺点：可能产生与企业整体目标不一致的委托—代理问题。因此，选项 A 表述不正确，它是集权的优点。

答 A

习题

【多选题】关于集权的企业组织结构的优缺点，下列表述正确的是(　　)。

A. 对市场作出迅速反应

B. 发挥下属的积极性和主动性

C. 容易形成独裁

D. 把企业经营管理权限较多的集中在企业上层

参考答案及解析

AC 【解析】集权的优点：①便于提高决策效率，对市场作出迅速反应；②容易实现目标的一致性；③可以避免重复和资源浪费。缺点：容易形成对高层管理者的个人崇拜，形成独裁，导致将来企业高管更替困难，影响企业长远发展。选项 B 是分权的优点，选项 D 是集权的概念，因此，选项 AC 表述正确。

DAY 72 成本中心（一）

划重点

一、成本中心的划分和类型★★

（一）成本中心的概念和特点（见表 72-1）

表 72-1　成本中心的概念和特点

概念	成本中心是指只对其成本或费用承担经济责任并负责控制和报告成本或费用的责任中心
特点	(1)这个责任中心往往没有收入，或者有少量收入，但不成为主要的考核内容。 (2)任何发生成本的责任领域，都可以确定为成本中心，大的成本中心可能是一个分公司、分厂，小的成本中心可能是一台卡车、两个司机组成的单位

（二）成本中心的类型及特点（见表 72-2）

表 72-2　成本中心的类型及特点

类型	标准成本中心	费用中心
产出物的特点	所生产的产品稳定而明确，产出物能用财务指标来衡量	产出物不能用财务指标来衡量
投入和产出之间的关系	投入和产出之间有密切关系	投入和产出之间没有密切关系
适用情况	各行业都可能建立标准成本中心	费用中心包括一般行政管理部门、研究开发部门以及某些销售部门
举例	银行经手的票据、医院接受检查或放射治疗的人数、快餐业售出的盒饭多少等	行政管理部门、研究开发部门、销售部门等

二、成本中心的考核指标（见表 72-3）★★

表 72-3　成本中心的考核指标

类型	标准成本中心	费用中心
考核指标	是既定产品质量和数量条件下的标准成本。 不对生产能力的利用程度负责，而只对既定产量的投入量承担责任	通常使用费用预算来评价其成本控制业绩。要结合费用中心的工作质量和服务水平作出有根据的判断

例解答·练

例题

例 (单选题)适合于建立标准成本中心进行成本控制的单位是(　　)。

A. 行政管理部门　　B. 医院放射科

C. 企业研究开发部门　　D. 企业广告宣传部门

解 医院放射科可以根据接受放射治疗的人数明确投入与产出之间的关系，可建立标准成本中心，选项 B 正确；行政管理部门、企业研究开发部门、企业广告宣传部门属于产出物不能用财务指标衡量、或投入和产出之间没有密切关系的部门，适合建立费用中心进行成本控制，选项 ACD 排除。

答 B

习题

【单选题】 下列有关标准成本中心的说法中，不正确的是(　　)。

A. 不需要作出产品结构决策

B. 不需要作出设备和技术决策

C. 需要对生产能力的利用程度负责

D. 应严格执行产量计划，不应超产或减产

参考答案及解析

C **【解析】** 标准成本中心的产品结构决策、设备和技术决策通常由职能管理部门作出，而不是由成本中心的管理人员自己决定的，选项 AB 说法正确；标准成本中心不对生产能力的利用程度负责，而只对既定产量的投入量承担责任。如果标准成本中心的产品没有达到规定的质量，或没有按计划生产，则会对其他单位产生不利影响。因此，标准成本中心必须严格按规定的质量、时间标准和计划产量来进行生产，选项 D 说法正确，选项 C 说法不正确。

DAY 73 成本中心（二）

划重点

责任成本★★★

(一)概念及特点

1. 概念

特定责任中心的全部可控成本。

2. 三大成本计算的比较(见表73-1)

表73-1 三大成本计算的比较

项目	责任成本计算	制造成本计算	变动成本计算
核算目的	评价成本控制业绩	确定存货成本和销售成本	进行经营决策
成本计算对象	责任中心	产品	产品
成本的范围	只包括各责任中心的可控成本	直接材料、直接人工和全部制造费用	直接材料、直接人工和变动制造费用以及变动销售和管理费用
共同费用的分配原则	按可控原则分配，谁控制谁负责，将可控的变动间接费和可控的固定间接费都要分配给责任中心	按受益原则分配。谁受益谁承担，要分摊全部的制造费用(既分摊变动制造费用，也要分摊固定制造费用)	按受益原则分配。谁受益谁承担，只分摊变动制造费用

(二)可控成本及其确定

1. 概念

可控成本是指在特定时期内、特定责任中心能够直接控制其发生的成本。

【要点】

第一，可控成本总是针对特定责任中心来说的。

第二，区别可控成本和不可控成本，还要考虑成本发生的时间范围。

从整个企业的空间范围和很长的时间范围来观察，所有成本都是人的某种决策或行为的结果，都是可控的。

2. 可控成本的三个条件

可控成本通常应符合以下三个条件：

(1)成本中心有办法知道将发生什么样性质的耗费。

(2)成本中心有办法计量它的耗费。

(3)成本中心有办法控制并调节它的耗费。

3. 确定可控成本的原则

(1)假如某责任中心通过自己的行动能有效地影响一项成本的数额，那么该中心就要对这项成本负责。

(2)假如某责任中心有权决定是否使用某种资产或劳务，它就应对这些资产或劳务的成本负责。

(3)某管理人员虽然不直接决定某项成本，但是上级要求他参与有关事项，从而对该项成本的支出施加了重要影响，则他对该成本也要承担责任。

(三)制造费用归属和分摊方法

一般依次按下述五个步骤来处理，如表 73-2 所示：

表 73-2　制造费用归属和分摊方法

步骤	处理范围和方式
(1)直接计入责任中心	将可以直接判别责任归属的费用项目，直接列入应负责的成本中心。 例如：机物料消耗、低值易耗品的领用等
(2)按责任基础分配	对于不能直接归属于特定成本中心的费用，优先采用责任基础分配。 例如：动力费、维修费等
(3)按受益基础分配	有些费用不是专门属于某个责任中心的，也不宜用责任基础分配，但与各中心的受益多少有关，可按受益基础分配。 例如：按装机功率分配电费等
(4)归入某一个特定的责任中心	有些费用既不能用责任基础分配，也不能按受益基础分配，则考虑有无可能将其归属于一个特定的责任中心。 例如：车间的运输费用、试验检验费用等
(5)不进行分摊	不能归属于任何责任中心的固定成本，不进行分摊，可暂时不加控制，作为不可控费用。 例如：车间厂房的折旧等

例解答·练

例题

例 (单选题)下列各项中，不属于划分成本中心可控成本的条件是(　　)。

A. 成本中心有办法弥补该成本的耗费

B. 成本中心有办法控制并调节该成本的耗费

C. 成本中心有办法计量该成本的耗费

D. 成本中心有办法知道将发生什么样性质的耗费

解 所谓可控成本通常应符合以下三个条件：①成本中心有办法知道将发生什么样性质的耗费；②成本中心有办法计量它的耗费；③成本中心有办法控制并调节它的耗费。

答 A

习题

1. 【多选题】判别一项成本是否归属责任中心的原则有(　　)。

A. 责任中心是否使用了引起该项成本发生的资产或劳务

B. 责任中心能否通过行动有效影响该项成本的数额

C. 责任中心是否有权决定使用引起该项成本发生的资产或劳务

D. 责任中心能否参与决策并对该项成本的发生施加重大影响

2. 【多选题】甲公司将某生产车间设为成本责任中心，该车间领用材料型号为001，另外还发生机器维修费、试验检验费以及车间折旧费。下列关于成本费用责任归属的表述中，正确的有(　　)。

A. 型号为001的材料费用直接计入该成本责任中心

B. 车间折旧费按照受益基础分配计入该成本责任中心

C. 机器维修费按照责任基础分配计入该成本责任中心

D. 试验检验费归入另一个特定的成本责任中心

参考答案及解析

1. BCD 【解析】通常，可以按以下原则确定责任中心的可控成本：(1)假如某责任中心通过自己的行动能有效地影响一项成本的数额，那么该中心就要对这项成本负责。(2)假如某责任中心有权决定是否使用某种资产或劳务，它就应对这些资产或劳务的成本负责。(3)某管理人员虽然不直接决定某项成本，但是上级要求他参与有关事项，从而对该项成本的支出施加了重要影响，则他对该成本也要承担责任。

2. ACD 【解析】型号为001的材料费用可以直接判别责任归属，应直接计入该成本责任中心，选项A正确；折旧费属于以前决策的结果，短期内无法改变，可暂时不加控制，作为不可控费用，不进行分摊，选项B错误；机器维修费不能直接归属于该成本责任中心，但是数额受该成本责任中心的控制，并且能找到合理依据来分配，所以，应按照责任基础分配，选项C正确；试验检验费是需要分摊的费用，但是不能用责任基础分配，由于与受益多少无关，也不能按受益基础分配，所以，可归属于一个特定的责任中心，选项D正确。

DAY 74 利润中心

划重点

一、利润中心的划分和类型

1. 概念

利润中心是指对利润负责的责任中心。由于利润等于收入减去成本或费用，所以利润中心是对收入成本或费用都要承担责任的责任中心。

2. 类型(见表 74-1)

表 74-1 利润中心的类型

自然利润中心	直接向公司外部出售产品，在市场上进行购销业务
人为利润中心	主要在公司内部按照内部转移价格出售产品

二、利润中心的考核指标(见表 74-2)★★★

对于利润中心进行考核的指标主要是利润。尽管利润指标具有综合性，但仍然需要一些非货币的衡量方法作为补充，包括生产率、市场地位、产品质量、职工态度、社会责任、短期目标和长期目标的平衡等。

表 74-2 利润中心的考核指标

指标	特点
部门边际贡献=部门销售收入-部门变动成本总额	以部门边际贡献作为利润中心的业绩评价依据不够全面
部门可控边际贡献=部门边际贡献-部门可控固定成本	以部门可控边际贡献作为业绩评价依据可能是最好的，它反映了部门经理在其权限和控制范围内有效使用资源的能力
部门税前经营利润=部门可控边际贡献-部门不可控固定成本	以部门税前经营利润作为业绩评价依据，可能更适合评价该部门对公司利润和管理费用的贡献，而不适合于部门经理的评价

三、内部转移价格★★

内部转移价格，是指企业内部分公司、分厂、车间、分部等责任中心之间相互提供产品(或服务)、资金等内部交易时所采用的计价标准。

1. 制定目的

(1)防止成本转移带来的部门间责任转嫁，使每个利润中心都能作为单独的组织单位进行业绩评价。

(2)作为一种价格引导下级部门采取明智的决策，生产部门据此确定提供产品的数量，购买部门据此确定所需要的产品数量。

2. 类型(见表 74-3)

表 74-3　内部转移价格的类型

内部转移价格的种类	概念	适用范围
价格型	以市场价格为基础、由成本和毛利构成的内部转移价格	一般适用于内部利润中心
成本型	指以标准成本等相对稳定的成本数据为基础制定的内部转移价格	一般适用于内部成本中心
协商型	是指企业内部供求双方为使双方利益相对均衡，通过协商机制制定的内部转移价格。 协商价格的取值范围通常较宽，一般不高于市场价，不低于变动成本	主要适用于分权程度较高的企业

3. 价格型内部转移价格的具体应用(见表 74-4)

表 74-4　价格型内部转移价格的具体应用

应用	内部转移价格选择
提供的产品(或服务)经常外销且外销比例较大的，或提供的产品(或服务)有外部活跃市场可靠报价的	外销价格或活跃市场报价
一般不对外销售且外部市场没有可靠报价的产品(或服务)，或企业管理层和有关各方认为不需要频繁变动价格的	可参照外部市场或预测价格
责任中心没有外部市场但企业出于管理需要设置为模拟利润中心的	在生产成本基础上加一定比例毛利

例解答·练

例题

例 1. (单选题·2019 年)甲公司月销售收入为 50 万元，边际贡献率为 30%，该公司仅有 A、B 两部门，其中 A 部门变动成本为 30 万元，边际贡献率为 25%，下列各项中错误的是(　　)。

A. A 部门的变动成本率为 70%　　B. A 部门的边际贡献为 10 万元

C. B 部门的边际贡献率为 50%　　D. B 部门的销售收入为 10 万元

解 变动成本率+边际贡献率=1，所以 A 部门的变动成本率=1-25%=75%，选项 A 不正确。A 部门销售收入=30/75%=40(万元)，则 A 部门边际贡献=40×25%=10(万元)，选项 B 正确。B 部门销售收入=50-40=10(万元)，选项 D 正确。该公司边际贡献总额=50×30%=15(万元)，B 部门边际贡献=15-10=5(万元)，B 部门边际贡献率=5/10×100%=50%，选项 C 正确。

答 A

例 2. (多选题)以下关于内部转移价格的表述中，正确的有(　　)。

A. 协商型内部转移价格一般不高于市场价，不低于变动成本

B. 协商型内部转移价格主要适用于分权程度较高的企业

C. 成本型内部转移价格是指以企业基期成本为基础加以调整计算的价格

D. 价格型内部转移价格一般适用于自然利润中心，不适合人为利润中心

解 成本型内部转移价格是指以标准成本等相对稳定的成本数据为基础制定的内部转移价格，C表述错误；价格型内部转移价格一般适用于内部利润中心，无论人为利润中心还是自然利润中心都适用，选项D错误。

答 AB

习题

1.【单选题】甲部门是一个利润中心。下列各项指标中，考核该部门经理业绩最适合的是(　　)。

A. 部门边际贡献　　B. 部门税前经营利润

C. 部门税后利润　　D. 部门可控边际贡献

2.【单选题】在采用价格型内部转移价格时，责任中心没有外部市场但企业出于管理需要设置为模拟利润中心的，其内部转移价格应该采用(　　)。

A. 以标准成本等相对稳定的成本数据为基础制定的内部转移价格

B. 在生产成本基础上加一定比例毛利确定的内部转移价格

C. 以外销价格或活跃市场报价确定的内部转移价格

D. 参照外部市场或预测价格制定模拟市场价确定的内部转移价格

参考答案及解析

1. D 【解析】部门可控边际贡献反映了部门经理在其权限和控制范围内有效使用资源的能力，用部门可控边际贡献为业绩评价依据是最佳选择，所以本题答案为选项D。

2. B 【解析】选项A是成本型转移价格，选项C适用于责任中心提供的产品(或服务)经常外销且外销比例较大的，或提供的产品(或服务)有外部活跃市场可靠报价的利润中心；选项D适用于一般不对外销售且外部市场没有可靠报价的产品(或服务)，或企业管理层和有关各方认为不需要频繁变动价格的利润中心。

DAY 75 投资中心

划重点

一、投资中心的划分★

（1）投资中心是指某些分散经营的单位或部门，其经理所拥有的自主权不仅包括制定价格、确定产品和生产方法等经营决策权，而且还包括投资规模和投资类型等投资决策权。

（2）投资中心的经理不仅能控制除公司分摊管理费用外的全部成本和收入，而且能控制占用的资产，因此，对于投资中心不仅要衡量其利润，而且要衡量其资产的投资报酬率。

二、投资中心的考核指标★★★

1. 部门投资报酬率

（1）计算公式。

部门投资报酬率=部门税前经营利润÷部门平均净经营资产

（2）优缺点。

表 75-1　部门投资报酬率的优缺点

优点	（1）它是根据现有的会计资料计算的，比较客观。 （2）相对数指标，可用于部门之间以及不同行业之间的比较。 （3）部门投资报酬率可以分解为投资周转率和部门税前经营利润率两者的乘积，并可进一步分解为资产的明细项目和收支的明细项目，从而对整个部门的经营状况作出评价
缺点	部门经理会放弃高于公司要求的报酬率而低于目前部门投资报酬率的机会，或者减少现有的投资报酬率较低但高于公司要求的报酬率的某些资产，使部门的业绩获得较好评价，但却伤害了公司整体的利益

2. 剩余收益

（1）计算公式。

部门剩余收益=部门税前经营利润−部门平均净经营资产应计报酬

=部门税前经营利润−部门平均净经营资产×要求的税前投资报酬率

（2）优缺点。

表 75-2　剩余收益的优缺点

优点	①与增加股东财富的目标一致，可以使业绩评价与公司的目标协调一致，引导部门经理采纳高于公司资本成本的决策；②允许使用不同的风险调整资本成本
缺点	绝对数指标，不便于不同规模的公司和部门之间的比较，同时，依赖于会计数据的质量

例解答·练

例题

例 1.（多选题）作为评价投资中心的业绩指标，部门投资报酬率的优点有（　　）。

A. 可用于比较不同规模部门的业绩

B. 根据现有会计资料计算，比较方便

C. 可以使业绩评价与公司目标协调一致

D. 有利于从投资周转率以及部门经营利润率角度进行经营分析

解 用部门投资报酬率来评价投资中心业绩有许多优点：它是根据现有的会计资料计算的，比较客观，可用于部门之间以及不同行业之间的比较。部门投资报酬率可以分解为投资周转率和部门经营利润率两者的乘积，并可进一步分解为资产的明细项目和收支的明细项目，从而对整个部门经营状况作出评价。是相对数指标，可用于比较不同规模部门的业绩。因此，选项 ABD 正确。

答 ABD

例 2.（多选题）剩余收益是评价投资中心业绩的指标之一。下列关于剩余收益指标的说法中，正确的有（　　）。

A. 剩余收益可以根据现有财务报表资料直接计算

B. 剩余收益可以引导部门经理采取与企业总体利益一致的决策

C. 计算剩余收益时，对不同部门可以使用不同的资本成本

D. 剩余收益指标可以直接用于不同部门之间的业绩比较

解 部门剩余收益=部门税前经营利润−部门平均净经营资产×要求的税前投资报酬率，其涉及的数据显然并非全部来自于现有财务报表资料，选项 A 错误；利用剩余收益进行业绩评价，可以使部门目标与公司目标协调一致，引导部门经理采纳高于公司资本成本的决策，选项 B 正确；计算剩余收益允许对不同部门或不同资产使用不同的风险调整资本成本，选项 C 正确；剩余收益作为绝对数指标，不便于不同部门之间的业绩比较，选项 D 错误。

答 BC

习题

【计算分析题】 甲公司是一家上市公司，正对内部 A、B 投资中心进行业绩考核。2020 年相关资料如下：

单位：元

	税前经营利润	平均经营资产	平均经营负债	要求的税前投资报酬率
A 投资中心	153000	1350000	75000	10%
B 投资中心	134400	900000	60000	12%

要求：

（1）分别计算 A、B 两个投资中心的部门投资报酬率和部门剩余收益（结果填入下方表格中，不用列出计算过程）。

单位：元

		A 投资中心	B 投资中心
目前状态	部门投资报酬率		
	部门剩余收益		

（2）假定公司现有一投资机会，投资额 20 万元，每年可创造税前经营利润 26000 元，如果 A、B 投资中心都可进行该投资，且投资前后各自要求的税前投资报酬率保持不变，计算 A、B 投资中心分别投资后的部门投资报酬率和部门剩余收益；分析如果公司分别采用投资报酬率和剩余收益对 A、B 投资中心进行业绩考核，A、B 投资中心是否愿意进行该投资（结果填入下方表格中，不用列出计算过程）。

			A 投资中心	B 投资中心
投资后	部门投资报酬率	计算结果		
		是否投资		
	部门剩余收益	计算结果		
		是否投资		

（3）综合上述计算，分析部门投资报酬率和部门剩余收益作为投资中心业绩评价指标的优缺点。

参考答案及解析

（1）

单位：元

		A 投资中心	B 投资中心
目前状态	部门投资报酬率	153000/（1350000−75000）×100% =12%	134400/（900000−60000）×100% =16%
	部门剩余收益	153000−（1350000−75000）×10% =25500	134400−（900000−60000）×12% =33600

（2）

单位：元

			A 投资中心	B 投资中心
投资后	部门投资报酬率	计算结果	（153000+26000）/（1350000−75000+200000）×100% =12. 14%	（134400+26000）/（900000−60000+200000）×100% =15. 42%
		是否投资	投资	不投资
	部门剩余收益	计算结果	（153000+26000）−（1350000−75000+200000）×10% =31500	（134400+26000）−（900000−60000+200000）×12% =35600
		是否投资	投资	投资

（3）用投资报酬率来评价投资中心业绩的优缺点：

优点	（1）它是根据现有的会计资料计算的，比较客观。 （2）相对数指标，可用于部门之间以及不同行业之间的比较。 （3）部门投资报酬率可以分解为投资周转率和部门税前经营利润率两者的乘积，并可进一步分解为资产的明细项目和收支的明细项目，从而对整个部门的经营状况作出评价

续表

缺点	部门经理会放弃高于公司要求的报酬率而低于目前部门投资报酬率的机会，或者减少现有的投资报酬率较低但高于公司要求的报酬率的某些资产，使部门的业绩获得较好评价，但却伤害了公司整体的利益

用部门剩余收益来评价投资中心业绩的优缺点：

优点	(1)与增加股东财富的目标一致，可以使业绩评价与公司的目标协调一致，引导部门经理采纳高于公司资本成本的决策。 (2)允许使用不同的风险调整资本成本
缺点	绝对数指标，不便于不同规模的公司和部门之间的比较，同时，依赖于会计数据的质量

专题十六

业绩评价

本专题包含5天的学习内容，具体如下：

DAY76　财务与非财务业绩评价及关键绩效指标法

DAY77　经济增加值（一）

DAY78　经济增加值（二）

DAY79　平衡计分卡

DAY80　阶段检测

其中，比较重要的考点是DAY77-78，需要重点掌握。

DAY 76 财务与非财务业绩评价及关键绩效指标法

划重点

一、财务业绩评价的优点与缺点（见表 76-1）★

表 76-1　财务业绩评价的优点与缺点

优点	（1）可以反映企业的综合经营成果。 （2）容易从会计系统中获得相应的数据，操作简便，易于理解
缺点	（1）体现的是企业当期的财务成果，反映的是企业的短期业绩，无法反映管理者在企业的长期业绩改善方面所作的努力。 （2）财务业绩是一种结果导向，即只注重最终的财务结果，而对达成该结果的改善过程欠考虑。 （3）财务业绩通过会计数据考核，而会计数据根据公认会计原则产生，受到稳健性原则有偏估计的影响，可能无法公允反映管理层的真正业绩

二、非财务业绩评价的优点与缺点（见表 76-2）★

表 76-2　非财务业绩评价的优点与缺点

优点	可以避免财务业绩评价只侧重过去、比较短视的不足，更体现长远业绩，更体现外部对企业的整体评价
缺点	一些关键的非财务业绩指标往往比较主观，数据的收集比较困难，评价指标数据的可靠性难以保证

三、关键绩效指标法的概念（见表 76-3）

表 76-3　关键绩效指标法的概念

概念	是指基于企业战略目标，通过建立关键绩效指标体系，将价值创造活动与战略规划目标有效联系，并据此进行绩效管理的方法
指标的选择	通过对企业战略目标、关键成果领域的绩效特征分析，识别和提炼出的最能有效驱动企业价值创造的指标
应用方式	可以单独使用，也可以与经济增加值法、平衡计分卡等其他方法结合使用
应用对象	可以是企业，也可以是企业所属的单位（部门）和员工

四、关键绩效指标法的应用★

1. 构建关键绩效指标体系

（1）企业可以分为三个层次来制定关键绩效指标体系：企业级、所属单位（部门）级、岗位

(员工)级。

(2)企业关键绩效指标分为结果类指标和动因类指标，如表76-4所示。

表76-4 企业关键绩效指标

指标	性质	例如
结果类指标	反映企业绩效的价值指标	投资报酬率、权益净利率、经济增加值、息税前利润、自由现金流量等
动因类指标	反映企业价值关键驱动因素的指标	资本性支出、单位生产成本、产量、销量、客户满意度、员工满意度等

(3)关键绩效指标应概念明确、可度量、与战略目标高度相关，每一层级关键绩效指标一般不超过10个。

2. 设定关键绩效指标权重

3. 设定关键绩效指标的目标值

(1)参考国家有关部门或权威机构发布的行业标准或参考竞争对手标准。

(2)参照企业内部标准，包括企业战略目标、年度生产经营计划目标、年度预算目标、历年指标水平等。

(3)根据企业历史经验值确定。

五、关键绩效指标法的优点和缺点(见表76-5)

表76-5 关键绩效指标法的优点和缺点

优点	(1)使企业业绩评价与企业战略目标密切相关，有利于战略目标的实现。 (2)通过识别价值创造模式把握关键价值驱动因素，能够更有效地实现企业价值增值目标。 (3)评价指标数量相对较少，易于理解和使用，实施成本相对较低，有利于推广实施
缺点	关键绩效指标的选取需要透彻理解企业价值创造模式和战略目标，有效识别企业核心业务流程和关键价值驱动因素，指标体系设计不当将导致错误的价值导向或管理缺失

例解答·练

例题

例 (多选题)下列有关非财务业绩评价与财务业绩评价相比的特点表述正确的有(　　)。

A. 财务业绩评价不能直接计量财务结果的改善过程，非财务业绩评价可以计量财务结果的改善过程

B. 财务业绩评价是短期的计量，非财务业绩评价可以计量公司的长期业绩

C. 非财务业绩评价相比财务业绩评价综合性强

D. 财务业绩评价相比非财务业绩评价数据难以获得

解 财务业绩评价相比非财务业绩评价综合性强，选项C错误；财务业绩评价相比非财务业绩评价数据容易获得，选项D错误。

答 AB

习题

【**多选题**】关键绩效指标一般分为结果类和动因类两类指标，下列属于动因类指标的有(　　)。

A. 息税前利润　　　　B. 资本性支出

C. 单位生产成本　　　D. 自由现金流量

参考答案及解析

BC 【**解析**】动因类指标反映企业价值关键驱动因素的指标，主要包括资本性支出、单位生产成本、产量、销量、客户满意度、员工满意度等，因此，选项 BC 正确。选项 AD 是结果类指标。

DAY 77 经济增加值（一）

划重点

经济增加值的概念★★

（一）概念及特点（见表77-1）

表77-1 经济增加值概念及特点

概念	税后净营业利润扣除全部投入资本的成本后的剩余收益
基本公式	经济增加值=税后净营业利润-加权平均资本成本×平均资本占用 （1）税后净营业利润等同于管理用财务报表体系中的“税后经营净利润”。 （2）平均资本占用反映的是企业持续投入的各种债务资本和股权资本。 （3）加权平均资本成本反应的是企业各种资本的平均成本率
与剩余收益的区别	（1）在计算经济增加值时，需要对会计数据进行一系列调整，包括税后净营业利润和平均资本占用。 （2）需要根据资本市场的机会成本计算资本成本，以实现经济增加值与资本市场的衔接；而剩余收益是根据投资要求的报酬率来计算，该投资报酬率可以根据管理的要求作出不同选择，带有一定主观性

（二）不同的经济增加值

1. 基本经济增加值（见表77-2）

表77-2 基本经济增加值

概念	基本经济增加值是根据未经调整的经营利润和总资产计算的经济增加值
公式	基本经济增加值=税后净营业利润-加权平均资本成本×报表总资产
评价	①由于“经营利润”和“总资产”是按照会计准则计算的，它们歪曲了公司的真实业绩；②相对于会计利润来说是个进步，它承认了股权资金的成本

2. 披露的经济增加值（见表77-3）

表77-3 披露的经济增加值

概念	披露的经济增加值是利用公开会计数据进行调整计算出来的。这种调整是根据公布的财务报表及其附注中的数据进行的。 通常对内部所有经营单位使用统一的资本成本
公式	披露的经济增加值=调整后税后净营业利润-加权平均资本成本×调整后的平均资本占用

典型的调整项目：

(1)研究与开发费用。经济增加值要求将其作为投资并在一个合理的期限内摊销。

(2)战略性投资。会计将投资的利息(或部分利息)计入当期财务费用，经济增加值要求将其在一个专门账户中资本化并在开始生产时逐步摊销。

(3)为建立品牌、进入新市场或扩大市场份额发生的费用。会计作为费用立即从利润中扣除，经济增加值要求把争取客户的营销费用资本化并在适当的期限内摊销。

(4)折旧费用。会计大多使用直线折旧法处理，经济增加值要求对某些大量使用长期设备的公司，按照更接近经济现实的"沉淀资金折旧法"处理。前期折旧少，后期折旧多。

3. 特殊的经济增加值和真实的经济增加值(见表77-4)

表 77-4　特殊的经济增加值和真实的经济增加值

特殊的经济增加值	为了使经济增加值适合特定公司内部的业绩管理，还需要进行特殊的调整。这种调整要使用公司内部的有关数据，调整后的数值称为"特殊的经济增加值"。 (1)它是特定企业根据自身情况定义的经济增加值，是"量身定做"的经济增加值。 (2)这里的调整项目都是"可控制"的项目，即通过自身的努力可以改变数额的项目。调整结果使得经济增加值更接近公司的内在价值。 (3)通常对公司内部所有经营单位使用统一的资本成本
真实的经济增加值	真实的经济增加值是公司经济利润最正确和最准确的度量指标。 (1)它要对会计数据做出所有必要的调整。 (2)对公司中每一个经营单位都使用不同的更准确的资本成本

4. 部门剩余收益与经济增加值的比较(见表77-5)

表 77-5　部门剩余收益和经济增加值的比较

项目	部门剩余收益	经济增加值
评价目的	设定部门投资的最低报酬率，防止部门利益伤害整体利益	使经理人员赚取超过资本成本的报酬，促进股东财富最大化
计算依据	通常使用税前部门营业利润和税前报酬率计算	使用部门税后净营业利润和加权平均税后资本成本计算
资本成本	使用的部门要求的税前报酬率，主要考虑管理要求及部门个别风险的高低	与公司的实际资本成本相联系，是基于资本市场的计算方法，资本市场上权益成本和债务成本变动时，公司要随之调整加权平均资本成本

例解答·练

例题

例 (单选题)根据公司公开的财务报告计算披露的经济增加值时，不需纳入典型的调整的事项是(　　)。

A. 计入当期损益的品牌推广费　　B. 计入当期损益的研发支出

C. 企业并购重组费用　　D. 计入当期损益的折旧费用

解 计算披露的经济增加值时，典型的调整项目包括：①研究与开发费用；②战略性投资；③为建立品牌、进入新市场或扩大市场份额发生的费用；④折旧费用。

答 C

习题

【计算分析题】某公司有 A 和 B 两个部门，有关数据如下所示。

某公司 A、B 部门相关数据 单位：元

项目	A 部门	B 部门
部门税前经营利润	108000	90000
所得税(税率 25%)	27000	22500
部门税后经营净利润	81000	67500
部门平均经营资产	900000	600000
部门平均经营负债	50000	40000
部门平均净经营资产(部门平均净投资资本)	850000	560000

假设所得税税率为 25%，加权平均税前资本成本为 11%。

要求：

(1)假设没有需要调整的项目，计算 A、B 两个部门的经济增加值。

(2)B 部门经理如果采纳某投资机会(投资额 100000 元，每年税前获利 13000 元，投资税前报酬率为 13%)，计算 B 部门经理采纳投资方案后的经济增加值。

(3)B 部门经理如果采纳减少一项现有资产的方案(投资额 50000 元，每年税前获利 6500 元，投资税前报酬率为 13%)。计算 B 部门经理采纳减资方案后的经济增加值。

参考答案及解析

(1)A 部门经济增加值 =81000−850000×11%×(1−25%)=10875(元)；

B 部门经济增加值 =67500−560000×11%×(1−25%)=21300(元)。

(2)采纳投资方案后经济增加值 =(90000+13000)×(1−25%)−(560000+100000)×11%×(1−25%)=22800(元)

可见，可以增加 B 部门经济增加值。

(3)采纳减资方案后经济增加值 =(90000−6500)×(1−25%)−(560000−50000)×11%×(1−25%)=20550(元)

可见，会减少部门经济增加值。因此，B 部门经理会采纳投资方案而放弃减资方案，与公司总目标一致。

经济增加值（二）

划重点

一、简化的经济增加值的衡量★★

1. 经济增加值的定义及计算公式

(1)定义。

经济增加值是指企业税后净营业利润减去资本成本后的余额。

(2)计算公式。

经济增加值=税后净营业利润-资本成本=税后净营业利润-调整后资本×平均资本成本率

税后净营业利润=净利润+(利息支出+研发费用调整额)×(1-25%)

若企业通过变卖主业优质资产等取得非经常性收益在税后净营业利润中全额扣除。

调整后资本=平均所有者权益+平均负债合计-平均无息流动负债-平均在建工程

2. 会计调整项目说明(见表78-1)

表78-1　会计调整项目说明

调整项目	要点
利息支出	是指企业财务报表中“财务费用”下的“利息支出”
研究开发费用调整	指企业财务报表中“管理费用”项目下的“研究与开发费”和当期确认为无形资产的研究开发支出
无息流动负债	是指企业财务报表中“应付票据”“应付账款”“预收款项”“应交税费”“应付利息”“应付职工薪酬”“应付股利”“其他应付款”和“其他流动负债(不含其他带息流动负债)”；对于“专项应付款”和“特种储备基金”，可视同无息流动负债扣除
在建工程	指企业财务报表中的符合主业规定的“在建工程”

3. 资本成本率的确定(见表78-2)

表78-2　资本成本率的确定

类型	资本成本率
中央企业	5.5%
军工等资产通用性较差的企业	4.1%
资产负债率在75%以上的工业企业和80%以上的非工业企业	资本成本率上浮0.5个百分点

4. 其他重大调整事项

发生以下情况之一，对于企业经济增加值考核产生重大影响时，国资委酌情予以调整：

(1)重大政策变化。

(2)严重自然灾害等不可抗力因素。

(3)企业重组、上市及会计准则调整等不可比因素。

(4)国资委认可的企业结构调整等其他事项。

二、经济增加值评价的优点和缺点★★

(一)经济增加值评价的优点

(1)经济增加值考虑了所有资本的成本，更真实地反映了企业的价值创造能力；实现了企业利益，经营者利益和员工利益的统一，激励经营者和所有员工为企业创造更多价值；能有效遏制企业盲目扩张规模以追求利润总量和增长率的倾向，引导企业注重长期价值创造。

(2)经济增加值不仅仅是一种业绩评价指标，它还是一种全面财务管理和薪金激励体制的框架。

(3)在经济增加值的框架下，公司可以向投资人宣传他们的目标和成就，投资人也可以用经济增加值选择最有前景的公司。经济增加值还是股票分析家手中的一个强有力的工具。

(二)经济增加值评价的缺点

(1)仅对企业当期或未来1-3年价值创造情况进行衡量和预判，无法衡量企业长远发展战略的价值创造情况。

(2)主要基于财务指标，无法对企业的营运效率与效果进行综合评价。

(3)计算比较复杂，影响指标的可比性。

(4)经济增加值是绝对数指标，不便于比较不同规模公司的业绩。

(5)存在许多和投资报酬率一样误导使用人的缺点，例如，处于成长阶段的公司经济增加值较少，而处于衰退阶段的公司经济增加值可能较高。

(6)如何计算经济增加值尚存许多争议，这些争议不利于建立一个统一的规范。

例解答·练

例题

例(多选题·2019年)下列关于经济增加值的说法中，正确的有(　　)。

A. 经济增加值为正表明经营者为股东创造了价值

B. 计算经济增加值使用的资本成本应随资本市场变化而调整

C. 经济增加值是税后净营业利润扣除全部投入资本的成本后的剩余收益

D. 经济增加值便于不同规模公司之间的业绩比较

解 由于计算经济增加值时扣除了全部投入资本的成本，经济增加值指的是从税后净营业利润中扣除全部投入资本的成本后的剩余收益，所以，经济增加值为正表明经营者为股东创造了价值，选项A和选项C的说法正确；由于经济增加值与公司的实际资本成本相联系，因此是基于资本市场的计算方法，资本市场上权益成本和债务成本变动时，公司要随之调整加权平均资本成本，因此选项B的说法正确；由于经济增加值是绝对数指标，不便于比较不同规模公司的业绩，因此选项D的说法错误。

答 ABC

习题

【计算分析题】A公司是一家中央企业上市公司，采用经济增加值(EVA)业绩考核办法进行业绩计量和评价，有关资料如下：

(1)2020年A公司的净利润为9.6亿元，利息支出为26亿元，研究与开发费用为1.8亿元，当期确认为无形资产的研究与开发支出为1.2亿元，变卖主业优质资产取得的非经常性收益为3.2亿元。

(2)2020年A公司的年末所有者权益为600亿元，年初所有者权益为550亿元，年末负债为850亿元，年初负债为780亿元，年末无息流动负债为250亿元，年初无息流动负债为150亿元，年末在建工程180亿元，年初在建工程200亿元。

(3)A公司的平均资本成本率为5.5%。

要求：计算A公司2020年的经济增加值(EVA)。

参考答案及解析

(1)计算税后净营业利润。

税后净营业利润=净利润+(利息支出+研究开发费用调整项-非经常性收益)×(1-25%)

研究开发费用调整项=研究与开发费用+当期确认为无形资产的研究与开发=1.8+1.2=3(亿元)

税后净营业利润=9.6+(26+3-3.2)×(1-25%)=28.95(亿元)

(2)计算资本调整。

调整后的资本=平均所有者权益+平均负债合计-平均无息流动负债-平均在建工程

平均所有者权益=(600+550)/2=575(亿元)

平均负债合计=(850+780)/2=815(亿元)

平均无息流动负债=(150+250)/2=200(亿元)

平均在建工程=(180+200)/2=190(亿元)

调整后的资本成本=575+815-200-190=1000(亿元)

(3)计算经济增加值。

EVA=税后净营业利润-调整后资本×平均资本成本率

EVA=28.95-1000×5.5%=-26.05(亿元)。

平衡计分卡

划重点

平衡计分卡，是指基于企业战略，从财务、客户、内部业务流程、学习与成长四个维度，将战略目标逐层分解转化为具体的、相互平衡的绩效指标体系，并据此进行绩效管理的方法。

一、平衡计分卡框架★★

1. 平衡计分卡框架的构成(见表 79-1)

表 79-1　平衡计分卡框架的构成

维度	解决的问题	指标
财务	股东如何看待我们	投资报酬率、权益净利率、经济增加值、息税前利润、自由现金流量、资产负债率、总资产周转率等
顾客	顾客如何看待我们	市场份额、客户满意度、客户获得率、客户保持率、客户获利率、战略客户数量等
内部业务流程	我们的优势是什么	交货及时率、生产负荷率、产品合格率、存货周转率、单位生产成本等
学习和成长	我们是否能继续提高并创造价值	新产品开发周期、员工保持率、员工生产率、培训计划完成率、员工满意度等

2. 平衡计分卡中“平衡”的概念(见表 79-2)

表 79-2　平衡计分卡中“平衡”的概念

外部评价指标(如股东和客户对企业的评价)	内部评价指标(如内部经营过程、新技术学习等)
成果评价指标(如利润、市场占有率等)	驱动因素评价指标(如新产品投资开发等)
财务评价指标(如利润等)	非财务评价指标(如员工忠诚度、客户满意程度等)
短期评价指标(如利润指标等)	长期评价指标(如员工培训成本、研发费用等)

二、战略地图架构★

组织的战略主要说明如何设法为其股东、顾客创造出价值，战略地图则为战略如何连接无形资产与价值创造的流程提供了一个架构，如表 79-3 所示。

表 79-3　战略地图架构

维度	要点
财务维度	长短期对立力量的战略平衡——公司财务绩效的改善，主要是收入的增长与生产力的提升两种基本途径
顾客维度	战略本是基于差异化的价值主张——价值主张界定了公司打算针对目标顾客群所提供的产品、价格、服务以及形象的独特组合，应能达到宣扬公司如何优于竞争者，或者显著不同于竞争者的目的
内部流程维度	价值是由内部流程(营运管理流程、顾客管理流程、创新管理流程和法规与社会流程)创造的——针对顾客的价值主张加以生产与交货；为财务层面中的生产力要件进行流程改善与成本降低的作业
学习与成长维度	无形资产(人力资本、信息资本和组织资本)的战略性整合

三、平衡计分卡与传统业绩评价系统的区别★

(1)传统的业绩考核注重对员工执行过程的控制，平衡计分卡则强调目标制订的环节。

(2)传统的业绩评价与企业的战略执行脱节。平衡计分卡把企业战略和业绩管理系统联系起来，是企业战略执行的基础架构。

(3)平衡计分卡在财务、客户、内部业务流程以及学习与成长四个方面建立公司的战略目标。

(4)平衡计分卡帮助公司及时考评战略执行的情况，根据需要(每月或每季度)适时调整战略、目标和考核指标。

(5)平衡计分卡能够帮助公司有效地建立跨部门团队合作，促进内部管理过程的顺利进行。

四、平衡计分卡的优缺点★★

1. 优点

(1)战略目标逐层分解并转化为被评价对象的绩效指标和行动方案，使整个组织行动协调一致。

(2)从财务、客户、内部业务流程、学习与成长四个维度确定绩效指标，使绩效评价更为全面完整。

(3)将学习与成长作为一个维度，注重员工的发展要求和组织资本、信息资本等无形资产的开发利用，有利于增强企业可持续发展的动力。

2. 缺点

(1)专业技术要求高，工作量比较大，操作难度也较大，需要持续地沟通和反馈，实施比较复杂，实施成本高。

(2)各指标权重在不同层级及各层级不同指标之间的分配比较困难，且部分非财务指标的量化工作难以落实。

(3)系统性强、涉及面广，需要专业人员的指导、企业全员的参与和长期持续地修正与完善，对信息系统、管理能力有较高的要求。

例解答·练

例题

例 (多选题)下列各项中，属于平衡计分卡内部业务流程维度业绩评价指标的有(　　)。

A. 息税前利润　　B. 资产负债率

C. 单位生产成本　　D. 存货周转率

解 反映内部业务流程维度常用指标有交货及时率、生产负荷率、产品合格率、存货周转率、单位生产成本等。选项A、B属于财务维度的评价指标。

答 CD

习题

1. **【多选题】** 甲公司用平衡计分卡进行业绩考评。下列各种维度中，平衡计分卡需要考虑的有(　　)。

   A. 顾客维度　　B. 股东维度

   C. 债权人维度　　D. 学习与成长维度

2. **【多选题】** 在使用平衡计分卡进行企业业绩评价时，需要处理几个平衡，下列各项中，正确的有(　　)。

   A. 外部评价指标与内部评价指标的平衡

   B. 定期指标与非定期指标的平衡

   C. 财务评价指标与非财务评价指标的平衡

   D. 成果评价指标与驱动因素评价指标的平衡

参考答案及解析

1. AD **【解析】** 平衡计分卡包括的四个维度：财务维度、顾客维度、内部业务流程维度、学习与成长维度。

2. ACD **【解析】** 平衡计分卡中的"平衡"包含：外部评价指标和内部评价指标的平衡；成果评价指标和导致成果出现的驱动因素评价指标的平衡；财务评价指标和非财务评价指标的平衡；短期评价指标和长期评价指标的平衡。因此本题正确的选项为ACD。

阶段检测

习题

1.【综合题】甲公司是一家汽车制造企业，主营业务是制造和销售X、Y、Z三种型号汽车，相关资料如下：

（资料一）X、Y、Z三种型号的制造都需要通过一台生产设备，该设备是公司的关键约束资源，年加工能力4000小时，公司年固定成本总额3000万元，假设X、Y、Z三种型号的汽车均于生产当年销售，年初年末没有存货，预计2019年X、Y、Z三种型号汽车有关资料如下：

	X	Y	Z
市场正常销售量（辆）	1500	600	1000
单位售价（万元）	15	12	8
单位变动成本（万元）	12	8	5
单位约束资源消耗（小时）	3	2	1

（资料二）为满足市场需求，公司2019年初拟新增一台与关键约束资源相同的设备，现有两种方案可供选择：

（1）自行购置。借款5000万元购买设备，年利率8%，预计使用4年，每年年末支付维护费用50万元，4年后变现收入1200万元，税法规定，该设备按直线法计提折旧，折旧期限5年，5年后净残值率10%。

（2）租赁。合同规定：租赁4年，租赁费4400万元，分4年每年年初支付1100万元，在租赁开始日首付，租赁手续费400万元，在租赁开始日一次性付清；租赁期满时设备所有权不转让，租赁公司承担设备维护修理费用，税前有担保借款利率8%，甲企业所得税税率为25%。

（资料三）新增关键设备后，X型号汽车年生产能力增至1800辆，现有乙汽车销售公司向甲公司追加的X型号汽车，报价为每辆车13万元。相关情况如下：

情景1：假设剩余生产能力无法转移，如果追加订货300辆，为满足生产需要，甲公司需另外支付年专属成本200万元。

情景2：假设剩余生产能力可以对外出租，年租金250万元，如果追加350辆，将冲减甲公司原正常销量50辆。

要求：

（1）根据资料一，为有效利用现有的一台关键设备，计算甲公司X、Y、Z三种型号汽车的生产安排的优先顺序和产量，在该生产安排下，税前营业利润总额是多少？

（2）根据资料二，分别计算两种方案考虑货币时间价值的平均年成本，判断甲公司应选择自行购置方案还是租赁方案？

(3)根据资料三，分别计算并分析两种情景下甲公司是否应该接受追加订单，并简要说明有闲置能力时产品定价的区间范围。

2.【**计算分析题**】甲公司是一家生物制药企业，研发出一种专利产品。该产品投资项目已完成可行性分析，厂房建造和设备购置安装工作也已完成，新产品将于2016年开始生产并销售。目前，公司正对该项目进行盈亏平衡分析。相关资料如下：

(1)专利研发支出资本化金额350万元，专利有效期10年，预计无残值；建造厂房使用的土地使用权，取得成本300万元，使用年限30年，预计无残值。两种资产均采用直线法计提摊销。厂房建造成本500万元，折旧年限30年，预计净残值率10%；设备购置成本100万元，折旧年限10年，预计净残值率5%。两种资产均采用直线法计提折旧。

(2)新产品销售价格每瓶100元，销量每年可达10万瓶；每瓶材料成本20元，变动制造费用15元，包装成本9元。

公司管理人员实行固定工资制，生产工人和销售人员实行基本工资加提成制。预计新增管理人员2人，每人每年固定工资5万元；新增生产工人15人，人均月基本工资1500元，生产计件工资每瓶1元；新增销售人员5人，人均月基本工资1500元，销售提成每瓶5元。每年新增其他费用：财产保险费6.5万元，广告费60万元，职工培训费10万元，其他固定费用8万元。

(3)假设年生产量等于年销售量。

要求：

(1)计算新产品的年固定成本总额和单位变动成本。

(2)计算新产品的盈亏平衡点年销售量、安全边际率和年息税前利润。

(3)计算该项目的经营杠杆系数。

3.【**计算分析题**】甲公司是一家国有控股上市公司，采用经济增加值作为业绩评价指标。目前，控股股东正对甲公司2020年度的经营业绩进行评价。相关资料如下：

(1)甲公司2019年末和2020年末资产负债表如下：

单位：万元

项目	2020年末	2019年末	项目	2020年末	2019年末
货币资金	405	420	应付账款	1350	1165
应收票据	100	95	应付职工薪酬	35	30
应收账款	2050	2040	应交税费	100	140
其他应收款	330	325	其他应付款	140	95
存货	2300	2550	长期借款	2500	2500
固定资产	4600	4250	优先股	1200	1200
在建工程	2240	1350	普通股	5000	5000
			留存收益	1700	900
合计	12025	11030	合计	12025	11030

（2）甲公司2020年度利润相关资料如下：

单位：万元

项目	2020年度
管理费用	1950
其中：研究与开发费	360
财务费用	220
其中：利息支出	200
营业外收入	400
净利润	1155

（3）甲公司2020年的营业外收入均为变卖主业优质资产取得均非经常性收益。

（4）甲公司长期借款还有3年到期，年利率8%；优先股12万股，每股面额100元，票面股息率10%；普通股β系数1.2。

（5）无风险报酬率3%，市场组合的必要报酬率13%，公司所得税税率25%。

要求：

（1）以账面价值平均值为权数计算甲公司的加权平均资本成本（假设各项长期资本的市场价值等于账面价值）。

（2）计算2020年甲公司调整后税后净营业利润、调整后资本和经济增加值。【注：除平均资本成本率按要求（1）计算的加权平均资本成本外，其余按国资委施行的《中央企业负责人经营业绩考核暂行办法》的相关规定计算。】

（3）回答经济增加值作为业绩评价指标的优点和缺点。

参考答案及解析

1.（1）X汽车单位工时边际贡献=（15−12）/3=1（万元）

Y汽车单位工时边际贡献=（12−8）/2=2（万元）

Z汽车单位工时边际贡献=（8−5）/1=3（万元）

根据单位工时边际贡献从大到小的顺序，应该优先安排生产Z汽车，其次是Y汽车，最后是X汽车。Z汽车产量为1000辆，Y汽车产量为600辆，X汽车产量=（4000−1000×1−600×2）/3=600（辆）。

税前营业利润总额=（8−5）×1000+（12−8）×600+（15−12）×600−3000=4200（万元）

（2）①购买方案：

年折旧=5000×（1−10%）/5=900（万元）

折现率=8%×（1−25%）=6%

第4年末残值变现净损失抵税=（5000−900×4−1200）×25%=50（万元）

平均年成本=[5000−900×25%×（P/A，6%，4）+50×（1−25%）×（P/A，6%，4）−（1200+50）×（P/F，6%，4）]/（P/A，6%，4）

=[5000−900×25%×3.4651+50×（1−25%）×3.4651−（1200+50）×0.7921]/3.4651

=969.72（万元）

②租赁方案：

租赁期占租赁资产可使用年限的 80%（4/5），符合融资租赁的认定标准，租赁费不可税前扣除。

年折旧 =（4400+400）×（1−10%）/5 = 864（万元）

第 4 年末账面价值抵税 =（4800−864×4）×25% = 336（万元）

平均年成本 =［400+1100×（P/A，6%，4）×（1+6%）−864×25%×（P/A，6%，4）−336×（P/F，6%，4）］/（P/A，6%，4）

=［400+1100×3.4651×（1+6%）−864×25%×3.4651−336×0.7921］/3.4651

=988.63（万元）

由于自行购置方案的平均年成本更低，所以，应该选择自行购置方案。

（3）第一种情况：接受订单增加的利润 = 300×（13−12）−200 = 100（万元），甲公司应该接受追加订单。

可接受的追加订单的最低单价 = 12+200/300 = 12.67（万元），即追加订单的产品定价区间范围为 12.67 万元~15 万元。

第二种情况：接受订单增加的利润 = 350×（13−12）−50×（15−12）−250 = −50（万元），甲公司不应该接受追加订单。

假设甲公司可接受的追加订单的最低单价为 x，则 350×（x−12）−50×（15−12）−250 = 0，解得 x = 12+400/350 = 13.14（万元），即追加订单的产品定价区间范围为 13.14 万元~15 万元。

2.（1）厂房折旧 = 500×（1−10%）÷30 = 15（万元）

设备折旧 = 100×（1−5%）÷10 = 9.5（万元）

新产品的年固定成本总额

=专利摊销+土地摊销+固定资产折旧+管理人员工资+生产工人固定工资

+销售人员固定工资+财产保险费+广告费+职工培训费+其他固定费用

=35+10+（15+9.5）+5×2+0.15×12×15+0.15×12×5+6.5+60+10+8

=35+10+24.5+10+27+9+6.5+60+10+8

=200（万元）

新产品的单位变动成本

=材料费用+变动制造费用+包装费用+计件工资+销售提成

=20+15+9+1+5

=50（元）

（2）盈亏平衡点年销售量 = 200/（100−50）= 4（万瓶）

安全边际率 =（1−4/10）×100% = 60%

年息税前利润 =（100−50）×（10−4）= 300（万元）

（3）经营杠杆系数 =（息税前利润+固定成本）÷息税前利润 =（300+200）/300 = 1.67

或者经营杠杆系数=边际贡献÷（边际贡献−固定成本）

=（100−50）×10/［（100−50）×10−200］= 1.67

或者经营杠杆系数 = 1÷安全边际率 = 1÷60% = 1.67

3.（1）普通股权益资本成本 = 3% +1.2×（13% −3%）= 15%

长期资本账面平均值 =（2500+2500）/2+（1200+1200）/2+［（5000+900）+（5000+1700）］/2

=2500+1200+6300

=10000(万元)

加权平均资本成本

=8%×(1−25%)×(2500/10000)+10%×(1200/10000)+15%×(6300/10000)

=12.15%

(2)调整后的税后净营业利润

=净利润+(利息支出+研发费用调整项−非经常性收益)×(1−所得税税率)

=1155+(200+360−400)×(1−25%)

=1275(万元)

平均无息流动负债=[(1165+30+140+95)+(1350+35+100+140)]÷2=1527.5(万元)

平均在建工程=(1350+2240)÷2=1795(万元)

调整后的资本=平均所有者权益+平均负债−平均无息流动负债−平均在建工程

=(12025+11030)÷2−1527.5−1795=8205(万元)

2020年度的经济增加值=税后净营业利润−调整后的资本×平均资本成本率

=1275−8205×12.15%=278.09(万元)

(3)优点：经济增加值是最直接的与股东财富创造相联系的财务指标，追求更高的经济增加值就是追求更高的股东价值；经济增加值不仅仅是一种业绩评价指标，还是一种全面财务管理和薪酬激励体制的框架。

缺点：不具有比较不同规模公司业绩的能力；经济增加值不能正确反映处于不同成长阶段公司的经营业绩；在计算经济增加值时，对净利润的调整及资本成本的确定还存在许多争议。

专题十七 产品成本计算（一）

本专题包含5天的学习内容，具体如下：

DAY81　产品成本分类

DAY82　基本及辅助生产费用的归集和分配

DAY83　完工产品和在产品的成本分配（一）

DAY84　完工产品和在产品的成本分配（二）

DAY85　联产品和副产品的成本分配

其中，比较重要的考点是DAY82-84，需要重点掌握。

DAY 81 产品成本分类

划重点

一、制造成本与非制造成本(见表 81-1)★★

表 81-1 制造成本与非制造成本

制造成本	包括直接材料成本、直接人工成本和制造费用三项。 (1)直接材料成本是指能够直接追溯到每个产品，并构成产品实体的原材料、辅助材料等。 (2)直接人工成本是指能够直接追溯到每个产品上的人工成本，包括直接参与生产产品的员工的薪酬、福利费。 (3)制造费用是指除直接材料成本和直接人工成本以外的所有制造成本，包括间接材料成本、间接人工成本和其他制造费用
非制造成本	包括销售费用、管理费用和财务费用

二、产品成本与期间成本★

依据费用的发生与产品的关系可将费用划分为产品成本和期间成本。

(1)产品成本是与产品的生产直接相关的成本，包括产品生产中所耗用的直接材料成本、直接人工成本和制造费用等。

(2)期间成本是企业经营活动中所发生的与该会计期间的销售、经营和管理等活动相关的成本，例如管理费用、销售费用、财务费用等。

三、直接成本与间接成本★

产品成本按其计入成本对象的方式分为直接成本和间接成本。

(1)直接成本是与成本对象直接相关的，可以用经济合理方式追溯到成本对象的那一部分成本。

(2)间接成本是指与成本对象相关联的成本中不能用一种经济合理的方式追溯到成本对象，不适宜直接计入的那一部分成本。

例解答·练

例题

例 (单选题)企业在生产中为生产工人发放安全头盔所产生的费用，应计入(　　)。

A. 直接材料　　　　B. 管理费用

C. 直接人工　　　　D. 制造费用

解 制造费用是指企业各生产单位为组织和管理生产而发生的各项间接费用，包括工资和福利费、折旧费、修理费、办公费、水电费、机物料消耗、劳动保护费、租赁费、保险费、排污费及其他制造费用。选项 D 正确。

答 D

习题

1.【**单选题**】间接成本是指与成本对象相关联的成本中(　　)。

A. 不能追溯到成本对象的那一部分产品成本

B. 不能用一种经济合理的方式追溯到成本对象的那一部分产品成本

C. 可以直接追溯到成本对象的那一部分成本

D. 可以用经济合理的方式追溯到成本对象的那一部分成本

2.【**多选题**】在制造成本法下，以下各项支出中，可以计入产品成本的有(　　)。

A. 生产车间管理人员的工资

B. 因操作不当造成的废品净损失

C. 存货跌价损失

D. 行政管理部门使用的固定资产计提的折旧

参考答案及解析

1. B 【**解析**】间接成本是指与成本对象相关联的成本中不能用一种经济合理的方式追溯到成本对象的那一部分产品成本。这里的关键词是“不能用经济合理的方式追溯”。选项 B 正确。
2. AB 【**解析**】在制造成本法下，生产车间管理人员的工资和因操作不当造成的废品净损失计入制造费用，所以计入产品成本。存货跌价损失计入资产减值损失，行政管理部门使用的固定资产计提的折旧应计入管理费用。选项 AB 正确。

基本及辅助生产费用的归集和分配

划重点

一、基本生产费用的归集和分配★

间接费用通用分配公式：

$$间接费用分配率=\frac{待分配的间接费用}{各个分配对象的分配标准合计}$$

某分配对象应分配的间接费用=间接费用分配率×某分配对象的分配标准

二、辅助生产费用的归集和分配★★★

辅助生产费用的分配主要方法：直接分配法、交互分配法。

1. 直接分配法

（1）特点：不考虑辅助生产内部相互提供的劳务量，直接将各辅助生产车间发生的费用分配给辅助生产以外的各个受益单位或产品。

（2）计算公式。

辅助生产的单位成本=辅助生产费用总额/（辅助生产的产品或劳务总量-对其他辅助部门提供的产品或劳务量）

各受益车间、产品或各部门应分配的费用=辅助生产的单位成本×该车间、产品或部门的耗用量

（3）优缺点及适用范围。

采用直接分配法，由于各辅助生产费用只是对外分配，计算工作简便。当辅助生产车间相互提供产品或劳务量差异较大时，分配结果往往与实际不符，因此，这种分配方法只适宜在辅助生产内部相互提供产品或劳务不多、不进行费用的交互分配对辅助生产成本和产品制造成本影响不大的情况下采用。

2. 交互分配法

（1）特点。

需要进行两次分配：①在各辅助生产车间之间进行一次交互分配；②将各辅助生产车间交互分配后的实际费用，对辅助生产车间以外的各受益单位进行分配。

（2）计算公式。

①对内交互分配率=辅助生产费用总额/辅助生产提供的总产品或劳务总量；②对外分配率=（交互分配前的成本费用+交互分配转入的成本费用-交互分配转出的成本费用）/对辅助生产车间以外的其他部门提供的产品或劳务总量

(3) 优缺点。

采用交互分配法，辅助生产内部相互提供产品或劳务全都进行了交互分配，从而提高了分配结果的正确性。但各辅助生产费用要计算两个费用分配率，进行两次分配，因而增加了计算工作量。

例解答·练

例题

例 (多选题)甲公司有供电、燃气两个辅助生产车间，公司采用交互分配法分配辅助生产成本。本月供电车间供电 20 万度，成本费用为 10 万元，其中燃气车间耗用 1 万度电；燃气车间供气 10 万吨，成本费用为 20 万元，其中供电车间耗用 0.5 万吨燃气。下列计算中，正确的有(　　)。

A. 供电车间分配给燃气车间的成本费用为 0.5 万元

B. 燃气车间分配给供电车间的成本费用为 1 万元

C. 供电车间对外分配的成本费用为 9.5 万元

D. 燃气车间对外分配的成本费用为 19.5 万元

解 供电车间分配给燃气车间的成本=10/20×1=0.5 万元，选项 A 正确；

燃气车间分配给供电车间的成本=20/10×0.5=1 万元，选项 B 正确；

供电车间对外分配的成本=10−0.5+1=10.5 万元，选项 C 不正确；

燃气车间对外分配的成本=20 − 1+0.5=19.5 万元，选项 D 正确。

答 ABD

习题

【计算分析题】 甲公司有锅炉和供电两个辅助生产车间，分别为基本生产车间和行政管理部门提供蒸汽和电力，两个辅助生产车间之间也相互提供产品。2020 年 9 月份的辅助生产及耗用情况如下：

(1)

辅助生产情况

项目	锅炉车间	供电车间
生产费用	60000 元	100000 元
生产数量	15000 吨	200000 度

(2)

各部门耗用辅助生产产品情况

耗用部门		锅炉车间	供电车间
辅助生产车间	锅炉车间		75000 度
	供电车间	2500 吨	
基本生产车间		12000 吨	100000 度
行政管理部门		500 吨	25000 度

要求：

(1)采用直接分配法对辅助生产费用进行分配。

(2)采用交互分配法对辅助生产费用进行分配。

参考答案及解析

(1)锅炉车间分配率=60000/(15000−2500)=4.8

应计入基本生产成本的锅炉车间费用=12000×4.8=57600(元)

应计入管理费用的锅炉车间费用=500×4.8=2400(元)

供电车间分配率=100000/(200000−75000)=0.8

应计入基本生产成本的供电车间费用=100000×0.8=80000(元)

应计入管理费用的供电车间费用=25000×0.8=20000(元)

辅助生产费用分配表(直接分配法) 单位：元

项目		锅炉车间	供电车间	合计
待分配费用		60000	100000	160000
分配	基本生产成本	57600	80000	137600
	管理费用	2400	20000	22400

(2)①交互分配：

锅炉车间交互分配率=60000÷15000=4

应分配给供电车间的锅炉车间费用=2500×4=10000(元)

供电车间交互分配率=100000÷200000=0.5

应分配给锅炉车间的供电车间费用=75000×0.5=37500(元)

锅炉车间对外分配辅助生产费用=60000+37500−10000=87500(元)

供电车间对外分配辅助生产费用=100000+10000−37500=72500(元)

②对外分配：

锅炉车间对外分配率=87500/(15000−2500)=7

应计入基本生产成本的锅炉车间费用=12000×7=84000(元)

应计入管理费用的锅炉车间费用=500×7=3500(元)

供电车间对外分配率=72500/(200000−75000)=0.58

应计入基本生产成本的供电车间费用=100000×0.58=58000(元)

应计入管理费用的供电车间费用=25000×0.58=14500(元)

辅助生产费用分配表(交互分配法) 单位：元

项目		锅炉车间	供电车间	合计
待分配费用		60000	100000	160000
交互分配	锅炉车间	37500	-37500	—
	供电车间	-10000	10000	—
对外分配辅助生产费用		87500	72500	160000
对外分配	基本生产成本	84000	58000	142000
	管理费用	3500	14500	18000

DAY 83 完工产品和在产品的成本分配（一）

划重点

一、分配原理

月初在产品成本+本月发生生产费用=本月完工产品成本+月末在产品成本
即可供分配的成本费用在完工产品和月末在产品之间如何分配。

二、五种分配方法(见表 83-1)★★★

表 83-1　五种分配方法

方法	适用范围	完工产品与在产品的划分
不计算在产品成本	月末在产品数量很少、价值很低且各月在产品数量稳定的情况	月末在产品成本=0 本月完工产品成本=本月发生的生产费用
在产品成本按年初数固定计算	月末在产品数量很少，或者在产品数量虽多但各月之间在产品数量变动不大的情况	月末在产品成本=年初固定数， 年终时，根据实地盘点的在产品数量，重新调整计算在产品成本，以避免在产品成本与实际出入过大，影响成本计算的正确性
在产品成本按其所耗用的原材料费用计算	该方法适用于原材料费用在产品成本中所占比重较大，而且原材料在生产开始时一次全部投入的情况	采用该方法，月末在产品只计算应该负担的原材料费用，其他费用则全部由完工产品负担
在产品成本按定额成本计算	月末在产品数量稳定或者数量较少，且制定了比较准确的定额成本时	月末在产品成本=月末在产品数量×在产品定额单位成本 本月完工产品成本=(月初在产品成本+本月发生的生产费用)-月末在产品成本 实际脱离定额的差异完全由完工产品承担
定额比例法	该方法适用于各月末在产品数量变化较大，但制定了比较准确的消耗定额资料的情况	费用分配率=(月初在产品成本+本月投入的生产费用)/(完工产品定额+月末在产品定额) 完工产品应分配的成本=完工产品定额×费用分配率 月末在产品成本=月末在产品定额×费用分配率

例解答·练

例题

例（单选题）完工产品和在产品的成本分配方法中使实际成本脱离定额的差异完全由完工产品负担的是（　　）。

A. 约当产量法　　B. 定额比例法

C. 在产品成本按定额成本计算　　D. 在产品成本按其所耗用的原材料费用计算

解 在产品成本按定额成本计算时，将月初在产品成本加上本月发生费用，减去月末在产品的定额成本，就可算出产成品的总成本。由此可知，实际成本脱离定额的差异完全由完工产品负担。

答 C

习题

1. **【多选题】** 生产成本在完工产品与在产品之间进行分配方法的选择是根据（　　）。

A. 在产品数量的多少　　B. 各月的在产品数量变化的大小

C. 各项费用比重的大小　　D. 定额管理基础的好坏

2. **【计算分析题】** 甲公司是一家制造业企业，只生产和销售一种新型保温容器。产品直接消耗的材料分为主要材料和辅助材料。各月在产品结存数量较多，波动较大，公司在分配当月完工产品与月末在产品的成本时，对辅助材料采用约当产量法，对直接人工和制造费用采用定额比例法。2020 年 6 月有关成本核算、定额资料如下：

（1）本月生产数量（单位：只）。

月初在产品数量	本月投产数量	本月完工产品数量	月末在产品数量
300	3700	3500	500

（2）主要材料在生产开始时一次全部投入，辅助材料陆续均衡投入，月末在产品平均完工程度 60%。

（3）本月月初在产品成本和本月发生生产费用（单位：元）。

	主要材料	辅助材料	人工费用	制造费用	合计
月初在产品成本	32000	3160	9600	1400	46160
本月发生生产费用	508000	34840	138400	28200	709440
合计	540000	38000	148000	29600	755600

（4）单位产品工时定额。

	产成品	在产品
人工工时定额（小时/只）	2	0. 8
机器工时定额（小时/只）	1	0. 4

要求：

(1)计算本月完工产品和月末在产品的主要材料费用。

(2)按约当产量法计算本月完工产品和月末在产品的辅助材料费用(提示：此问在下一天的学习内容涉及)。

(3)按定额人工工时比例计算本月完工产品和月末在产品的人工费用。

(4)按定额机器工时比例计算本月完工产品和月末在产品的制造费用。

(5)计算本月完工产品总成本和单位成本。

参考答案及解析

1. ABCD 【解析】生产成本在完工产品与在产品之间的分配，在成本计算工作中是一个重要而又比较复杂的问题。企业应当根据在产品数量的多少、各月在产品数量变化的大小、各项费用比重的大小，以及定额管理基础的好坏等具体条件，选择既合理又简便的分配方法。

2. (1)本月完工产品的主要材料费用=540000/(3500+500)×3500=472500(元)

   本月月末在产品的主要材料费用=540000/(3500+500)×500=67500(元)

   (2)在产品的约当产量=500×60%=300(只)

   ①本月完工产品的辅助材料费用=38000/(3500+300)×3500=35000(元)

   ②本月月末在产品的辅助材料费用=38000/(3500+300)×300=3000(元)

   (3)①本月完工产品的人工费用=148000/(3500×2+500×0.8)×(3500×2)=140000(元)

   ②本月月末在产品的人工费用=148000/(3500×2+500×0.8)×(500×0.8)=8000(元)

   (4)①本月完工产品的制造费用=29600/(3500×1+500×0.4)×(3500×1)=28000(元)

   ②本月月末在产品的制造费用=29600/(3500×1+500×0.4)×(500×0.4)=1600(元)

   (5)①本月完工产品总成本=472500+35000+140000+28000=675500(元)

   ②本月完工产品单位成本=675500/3500=193(元)

完工产品和在产品的成本分配（二）

划重点

约当产量法★★★

1. 加权平均法(见表 84-1)

表 84-1 约当产量法

计算公式	月末在产品约当产量=月末在产品数量×完工程度 分配率(即单位成本)=(月初在产品成本+本月发生费用)÷(月末完工产品产量+月末在产品约当产量) 完工产品成本=分配率×完工产品产量 月末在产品成本=分配率×月末在产品约当产量
总体完工程度的计算	累计工时总体完工程度 通常假定处于某工序的在产品只完成本工序的一半： 某道工序完工程度=(前面各道工序工时定额之和+本道工序工时定额×50%)÷产品工时定额×100% 如果给出了在产品所处工序的完工程度时，则： 某道工序完工程度=(前面各道工序工时定额之和+本道工序工时定额×本道工序平均完工程度)÷产品工时定额×100% 原材料投入总体完工程度 若原材料在生产开始时一次投入： 在产品无论完工程度如何，都应和完工产品同样负担材料，即原材料完工程度为 100%； 若原材料陆续投入： a. 分工序投入，但在每一道工序开始时一次投入 某工序在产品完工程度=本工序累积材料消耗定额÷产品材料消耗定额×100% b. 分工序投入，但每一道工序随加工进度陆续投入 某工序在产品完工程度=(前面各工序累积材料消耗定额+本工序材料消耗定额×50%)÷产品材料消耗定额×100%
约当产量法适用条件	月末在产品数量变动较大，原材料费用在产品成本中所占比重不大

2. 先进先出法

(1)假设月初在产品在当月首先完工，即在月末时已经是完工产品。

(2)需要将本月完工产品区分为：本月加工完毕的月初在产品、本月投入本月完工的产品。

(3)假设生产周期小于 1 个月，月初在产品本月全部完工，因此，月初在产品成本应全部计入完工产品成本。

(4)本月发生生产费用大部分随着本月完工产品而计入本月完工产品成本，小部分留存于月末在产品成本之中，即月末在产品成本只受到本月发生生产费用的影响，与月初在产品成本无关。

因此，本月发生生产费用应当按照本月完工产品的约当总产量(即新增的约当产量)进行分配，确定应计入完工产品成本和应计入月末在产品成本的相应份额。

坤坤点拨 本月投入的生产费用走向顺序：月初在产品在本月完工——本月投产本月完工——本月投产本月未完工(月末在产品)。只不过都要计算为约当产量(完工产品数量)来分担而已。

(5)计算公式：

本月完工产品约当产量=月初在产品本月生产的约当产量+本月投产本月完工的产品数量+月末在产品约当产量

月初在产品本月生产的约当产量(直接材料)=月初在产品数量×(1-月初已投料比例)

月初在产品本月生产的约当产量(直接人工+制造费用即转换成本)=月初在产品数量×(1-月初完工程度)

本月投产本月完工的产品数量=本月全部完工产品数量-月初在产品数量=本月投产数量-月末在产品数量

月末在产品约当产量(转换成本)=月末在产品数量×月末在产品完工程度

月末在产品约当产量(直接材料)=月末在产品数量×本月投料比例

单位成本(分配率)=本月发生生产费用/本月完工产品约当产量

完工产品成本=月初在产品成本+月初在产品本月加工成本+本月投入本月完工产品数量×分配率=月初在产品成本+月初在产品本月生产的约当产量×分配率+本月投入本月完工产品数量×分配率

月末在产品成本=月末在产品约当产量×分配率

(6)两种方法的区别(见表84-2)。

表84-2　先进先出法和加权平均法的区别

方法	分子	分母
先进先出法	本月发生生产费用(不包括月初在产品成本)	本月新增的约当产量(不包括月初在产品在上月已完成的约当产量)
加权平均法	本月全部制造成本(包括月初在产品成本)	月末全部约当产量(包括月初在产品在上月已完成的约当产量)

例解答·练

例题

例 1.(单选题)甲公司生产某种产品，需2道工序加工完成，公司不分步计算产品成本。材料在各工序开始时一次投入，该产品的定额材料费用为100千克，其中第1道工序的定额材料成本为20千克，第2道工序的定额材料成本为80千克。月末盘点时，第1道工序的在产品数量为 100 件，第 2 道工序的在产品数量为 200 件。月末在产品材料的约当产量为(　　)件。

A. 100　　B. 120

C. 200　　D. 220

解 月末在产品材料的约当产量=100×(20/100)+200×[(20+80)/100]=220(件)

答 D

例 2.(计算分析题)甲公司生产 A 产品，2020 年 5 月月初在产品数量 30 件，完工程度 60%，5 月份投产 150 件，当月完工产品 120 件，月末在产品 60 件，月末在产品完工程度 70%。原材料均在开始生产时一次投入。

月初在产品成本和本月发生生产费用资料如下：

单位：万元

成本项目	直接材料成本	直接人工成本	制造费用
月初在产品成本	7200	10000	4800
本月生产费用	39000	51840	24768
合计	46200	61840	29568

要求：

(1)假设在产品存货发出采用先进先出法，用约当产量法计算确定本月完工产品总成本、单位完工产品成本和月末在产品成本；

(2)假设在产品存货发出采用加权平均法，用约当产量法计算确定本月完工产品总成本、单位完工产品成本和月末在产品成本。

答 (1)在产品存货发出采用先进先出法：

①分配直接材料成本：

本月新增产品的约当总产量=30×(1-100%)+(120-30)+60×100%=150(件)

坤坤点拨 由于原材料均在开始生产时一次投入，5 月初在产品数量 30 件，本月投入直接材料时，月初在产品不需要承担了，而只需分配给本月投产本月完工(即当月完工产品)以及本月投产本月未完工(即月末在产品)。

分配率=39000/150=260(元/件)

完工产品负担的直接材料成本=7200+(120-30)×260=30600(元)

月末在产品负担的直接材料成本=60×260=15600(元)

②分配直接人工成本：

本月新增产品的约当总产量=30×(1-60%)+(120-30)+60×70%=144(件)

坤坤点拨 由于月初在产品在先进先出法下在本月是最先完工的，所以本月承担了转换成本(直接人工+制造费用)的约当比例是(1-60%)，其次是本月投产本月完工(即当月完工产品)承担的转换成本的约当比例是 100%，最后是本月投产本月未完工(即月末在产品)承担的转换成本的约当比例是 70%(题干已知)。

分配率=51840/144=360(元/件)

完工产品负担的直接人工成本=10000+[30×(1-60%)+(120-30)]×360=46720(元)

月末在产品负担的直接人工成本=60×70%×360=15120(元)

③分配制造费用：

本月新增产品的约当总产量=30×(1-60%)+(120-30)+60×70%=144(件)
分配率=24768/144=172(元/件)
完工产品负担的制造费用=4800+[30×(1-60%)+(120-30)]×172=22344(元)
月末在产品负担的制造费用=60×70%×172=7224(元)
④完工产品总成本=30600+46720+22344=99664(元)
单位完工产品成本=99664/120=830.53(元/件)
月末在产品总成本=15600+15120+7224=37944(元)。
(2)在产品存货发出采用加权平均法：
①分配直接材料成本：
本月完工产品的约当总产量=120+60=180(件)
分配率=46200/180=256.67(元/件)
完工产品负担的直接材料成本=120×256.67=30800.40(元)
月末在产品负担的直接材料成本=46200-30800.40=15399.60(元)
②分配直接人工成本：
本月完工产品的约当总产量=120+60×70%=162(件)
分配率=61840/162=381.73(元/件)
完工产品负担的直接人工成本=120×381.73=45807.60(元)
月末在产品负担的直接人工成本=61840-45807.60=16032.40(元)
③分配制造费用：
本月完工产品的约当总产量=120+60×70%=162(件)
分配率=29568/162=182.52(元/件)
完工产品负担的制造费用=120×182.52=21902.40(元)
月末在产品负担的制造费用=29568-21902.40=7665.60(元)
④完工产品总成本=30800.40+45807.60+21902.40=98510.40(元)
单位完工产品成本=98510.40/120=820.92(元/件)
月末在产品总成本=15399.60+16032.40+7665.60=39097.60(元)。

习题

【计算分析题】 A公司生产甲产品，2020年4月月初在产品数量20件，完工程度50%，本月投产120件，本月完工产品100件，月末在产品40件，月末在产品完工程度40%。原材料均在开始生产时一次投入。月初在产品成本和本月发生生产费用资料如下：

单位：元

成本项目	直接材料成本	直接人工成本	制造费用
月初在产品成本	1200	2500	1800
本月生产费用	9600	7420	4240

要求：
假设在产品存货发出采用先进先出法，用约当产量法计算确定本月完工产品成本和月末在产品成本。

参考答案及解析

(1)分配直接材料成本：

本月新增产品的约当总产量=20×(1-100%)+(100-20)+40=120(件)

分配率=9600/120=80(元/件)

完工产品负担的直接材料成本=1200+(100-20)×80=7600(元)

月末在产品负担的直接材料成本=40×80=3200(元)

(2)分配直接人工成本：

本月新增产品的约当总产量=20×(1-50%)+(100-20)+40×40%=106(件)

分配率=7420/106=70(元/件)

完工产品负担的直接人工成本=2500+[20×(1-50%)+(100-20)]×70=8800(元)

月末在产品负担的直接人工成本=40×40%×70=1120(元)

(3)分配制造费用：

本月新增产品的约当总产量=20×(1-50%)+(100-20)+40×40%=106(件)

分配率=4240/106=40(元/件)

完工产品负担的制造费用=1800+[20×(1-50%)+(100-20)]×40=5400(元)

月末在产品负担的制造费用=40×40%×40=640(元)

(4)完工产品总成本=7600+8800+5400=21800(元)

月末在产品总成本=3200+1120+640=4960(元)。

DAY 85 联产品和副产品的成本分配

划重点

一、概念★

(1)联产品：是指使用同种原料，经过同一生产过程同时生产出来的两种或两种以上的主要产品。

(2)副产品：是指在同一生产过程中，使用同种原料，在生产主要产品的同时附带生产出来的非主要产品。

二、联产品成本计算★★

(1)采用简化方法确定副产品成本。

(2)从总成本中扣除副产品成本，其余额就是联产品(即主产品)的成本。即：

联产品(主产品)成本=总成本-副产品成本

三、联产品加工成本的分配★★★

1. 计算公式

联合成本分配率=待分配联合成本÷各联产品分配标准合计

某联产品应分配联合成本=分配率×该联产品分配标准

2. 分配方法

(1)分离点售价法(见表85-1)。

表85-1 分离点售价法

计算公式	联合成本分配率=待分配联合成本÷(A产品分离点的总售价+B产品分离点的总售价) A产品应分配联合成本=联合成本分配率×A产品分离点的总售价 B产品应分配联合成本=联合成本分配率×B产品分离点的总售价
适用情况	每种产品在分离点时的销售价格能够可靠地计量

(2)可变现净值法(见表85-2)。

表85-2 可变现净值法

可变现净值的确定	某产品的可变现净值=分离点产量×该产成品的单位售价-分离后的该产品的后续单独加工成本

续表

计算公式	联合成本分配率=待分配联合成本÷(A 产品可变现净值+B 产品可变现净值) A 产品应分配联合成本=联合成本分配率×A 产品可变现净值 B 产品应分配联合成本=联合成本分配率×B 产品可变现净值
适用情况	联产品需要进一步加工才可销售

(3)实物数量法(见表 85-3)。

表 85-3 实物数量法

计算公式	联合成本分配率=待分配联合成本÷(A 产品实物数量+B 产品实物数量) A 产品应分配联合成本=联合成本分配率×A 产品实物数量 B 产品应分配联合成本=联合成本分配率×B 产品实物数量
适用情况	所生产的产品的价格很不稳定或无法直接确定

例解答·练

例题

例 (计算分析题)某公司生产联产品 A 和 B。1 月份 A 和 B 在分离前发生联合加工成本 400 万元。A 和 B 在分离后继续发生的单独加工成本分别为 300 万元和 200 万元，加工后 A 产品的销售价格总额为 1800 万元，B 产品的销售价格总额为 1200 万元。

要求：

(1)用可变现净值法分配联合成本；

(2)假定 A 产品为 560 件，B 产品为 440 件，采用实物数量法分配联合成本。

答 (1)A 产品的可变现净值=1800-300=1500(万元)

B 产品的可变现净值=1200-200=1000(万元)

A 产品分配的联合成本=400/2500×1500=240(万元)

B 产品分配的联合成本=400/2500×1000=160(万元)

(2)A 产品分配的联合成本=[400÷(560+440)]×560=224(万元)

B 产品分配的联合成本=[400÷(560+440)]×440=176(万元)

习题

1. **【单选题】** 在使用同种原料生产主产品的同时，附带生产副产品的情况下，由于副产品价值相对较低，而且在全部产品价值中所占的比重较小，因此，在分配主产品和副产品的加工成本时(　　)。

A. 通常先确定主产品的加工成本，然后再确定副产品的加工成本

B. 通常先确定副产品的加工成本，然后再确定主产品的加工成本

C. 通常先利用售价法分配主产品和副产品

D. 通常先利用可变现净值法分配主产品和副产品

2. **【单选题】** (2019 年)甲工厂生产联产品 X 和 Y，9 月产量分别为 690 件与 1000 件，分离点

前发生联合成本 4 万元，分离点后分别发生深加工成本 1 万元和 1. 8 万元，X、Y 的最终销售总价分别为 97 万元和 145. 8 万元，根据可变现净值，X、Y 总加工成本分别是(　　)。

A. 1. 2 万元和 2. 8 万元

B. 1. 6 万元和 2. 4 万元

C. 2. 2 万元和 4. 6 万元

D. 2. 6 万元和 4. 2 万元

参考答案及解析

1. B 【解析】副产品是指在同一生产过程中，使用同种原料，在生产主要产品的同时附带生产出来的非主要产品。由于副产品价值相对较低，而且在全部产品生产中所占的比重较小，因而可以采用简化的方法确定其成本，然后从总成本中扣除，其余额就是主产品的成本。选项 B 正确。

2. D 【解析】X 产品的可变现净值 =97−1 =96(万元)，Y 产品的可变现净值 =145. 8−1. 8 =144(万元)，X 产品应分配的联合成本 =96/(96+144)×4 =1. 6(万元)，Y 产品应分配的联合成本 =144/(96+144)×4 =2. 4(万元)。所以 X 产品的总加工成本 =1. 6+1 =2. 6(万元)，Y 产品的总加工成本 =2. 4+1. 8 =4. 2(万元)。选项 D 正确。

专题十八 产品成本计算（二）与作业成本法（一）

本专题包含5天的学习内容，具体如下：

DAY86　品种法和分批法

DAY87　分步法（一）

DAY88　分步法（二）

DAY89　作业成本法的概念与特点

DAY90　作业成本计算（一）

其中，比较重要的考点是DAY87、88、90，需要重点掌握。

DAY 86 品种法和分批法

划重点

三种成本计算方法比较（见表 86-1）★★

表 86-1　三种成本计算方法比较

基本方法	适用范围	成本计算对象	成本计算期	完工产品与在产品成本分配
品种法	大量大批的单步骤生产的企业以及管理上不要求按照生产步骤计算产品成本的多步骤生产。 例如：发电、供水、采掘	产品品种	一般定期计算产品成本，成本计算期与会计核算报告期一致	如果月末有在产品，要将生产费用在完工产品和在产品之间进行分配
分批法	单件小批类型的生产。 例如：造船业、重型机械设备制造业、新产品试制或试验的生产、在建工程以及设备修理作业等	产品的批别	成本计算期与产品生产周期基本一致，而与核算报告期不一致	一般不存在完工产品与在产品之间分配费用的问题
分步法	大量大批的，管理上要求按照生产步骤计算产品成本的多步骤生产。 例如：冶金、纺织、汽车制造等	各种产品的生产步骤	一般定期计算产品成本，成本计算期与会计核算报告期一致	月末需将生产费用在完工产品和在产品之间进行费用分配

例解答·练

例题

例 1.（单选题）甲制药厂正在试制生产某流感疫苗。为了核算此疫苗的试制生产成本，该企业最适合选择的成本计算方法是（　　）。

A. 品种法　　B. 分步法

C. 分批法　　D. 品种法与分步法相结合

解 分批法适合于小批单件类型的生产，也可用于新产品试制或试验的生产。

答 C

例 2.（计算分析题）某企业按照购货单位的要求，小批生产某些产品，采用分批法计算产品成本。该厂 4 月份投产甲产品 10 件，批号为 401，5 月份全部完工；5 月份投产乙产品 60 件，批号为 501，当月完工 40 件，并已交货，还有 20 件尚未完工。401 批和 501 批产品成本计算单如下表。乙产品原材料在生产开始时一次投入，完工产品和在产品按约当产量法中的加权平均法计算。各种费用的归集和分配过程省略。

开工日期：4 月 15 日

批号：401　　产品名称：甲产品　　完工日期：5 月 20 日

委托单位：东方公司　　批量：10 件　　单位：元

项目	直接材料费	直接人工费	制造费用	合计
4 月末余额	12000	900	3400	16300
5 月发生费用：				
据材料费用分配表	4600			4600
据工资费用分配表		1700		1700
据制造费用分配表			8000	8000
合计	16600	2600	11400	30600
结转产成品(10 件)成本				
单位成本				

开工日期：5 月 5 日

批号：501　　产品名称：乙产品　　完工日期：5 月 25 日

委托单位：佳丽公司　　批量：60 件　　单位：元

项目	直接材料费	直接人工费	制造费用	合计
5 月发生费用：				
据材料费用分配表	18000			18000
据工资费用分配表		1650		1650
据制造费用分配表			4800	4800
合计	18000	1650	4800	24450
结转产成品(40 件)成本				
单位成本				
月末在产品成本				

501 批乙产品尚未完工的 20 件在产品的完成情况如下表所示。

工序	完工程度	在产品(件)
	①	②
1	15%	4
2	25%	4
3	70%	12
合计	—	20

要求：

(1)计算甲产品完工产品成本。

(2)计算乙产品完工产品成本和在产品成本。

答 (1)401 批甲产品 5 月份全部完工，所以发生的产品生产费用合计即为完工产品总成本。甲产品完工产品成本如下表。

开工日期：4 月 15 日

批号：401　　　　产品名称：甲产品　　　　完工日期：5 月 20 日

委托单位：东方公司　　　　批量：10 件　　　　单位：元

项目	直接材料费	直接人工费	制造费用	合计
4 月末余额	12000	900	3400	16300
5 月发生费用：				
据材料费用分配表	4600			4600
据工资费用分配表		1700		1700
据制造费用分配表			8000	8000
合计	16600	2600	11400	30600
结转产成品(10 件)成本	16600	2600	11400	30600
单位成本	1660	260	1140	3060

(2)501 批产品月末部分完工，而且完工产品数量占总指标的比重较大，应采用适当的方法将产品生产费用在完工产品与在产品之间进行分配。

材料费用按完工产品产量和在产品数量作比例分配

产成品应分配的材料费用＝18000÷(40+20)×40＝12000(元)

在产品应分配的材料费用＝18000÷(40+20)×20＝6000(元)

计算 501 批乙产品在产品约当产量，如下表。

工序	完工程度	在产品(件)	在产品约当产量(件)	完工产品(件)	产量合计(件)
	①	②	③=①×②	④	⑤=③+④
1	15%	4	0.6		
2	25%	4	1		
3	70%	12	8.4		
合计	—	20	10	40	50

直接人工费用按约当产量法分配：

产成品应分配的直接人工费用＝1650÷(40+10)×40＝1320(元)

在产品应分配的直接人工费用＝1650÷(40+10)×10＝330(元)

制造费用按约当产量法分配：

产成品应分配的制造费用＝4800÷(40+10)×40＝3840(元)

在产品应分配的制造费用＝4800÷(40+10)×10＝960(元)

将各项费用分配结果记入 501 批乙产品成本计算单，如下表所示，即可计算出乙产品的产成品成本和月末在产品成本。

开工日期：5 月 5 日

批号：501　　产品名称：乙产品　　完工日期：5 月 25 日

委托单位：佳丽公司　　批量：60 件　　单位：元

项目	直接材料费	直接人工费	制造费用	合计
5 月发生费用：				
据材料费用分配表	18000			18000
据工资费用分配表		1650		1650
据制造费用分配表			4800	4800
合计	18000	1650	4800	24450
结转产成品(40 件)成本	12000	1320	3840	17160
单位成本	300	33	96	429
月末在产品成本	6000	330	960	7290

习题

【计算分析题】K 公司是一家机械制造企业，生产多种规格的厨房设备，按照客户订单要求分批组织生产。各种产品均需经过两个步骤加工，第一车间为机械加工车间，第二车间为装配车间。本月(7 月份)生产的 601 号和 701 号订单的有关资料如下：

(1)批号 601 生产甲产品；6 月底第一车间在产品 10 台(6 月份投产)；7 月 20 日全部完工入库；月末两车间均无 601 号甲产品在产品。

(2)批号 701 生产乙产品；6 月底无在产品，7 月份投产 8 台，7 月底 3 台完工入库，剩余 5 台为第一车间在产品(平均完工程度 40%)。

生产 601 号和 701 号的直接材料均在各车间开始生产时一次投入，直接人工费用和制造费用在加工过程中陆续发生。K 公司采用分批法计算产品成本，各车间的直接人工费用和制造费用按实际加工工时在各批产品之间进行分配，各批产品的生产费用采用约当产量法(加权平均法)在完工产品(或半成品)和在产品之间进行分配。

7 月份有关成本核算的资料如下：

(1)直接材料费用(单位：元)。

批号	第一车间	第二车间	合计
601 号(甲产品)		24000	24000
701 号(乙产品)	67200	28800	96000

(2)实际加工工时。

各车间除加工 601 号、701 号订单外，还加工其他批别产品。7 月份实际加工工时资料如下表所示(单位：小时)：

批号	第一车间	第二车间
601 号(甲产品)	3000	2600
701 号(乙产品)	4000	2800
其他批别产品	3000	2600
合计	10000	8000

(3)直接人工费用。

第一车间发生直接人工费用 100000 元，第二车间发生直接人工费用 72000 元。

(4)制造费用。

第一车间发生制造费用 80000 元，第二车间发生制造费用 56000 元。

(5)601 号订单月初在产品成本(单位：元)。

项目	直接材料	直接人工	制造费用	合计
月初在产品	56000	14000	15200	85200
其中：第一车间	56000	14000	15200	85200
第二车间	0	0	0	0

要求：

(1)计算填列 601 号订单的产品成本计算单；

(2)计算填列 701 号订单的产品成本计算单。

参考答案及解析

(1)一车间分配人工费用：

人工费用分配率=100000/10000=10

601 号订单分配人工费用=10×3000=30000(元)

701 号订单分配人工费用=10×4000=40000(元)

一车间分配制造费用：

制造费用分配率=80000/10000=8

601 号订单分配制造费用=8×3000=24000(元)

701 号订单分配制造费用=8×4000=32000(元)

二车间分配人工费用：

人工费用分配率=72000/8000=9

601 号订单分配人工费=9×2600=23400(元)

701 号订单分配人工费=9×2800=25200(元)

二车间分配制造费用：

制造费用分配率=56000/8000=7

601 号订单分配制造费用=7×2600=18200(元)

701 号订单分配制造费用=7×2800=19600(元)

产品成本计算单

批号：601(甲产品)　　　　开工时间：6 月 1 日

批量：10 台　　　　完工数量：10 台　　　　完工时间：7 月 20 日

项目	直接材料	直接人工	制造费用	合计
月初在产品成本	56000	14000	15200	85200
其中：第一车间	56000	14000	15200	85200
第二车间	0	0	0	0

续表

项目	直接材料	直接人工	制造费用	合计
本月生产费用	24000	53400	42200	119600
其中：第一车间	0	30000	24000	54000
第二车间	24000	23400	18200	65600
合计	80000	67400	57400	204800
完工产品成本	80000	67400	57400	204800
其中：第一车间	56000	44000	39200	139200
第二车间	24000	23400	18200	65600

（2）

产品成本计算单

批号：701（乙产品） 开工时间：7 月 1 日

批量：8 台 完工数量：3 台 完工时间：7 月 31 日

项目	直接材料	直接人工	制造费用	合计
月初在产品成本	0	0	0	0
本月生产费用	96000	65200	51600	212800
合计	96000	65200	51600	212800
其中：第一车间	67200	40000	32000	139200
第二车间	28800	25200	19600	73600
完工产品成本	54000	49200	38800	142000
其中：第一车间	25200	24000	19200	68400
第二车间	28800	25200	19600	73600
月末在产品成本	42000	16000	12800	70800
其中：第一车间	42000	16000	12800	70800
第二车间	0	0	0	0

完工产品与在产品成本分配如下：

完工产品成本负担的第一车间材料费＝67200/（3+5）×3＝25200（元）

月末在产品负担的第一车间材料费＝67200－25200＝42000（元）

完工产品成本负担的第一车间人工费＝40000/（3+5×40%）×3＝24000（元）

月末在产品负担的第一车间人工费＝40000－24000＝16000（元）

完工产品成本负担的第一车间制造费用＝32000/（3+5×40%）×3＝19200（元）

月末在产品负担的第一车间制造费用＝32000－19200＝12800（元）

由于第二车间无月末在产品，所以本月发生的各项生产费用合计全部计入本月完工产品成本。

分步法（一）

划重点

一、分步法的分类★

根据成本管理对各生产步骤成本资料的不同要求(是否要求计算半成品成本)和简化核算的要求分类，如图 87-1 所示。

分步法
- 逐步结转分步法
  - 综合结转分步法 → 需进行成本还原
  - 分项结转分步法 → 不需进行成本还原
- 平行结转分步法 → 不需进行成本还原

图 87-1 分步法的分类

二、逐步结转分步法★★★

1. 概念

逐步结转分步法是按照产品加工的顺序，逐步计算并结转半成品成本，直到最后加工步骤才能计算产成品成本的一种方法。

2. 逐步结转法的计算程序(见图 87-2)

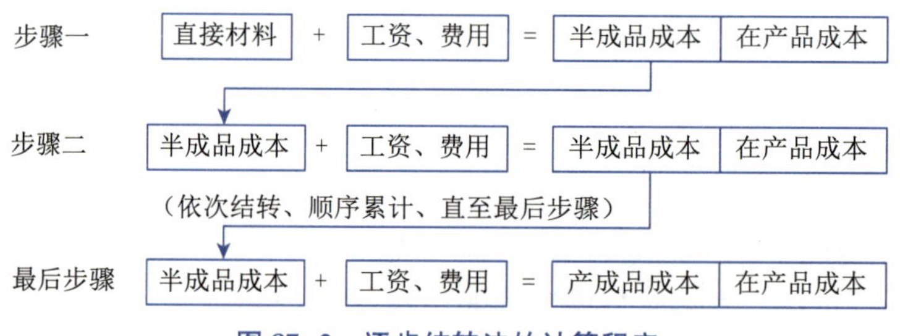

图 87-2 逐步结转法的计算程序

3. 进一步分类

(1)综合结转法，是指上一步骤转入下一步骤的半成品成本，以“直接材料”或专设的“半成品”项目综合列入下一步骤的成本计算单中。

(2)分项结转法是指上一步骤转入下一步骤的半成品成本，以“直接材料”、直接人工、制造费用等项目分别列入下一步骤的成本计算单中。

4. 逐步综合结转的成本还原

一般是按本月所产半成品的成本结构进行还原。即从最后一个步骤起，把所耗上一步骤半成品的综合成本还原成直接材料、直接人工、制造费用等原始成本项目，从而求得按原始成本项目反映的产成品成本资料。

例解答·练

例题

例 (计算分析题)假定甲产品生产分两步在两个车间内进行，第一车间为第二车间提供半成品，半成品收发通过半成品库进行。两个车间的月末在产品均按定额成本计价。成本计算程序如下：

(1)根据各种费用分配表、半成品产量月报和第一车间在产品定额成本资料(这些费用的归集分配同品种法一样，故过程均省略，下同)，登记第一车间甲产品(半成品)成本计算单，如下表所示。

甲产品(半成品)成本计算单

第一车间　　20×0 年 5 月　　单位：元

项目	产量(件)	直接材料费	直接人工费	制造费用	合计
月初在产品成本(定额成本)		61000	7000	5400	73400
本月生产费用		89500	12500	12500	114500
合计		150500	19500	17900	187900
完工半成品转出	800	120000	16000	15200	151200
月末在产品定额成本		30500	3500	2700	36700

(2)根据第一车间甲产品(半成品)成本计算单、半成品入库单，以及第二车间领用半成品的领用单，登记半成品明细账，如下表所示。

半成品明细账

月份	月初余额		本月增加		合计			本月减少	
	数量(件)	实际成本(元)	数量(件)	实际成本(元)	数量(件)	实际成本(元)	单位成本(元)	数量(件)	实际成本(元)
5	300	55600	800	151200	1100	206800	188	900	169200
6	200	37600							

(3)根据各种费用分配表、半成品领用单、产成品产量月报，以及第二车间在产品定额成本资料，登记第二车间甲产品(产成品)成本计算单。如下表所示。

甲产品(产成品)成本计算单

第二车间　　20×0 年 5 月　　单位：元

项目	产量(件)	直接材料费	直接人工费	制造费用	合计
月初在产品(定额成本)		37400	1000	1100	39500
本月费用		169200	19850	31450	220500
合计		206600	20850	32550	260000
产成品转出	500	189000	19500	30000	238500

续表

项目	产量(件)	直接材料费	直接人工费	制造费用	合计
单位成本		378	39	60	477
月末在产品(定额成本)		17600	1350	2550	21500

要求：编制甲产品成本还原计算表。

产成品成本还原计算表

产品名称：甲产品　　　　产品产量：500件　　　　单位：元

项目	还原分配率	半成品	直接材料	直接人工	制造费用	成本合计
还原前产成品成本		189000		19500	30000	238500
本月所产半成品成本			120000	16000	15200	151200
成本还原	1.25	-189000	150000	20000	19000	0
还原后产成品成本			150000	39500	49000	238500
还原后产成品单位成本			300	79	98	477

习题

【计算分析题】 甲企业生产产品A，采用逐步综合结转分步法计算产品成本，产品生产分为两个步骤，第一步骤对原料进行预处理，随后直接转移到第二步骤进行深加工，原料在第一步骤生产开工时一次性投放，第二步骤领用第一步骤产成品(即半成品)继续加工，不再投入新的原料，两个步骤的直接人工和制造费用随加工进度陆续发生。第一步骤和第二步骤均采用约当产量法在产成品和在产品之间分配成本。月末在产品的完工程度分别为60%和50%。第二步骤所耗第一步骤半成品按约当产量法计算分配率(即月初在产品和本月发生成本中半成品的合计金额除以合计约当产量)。2020年9月成本核算相关资料如下：

(1)本月产量资料(单位：千克)。

	月初在产品	本月投产	合计	产成品	月末在产品
第一步骤	8000	92000	100000	90000	10000
第二步骤	6000	90000	96000	88000	8000

(2)月初在产品成本(单位：元)。

	直接材料	半成品	直接人工	制造费用	合计
第一步骤	40000		8000	5000	53000
第二步骤		84000	29000	31000	144000

(3)本月发生成本(单位：元)。

	直接材料	直接人工	制造费用	合计
第一步骤	290000	55360	37240	382600
第二步骤		799000	889000	1688000

要求：

(1)编制各步骤产品成本计算单(结果填入下方表格中，不用列出计算过程)。

第一步骤成本计算单

2020 年 9 月　　　　单位：元

	直接材料	直接人工	制造费用	合计
月初在产品成本				
本月生产成本				
合计				
分配率				
完工半成品转出				
月末在产品				

第二步骤成本计算单

2020 年 9 月　　　　单位：元

	半成品	直接人工	制造费用	合计
月初在产品成本				
本月生产成本				
合计				
分配率				
产成品				
月末在产品				

(2)计算 A 产品单位成本，并进行成本还原(结果填入下方表格中，不用列出计算过程)。

产成品成本还原计算表

产品名称：A 产品　　　　单位：元

	半成品	直接材料	直接人工	制造费用	成本合计
还原前产成品成本					
本月所产半成品单位成本					
成本还原					
还原后产成品成本					
还原后产成品单位成本					

参考答案及解析

（1）

第一步骤成本计算单

2020 年 9 月 单位：元

	直接材料	直接人工	制造费用	合计
月初在产品成本	40000	8000	5000	53000
本月生产成本	290000	55360	37240	382600
合计	330000	63360	42240	435600
分配率	330000/（90000 + 10000）= 3.3	63360/（90000 + 10000 × 60%）= 0.66	42240/（90000 + 10000 × 60%）= 0.44	4.4
完工半成品转出	90000×3.3 = 297000	90000×0.66 = 59400	90000×0.44 = 39600	396000
月末在产品	10000×3.3 = 33000	10000×60%×0.66 = 3960	10000×60%×0.44 = 2640	39600

第二步骤成本计算单

2020 年 9 月 单位：元

	半成品	直接人工	制造费用	合计
月初在产品成本	84000	29000	31000	144000
本月生产成本	396000	799000	889000	2084000
合计	480000	828000	920000	2228000
分配率	480000/（88000+8000）= 5	828000/（88000 + 8000 × 50%）= 9	920000/（88000 + 8000 × 50%）= 10	24
产成品	88000×5 = 440000	88000×9 = 792000	88000×10 = 880000	2112000
月末在产品	8000×5 = 40000	8000×50%×9 = 36000	8000×50%×10 = 40000	116000

（2）

产成品成本还原计算表

产品名称：A 产品 单位：元

	半成品	直接材料	直接人工	制造费用	成本合计
还原前产成品成本	440000		792000	880000	2112000
本月所产半成品单位成本		3.3	0.66	0.44	4.4
成本还原	−440000	440000×3.3/4.4 = 330000	440000×0.66/4.4 = 66000	440000×0.44/4.4 = 44000	0
还原后产成品成本		330000	858000	924000	2112000
还原后产成品单位成本		3.75	9.75	10.5	24

分步法（二）

划重点

平行结转分步法(不计算半成品成本分步法)★★★

1. 成本计算程序

在计算各步骤成本时，不计算各步骤所产半成品成本，也不计算各步骤所耗上一步骤的半成品成本，而只计算本步骤发生的各项其他费用，以及这些费用中应计入产成品成本的份额。如图 88-1 所示。

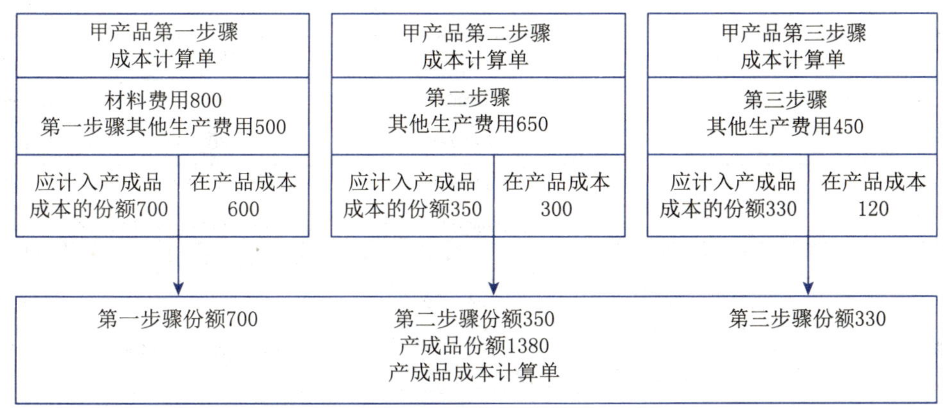

图 88-1　平行结转分步法的基本步骤

2. 平行结转分步法下的完工产品和在产品的成本分配

采用平行结转分步法，**每一生产步骤的生产费用也要在其完工产品与广义在产品之间进行分配**。这里的完工产品是指企业最终完工的产成品；广义在产品包括本步骤在产品和本步骤已完工但未最终完工的所有后续仍需继续加工的在产品、半成品。

例解答·练

例题

例 (计算分析题)甲企业使用同种原料生产联产品 A 和 B，采用平行结转分步法计算产品成本。产品生产分为两个步骤，第一步骤对原料进行预处理后，直接转移到第二步骤进行深加工，生产出 A、B 两种产品，原料只在第一步骤生产开工时一次性投放，两个步骤的直接人工和制造费用随加工进度陆续发生，第一步骤和第二步骤均采用约当产量法在产成品和在产品之间分配成本，月末留存在本步骤的实物在产品的完工程度分别为60%和50%，联产品成本按照可变现净值法进行分配，其中：A产品可直接出售，售价为8.58元/千克；B产品需继续加工，加工成本为0.336元/千克，售价为7.2元/千克。A、B两种产品的产量比例为6∶5。2020年9月相关成本核算资料如下：

(1)本月产量资料(单位：千克)。

	月初留存在本步骤的实物在产品	本月投产	合计	本月本步骤完成的产品	月末留存在本步骤的实物在产品
第一步骤	8000	92000	100000	90000	10000
第二步骤	7000	90000	97000	88000	9000

(2)月初在产品成本(单位：元)。

	直接材料	直接人工	制造费用	合计
第一步骤	50000	8250	5000	63250
第二步骤		3350	3600	6950

(3)本月发生成本(单位：元)。

	直接材料	直接人工	制造费用	合计
第一步骤	313800	69000	41350	424150
第二步骤		79900	88900	168800

要求：

(1)编制各步骤产品成本计算单以及产品汇总计算单(结果填入下方表格中，不用列出计算过程)；

(2)计算A、B产品的单位成本。

答 (1)第一步骤广义在产品包括月末留存在第一步骤的实物在产品10000千克和月末留存在第二步骤的实物在产品9000千克。分配第一步骤直接材料费用时，产成品和广义在产品相对于第一步骤的完工程度均为100%。分配第一步骤直接人工和制造费用时，产成品和月末留存在第二步骤的实物在产品相对于第一步骤的完工程度为100%，月末留存在第一步骤的实物在产品相对于第一步骤的完工程度为60%。

第一步骤成本计算单

2020年9月 单位：元

	直接材料	直接人工	制造费用	合计
月初在产品成本	50000	8250	5000	63250
本月生产成本	313800	69000	41350	424150
合计	363800	77250	46350	487400
分配率	3.4	0.75	0.45	—
产成品成本中本步骤份额	299200	66000	39600	404800
月末在产品	64600	11250	6750	82600

直接材料分配率=363800/(88000+10000+9000)=3.4

直接人工分配率=77250/(88000+10000×60%+9000)=0.75

制造费用分配率=46350/(88000+10000×60%+9000)=0.45

产成品成本中本步骤份额：

直接材料=88000×3.4=299200(元)

直接人工=88000×0.75=66000(元)

制造费用=88000×0.45=39600(元)

月末在产品成本：

直接材料=(10000+9000)×3.4=64600(元)

或直接材料=363800-299200=64600(元)

直接人工=(10000×60%+9000)×0.75=11250(元)

或直接人工=77250-66000=11250(元)

制造费用=(10000×60%+9000)×0.45=6750(元)

或制造费用=46350-39600=6750(元)

第二步骤广义在产品包括月末留存在第二步骤的实物在产品9000千克。分配第二步骤直接人工和制造费用时，产成品相对于第二步骤的完工程度为100%，月末留存在第二步骤的实物在产品相对于第二步骤的完工程度为50%。

第二步骤成本计算单

2020年9月　　　　单位：元

	直接材料	直接人工	制造费用	合计
月初在产品成本	—	3350	3600	6950
本月生产成本	—	79900	88900	168800
合计	—	83250	92500	175750
分配率	—	0.90	1.00	—
产成品成本中本步骤份额	—	79200	88000	167200
月末在产品	—	4050	4500	8550

直接人工分配率=83250/(88000+9000×50%)=0.90

制造费用分配率=92500/(88000+9000×50%)=1.00

产成品成本中本步骤份额：

直接人工=88000×0.9=79200(元)

制造费用=88000×1=88000(元)

月末在产品成本：

直接人工=9000×50%×0.9=4050(元)

或直接人工=83250-79200=4050(元)

制造费用=9000×50%×1=4500(元)

或制造费用=92500-88000=4500(元)

产品成本汇总计算单

2020 年 9 月　　　　单位：元

	直接材料	直接人工	制造费用	合计
第一步骤	299200	66000	39600	404800
第二步骤	—	79200	88000	167200
合计	299200	145200	127600	572000

(2)A 产品产量 =88000×6/(6+5)= 48000(千克)

B 产品产量 =88000×5/(6+5)= 40000(千克)

A 产品可变现净值 =48000×8. 58 =411840(元)

B 产品可变现净值 =40000×(7. 2−0. 336)= 274560(元)

A 产品分配的成本 =572000×411840/(411840+274560)= 343200(元)

A 产品单位成本 =343200/48000 =7. 15(元/千克)

B 产品分配的成本 =572000×274560/(411840+274560)= 228800(元)

B 产品单位成本 =228800/40000+0. 336 =6. 056(元/千克)

习题

1. 【单选题】(2019 年)下列关于平行结转分步法的说法中，正确的是(　　)。

A. 平行结转分步法适用于经常对外销售半成品的企业

B. 平行结转分步法有利于考察在产品存货资金占用情况

C. 平行结转分步法有利于各步骤在产品的实物管理和成本管理

D. 平行结转分步法的在产品是尚未最终完成的产品

2. 【多选题】以下关于成本计算分步法的表述中，正确的有(　　)。

A. 逐步结转分步法有利于各步骤在产品的实物管理和成本管理

B. 当企业经常对外销售半成品时，不宜采用平行结转分步法

C. 采用逐步分项结转分步法时，需要进行成本还原

D. 采用平行结转分步法时，无需将产品生产费用在完工产品和在产品之间进行分配

3. 【单选题】某企业只生产一种产品，生产分两个步骤在两个车间进行，第一车间为第二车间提供半成品，第二车间将半成品加工成产成品。月初两个车间均没有在产品。本月第一车间投产 100 件，有 80 件完工并转入第二车间，月末第一车间尚未加工完成的在产品相对于本步骤的完工程度为 60%；第二车间完工 50 件，月末第二车间尚未加工完成的在产品相对于本步骤的完工程度为 50%。该企业按照平行结转分步法计算产品成本，各生产车间按约当产量法在完工产品和在产品之间分配生产费用。月末第一车间的在产品约当产量为(　　)件。

A. 12

B. 27

C. 42

D. 50

参考答案及解析

1. D 【解析】平行结转分步法不能提供各个步骤的半成品成本资料，所以，选项 A 的说法不正确。在平行结转分步法下，在产品的费用在产品最后完成以前，不随实物转出而转出，即不按其所在的地点登记，而按其发生的地点登记，因而不能为各个生产步骤在产品的实物管理提供资料，选项 B 和选项 C 的说法不正确。采用平行结转分步法，每一生产步骤的生产费用也要在其完工产品与月末在产品之间进行分配。但这里的完工产品是指企业最终完工的产成品；这里的某步骤在产品是指该步骤尚未加工完成的在产品和该步骤已完工但尚未最终完成的产品。所以，选项 D 的说法正确。
2. AB 【解析】逐步结转分步法能提供各个生产步骤的半成品成本资料，从而为各生产步骤的在产品实物管理及资金管理提供资料，选项 A 正确；当企业经常对外销售半成品时，需要确定半成品成本，因此应该采用逐步结转分步法，不宜采用平行结转分步法，选项 B 正确；采用逐步分项结转分步法时，可以直接、正确地提供按原始成本项目反映的产品成本资料，无需进行成本还原，选项 C 错误；采用平行结转分步法时，需要将产品生产费用在最终完工的产成品和广义在产品之间进行分配，选项 D 错误。
3. C 【解析】属于一车间的在产品包括：①该车间正在加工的在产品=0+100−80=20 件，其在一车间的完工程度为 60%，约当产量=20×60%=12 件；②第二车间尚未加工完成的在产品(即已完成一车间加工但尚未最终完成的产品)=0+80−50=30 件，其在一车间的完工程度为 100%，约当产量=30×100%=30 件，合计月末第一车间的在产品约当产量为 12+30=42 件。

作业成本法的概念与特点

划重点

一、作业成本法的产生背景及含义★

（一）作业成本法的产生背景

随着“机器取代人”的自动化制造时代来临，其特征就是直接人工成本比重大大下降，制造费用（主要是折旧费用等固定成本）比重大大增加，因此制造费用的分配科学与否将很大程度上决定产品成本计算的准确性和成本控制的有效性。

（二）作业成本法的含义

作业成本法是将间接成本和辅助费用更准确地分配到产品和服务的一种成本计算方法。

二、作业成本法的核心概念★★

（一）相关概念（见表89-1）

表89-1　相关概念

项目	概念
作业	作业是指企业中特定组织（成本中心、部门或产品线）重复执行的任务或活动
资源	资源是指作业耗费的人工、能源和实物资产（车床和厂房等）
成本动因	成本动因是指作业成本或产品成本的驱动因素

（二）成本动因

（1）资源成本动因：是引起作业成本增加的驱动因素，用来衡量一项作业的资源消耗量。依据资源成本动因可以将资源成本分配给各有关作业。

（2）作业成本动因：是引起产品成本增加的驱动因素，是衡量一个成本对象需要的作业量。依据作业成本动因可以将作业成本分配给各产品。

坤坤点拨 资源成本动因：是什么使得资源消耗掉了？是作业活动的产生；作业成本动因：是什么使得作业活动发生了？是产品生产出来了。

三、作业成本法的主要特点★★

（一）成本计算分为两个阶段

作业成本法的基本指导思想是，“作业消耗资源、产品（服务或顾客）消耗作业”。根据这一指导思想，作业成本法把成本计算过程划分为两个阶段。

作业成本法下，间接成本的分配路径是“资源→作业→产品”。

传统成本计算方法下，间接成本的分配路径是“资源→部门→产品”。

(二)成本分配强调因果关系

(1)成本追溯，是指把成本直接分配给相关的成本对象。使用追溯方式得到的产品成本是最准确的。

(2)动因分配，是指根据成本动因将成本分配到各成本对象的过程。动因分配虽然不像追溯那样准确，但只要因果关系建立恰当，成本分配的结果同样可以达到较高的准确程度。

(3)分摊，有些成本既不能追溯，也不能合理、方便地找到成本动因，只好使用产量作为分配基础，将其强制分摊给成本对象。

作业成本法的成本分配主要使用追溯和动因分配，尽可能减少不准确的分摊，因此能够提供更加真实、准确的成本信息。

(三)成本分配使用众多不同层面的成本动因

采用不同层面的、众多的成本动因进行成本分配，要比采用单一分配基础更加合理，更能保证产品成本计算的准确性。

四、两种成本计算方法的比较(见表 89-2)★★

表 89-2 传统成本法和作业成本法的比较

	传统成本法	作业成本法
直接成本范围	仅限于直接人工和直接材料	尽可能扩大追溯到个别产品的成本比例，直接成本的范围更大
间接成本分配路径	资源→部门→产品	资源→作业→产品
间接成本分配基础	以产量(或生产量相关的业务量，如人工工时、机器工时、人工工资等)作为唯一动因进行间接费用的分配，从而可能扭曲产品成本，即：高估简单产品(作业量较少)的成本，而低估复杂产品(作业量较多)的成本	众多不同层面的成本动因

例解答·练

例题

例 (多选题)下列有关“资源动因”表述正确的有(　　)。

A. 它是引起作业成本变动的因素

B. 它是引起产品成本变动的因素

C. 它被用来衡量一项作业对资源的消耗量，运用它可以将资源成本分配给各有关作业

D. 它是计量各种产品对作业耗用的情况，并被用来作为作业成本的分配基础

解 成本动因分为资源成本动因和作业成本动因。选项 B、D 是作业成本动因的含义和特征。选项 AC 正确。

答 AC

习题

1. 【多选题】下列关于作业成本法的说法，正确的有(　　)。

A. 作业成本法强调使用不同层面和数量众多的资源成本动因将作业成本追溯到产品

B. 作业成本法是将间接成本和辅助费用更准确地分配到作业、生产过程、产品、服务及顾客中的一种成本计算方法

C. 作业成本法的基本思想是“产品消耗作业，作业消耗资源”

D. 作业成本法强调使用直接追溯和动因追溯方式来分配成本

2. 【多选题】下列关于作业成本法与传统的成本计算方法(以产量为基础的完全成本计算方法)比较的说法中，正确的有(　　)。

A. 传统的成本计算方法对全部生产成本进行分配，作业成本法只对变动成本进行分配

B. 传统的成本计算方法是按部门归集间接费用，作业成本法按作业归集间接费用

C. 作业成本法的直接成本计算范围要比传统的成本计算方法的计算范围小

D. 与传统的成本计算方法相比，作业成本法不便于实施责任会计和业绩评价

参考答案及解析

1. BCD　【解析】作业成本法把资源的消耗是按资源成本动因首先追溯到作业，然后使用不同层面和数量众多的作业成本动因将作业成本追溯到产品。选项A错在把作业成本动因说成是资源成本动因。

2. BD　【解析】作业成本法只对作业成本进行分配，不是只对变动成本进行分配，所以，选项A的说法不正确；在作业成本法下，直接成本可以直接计入产品，与传统的成本计算方法并无差异，只是直接成本的范围比传统成本计算得要大，所以，选项C的说法不正确；传统的成本计算方法按部门归集间接费用，作业成本法按作业归集间接费用，选项B的说法正确；而实施责任会计和业绩评价是针对部门的，所以，与传统的成本计算方法相比，作业成本法不便于实施责任会计和业绩评价，选项D的说法正确。

DAY 90 作业成本计算（一）

划重点

作业成本的计算原理★★★

(一)作业成本库的设计

1. 单位级作业成本库(见表90-1)

表90-1 单位级作业成本库

概念	特点	举例
单位级作业是指**每一单位产品至少要执行一次的**作业	单位级作业成本是直接成本，可以追溯到每个单位产品上，即直接计入成本对象的成本计算单；这种作业的成本与产量成比例变动	**机器加工、组装**

2. 批次级作业成本库(见表90-2)

表90-2 批次级作业成本库

概念	特点	举例
批次级作业是指**同时服务于每批产品或许多产品**的作业	它们的成本取决于批次，而不是每批中单位产品的数量；这种作业的成本与产品批数成比例变动	**生产前的机器调试、成批产品转移至下一工序的运输、成批采购和检验等**

3. 品种级(产品级)作业成本库(见表90-3)

表90-3 品种级(产品级)作业成本库

概念	特点	举例
品种级作业是指服务于**某种型号或样式产品**的作业	品种级作业成本仅仅因为某个特定的产品品种存在而发生；这种作业的成本随产品品种数而变化，不随产量、批次数而变化	**产品设计、产品生产工艺规程制定、工艺改造、产品更新等**

4. 生产维持级作业成本库(见表90-4)

表90-4 生产维持级作业成本库

概念	特点	举例
生产维持级作业是指服务于**整个工厂**的作业	它们是为了维护生产能力而进行的作业，不依赖于产品的数量、批次和种类	**工厂保安、维修、行政管理、保险、财产税等**

不同层级的作业成本如图 90-1 所示。

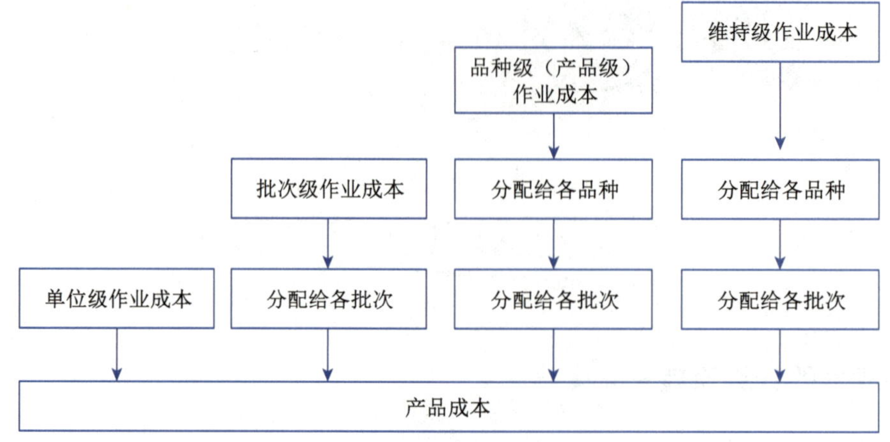

图 90-1　不同层级的作业成本

(二)作业成本分配到成本对象

单位作业成本=本期作业成本库归集总成本/作业量

作业成本动因的种类如表 90-5 所示。

表 90-5　作业成本动因的种类

种类	主要内容	特点
业务动因	通常以执行的次数作为作业动因，假设执行每次作业的成本(包括每次耗用的时间和单位时间耗用的资源)相等	精确度最差，但其执行成本最低
持续动因	是指执行一项作业所需的时间标准，假设执行作业的单位时间耗用的资源相等	精确度和成本居中
强度动因	是在某些特殊情况下，将作业执行中实际耗用的全部资源单独归集，直接计入某一特定的产品；强度动因一般适用于某一特殊订单或某种新产品试制等，用产品订单或工作单记录每次执行作业时耗用的所有资源	精确度最高，但其执行成本最昂贵

例解答·练

例题

例 1.(多选题·2019 年)甲公司采用作业成本法，下列选项中，属于生产维持级作业的有(　　)。

A. 机器加工　　　　B. 行政管理

C. 半成品检验　　　　D. 工厂安保

解 生产维持级作业，是指服务于整个工厂的作业，例如工厂保安、维修、行政管理、保险、财产税等。它们是为了维护生产能力而进行的作业，不依赖于产品的数量、批次和种类。

答 BD

例 2.(单选题)甲企业采用作业成本法计算产品成本，每批产品生产前需要进行机器调试，在对调试作业中心进行成本分配时，最适合采用的作业成本动因是(　　)。

A. 产品品种　　B. 产品数量

C. 产品批次　　D. 每批产品数量

解 生产前机器调试属于批次级作业，它们的成本取决于批次，所以作业成本动因应采用产品批次，所以选项 C 正确。

答 C

习题

1.【多选题】下列各项作业中，属于品种级作业的有(　　)。

A. 产品组装　　B. 产品检验

C. 产品生产工艺改造　　D. 产品推广方案制定

2.【多选题】下列各项中，适合作为单位级作业的作业动因有(　　)。

A. 生产准备次数　　B. 零部件产量

C. 采购次数　　D. 耗电千瓦时数

3.【单选题】下列各项中，应使用强度动因作为作业量计量单位的是(　　)。

A. 产品的生产准备　　B. 产品的机器加工

C. 产品的分批质检　　D. 产品的研究开发

参考答案及解析

1. CD 【解析】品种级作业是指服务于某种型号或样式产品的作业。例如，产品设计、产品生产工艺规程制定、工艺改造、产品更新等。选项 A 是单位级作业，选项 B 是批次级作业。
2. BD 【解析】单位级作业指每一单位产品至少要执行一次的作业，因此其成本与产量成比例变动，如果产量增加一倍，则成本也会增加一倍。选项 BD 正确。
3. D 【解析】强度动因是在某些特殊情况下，将作业执行中实际耗用的全部资源单独归集，并将该项单独归集的作业成本直接计入某一特定产品，一般适用于某一特殊订单或某种新产品试制等。选项 D 正确。

专题十九

作业成本法（二）和标准成本法

本专题包含5天的学习内容，具体如下：

DAY91　作业成本计算（二）

DAY92　作业成本管理

DAY93　标准成本及其制定

DAY94　变动成本差异分析

DAY95　固定制造费用差异分析

其中，比较重要的考点是DAY91、94、95，需要重点掌握。

DAY 91 作业成本计算（二）

划重点

作业成本的计算示例★★★

(1)计算作业成本分配率。

实际作业成本分配率=当期实际发生的作业成本/当期实际作业产出

(2)某产品耗用的作业成本=Σ(该产品耗用的作业量×实际作业成本分配率)

(3)某产品当期发生总成本=当期投入该产品的直接成本+该产品当期耗用的各项作业成本

例解答·练

例题

例(计算分析题)甲公司2020年6月生产两种产品，型号分别为AA001和BB002，该月有关资料见下表：

项目	AA001	BB002
产量(件)	1000	1200
直接人工工时(小时)	7900	18000
单位产品直接人工成本(元)	66	84
单位产品直接材料成本(元)	126	140
间接费用总额(元)	259000	

甲公司经过分析，该厂根据各项作业的成本动因性质划分了机器焊接、设备调整、发放材料和质量抽检等四个作业；各作业动因及作业成本发生额等有关资料如下表：

作业名称	作业成本发生额(元)	作业动因	作业量		
			AA001	BB002	合计
机器焊接	72000	焊接工时(小时)	600	1200	1800
设备调整	30000	调整次数(次)	200	400	600
发放材料	125000	生产批次(批次)	20	30	50
质量抽检	32000	抽检次数(次)	300	500	800
合计	259000				

要求：

(1)按照传统完全成本法，以直接人工工时为间接费用的分配标准，计算 AA001 和 BB002 两种产品的单位成本；

(2)按照作业成本法计算 AA001 和 BB002 两种产品的单位成本；

(3)分析两种成本计算方法下单位成本差异的原因。

答 (1)间接费用分配率=259000/(7900+18000)=10(元/小时)

分配给 AA001 产品的间接费用=7900×10=79000(元)

分配给 BB002 产品的间接费用=18000×10=180000(元)

AA001 产品单位成本应分配的间接费用=79000/1000=79(元)

BB002 产品单位成本应分配的间接费用=180000/1200=150(元)

AA001 产品单位成本=66+126+79=271(元)

BB002 产品单位成本=84+140+150=374(元)

(2)作业成本计算法下 AA001、BB002 产品应分配的间接费用及单位成本：

作业名称	作业动因分配率	AA001		BB002		作业成本合计(元)
		作业量	作业成本(元)	作业量	作业成本(元)	
机器焊接	40	600	24000	1200	48000	72000
设备调整	50	200	10000	400	20000	30000
发放材料	2500	20	50000	30	75000	125000
质量抽检	40	300	12000	500	20000	32000
合计	–	–	96000	–	163000	259000

AA001 产品单位成本应分配的间接费用=96000/1000=96(元)

BB002 产品单位成本应分配的间接费用=163000/1200=135.83(元)

AA001 产品单位成本=66+126+96=288(元)

BB002 产品单位成本=84+140+135.83=359.83(元)

(3)传统成本计算法和作业成本计算法下两种产品应分配的间接费用之所以会产生差异，其原因就在于这两种方法归集和分配间接费用的方法不同。传统成本计算法下，间接费用以人工工时等产量基础分配，进而夸大了高产量产品 BB002 的成本；而在作业成本计算法下，间接费用归集于四个成本库，分别按照不同成本动因进行分配，提高了合理性，从而大大提高了成本计算的准确性。

习题

【计算分析题】(2019 年)甲公司是一家制造业企业，生产 A、B 两种产品。生产车间有两台设备，其中，一台属于高端智能制造设备，另一台属于手工加工设备。A、B 产品均需先后经过智能制造和手工加工两道作业工序方可完成。A 产品主要由智能制造设备完成，B 产品主要由手工加工设备完成。直接材料均在开工时一次性投入。公司现采用传统成本计算法计算成本，直接材料、直接人工直接计入产品成本，制造费用先按车间归集，再按直接人工工资比例分配进入产品成本。2019 年 9 月生产成本相关资料如下：

（1）

本月生产量

单位：件

	月初在产品	本月投产	本月完工	月末在产品
A 产品	0	120	80	40
B 产品	0	100	50	50

（2）传统成本计算法下 A、B 产品成本计算单。

A 产品成本计算单

2019 年 9 月　　单位：元

项目	直接材料	直接人工	制造费用	合计
月初在产品成本	0	0	0	0
本月生产费用	15000	12500	62500	90000
合计	15000	12500	62500	90000
完工产品成本（80 件）	10000	10000	50000	70000
单位成本	125	125	625	875
月末在产品成本（40 件）	5000	2500	12500	20000

B 产品成本计算单

2019 年 9 月　　单位：元

项目	直接材料	直接人工	制造费用	合计
月初在产品成本	0	0	0	0
本月生产费用	40000	45000	225000	310000
合计	40000	45000	225000	310000
完工产品成本（50 件）	20000	30000	150000	200000
单位成本	400	600	3000	4000
月末在产品成本（50 件）	20000	15000	75000	110000

（3）

产品毛利

单位：元

项目	单位成本	单位售价	单位毛利
A 产品	875	1000	125
B 产品	4000	3600	−400

目前，A 产品供不应求，B 产品滞销。公司销售经理建议 A 提价，B 降价，以提高公司获利能力。生产经理认为制造费用大部分由智能制造设备引起，按直接人工工资比例分配导致 A、B 产品成本计算不准确，应采用作业成本法对制造费用分配进行优化，从而为调价提供可靠的成本数据。公司财务部门和生产技术部门对生产过程进行了分析，识别出三项作业，分别是设备检修作业、智能制造作业和手工加工作业。设备检修作业负责对智能制造设备、手工加

工设备进行检修，作业动因是检修次数；智能制造作业的作业动因是机器工时；手工加工作业的作业动因是人工工时。直接人工成本不再单列成本项目，被归入相应作业库。相关资料如下：

（1）月末在产品。

A 在产品 40 件，全部处于智能制造阶段，尚未进入手工加工阶段，平均完成智能制造作业的 50%；B 在产品 50 件，智能制造作业全部完成，手工加工作业平均完成 60%。

（2）作业成本。

作业成本库	作业成本(元)	作业动因	作业量		
			智能制造作业	手工加工作业	合计
机器检修作业	72000	检修次数(次)	5	1	6
			A 产品	B 产品	合计
智能制造作业	53000	机器工时(小时)	350	150	500
手工加工作业	220000	人工工时(小时)	20	230	250
合计	345000		–	–	–

要求：

（1）编制作业成本分配表(结果填入下方表格中，不用列出计算过程)。

作业名称	分配率	作业成本(元)	
		智能制造作业	手工加工作业
设备检修作业			
–	–	A 产品	B 产品
智能制造作业			
手工加工作业			

（2）编制产品成本计算单(结果填入下方表格中，不用列出计算过程)。

A 产品成本计算

2019 年 9 月　　　　单位：元

项目	直接材料	作业成本		合计
		智能制造作业	手工加工作业	
月初在产品成本				
本月生产费用				
合计				
完工产品成本				
单位成本				
月末在产品成本				

B 产品成本计算单

2019 年 9 月　　　　　　　　　　　　　　　　　　　　　　　　　　　　　　单位：元

项目	直接材料	作业成本		合计
		智能制造作业	手工加工作业	
月初在产品成本				
本月生产费用				
合计				
完工产品成本				
单位成本				
月末在产品成本				

(3)根据作业成本法计算单位产品成本，判断 A、B 产品目前定价是否合理，并简要说明理由。

参考答案及解析

(1)

作业名称	分配率	作业成本(元)	
		智能制造作业	手工加工作业
设备检修作业	12000	60000	12000
–	–	A 产品	B 产品
智能制造作业	226	79100	33900
手工加工作业	928	18560	213440

思路点拨 智能制造作业的分配率=(53000+60000)/500=226(元/小时)，其中的 60000 是分配的设备检修作业成本。手工加工作业的分配率计算也是同样的思路。(220000+12000)/250=928(元/小时)。

(2)

A 产品成本计算单

2019 年 9 月　　　　　　　　　　　　　　　　　　　　　　　　　　　　　　单位：元

项目	直接材料	作业成本		合计
		智能制造作业	手工加工作业	
月初在产品成本	0	0	0	0
本月生产费用	15000	79100	18560	112660
合计	15000	79100	18560	112660
完工产品成本	10000	63280	18560	91840
单位成本	125	791	232	1148
月末在产品成本	5000	15820	0	20820

思路点拨 由于直接材料在生产开始时一次投入，所以，A 产品直接材料单位成本＝15000/（80+40）＝125（元/件）；

由于 A 产品的月末在产品平均完成智能制造作业的 50%，所以，A 产品智能制造作业的单位成本＝79100/（80+40×50%）＝791（元/件）；

由于 A 产品的月末在产品尚未进入手工加工阶段，所以，A 产品的月末在产品不分配手工加工作业成本，即 A 产品手工加工作业成本单位成本＝18560/80＝232（元/件）。

B 产品成本计算单

2019 年 9 月　　　　单位：元

项目	直接材料	作业成本		合计
		智能制造作业	手工加工作业	
月初在产品成本	0	0	0	0
本月生产费用	40000	33900	213440	287340
合计	40000	33900	213440	287340
完工产品成本	20000	16950	133400	170350
单位成本	400	339	2668	3407
月末在产品成本	20000	16950	80040	116990

思路点拨 由于直接材料在生产开始时一次投入，所以，B 产品直接材料单位成本＝40000/（50+50）＝400（元/件）；

由于 B 产品的月末在产品智能制造作业全部完成，因此，分配智能制造作业成本时，月末在产品的完工程度按照 100% 计算，即 B 产品智能制造作业单位成本＝33900/（50+50×100%）＝339（元/件）；

由于 B 产品月末在产品手工加工作业平均完成 60%，所以，分配手工加工作业成本时，单位成本＝213440/（50+50×60%）＝2668（元/件）。

（3）因为 A 产品单位成本 1148 元大于目前的单位售价 1000 元，所以 A 产品定价不合理。B 产品单位成本 3407 元低于原来的单位售价 3600 元，所以 B 产品定价合理。

作业成本管理

划重点

增值作业与非增值作业的划分(见表 92-1)★

表 92-1 增值作业与非增值作业的划分

概念	增值作业与非增值作业是站在顾客角度划分的。 最终增加顾客价值的作业是增值作业;否则就是非增值作业
划分标准	就是看这个作业的发生是否有利于增加顾客的价值,或者说增加顾客的效用

二、作业成本法的优点、局限性与适用情景条件★★

(一)优点(见表 92-2)

表 92-2 作业成本法的优点

优点	要点
可以获得更准确的产品和产品线成本	作业成本法的主要优点减少了传统成本信息对于决策的误导。一方面作业成本法扩大了追溯到个别产品的成本比例,减少了成本分配对于产品成本的扭曲;另一方面采用多种成本动因作为间接成本的分配基础,使得分配基础与被分配成本的相关性得到改善
有助于改进成本控制	从成本动因上改进成本控制,包括改进产品设计和生产流程等,可以消除非增值作业、提高增值作业的效率,有助于持续降低成本和不断消除浪费
为战略管理提供信息支持	战略管理需要相应的信息支持。 (1)作业成本法与价值链分析概念一致,可以为其提供信息支持。 (2)对成本领先战略提供支持

(二)局限性(见表 92-3)

表 92-3 作业成本法的局限性

开发和维护费用较高	作业成本法的成本动因数量较大,开发和维护费用越高
不符合对外财务报告的要求	为使对外财务报告符合会计准则的要求,需要重新调整作业成本法下的数据,工作量大,技术难度大,可能出现混乱
确定成本动因比较困难	间接成本并非都与特定的成本动因相关联。可能找不到成本动因;寻找成本高;成本动因相关程度都很低

续表

不利于进行管理控制	完全成本法按部门建立成本中心，为实施责任会计和业绩评价提供方便。作业成本法的成本库与企业的组织结构不一致，不利于提供管理控制的信息。作业成本法改善了经营决策信息，牺牲了管理控制信息

(三)适用情景条件(见表92-4)

表92-4 作业成本法的适用情景条件

成本结构	制造费用在产品成本中占有较大比重
产品品种	产品多样性程度高(包括产量多样性，规模多样性，原料多样性，产品组装多样性)
外部环境	面临的竞争激烈
公司规模	公司规模比较大，有强大的信息沟通渠道和完善的信息管理基础设施，并且对信息的需求更为强烈

总之，企业生产自动化程度较高、直接人工比较少，企业的作业流程比较清晰、企业相关业务数据完备而且可获得、企业信息化基础工作较好、以产量为基础计算产品成本时易产生成本扭曲并且准确的成本信息具有较大价值时，适宜采用作业成本法。

例解答·练

例题

例 (多选题)某企业生产经营的产品品种繁多，间接成本比重较高，成本会计人员试图推动该企业采用作业成本法计算产品成本，下列理由中适合用于说服管理层的有(　　)。

A. 使用作业成本信息有利于价值链分析

B. 通过作业管理可以提高成本控制水平

C. 使用作业成本法可提高成本分配准确性

D. 使用作业成本信息可以提高经营决策质量

解 作业成本法与价值链分析概念一致，可以为其提供信息支持，所以选项A的说法正确。作业成本法可以获得更准确的产品和产品线成本，所以选项C的说法正确。准确的成本信息，可以提高经营决策的质量，包括定价决策、扩大生产规模、放弃产品线等经营决策，所以选项D的说法正确。作业成本法有助于改进成本控制，所以选项B的说法正确。

答 ABCD

习题

1. 【单选题】作业成本法划分增值与非增值作业是基于(　　)。

A. 是否有利于增加股东财富　　B. 是否有利于增加顾客的效用

C. 是否有利于降低成本　　D. 是否有利于提高产品质量

2. 【多选题】下列表述正确的有(　　)。

A. 作业成本管理就是要努力找到非增值作业成本并努力消除它、转换它或将之降到最低。

B. 作业成本管理主要从成本方面来优化企业的作业链和价值链

C. 面临的竞争越激烈的企业适合采用作业成本法

D. 公司规模较大的企业不适合采用作业成本法

参考答案及解析

1. B 【解析】增值与非增值作业的划分标准是要看这个作业的发生是否有利于增加顾客的价值，或者说增加顾客的效用。选项 B 正确。

2. ABC 【解析】公司规模比较大，有强大的信息沟通渠道和完善的信息管理基础设施，并且对信息的需求更为强烈，适合采用作业成本法。

DAY 93 标准成本及其制定

划重点

一、标准成本的种类★★

(一)理想标准成本和正常标准成本(按其制定所根据的生产技术和经营管理水平)

1. 理想标准成本

(1)概念：是指在最优的生产条件下，利用现有的规模和设备能够达到的最低成本。

(2)制定依据：理论上的业绩标准、生产要素的理想价格、可能实现的最高生产经营能力利用水平。

(3)用途：揭示实际成本下降的潜力，其要求太高，不宜作为考核的依据。

2. 正常标准成本

(1)概念：是指在效率良好的条件下，根据下期一般应该发生的生产要素消耗量、预计价格和预计生产经营能力利用程度制定出来的标准成本。

(2)制定依据：考虑了生产经营活动中难以避免的损耗和低效率等情况，使之切合下期的实际情况，成为切实可行的控制标准。

(3)用途：在标准成本系统中，广泛使用正常的标准成本。

(二)现行标准成本和基本标准成本(按其适用期)

1. 现行标准成本

(1)概念：是指根据其适用期间应该发生的价格、效率和生产经营能力利用程度等预计的标准成本。

(2)制定依据：应该发生的价格、效率和生产经营能力利用程度。

(3)用途：可以作为评价实际成本的依据，也可以用来对存货和销货成本进行计价。

2. 基本标准成本

(1)概念：是指一经制定，只要生产的基本条件无重大变化，就不予变动的一种标准成本。

(2)制定依据：生产的基本条件无重大变化。

生产的基本条件的重大变化是指产品的物理结构变化，重要原材料和劳动力价格的重要变化，生产技术和工艺的根本变化等。只有这些条件发生变化，基本标准成本才需要修订。由于市场供求变化导致的售价变化和生产经营能力利用程度变化，由于工作方法改变而引起的效率变化等，不属于生产的基本条件的重大变化。

(3)用途：与各期实际成本进行对比，可以反映成本变动的趋势；但不宜用来直接评价工作效率和成本控制的有效性。

二、标准成本的制定(见表 93-1)★★

制定标准成本，通常首先确定直接材料和直接人工的标准成本；其次确定制造费用的标准成本；最后确定单位产品的标准成本。

表 93-1　标准成本的制定

成本项目	用量标准	价格标准
直接材料	单位产品材料消耗量	原材料单价
直接人工	单位产品直接人工工时	小时工资率
制造费用	单位产品直接人工工时(或台时)	小时制造费用分配率

(1)无论是价格标准还是用量标准，都可以是理想状态的或正常状态的标准，据此得出理想的标准成本或正常的标准成本。

(2)直接材料的标准消耗量是现有技术条件生产单位产品所需的材料数量，包括必不可少的消耗以及各种难以避免的损失。

直接材料的价格标准，是预计下一年度实际需要支付的进料单位成本，包括发票价格、运费、检验和正常损耗等成本，是取得材料的完全成本。

(3)直接人工的用量标准是单位产品的标准工时。它是指在现有生产技术条件下，生产单位产品所需要的时间，包括直接加工操作必不可少的时间，以及必要的间歇和停工，如工间休息、调整设备时间、不可避免的废品耗用工时等。

直接人工的价格标准是指标准工资率。它可能是预定的工资率，也可能是正常的工资率；

(4)固定制造费用的用量标准与变动制造费用的用量标准相同，包括直接人工工时、机器工时、其他用量标准等，并且两者要保持一致，以便进行差异分析。

固定制造费用的价格标准是单位工时的标准分配率，它根据固定制造费用预算和直接人工标准总工时计算求得。

例解答·练

例题

例 1. (单选题)以资源无浪费、设备无故障、产出无废品、工时都有效的假设前提为依据而制定的标准成本是(　　)。

A. 基本标准成本　　B. 理想标准成本

C. 正常标准成本　　D. 现行标准成本

解 理想标准成本是指在最优的生产条件下，利用现有的规模和设备能够达到的最低成本。正常标准成本从具体数量上看，它应大于理想标准成本，但又小于历史平均水平，是要经过努力才能达到的一种标准，因而可以调动职工的积极性。在标准成本系统中，广泛使用正常的标准成本。选项 B 正确。

答 B

例 2. (多选题)甲公司制定产品标准成本时采用基本标准成本。下列情况中，需要修订基本标准成本的有(　　)。

A. 季节原因导致材料价格上升　　B. 订单增加导致设备利用率提高

C. 采用新工艺导致生产效率提高　　D. 工资调整导致人工成本上升

解 基本标准成本是指一经制定，只要生产的基本条件无重大变化，就不予以变动的一种标准成本。所谓生产的基本条件的重大变化是指产品的物理结构变化，重要原材料和劳动力价格的重要变化，生产技术和工艺的根本变化等。本题中的选项 A 和选项 B 属于由于市场供求变化导致的，不属于生产的基本条件变化，因此不需要修订基本标准成本。

答 CD

例 3.(单选题)甲公司是制造业企业，生产 W 产品。生产工人每月工作 22 天，每天工作 8 小时，平均月薪 6600 元。该产品的直接加工必要时间每件 1.5 小时，正常工间休息和设备调整等非生产时间每件 0.1 小时，正常的废品率 4%，单位产品直接人工标准成本是(　　)元。

A. 56.25　　B. 58.5

C. 62.4　　D. 62.5

解 标准工资率=6600/(22×8)=37.5(元/小时)。直接加工操作必不可少的时间+非生产时间=1.5+0.1=1.6(小时)，由于正常的废品率 4%，即生产 100 件只有 96 件合格品，因此，正常的单位产品的标准工时=1.6×100/96=5/3(小时)，单位产品直接人工标准成本=37.5×5/3=62.5(元)。选项 D 正确。

 D

习题

1.【单选题】正常标准成本从数额上看，(　　)。

A. 它应当大于理想标准成本，但又小于历史平均成本

B. 它应当大于理想标准成本，也大于历史平均成本

C. 它应当小于理想标准成本，但大于历史平均成本

D. 它应当小于理想标准成本，也小于历史平均成本

2.【多选题】甲公司制定产品标准成本时采用现行标准成本。下列情况中，需要修订现行标准成本的有(　　)。

A. 季节原因导致材料价格上升　　B. 订单增加导致设备利用率提高

C. 采用新工艺导致生产效率提高　　D. 工资调整导致人工成本上升

3.【单选题】甲公司是一家化工生产企业，生产单一产品，按正常标准成本进行成本控制。公司预计下一年度的原材料采购价格为 13 元/公斤，运输费为 2 元/公斤，运输过程中的正常损耗为 5%，原材料入库后的储存成本为 1 元/公斤。该产品的直接材料价格标准为(　　)元。

A. 15　　B. 15.75

C. 15.79　　D. 16.79

4.【单选题】下列有关制定正常标准成本的表述中，正确的是(　　)。

A. 直接材料的价格标准不包括购进材料发生的检验成本

B. 直接人工标准工时包括自然灾害造成的停工工时

C. 直接人工的价格标准是指标准工资率，它可能是预定的工资率，也可能是正常的工资率

D. 企业可以在采用机器工时作为变动制造费用的数量标准时，采用直接人工工时作为固定制造费用的数量标准

参考答案及解析

1. A 【解析】正常标准成本考虑了难以避免的损耗，所以大于理想标准成本，正常标准成本应低于历史平均水平以体现激励性。选项 A 正确。
2. ABCD 【解析】现行标准成本，是指根据其适用期间应该发生的价格、效率和生产经营能力利用程度等预计的标准成本。在这些决定因素变化时，需要按照改变了的情况加以修订。选项 ABCD 正确。
3. C 【解析】直接材料的价格标准，是预计下一年度实际需要支付的进料单位成本，包括发票价格、运费、检验和正常损耗等成本，因此本题答案为(13+2)/(1-5%)=15.79(元)。选项 C 正确。
4. C 【解析】直接材料的价格标准是取得材料的完全成本，包括发票价格、运费、检验和正常损耗等成本，选项 A 错误；直接人工标准工时是指在现有生产技术条件下，生产单位产品所需时间，包括直接加工操作必不可少的时间、必要的间歇和停工、不可避免的废品耗用工时等，不包括自然灾害造成的停工工时，选项 B 错误；直接人工的价格标准是指标准工资率，可以是预定的工资率或正常的工资率，选项 C 正确；固定制造费用的用量标准与变动制造费用的用量标准应保持一致，选项 D 错误。

DAY 94 变动成本差异分析

划重点

一、变动成本的差异分析★★★

成本差异=实际成本-标准成本=价差+量差，其中：

价差=实际数量×(实际价格-标准价格)

量差=(实际数量-标准数量)×标准价格

(一)直接材料差异分析

直接材料价格差异=实际数量×(实际价格-标准价格)

直接材料数量差异=(实际数量-标准数量)×标准价格

(二)直接人工差异分析

工资率差异=实际工时×(实际工资率-标准工资率)

人工效率差异=(实际工时-标准工时)×标准工资率

(三)变动制造费用的差异分析

变动制造费用耗费差异=实际工时×(变动制造费用实际分配率-变动制造费用标准分配率)

变动制造费用效率差异=(实际工时-标准工时)×变动制造费用标准分配率

二、差异分析的责任归属(见表94-1)★★

表94-1　差异分析的责任归属

	用量差异			价格差异		
	材料用量差异	人工效率差异	变动制造费用效率差异	材料价格差异	人工工资率差异	变动制造费用耗费差异
主要责任部门	主要是生产部门的责任，但也不是绝对的(如采购材料质量差导致材料数量差异或工作效率慢是采购部门责任)			采购部门	由人事劳动部门管理	部门经理负责

例解答·练

例题

例 1.(单选题)甲公司采用标准成本法进行成本控制。某种产品的变动制造费用成本标准为6元/件，每件产品的标准工时为2小时。2014年9月，该产品的实际产量为100件，实际工时为250小时，实际发生变动制造费用1000元，变动制造费用耗费差异为(　　)元。

A. 150　　B. 200

C. 250　　D. 400

解 变动制造费用的标准小时费用分配率=6/2=3(元/小时)，变动制造费用的耗费差异=(变动制造费用实际分配率−变动制造费用标准分配率)×实际工时=(1000/250−3)×250=250(元)。

答 C

例 2.(多选题)下列各项原因中，属于材料价格差异形成原因的有(　　)。

A. 材料运输保险费率提高　　B. 运输过程中的损耗增加

C. 加工过程中的损耗增加　　D. 储存过程中的损耗增加

解 材料价格差异是在采购过程中形成的，与加工过程和储存过程无关。选项AB正确。

答 AB

习题

【单选题】甲公司生产销售乙产品，当月预算产量1200件，材料标准用量5千克/件，材料标准单价2元/千克，当月实际产量1100件，购买并耗用材料5050千克。实际采购价格比标准价格低10%。则当月直接材料成本数量差异是(　　)。

A. −900　　B. −1100

C. −1060　　D. −1900

参考答案及解析

A 【解析】直接材料成本数量差异=(实际数量−标准数量)×标准价格=(5050−1100×5)×2=−900(元)。选项A正确。

DAY 95 固定制造费用差异分析

划重点

固定制造费用总差异=实际固定制造费用-实际产量的标准固定制造费用

一、二因素分析法★★★

固定制造费用耗费差异=固定制造费用实际数-固定制造费用预算数

固定制造费用能量差异=固定制造费用预算数-固定制造费用标准成本

=(生产能量-实际产量标准工时)×固定制造费用标准分配率

坤坤小结

固定制造费用成本差异=耗费差异+能量差异

=固定制造费用实际数-固定制造费用预算数+固定制造费用预算数-实际产量下标准固定制造费用

=固定制造费用实际数-实际产量下标准固定制造费用

二、三因素分析法★★★

耗费差异

=固定制造费用实际数-固定制造费用预算数

=固定制造费用实际数-固定制造费用标准分配率×生产能量

闲置能量差异

=固定制造费用预算-实际工时×固定制造费用标准分配率

=(生产能量-实际工时)×固定制造费用标准分配率

效率差异

=(实际工时-实际产量标准工时)×固定制造费用标准分配率

坤坤小结

能量差异=闲置能量差异+效率差异

=(生产能量-实际工时)×固定制造费用标准分配率+(实际工时-实际产量标准工时)×固定制造费用标准分配率

=(生产能量-实际产量标准工时)×固定制造费用标准分配率

三差异分析法下，固定制造费用成本差异=耗费差异+闲置能量差异+效率差异。

例解答·练

例题

例 1.（单选题·2019 年）甲企业生产能量 1100 件，每件产品标准工时 1.1 小时，固定制造费用标准分配率 8 元/小时。本月实际产量 1200 件，实际工时 1000 小时，固定制造费用 12000 元。固定制造费用标准成本是（　　）。

A. 9680　　　　B. 10560

C. 14520　　　　D. 8000

解 固定制造费用标准成本＝实际产量标准工时×标准分配率＝1200×1.1×8＝10560（元）。

答 B

例 2.（单选题）甲企业采用标准成本法进行成本控制，当月产品实际产量大于预算产量，导致的成本差异是（　　）。

A. 直接材料数量差异

B. 直接人工效率差异

C. 变动制造费用效率差异

D. 固定制造费用能量差异

解 固定制造费用能量差异＝固定制造费用预算数－固定制造费用标准成本＝（生产能量－实际产量标准工时）×标准分配率。因此实际产量大于预算产量时，成本差异表现为固定制造费用能量差异。

答 D

例 3.（计算分析题）甲公司是一家制造业企业，只生产和销售防滑瓷砖一种产品。产品生产工艺流程比较成熟，生产工人技术操作比较熟练，生产组织管理水平较高，公司实行标准成本制度，定期进行标准成本差异分析。甲公司生产能量 6000 平方米，2016 年 9 月实际生产 5000 平方米。其他相关资料如下：

（1）实际消耗量。

	直接材料	直接人工	变动制造费用	固定制造费用
实际使用量	24000 千克	5000 人工小时	8000 机器小时	8000 机器小时
实际单价	1.5 元/千克	20 元/小时	15 元/小时	10 元/小时

（2）标准成本资料。

项目	用量标准	价格标准
直接材料	5 千克/平方米	1.6 元/千克
直接人工	1.2 小时/平方米	19 元/小时
变动制造费用	1.6 小时/平方米	12.5 元/小时
固定制造费用	1.5 小时/平方米	8 元/小时

要求：

(1)计算直接材料的价格差异、数量差异和成本差异。

(2)计算直接人工的工资效率差异、人工效率差异和成本差异。

(3)计算变动制造费用的耗费差异、效率差异和成本差异。

(4)计算固定制造费用的耗费差异、闲置能量差异、效率差异和成本差异。

(5)计算产品成本差异总额和单位成本差异。

答 (1)①直接材料的价格差异=(1.5-1.6)×24000=-2400(元)

②直接材料的数量差异=(24000-5000×5)×1.6=-1600(元)

③成本差异=24000×1.5-5000×5×1.6=-4000(元)

(2)①直接人工的工资率差异=(20-19)×5000=5000(元)

②直接人工的效率差异=(5000-5000×1.2)×19=-19000(元)

③直接人工的成本差异=5000×20-5000×1.2×19=-14000(元)

(3)①变动制造费用的耗费差异=(15-12.5)×8000=20000(元)

②变动制造费用的效率差异=(8000-5000×1.6)×12.5=0(元)

③变动制造费用的成本差异=8000×15-5000×1.6×12.5=20000(元)

(4)①固定制造费用耗费差异=8000×10-6000×1.5×8=8000(元)

②固定制造费用的闲置能量差异=(6000×1.5-8000)×8=8000(元)

③固定制造费用的效率差异=(8000-5000×1.5)×8=4000(元)

④固定制造费用的成本差异=8000×10-5000×1.5×8=20000(元)

(5)①成本差异总额=-4000-14000+20000+20000=22000(元)

②单位成本差异=22000/5000=4.4(元/平方米)

习题

1.【多选题】以下关于固定制造费用差异分析的表述中，错误的有(　　)。

A. 根据二因素分析法，固定制造费用差异分为耗费差异与效率差异

B. 固定制造费用闲置能量差异是生产能量与实际产量的标准工时之差，与固定制造费用标准分配率的乘积

C. 固定制造费用的实际金额与固定制造费用预算金额之间的差额，称为固定制造费用效率差异

D. 固定制造费用能量差异反映未能充分使用现有生产能量而造成的损失

2.【单选题】甲公司本月发生固定制造费用 15800 元，实际产量 1000 件，实际工时 1200 小时。企业生产能量 1500 小时；每件产品标准工时 1 小时，固定制造费用标准分配率 10 元/小时。固定制造费用耗费差异是(　　)。

A. 不利差异 800 元　　B. 不利差异 2000 元

C. 不利差异 3000 元　　D. 不利差异 5000 元

3.【计算分析题】(2019 年)甲公司下属乙部门生产 A 产品，全年生产能量为 1200000 机器工时，单位产品标准工时为 120 小时/件。2019 年实际产量为 11000 件，实际耗用机器工时 1331000 小时。

2019 年标准成本资料如下：

(1)直接材料标准消耗 10 千克/件，标准价格 22 元/千克。

(2)变动制造费用预算额为 3600000 元。

(3)固定制造费用预算额为 2160000 元。

2019 年完全成本法下的实际成本资料如下：

(1)直接材料实际耗用 121000 千克，实际价格 24 元/千克。

(2)变动制造费用实际额为 4126100 元。

(3)固定制造费用实际额为 2528900 元。

该部门作为成本中心，一直采用标准成本法控制和考核业绩，最近，新任部门经理提出，按完全成本法下的标准成本考核业绩不合理，建议公司调整组织结构，将销售部门和生产部门合并为事业部，采用部门可控边际贡献考核经理业绩。目前，该产品年销售 10000 件，每件售价 1000 元。经分析，40%的固定制造费用为部门可控成本，60%的固定制造费用为部门不可控成本。

要求：

(1)计算 A 产品的单位标准成本和单位实际成本。

(2)分别计算 A 产品总成本的直接材料的价格差异和数量差异、变动制造费用的价格差异和数量差异，用三因素分析法计算固定制造费用的耗费差异、闲置能量差异和效率差异，并指出各项差异是有利差异还是不利差异。

(3)计算乙部门实际的部门可控边际贡献。

参考答案及解析

1. ABC 【解析】根据二因素分析法，固定制造费用差异分为耗费差异与能量差异，选项 A 错误；固定制造费用闲置能量差异是生产能量与实际工时之差，与固定制造费用标准分配率的乘积，选项 B 错误；固定制造费用的实际金额与固定制造费用预算金额之间的差额，称为固定制造费用耗费差异，选项 C 错误；固定制造费用能量差异反映实际产量标准工时未能达到生产能量而造成的损失，选项 D 正确。

2. A 【解析】固定制造费用耗费差异是指固定制造费用的实际金额与固定制造费用预算金额之间的差额。由于固定费用不因业务量的改变而改变，因此计算固定制造费用预算金额时，不能按照实际产量计算，应该按照生产能量工时和固定制造费用标准分配率计算，即本题中固定制造费用预算金额＝1500×10＝15000(元)，所以，固定制造费用耗费差异＝15800－15000＝800(元)，属于不利差异。选项 A 正确。

3. (1)变动制造费用标准分配率＝3600000/1200000＝3(元/小时)

   固定制造费用标准分配率＝2160000/1200000＝1.8(元/小时)

   单位标准成本＝22×10+3×120+1.8×120＝796(元)

   单位实际成本＝(121000/11000)×24+(4126100+2528900)/11000＝869(元)

   (2)直接材料价格差异＝121000×(24－22)＝242000(元)(不利差异)

   直接材料数量差异＝(121000－11000×10)×22＝242000(元)(不利差异)

   变动制造费用价格差异(耗费差异)＝4126100－1331000×3＝133100(元)(不利差异)

   变动制造费用数量差异(效率差异)＝(1331000－11000×120)×3＝33000(元)(不利差异)

   固定制造费用耗费差异＝2528900－2160000＝368900(元)(不利差异)

固定制造费用闲置能量差异=(1200000−1331000)×1.8=−235800(元)(有利差异)

固定制造费用效率差异=(1331000−11000×120)×1.8=19800(元)(不利差异)

(3)乙部门实际的部门可控边际贡献=10000×1000−(121000×24+4126100)/11000×10000−2528900×40%=2597440(元)

专题二十

百天压轴

本专题包含5天的学习内容，具体如下：

DAY96　阶段检测（一）

DAY97　阶段检测（二）

DAY98　全书考点押宝（一）

DAY99　全书考点押宝（二）

DAY100　全书考点押宝（三）

阶段检测（一）

习题

1.【计算分析题】(2019 年)甲公司是一家投资公司，拟于 2020 年初对乙公司增资 3000 万元，获得乙公司 30% 的股权。由于乙公司股权比较分散，甲公司可以获得控股权。为分析增资方案可行性，收集相关资料如下：

(1)乙公司是一家家电制造企业，增资前处于稳定增长状态，年增长率 7%。2019 年净利润 350 万元，当年取得的利润在当年分配，股利支付率 90%。2019 年末(当年利润分配后)净经营资产 2140 万元，净负债 1605 万元。

(2)增资后，甲公司拟通过改进乙公司管理和经营战略，增加乙公司收入和利润。预计乙公司 2020 年营业收入 8000 万元，2021 年营业收入比 2020 年增长 12%，2022 年进入稳定增长状态，增长率 8%。

(3)增资后，预计乙公司相关财务比率保持稳定，具体如下：

营业成本/营业收入	60%
销售和管理费用/营业收入	20%
净经营资产/营业收入	70%
净负债/营业收入	30%
债务利息率	8%
企业所得税税率	25%

(4)乙公司股票等风险投资必要报酬率增资前 11%，增资后 10.5%。

(5)假设各年现金流量均发生在年末。

要求：

(1)如果不增资，采用股利现金流量折现模型，估计 2020 年初乙公司股权价值。

(2)如果增资，采用股权现金流量折现模型，估计 2020 年初乙公司股权价值(计算过程和结果填入下方表格中)。

单位：万元

	2020 年	2021 年	2022 年

续表

	2020 年	2021 年	2022 年
股权现金流量			
乙公司股权价值			

(3) 计算该增资为乙公司原股东和甲公司分别带来的净现值。

(4) 判断甲公司增资是否可行，并简要说明理由。

2. **【计算分析题】** 甲公司是一家电池生产企业，拟采用管理用财务报表进行财务分析。相关资料如下：

(1) 甲公司 2019 年主要财务报表数据：

单位：万元

资产负债表项目	2019 年末
货币资金	200
应收账款	800
存货	1500
固定资产	5500
资产总计	8000
应付账款	2000
长期借款	2000
股东权益	4000
负债及股东权益总计	8000
利润表项目	2019 年
营业收入	10000
减：营业成本	6000
税金及附加	320
销售和管理费用	2000
财务费用	160
利润总额	1520
减：所得税费用	380
净利润	1140

(2)甲公司货币资金全部为经营活动所需，财务费用全部为利息支出，甲公司的企业所得税税率25%。

(3)乙公司是甲公司的竞争对手，2019年相关财务比率如下：

	净经营资产净利率	税后利息率	净财务杠杆(净负债/股东权益)	权益净利率
乙公司	22%	8%	60%	30.4%

要求：

(1)编制甲公司2019年管理用财务报表(结果填入下方表格中，不用列出计算过程)。

单位：万元

管理用财务报表项目	2019年
经营性资产	
经营性负债	
净经营资产	
金融负债	
金融资产	
净负债	
股东权益	
净负债及股东权益总计	
税前经营利润	
减：经营利润所得税	
税后经营净利润	
利息费用	
减：利息费用抵税	
税后利息费用	
净利润	

(2)基于甲公司管理用财务报表，计算甲公司的净经营资产净利率，税后利息率，净财务杠杆和权益净利率(注：资产负债表相关数据用年末数计算)。

(3)计算甲公司与乙公司权益净利率的差异。并使用因素分析法，按照净经营资产净利率、税后利息率和净财务杠杆的顺序，对该差异进行定量分析。

3. **【计算分析题】**甲公司是一家制造企业，生产A、B两种产品，产品分两个步骤在两个基本生产车间进行。第一车间将原材料手工加工成同一规格型号的毛坯，转入半成品库；第二车间领用毛坯后，利用程控设备继续加工，生产出A、B两种产品，每件产品耗用一件毛坯。公司根据客户订单分批组织生产，不同批次转换时，需要调整机器设备。

甲公司分车间采用不同的成本核算方法：

第一车间采用品种法。原材料在开工时一次投入，其他费用陆续均匀发生。生产成本采用约当产量法(加权平均法)在完工半成品和月末在产品之间进行分配。完工半成品按实际成本转入半成品库，发出计价采用加权平均法。

第二车间采用分批法和作业成本法相结合的方法。第二车间分批组织生产，当月开工当月完工，无月初月末在产品。除耗用第一车间的半成品外，不再耗用其他材料，耗用的半成品在生产开始时一次投入，直接人工费用陆续均匀发生。由于第二车间是自动化机加工车间，制造费用在总成本中比重较高，公司采用作业成本法按实际分配率分配制造费用。

2019 年 9 月，相关成本资料如下：

(1)本月半成品，A 产品、B 产品的产量。

单位：件

	月初在产品	本月投产	本月完工	月末在产品
第一车间半成品	200	2600	1800	1000(完工程度 60%)
第二车间 A 产品	0	1000	1000	0
第二车间 B 产品	0	500	500	0

(2)月初半成品库存 400 件，单位平均成本 127.5 元。

(3)第一车间月初在产品成本和本月生产费用。

单位：元

	直接材料	直接人工	制造费用	合计
月初在产品成本	7000	8000	1200	16200
本月生产费用	77000	136000	22800	235800
合计	84000	144000	24000	252000

(4)第二车间本月直接人工成本。

单位：元

产品品种	A 产品	B 产品	合计
直接人工总成本	17200	7800	25000

(5)第二车间本月制造费用。

作业成本库	作业成本(元)	作业动因	作业量		
			A 产品	B 产品	合计
设备调整	30000	批次(批)	10	5	15
加工检验	2400000	产量(件)	1000	500	1500
合计	2430000	−	−	−	−

要求：

(1)编制第一车间成本计算单(结果填入下方表格中，不用列出计算过程)。

第一车间成本计算单

产品名称：半成品　　　　单位：元

	直接材料	直接人工	制造费用	合计
月初在产品成本				
本月生产费用				
合计				

续表

	直接材料	直接人工	制造费用	合计
约当产量				
单位成本				
完工半成品转出				
月末在产品成本				

(2)计算半成品发出的加权平均单位成本。

(3)编制第二车间作业成本分配表(结果填入下方表格中，不用列出计算过程)。

作业成本分配表

单位：元

作业成本库	作业成本	作业分配率	A 产品		B 产品	
			作业量	分配金额	作业量	分配金额
设备调整						
加工检验						
合计						

(4)编制 A、B 产品汇总成本计算单(结果填入下方表格中，不用列出计算过程)。

汇总成本计算单

单位：元

	A 产品	B 产品
半成品成本转入		
直接人工		
制造费用		
其中：设备调整		
加工检验		
制造费用小计		
总成本		
单位成本		

参考答案及解析

1. (1)2019 年股利支付=350×90% =315(万元)

2020 年股利支付=315×(1+7%)=337.05(万元)

2020 年初乙公司股权价值=337.05/(11% −7%)=8426.25(万元)

(2)

单位：万元

	2020 年	2021 年	2022 年
营业收入	8000	8960	9676.8
净经营资产	5600	6272	6773.76
净负债	2400	2688	2903.04

续表

	2020 年	2021 年	2022 年
股东权益	3200	3584	3870. 72
税前经营利润	1600	1792	1935. 36
税后经营净利润	1200	1344	1451. 52
税后利息	144	161. 28	174. 18
净利润	1056	1182. 72	1277. 34
股东权益增加	2665	384	286. 72
股权现金流量	−1609	798. 72	990. 62
折现系数	0. 9050	0. 8190	0. 7412
预测期股权现金流量现值	−1456. 15	654. 15	734. 25
后续期价值	31719. 49		
乙公司股权价值	−1456. 15+654. 15+734. 25+31719. 49=31651. 74		

思路点拨 税前经营利润=营业收入−营业成本−销售和管理费用=营业收入×(1−60%−20%)=营业收入×20%

税后利息=净负债×债务利息率×(1−25%)

2019 年末的股东权益=2140−1605=535(万元)，2020 年股东权益增加=3200−535=2665(万元)

$(P/F, 10.5\%, 1)=1/(1+10.5\%)=0.9050$

$(P/F, 10.5\%, 2)=0.9050\times0.9050=0.8190$

$(P/F, 10.5\%, 3)=0.8190\times0.9050=0.7412$

后续期价值=990. 62×(1+8%)/(10. 5%−8%)×0. 7412=31719. 49

(3)该增资为乙公司原股东带来的净现值=31651. 74×70%+3000−8426. 25=16729. 97(万元)，为甲公司带来的净现值=31651. 74×30%−3000=6495. 52(万元)。

(4)由于该增资为甲公司带来的净现值大于 0，因此甲公司增资是可行的

2. (1)

单位：万元

管理用财务报表项目	2019 年
经营性资产	8000
经营性负债	2000
净经营资产	6000
金融负债	2000
金融资产	0
净负债	2000
股东权益	4000
净负债及股东权益总计	6000
税前经营利润	1680
减：经营利润所得税	420

续表

税后经营净利润	1260
利息费用	160
减：利息费用抵税	40
税后利息费用	120
净利润	1140

(2)净经营资产净利率=税后经营净利润/净经营资产×100%=1260/6000×100%=21%

税后利息率=税后利息费用/净负债×100%=120/2000×100%=6%

净财务杠杆=净负债/股东权益×100%=2000/4000×100%=50%

权益净利率=净利润/股东权益×100%=1140/4000×100%=28.5%

(3)甲公司与乙公司权益净利率的差异=28.5%-30.4%=-1.9%

乙公司权益净利率=22%+(22%-8%)×60%=30.4%

替换净经营资产净利率：21%+(21%-8%)×60%=28.8%

净经营资产净利率变动对权益净利率的影响=28.8%-30.4%=-1.6%

替换税后利息率：21%+(21%-6%)×60%=30%

税后利息率变动对权益净利率的影响=30%-28.8%=1.2%

替换净财务杠杆：21%+(21%-6%)×50%=28.5%

净财务杠杆变动对权益净利率的影响=28.5%-30%=-1.5%

通过分析可知，净经营资产净利率降低导致权益净利率下降1.6%，税后利息率降低导致权益净利率提高1.2%，净财务杠杆降低导致权益净利率下降1.5%，综合导致权益净利率下降1.9%。

3.(1)第一车间成本计算单

产品名称：半成品　　　　单位：元

	直接材料	直接人工	制造费用	合计
月初在产品成本	7000	8000	1200	16200
本月生产费用	77000	136000	22800	235800
合计	84000	144000	24000	252000
约当产量	2800	2400	2400	
单位成本	30	60	10	100
完工半成品转出	54000	108000	18000	180000
月末在产品成本	30000	36000	6000	72000

(2)半成品发出的加权平均单位成本=(400×127.5+180000)÷(400+1800)=105(元)

(3)

作业成本分配表

单位：元

作业成本库	作业成本	作业分配率	A 产品		B 产品	
			作业量	分配金额	作业量	分配金额
设备调整	30000	2000	10	20000	5	10000
加工检验	2400000	1600	1000	1600000	500	800000
合计	2430000			1620000		810000

(4)

汇总成本计算单

单位：元

	A 产品	B 产品
半成品成本转入	105000	52500
直接人工	17200	7800
制造费用		
其中：设备调整	20000	10000
加工检验	1600000	800000
制造费用小计	1620000	810000
总成本	1742200	870300
单位成本	1742. 20	1740. 60

DAY 97 阶段检测（二）

习题

1.【综合题】甲公司是一家制造业上市公司，生产A、B、C三种产品，最近几年，市场需求旺盛，公司正在考虑通过筹资扩大产能。2020年，公司长期债务10000万元，年利率6%，流通在外普通股1000万股，每股面值1元，无优先股。

（资料一）A、B、C三种产品都需要通过一台关键设备加工，该设备是公司的关键约束资源。年加工能力2500小时。假设A、B、C三种产品当年生产当年销售。年初年末无存货，预计2021年A、B、C三种产品的市场正常销量及相关资料如下：

	A产品	B产品	C产品
市场正常销售量(件)	400	600	1000
单位售价(万元)	2	4	6
单位变动成本(万元)	1.2	1.6	3.5
单位约束资源消耗(小时)	1	2	2.5
固定成本总额(万元)	1000		

（资料二）为满足市场需求，公司2021年初拟新增一台与关键约束资源相同的设备，需要筹集10000万元。该设备新增年固定成本600万元，原固定成本总额1000万元照常发生，现有两种筹资方案可供选择：

方案1：平价发行优先股筹资6000万元，面值100元，票面股息率10%；按每份市价1250元发行债券筹资4000万元，期限10年，面值1000元，票面利率9%。

方案2：平价发行优先股筹资6000万元，面值100元，票面股息率10%；按每份市价10元发行普通股筹资4000万元。

（资料三）新增关键设备到位后，假设A产品尚有市场空间，其他条件不变，如果剩余产能不能转移，公司拟花费200万元进行广告宣传，通过扩大A产品的销量实现剩余产能的充分利用。公司的企业所得税税率为25%。

要求：

（1）根据资料一，为有效利用现有的一台关键设备，计算公司A、B、C三种产品的生产安排优先顺序和产量，在该生产安排下，公司的经营杠杆系数和财务杠杆系数各是多少？

（2）根据资料二，采用每股收益无差别点法，计算两个方案每股收益无差别点的息税前利润，并判断公司应选择哪一个筹资方案。在该筹资方案下，公司的经营杠杆系数、财务杠杆系数、每股收益各是多少？

（3）结合要求（1）（2）的结果，简要说明经营杠杆、财务杠杆发生变化的主要原因。

（4）根据资料三，计算并判断公司是否应利用该剩余产能。

2.【综合题】(2019年)甲公司是一家制造业公司。目前公司股票每股45元。预计股价未来年增长率8%；长期借款合同中保护性条款约定甲公司长期资本负债率不可高于50%、利息保障倍数不可低于5倍。为占领市场并优化资本结构，公司拟于2019年末发行附认股权证债券筹资20000万元。为确定筹资方案是否可靠，收集资料如下：

资料一：甲公司2019年预计财务报表主要数据。

单位：万元

资产负债表项目	2019年末
资产总计	105000
流动负债	5000
长期借款	40000
股东权益	60000
负债和股东权益总计	105000
利润表项目	2019年度
营业收入	200000
财务费用	2000
利润总额	12000
所得税费用	3000
净利润	9000

甲公司2019年财务费用均为利息费用，资本化利息200万元。

资料二：筹资方案。

甲公司拟平价发行附认股权证债券，面值1000元，票面利率6%，期限10年，每年末付息一次，到期还本。每份债券附送20张认股权证，认股权证5年后到期，在到期前每张认股权证可按60元的价格购买1股普通股。不考虑发行成本等其他费用。

资料三：甲公司尚无上市债券，也找不至合适的可比公司。评级机构评定甲公司的信用级别为AA级。目前上市交易的同行业其他公司债券及与之到期日相近的政府债券信息如下：

公司债券				政府债券	
发行公司	信用等级	到期日	到期收益率	到期日	到期收益率
乙	AAA	2021年2月15日	5.05%	2021年1月31日	4.17%
丙	AA	2022年11月30日	5.63%	2022年12月10日	4.59%
丁	AA	2025年1月1日	6.58%	2024年11月15日	5.32%
戊	AA	2029年11月30日	7.20%	2029年12月1日	6.75%

甲公司股票目前β系数1.5，市场风险溢价4%，企业所得税税率25%，假设公司所筹资金全部用于购置资产，资本结构以长期资本账面价值计算权重。

资料四：如果甲公司按筹资方案发债，预计2020年营业收入比2019年增长20%，财务费用在2019年财务费用基础上增加新发债券利息，资本化利息保持不变，企业应纳税所得额为利润总额，营业净利率保持2019年水平不变，不分配现金股利。

要求：

（1）根据资料一，计算筹资前的长期资本负债率、利息保障倍数。

（2）根据资料二，计算发行附认股权证债券的资本成本。

（3）为判断筹资方案是否可行，根据资料三，利用风险调整法，计算甲公司税前债务资本成本；假设无风险利率参考10年期政府债券到期收益率，计算筹资后股权资本成本。

（4）为判断是否符合借款合同的保护性条款的要求，根据资料四，计算筹资方案执行后2020年末长期资本负债率、利息利障倍数。

（5）基于上述结果，判断筹资方案是否可行，并简要说明理由。

参考答案及解析

1.（1）①A产品单位约束资源边际贡献=(2-1.2)/1=0.8(万元)

B产品单位约束资源边际贡献=(4-1.6)/2=1.2(万元)

C产品单位约束资源边际贡献=(6-3.5)/2.5=1(万元)

所以应先安排生产B产品，其次是C产品，最后生产A产品。

由于600×2=1200(小时)小于2500小时，所以，B产品的产量为600件；由于(2500-600×2)/2.5=520(件)小于1000件，所以，生产C产品520件，不生产A产品。

②边际贡献=600×(4-1.6)+520×(6-3.5)=2740(万元)

息税前利润=2740-1000=1740(万元)

税前利润=1740-10000×6%=1140(万元)

经营杠杆系数=2740/1740=1.57

财务杠杆系数=1740/1140=1.53

（2）①[(*EBIT*-10000×6%-4000/1250×1000×9%)×(1-25%)-6000×10%]/1000=[(*EBIT*-10000×6%)×(1-25%)-6000×10%]/(1000+4000/10)

解得：*EBIT*=2408(万元)。

由于新增的设备与关键约束资源相同，所以，总的加工能力为2500+2500=5000(小时)，由于按照市场正常销售量计算的A、B、C三种产品耗用的总工时=400×1+600×2+1000×2.5=4100(小时)，小于5000小时，所以，新增设备之后，A、B、C三种产品的市场正常销售量都能实现，预计息税前利润=(2-1.2)×400+(4-1.6)×600+(6-3.5)×1000-1000-600=2660(万元)。

由于预计息税前利润2660万元大于每股收益无差别点的息税前利润2408万元，所以应该选择财务杠杆大的方案1进行筹资。

②边际贡献=预计息税前利润+固定成本=2660+1000+600=4260(万元)

息税前利润-利息费用-税前优先股股利=2660-10000×6%-4000/1250×1000×9%-6000×10%/(1-25%)=972(万元)

经营杠杆系数=4260/2660=1.6

财务杠杆系数=2660/972=2.74

每股收益=[(2660-10000×6%-4000/1250×1000×9%)×(1-25%)-6000×10%]/1000
=0.73(元)

（3）经营杠杆提高的主要原因是固定性经营成本增加，财务杠杆提高的主要原因是固定性资本成本(利息费用和税前优先股股利)增加了。

(4)按照市场正常销量生产后剩余的产能=5000-4100=900(小时)

该剩余产能可以生产的A产品产量=900/1=900(件)

增加的息税前利润=900×(2-1.2)-200=520(万元)

由于增加的息税前利润大于0，所以应利用该剩余产能。

2. (1)长期资本负债率=40000/(40000+60000)×100%=40%

利息保障倍数=(12000+2000)/(2000+200)=6.36

(2)假设附认股权证税前资本成本为k，则：

1000×6%×(P/A，k，10)+20×[45×(F/P，8%，5)-60]×(P/F，k，5)+1000×(P/F，k，10)=1000

60×(P/A，k，10)+122.37×(P/F，k，5)+1000×(P/F，k，10)=1000

当k=7%时，

60×(P/A，7%，10)+122.37×(P/F，7%，5)+1000×(P/F，7%，10)

=60×7.0236+122.37×0.7130+1000×0.5083=1016.97(元)

当k=8%时，

60×(P/A，8%，10)+122.37×(P/F，8%，5)+1000×(P/F，8%，10)

=60×6.7101+122.37×0.6806+1000×0.4632=949.09(元)

(k-7%)/(8%-7%)=(1000-1016.97)/(949.09-1016.97)

解得：k=7.25%

(3)税前债务资本成本=6.75%+[(5.63%-4.59%)+(6.58%-5.32%)+(7.20%-6.75%)]/3=7.67%，

股权资本成本=6.75%+1.5×4%=12.75%

(4)股东权益增加=9000×(1+20%)=10800(万元)

长期资本负债率=(40000+20000)/(40000+20000+60000+10800)×100%=45.87%

利息保障倍数=[12000×(1+20%)+2000+20000×6%]/(2000+200+20000×6%)=5.18

(5)虽然筹资后的长期资本负债率和利息保障倍数符合借款合同的保护性条款的要求，但是，由于发行附认股权证债券的税前资本成本低于甲公司税前债务资本成本，所以筹资方案不可行。

全书考点押宝（一）

划重点

一、财务管理基本原理★

(1)三种财务管理目标的观点、优缺点。
(2)股东与经营者、股东与债权人利益要求与协调。
(3)资本市场效率。

二、财务报表分析和财务预测★★★

(1)用因素分析法分解权益净利率各因素的变动影响。
(2)管理用财务报表计算填表题，注意与企业价值评估的结合。
(3)销售百分比法预计外部融资额。
(4)可持续增长率的计算与外部融资销售增长比。

三、价值评估基础★★

(1)利率的期限结构(记住特征和结论)。
(2)资本市场线与证券市场线。
(3)资本资产定价模型。

四、资本成本★★★

(1)资本成本的影响因素。
(2)四种债务资本成本的计算方法。
(3)三种普通股资本成本的计算方法，重点关注 CAPM。
(4)WACC 权重的选择、计算与优缺点。

五、投资项目资本预算★★★

(1)净现值、内含报酬率、回收期、会计报酬率的计算与优缺点。
(2)互斥项目的优选问题(掌握共同年限法和等额年金法的计算)。
(3)总量有限时的资本分配。
(4)固定资产更新决策。
(5)用可比公司法估计投资项目的资本成本(先卸载再加载然后算 R_S 最后求 WACC)。
(6)敏感分析的计算(关注与本量利分析结合出计算分析题)。

六、债券、股票价值评估★★★

(1)各种债券估值模型的计算以及影响因素。

(2)四种股票价值评估方法，重点关注非固定增长模型与企业价值评估的结合。

(3)优先股的特点。

七、期权价值评估★★★

(1)四种期权的概念与特点以及到期日价值与净损益的计算。

(2)四种期权投资策略组合的构造以及期权净损益、组合净损益的计算、特点以及适用范围。

(3)期权价值的影响因素。

(4)三种期权估值方法的计算。

(5)单期二叉树定价模型(公式记住即可)。

(6)看涨—看跌期权平价定理。

DAY 99 全书考点押宝（二）

划重点

一、企业价值评估★★★

（1）各种“价值”的概念及特点。

（2）现金流量折现法计算企业价值。

（3）三种相对价值法计算企业价值以及各自优缺点和适用范围。

（4）三种相对价值法应用的计算题（先修正再平均还是先平均再修正）。

二、资本结构★★

（1）MM的两大理论及四个结论。

（2）权衡理论、权衡理论的扩展模型、代理理论、优序融资理论。

（3）三种资本结构决策的分析方法，重点关注每股收益无差别点法与企业价值比较法的计算。

（4）三种杠杆的概念、特点以及计算。

三、长期筹资★★★

（1）长期借款一般和特殊保护条款以及优缺点。

（2）债券筹资、普通股筹资的优缺点。

（3）配股除权价格与配股权价值的计算。

（4）优先股、认股权证、可转债筹资的特点及优缺点。

（5）可转债筹资的计算。

（6）租赁的判断与租赁净现值的计算。

四、股利分配、股票分割和股票回购★★★

（1）各种股利相关论的特点（关注多发股利还是少发股利）。

（2）四种股利政策类型的概念、特点以及计算。

（3）股利政策的影响因素。

（4）股票分割与股票回购对所有者权益的影响等。

五、营运资本管理★★★

（1）三种营运资本投资策略与三种营运资本筹资策略的特点（易变现率的计算）。

(2)最佳现金持有量分析(每一种模式的成本有哪些、如何计算，随机模式L的确定)。

(3)应收账款占用资金的机会成本的计算、信用标准的5C、现金折扣下的平均收现期的计算。

(4)存货取得成本与储存成本(固定与变动都包含哪些举例)。

(5)最佳经济订货量的基本模型的计算、边送边用即外购还是自制的决策、设置保险储备情况下的决策。

(6)短期债务筹资的特点、放弃现金折扣成本的计算、周转信贷协定、补偿性余额以及借款实际利率与名义利率谁大的问题。

六、产品成本计算★★★

(1)交互分配法的计算。

(2)六种完工产品与在产品成本分配方法的名称、特点、优缺点以及计算(重点关注约当产品法的先进先出法的计算)。

(3)三种联产品与副产品的成本分配方法。

(4)品种法、分步法、分批法的特点、适用范围以及计算(关注平行结转分步法下的计算、逐步综合结转分步法下的成本还原的计算)。

DAY 100 全书考点押宝（三）

划重点

一、标准成本法★★★

（1）四种标准成本的概念、特点。
（2）料工费的价差和量差的确定以及差异原因分析。
（3）固定制造费用的两差异与三差异分析（必须记住公式）。

二、作业成本法★★

（1）两种成本动因的特点。
（2）四种作业成本库的分类。
（3）三种作业成本动因的特点。
（4）增值与非增值作业的划分。

三、本量利分析★★★

（1）固定成本、变动成本的分类以及举例。
（2）本量利分析的核心公式以及衍生出来的若干公式。
（3）保本分析、保利分析以及多品种情况下的保本分析。

四、短期经营决策★★★

（1）亏损产品是否停产（只要提供正的边际贡献就继续生产）。
（2）零部件是自制还是外购决策。
（3）特殊订单是否接受。
（4）约束资源最优利用决策（按照单位时间内边际贡献从大到小排序）。
（5）产品是否进一步深加工（考虑机会成本与专属成本等情况）。
（6）产品销售定价方法。

五、全面预算★★

（1）六种预算的概念、特点以及优缺点。
（2）销售预算的编制、生产预算的编制以及现金预算的编制。

六、责任会计★★

（1）标准成本中心与费用中心的特点、举例以及考核指标。

(2)责任成本中可控成本的三个条件。
(3)利润中心的考核指标(关注对部门经理的考核指标)。
(4)三种内部转移价格概念、特点。
(5)两种投资中心的考核指标的计算、优缺点。

七、业绩评价★★

(1)财务业绩与非财务业绩评价指标及优缺点。
(2)关键业绩指标的优缺点。
(3)四种经济增加值的特点及计算。
(4)简化的经济增加值的计算与优缺点。
(5)平衡计分卡四个维度的名字、每个维度的指标以及优缺点。

八、管理会计报告★

(1)四个投资中心业绩报告的考核指标。
(2)四种质量成本的概念以及内容。

致亲爱的读者

“梦想成真”系列辅导丛书自出版以来，以严谨细致的专业内容和清晰简洁的编撰风格受到了广大读者的一致好评，但因水平和时间有限，书中难免会存在一些疏漏和错误。读者如有发现本书不足，可扫描“扫我来纠错”二维码上传纠错信息，审核后每处错误奖励10元购课代金券。（多人反馈同一错误，只奖励首位反馈者。请关注“中华会计网校”微信公众号接收奖励通知。）

在此，诚恳地希望各位学员不吝批评指正，帮助我们不断提高完善。

邮箱：mxcc@cdeledu.com

微博：@ 正保文化

扫我来纠错

中华会计网校微信公众号

正保文化官微

关注正保文化官微，
回复“勘误表”，
获取本书勘误内容。